KB203953

이 책은 과학사와 과학철학 전공자, 신학을 공부한 과학자, 과학을 공부한 신학자가 공저한 매우 흥미로운 책이다. 특히 이 책의 논의가 세계의 기원 문제에 얽매이지 않고 기후 생태 문제는 물론 우주과학 기술의 도전 등 현대 이슈들을 다루면서 그리스도교 창조론의 넓은 지평을 아우르고 있다는 점에서 많은 독자의 주목을 받을 가치가 있다.

김정형 | 연세대학교 연합신학대학원 종교철학 전공 교수

신앙과 과학의 화해는 생각만 해도 가슴이 벅차오른다. 그동안 일부 교계에서 과학적 성과를 반(反)신앙적 가설로 애써 외면하는 확증 편향적 자세를 취하고, 과학계에서는 교회를 반(反)지성적 집단으로 폄훼하며 이에 대항해 왔는데 이제는 이런 반목을 멈출 때가 되었다. 이 책의 저자들은 개신교와 가톨릭의 전통을 아우르며 과학의 본성과 한계를 논하고, 결과적으로 양자의 변증법적 화해를 도모한다. 그리고 과학기술의 진보가 바벨탑으로 비화하지 않도록 건강한 기독교 신학과의 협력을 요청한다. 독자들은 이 책을 통해 인류 지성사의 두 거대 담론이 서로 손을 맞잡는 놀라운 비전을 보게 될 것이다.

김태섭 | 장로회신학대학교 신약학 교수

하나님께서 종교의 세계와 과학의 세계를 구별되면서도 조화롭게 만드셨지만, 아직도 반복되는 과학과 종교의 갈등은 우리가 해결해야 할 시대의 과제다. 이 책은 이러한 문제를 해결하기 위해 과학과 종교 전문가들이 오랫동안 함께 연구하고 토론해온 내용을 정리하였다는 데 의의가 있다. 이 책은 이 갈등에 대해 성급한 결론을 내리기보다는 과학과 종교 각각의 관점과 본성적 맥락을 설명함으로써 독자가 갈등을 이해하고 대화로 나아갈 수 있는 방법을 제시한다. 최근 갈등이 더 심화되는 현상은 비약적으로 발전해온 과학에 대처하는 전통적인 신학과 성서해석 패러다임의 한계와 관련이 있다. 과

학 대신 과학과 과학기술이라는 용어를 사용하는 것은 종교에 도전하는 과학기술을 이해하기 위한 효과적인 출발이라 할 수 있다. 더구나 새로운 과학기술을 "항공우주공학"으로 명명하는 것은 학부에서 항공학과를 전공하고 신학으로 전환한 필자에게 일종의 남겨진 과제를 느끼게 한다. 오랫동안 과학과 종교의 관계 향상을 위해 애써온 세 분 저자의 노력에 경의를 표한다. 이 책의 제목처럼 과학과 종교 간 갈등 해결의 마침표가 아니라 종교와 과학의 화해를 향한 의미 있는 출발이 되기를 바란다.

배정훈 | 장로회신학대학교 구약학 교수

이 책은 과학 시대에 그리스도교 신앙의 방향성을 심도 있게 다루고 있는 책이다. 세 분의 저자들은 과학과 신학의 대화에 지속적인 관심을 갖고 오랜 기간 연구해온 분들로, 이 책에는 이분들의 노력이 잘 반영되어 있다. 철학의 역사가 과학과의 관계에 초점을 맞춰 잘 정리되어 있으며, 과학과 그리스도교 신학의 특징이 잘 드러나 있다. 특히 신학과 과학 사이의 관계에 대한 가톨릭교회의 입장을 잘 살펴볼 수 있는 장점도 있다. 과학, 과학철학, 신학, 종교학이 어떤 관계를 맺고 있으며, 앞으로 도래할 과학기술 시대에 그리스도교 신앙이 어떻게 과학 및 과학기술과 조화를 이뤄야 하는지에 대해 관심이 있는 분들에게 이 책을 적극 추천한다.

장재호 | 감리교신학대학교 교수, 유튜브 '과학과신학연구소' 운영자

나는 미국에서 칼 바르트의 신학을 근거로 공공신학을 발전시키는 작업을 하고 있다. 공공신학의 주요 역할 중 하나는 과학을 검증하는 일이다. 즉 과학의 이데올로기화를 예방하고 윤리적 검증을 하는 것이다.

에드워드 윌슨의 사회생물학과 도킨스의 유전자 결정론은 세계 공론장의 포럼에서 심각한 주제로 다루어진다. 윌슨은 사회생물학을 통해 신자유주의와 네오콘의 정치에 동조했고 인종 차별과 성차별 그리고 경제적 불평등을

정당화했다. 이들은 현대판 우생학의 혐의를 받으며, 과학자들의 비판과 신학적 대응의 대상이 되었다. 그러나 한국에서는 아직도 윌슨과 도킨스의 주장들이 대중 강연을 통해 확산되고 있으며, 여전히 창조과학과 관련된 문제가 해결되지 못하고 있다.

이런 문제야말로 공공신학이 담론으로 다루어야 할 주제다. 그런 의미에서 한 신학자와 두 과학자가 공저한 이 책이 공공신학과 과학의 소명의 차원을 열어주는 훌륭한 저술로 자리매김하길 원한다. 이와 더불어 교회와 공공신학은 공론장에서 자연과학과 기술발전이 미치는 막강한 영향력에 세심한 주의를 기울여야 한다. 그렇게 할 때 공공선 거버넌스와 시민사회의 민주주의와 인정정치 그리고 생명을 새롭게 이해하고 품는 이해를 기반으로 과학의 소명이 뿌리를 내릴 수 있을 것이다.

정승훈 | 시카고 루터 대학교 석학교수, 버클리 인터내셔널 공공신학 포럼 센터 원장

과학 혹은 기술과학과 종교의 대화에 대한 책은 적지 않다. 그리고 신학자와 과학자들이 의기투합하여 그런 책을 쓰는 것도 새로운 일은 아니다. 그러나 이 책은 조금 다르다. 과학자들과 목사들이 포럼을 열어 10여 년 동안 함께 공부하고 토론하며 쌓아온 내용을 담은 결실이기 때문이다. 과학과 종교의 대결과 대화의 역사에 관심 있는 독자들은 물론 이런 주제를 오래 공부해온 독자들에게도 소중한 길잡이가 될 책이다.

채수일 | 크리스챤 아카데미 이사장

그리스도교에 대한 과학과 과학기술의 도전 그리고 화해

그리스도교에 대한 과학과
과학기술의

도전 그리고 화해

최승언

조희형

임창세

새물결플러스

목차

머리말

"Science only goes so far, then comes God"(과학의 역할은 여기까지, 그다음은 신의 차례다). 영화 「노트북」(The Notebook)에 나오는 대화의 한 구절이다. 자기 아내가 죽기 하루 전 아내의 치매를 더 이상 낫게 할 수 없다는 의사의 설명을 들은 남편이 한 말이다. 자막은 "과학 영역 밖에는 신이 계신다"지만, 과학 너머 과학자가 하지 못하는 것은 신이 할 수 있다는 말이리라. 그런데 이 대화 구절을 곰곰이 따져보면 전지전능하고 영원한 하나님을 폄훼하는 말로 들릴 수도 있다. 종교와 과학의 영역과 기능이 분명하게 구분되며 과학이 발달할수록 과학의 영역은 넓어지고 그만큼 하나님의 역할이 줄어든다는 뜻으로 받아들여질 수도 있기 때문이다. 그러나 우리 저자들은 믿는다. 우리의 무소부재하고 자비한 사랑의 하나님은 홀로, 자유로이, 직접 세상의 모든 것을 창조하였고, 지금도 그 모든 것 안에서 모든 것이 되고자(고전 15:28) 창조하고 있으며, 종말에 우리를 하늘나라로 데려갈 때까지 창조를 이어가 새 하늘과 새 땅의 종말론적인 창조를 이룰 것이다. 우리 저자들은 이 믿음을 실천하는(약 2:17) 겸손한 수고의 일환으로 이 책을 썼다.

이 책의 지은이들에게 종교와 과학의 관계에 대한 글을 읽고 그 내용을 알고 이해한 다음 함께 모여서 토론하는 것은 신앙생활의 일부

다. 지은이 조희형은 1984년부터 2014년까지 강원대학교에서 과학사, 과학의 본성 그리고 과학철학이 그 핵심 내용인 과학교육론을 가르쳤다. 신앙적으로는 유아 세례를 받은 다음(본명 비오[Pius V]) 초등학교 때만 성당에 나갔고 그 이후 쭉 냉담하다가, 21세기가 시작되는 2000년에야 냉담을 풀었다. 2015-2018년에는 냉담을 풀고 지역 성당에 다니는 동안 춘천시의 스무숲 성당에서 주관한 성경을 읽고 묵상하는 '성서백주간'을 이수하였고, 2014-2019년에는 가톨릭 교리신학원의 통신신학을 이수하여 교리교사 자격증을 취득하였으며, 2019-2022년에는 춘천 교구에서 주관하는 '여정'에 참여하여 성경을 공부하였다. 2014년에 30년 동안 근무한 강원대학교에서 정년퇴직한 후에는 또 다른 지은이 최승언이 주관한 종교와 과학에 관한 '이수포럼'에서 종교와 과학의 본성 및 종교와 과학의 관계에 관한 교양을 쌓았고, 그 과정에서 알고 이해하고 느낀 것을 모두 모아 이런 책으로 엮어볼 계획도 세웠다.

　　지은이 임창세 목사는 한신대학교와 한신대학교 신학대학원을 졸업한 다음 재독 총회파송 선교사로 6년간 사역하였다. 독일에서 사역하는 동안 보훔 대학교(Ruhr-Universität Bochum)에서 크리스티안 링크(Christian Link) 교수의 지도를 받아 교리학과 과학신학의 박사학위를 받았다. 박사학위 논문 "토마스 아퀴나스의 신학 맥락에서 본 자연과학적 신 인식"(*Naturwissenschafliche Gotteserkentniss - Im Zusammenhang der Theologie Thomas von Aquinas*)에서는 존 폴킹혼(John Polkinghorne)의 자연의 신학을 토마스 아퀴나스(Thomas Aquinas)의 신학적 맥락에서 해석하고 이를 칸트와 바르트의 입장에서 비평하였다. 기장총회목회신학대학 주임교수와 한신대학교 겸임교수를 역임

했으며. 현재는 용산제일교회 담임목사 및 칼 바르트와 공공신학센터 소장으로 섬기고 있다.

지은이 최승언은 미국 유학 중에 세례를 받았고, 천체물리학을 공부하였다. 귀국 후에는 창조과학을 신봉하는 교회 성도들과 대립하던 와중에 임성빈 장신대 전 총장의 요청으로 1990년대 중반부터 20년간 장로회신학대학교에서 학부 학생들을 대상으로 교양과목인 '과학의 이해', '과학과 신앙'을 강의하였고, 2000년대 중반에 장로회신학대학교 신대원에 102기로 입학하여 104기로 졸업하였다. 35년간 재직하던 서울대학교를 2019년에 정년퇴직하고, 퇴임한 지 1년 후 2020년 5월 KAICAM에서 목사 안수를 받았으며, 2023년부터 낮은교회 담임목사로 섬기고 있다. 최승언은 또한 지난 10여 년 동안 과학자·과학교육학자·개신교 신학자·목사들과 교류하면서도 창조과학 및 지적설계론과는 거리를 두면서, 1-2개월에 한 번씩 과학과 종교에 관한 '이수포럼'을 주최하였다. 2022년부터는 매주 금요일 줌(zoom)을 이용하여 '코스모스(Cosmos) 강독'을 주관하고 있는데, 매번 25여명의 과학자·신학자·목사들이 참여하여 『기원 이론』(새물결플러스)'을 읽고 토론하였으며, 2024년 9월부터는 신학과 과학 분야에서 각 1권씩 선정하여 매주 화, 목요일 강독을 이어가고 있다.

이 책은 지은이 최승언이 10여 년 동안 주관한 '이수포럼'에서 종교와 과학에 관한 전문가들의 지식을 듣고 배운 내용과 그 과정에서 수집한 자료를 비롯해 조희형이 그동안 개인적인 지적 호기심에 따라 모은 자료에서 핵심적 내용을 뽑아 엮은 것이다. 조희형이 임창세와 최승언의 위임을 받아 전체 얼개를 구성하고 핵심 내용을 뽑아 덧붙인 다음, 두 사람과 더불어 전체 내용을 조직하여 엮었다. 가톨릭 신자인 조희형이 처음 얼개를 구성하고 그에 맞추어 자료를 수집하다 보니 국내외의 과학과 종교에 관한 가톨릭 자료가 개신교 자료보다 훨씬 더 적음에도 불구하고, 이 책에서 참고하고 인용한 카톨릭자료의 수가 개신교 자료보다 더 많아지게 되었다. 더욱이 과학과 그리스도교의 관계에 관한 자료는 가톨릭교회의 일치성 때문에 대다수가 교황청이나 교황을 통해서 선언된 것들이다. 가톨릭 자료와 개신교 자료를 통합하여 보자는 취지를 바탕으로 두 분 지은이의 관용과 양해에 힘입어 의도적으로 그렇게 선정하여 배열한 것이다. 한편성경은 개신교의 개역개정을 따랐으며, 가톨릭 자료를 인용하거나요약할 때는 하느님으로 표기하였다.

전통적으로 종교와 과학의 관계는 과학과 종교의 관계, 신학과과학의 관계 또는 신앙과 과학의 관계를 중심으로 저술되거나 논의되었다. 그러나 이런 영역들의 대조와 비교가 합당한지에 관한 의문이 많이 들었기 때문에, 이 책에서는 그런 틀과 구조에서 벗어나 보고자 하는 바람을 갖고 전체 얼개를 지었다. 종교와 과학의 틀에서비교되는 종교는 누구나 일상생활에서 쉽게 체험하고 받아들일 수있는 영역이지만, 과학은 지나치게 전문적이고 어려워서 일상생활과 멀리 떨어져 있고 대다수가 피부로 느끼기도 쉽지 않은 영역이다. 신학과 과학의 틀에서 비교되는 신학과 과학 모두 학문의 영역이라는 공통적 특성이 있지만, 이 틀 안에서는 대부분의 경우 성경의 문자 해석과 과학의 특정한 이론이 비교되었다. 그리고 신앙과 과학의틀에서는 신앙과 과학적 방법의 비교라면 모르겠지만, 신앙과 과학을 서로 대응시켜 비교하기에는 애매하다는 생각이 들었다. 더군다나 세 틀의 공동 비교 대상인 과학은 현대적 의미의 과학이 아니라 전통적으로 인식되어온 과학이었다. 또한 종교와 비교하는 과학의 본성을 설명하는 경우, 몇몇 철학자 또는 과학철학자들의 철학적 사상을 단편적으로 소개하는 정도에 그쳤을 뿐 진정한 과학의 본성을 규정하거나 제시하지는 않았다.

그래서 이 책의 제목을 『그리스도교에 대한 과학과 과학기술의 도전 그리고 화해』로 하였다. 과학 대신에 과학과 과학기술로 결정한 것은 무엇보다도 그 의미의 현대화를 위해서다. 우주의 기원과 진화 그리고 생명의 기원과 진화는 전통적 의미의 과학이지만, 유전공학이 주축이 되는 생명공학과 우주 여행이나 우주공학이 핵심적 내용을 이루는 항공우주공학은 전통적 의미의 과학보다 과학기술로 보는 것이 더 합당하다. 오늘날 과학기술은 과학과는 다른 측면에서 종교에 도전하고 있다. 전통적 의미의 과학이 성경의 말씀과 그리스도교 교리에 도전하고 있다면, 현대의 과학기술은 인류 공동의 집인 지구를 파괴하고 오염시켜 하나님의 지고한 위엄을 훼손함으로써 인류의 생존마저 위협하고 있는 실정이다.

이 책을 지은 근본적인 목적은 두 가지다. 첫 번째로 종교와 과학의 관계에 대한 비교에서, 성경 창세기의 창조에 관한 함의나, 경우에 따라서는 그것마저 문자적으로 해석한 창조의 개념과 찰스 다윈(Charles R. Darwin, 1809-1882)의 진화론 또는 빅뱅을 비교하는 관례를 벗어나고 싶었다. 즉 성경 전체나 신학적 맥락에서 우주의 기원과 진화 또는 생명의 기원과 진화를 바라보고, 특정한 과학적 이론이나 개념이 아니라 과학의 본성에 관한 관점에서 성경의 창조 이야기나 신학적 의미의 창조와 더불어 종교나 신학과 대비되는 과학적 개념 또는 이론의 속성을 해석하고자 하였다. 두 번째로 종교와 과학의 관계에 대한 논의의 주제로 과학기술과 생태신학을 새롭게 내세우기 위해서다. 지구의 오염과 기후 변화는 과학보다 과학기술의 남용으로 유발되고 있지만, 과학/과학기술계보다 정치·사회·종교계에서 더 많은 관심을 끌고 있다. 그러나 생태신학에서는 과학기술로 야기된 환경생태학적 문제에 많은 관심을 보이지 않는 상황이다.

　　이 책은 전반적으로 과학과 신학이 각자 본성에 관한 현대적 관점에서 각각의 본성적 맥락으로 치장된 서로를 바라볼 수 있도록, 전통적 과학의 그리스도교에 대한 도전 과정, 과학과 과학기술의 본성, 그리스도교 신학의 본성, 과학 및 과학기술 시대의 그리스도교 신앙으로 나누어 엮었다. 첫째 장 '그리스도교에 대한 과학의 도전'에서는 종교에 대한 과학의 전통적 도전과 그 과정을 자연철학, 종교와 신학, 철학과 과학철학, 과학의 관점에서 살펴볼 수 있도록 했다. 둘째 장 '과학과 과학기술의 본질'에서는 현대적 의미의 과학의 본성, 과학의 구성요소의 종류와 그것들의 본질적 특성, 과학기술의 대두 배경과 그 의미 및 속성에 관한 자료를 정리하였다. 셋째 장 '그리스도교 신학의 특성'에서는 신학의 대상인 종교, 신앙과 믿음, 성경의 특성과 아울러 신학 그 자체의 의미와 속성을 종합적으로 인식할 수 있게 엮었다. 넷째 장 '과학 및 과학기술과 그리스도교 신앙의 화해'에서는 그리스도교 신앙의 도전에 영향을 미치는 과학·과학기술·생태신학, 과학 시대 및 과학기술 시대에 필요한 그리스도교 신앙과 바람직한 그리스도교 신앙에 관해 파악할 수 있게 조직하였다.

　　이 책은 지은이들이 직접 수행한 연구를 통해 수집한 자료가 아니며, 연구 자료에 대한 해석도 아니고, 그 자료를 바탕으로 도출한 결론은 더더욱 아니다. 가톨릭 자료와 개신교 자료를 통합하기 위해 주제별 관점이나 견해를 가능한 한 많이 모아보자는 의도에서 이미 발표된 자료를 정리하고 요약하여 엮은 것이다. 오로지 이런 목적에서 자료를 수집하여 엮다 보니 장별 또는 절별 구조에 있어서 논리적 연결이 합리적이지 않거나, 내용과 관련하여 맥락의 흐름이 매끈하지 않은 부분이 많을 수밖에 없었다. 그렇지만 모은 것을 모두 무조건 수집한 대로 엮은 것이 아니라 미세하게나마 차이가 있는 자료들만 뽑아서 나열하고자 했다. 그러므로 자료 간의 미세한 차이를 인식하지 못하면 읽기에 지루하고 따분해질 수도 있을 것이다. 그럼에도 불구하고 독자들이 자료를 읽고 이해한 대로 각자 견해를 정리하여 보기를 기대하면서 그렇게 엮었다.

이 책은 종교와 과학의 관계에 대해 호기심을 갖고 처음 접근하려는 일반 그리스도교 신앙인과 전문적 관심을 가지고 깊게 연구하고자 하는 신학자를 주 독자로 염두에 두고 '종교와 과학의 관계'를 다루는 일반 입문서(general introduction) 형태로 구성하였다. 그리하여 과학과 종교를 이해하는 데 필요한 과학적·과학철학적·신학적·종교학적 주제에 관한 자료와 정보를 대부분 포함시키고자 노력하였다. 이런 측면에서 보면 이 책은 가톨릭 신학교나 개신교 계열 신학교의 '종교와 과학'에 관한 강좌의 교재로 쓰거나 편람(handbook) 또는 자료집으로 이용할 수도 있을 것이다. 종교와 과학에 관한 세부적이고 전문적인 주제가 대부분 포함되어 있을 뿐만 아니라 그것들을 역사적으로 배열하고 각 주제별 요점을 정리해두었기 때문이다. 다만 이 책에는 지은이들과 다른 관점에서 논란이 되고 있는 소위 '창조과학'과 '지적설계론'에 관한 자료나 해설은 포함시키지 않았다.

세 지은이는 모두 하나님께 감사드린다. 하나님은 우리로 하여

금 당신과 당신의 자기 계시에 관해 생각해보고, 창조주 당신과 당신이 세상에 내어주신 피조물의 관계를 살펴본 다음, 그에 관한 책을 엮어보도록 인도하여 주셨다. 종교와 과학의 본성, 종교와 과학의 관계에 관해 연구하고 그 내용을 책과 논문으로 발표해온 과학자·신학자·사제들에게도 감사를 드린다. 그들의 연구와 업적 덕택에 우리가 종교와 과학의 관계에 관한 인식론적·존재론적 틀을 구성할 수 있었다. 또한 최경희 이화여자대학교 전 총장에게 특별히 감사를 표한다. 최경희 전 총장은 이 책의 얼개를 구성할 때 개신교 입장과 가톨릭 입장을 통합하는 방향에 관해 조언해주었으며 원고를 검토해주었다. 그리고 어느 누구보다도 과학과 종교의 관계에 대해 많은 관심을 가지고 이 책을 읽는 독자에게 깊이 감사드린다. 이 책을 읽고 더 좋고 바람직한 책으로 거듭날 수 있도록 조언하고 비판하여 주면 더욱 고맙겠다. 마지막으로 이 책의 출판을 흔쾌히 허락한 새물결플러스 김요한 대표, 너그럽고 자상한 마음으로 이 책의 출판 과정을 안내한 왕희광 편집장, 그리고 명료하고 깔끔하게 교정을 보아준 나유영 편집자에게 특별한 감사를 드린다.

지은이 조희형 비오

임창세 목사

최승언 목사

제1장

그리스도교에 대한 과학의 도전

종교에 대한 도전적 세계관은 소크라테스(Socrates, 기원전 470-404) 이전의 원소설(element theory)에서도 볼 수 있듯이, 고대 그리스 시대의 초기에 이미 형성되었다. 밀레토스의 탈레스(Thales of Miletus, 기원전 약 625-545)를 비롯한 고대 그리스의 이오니아(Ionia) 철학자들은 자연에 대해 청동기 시대의 우주관보다 더 비인격적인 생각을 갖고 있었다. 소크라테스 이전의 자연철학자들은 천체를 강력한 힘이 있는 인격적 존재가 아니라 단단한 물질적 객체라고 가정하면서, 자연을 신과 연관시키지 않으려고 했다. 고대 그리스 시대에는 신을 추상적이고 영적인 존재로, 자연 세계를 더욱 비인격적이고 물질적인 존재로 인식하였다. 신의 기능을 비가 내리게 하거나 풍년이 들게 하는 것에서 인간의 영적 행복을 위한 역할로 최소화한 것이다.

종교에 대한 과학의 본격적인 도전은 자연철학으로부터 철학, 과학, 신학이 갓 분리된 14-16세기 르네상스/문예부흥 시대에 시작되었다. 고대 그리스 시대부터 근대 과학이 등장하기 직전의 중세까지는 종교가 당시의 자연철학을 압도하였다. 1630년대에 갈릴레오 갈릴레이(Galileo Galilei, 1564-1642)에 대한 종교재판이 종교가 과학을 제압한 대표적 예다. 르네상스 운동이 일어나게 된 첫 번째 배경은 그런 종교적 억압에서 탈피하려는 과정에서 신보다 인간을 중요시한 인문주의(humanism)의 대두였다. 인문주의에 이어 16-17세기의 과학혁명을 거치면서 계몽주의(enlightenment)와 이성주의·경험주의·유물론에 기반한 자연주의(naturalism)가 나타났으며, 그때부터 자연 세계가 과학적 탐구의 대상으로 받아들여졌다. 또한 르네상스와 과학혁명 과정에서 대두한 과학주의(scientism)는 자연주의보다 한 걸음 더 나아간 과학만능주의 또는 과학지상주의를 표방하면서 종교와 전면적 충돌을 초래하였다.

르네상스의 대두를 촉발한 인문주의는 신의 존재를 부정하는 근대 인문주의와 달리 신과 인간의 관계를 추구하였다. 르네상스 인문주의는 신을 믿거나 따르지 않더라도 영적 욕구나 감정적 필요가 충족될 수 있다고 보았으며, 인간을 철학적 사유의 근원과 실체에 대한 설명의 주체로 간주하고 그 실존과 존엄을 중요시하였다. 자연주의는 근대 인문주의를 포용함과 동시에 계몽사상이 합리주의와 주지주의에 지나치게 경도되어 있다고 비난하고, 정신 현상과 영혼(soul)을 포함한 모든 존재와 현상을 자연의 산물로 생각하였으며, 그것들을 근대에 발견·개발된 과학적 방법으로 탐구하려 하였다. 기계론적 세계관(mechanical worldview)은 과학혁명 과정을 거치면서 목적론적 세계관(teleological worldview)을 대체하고, 절대자보다 인간·이성·자유를 과학의 방법론적 출발점으로 삼았으며, 그에 따라 과학주의가 태동하는 배경이 되었다. 상대주의와 관념주의에 이론적 배경을 둔 현대의 과학철학과 과학 시대를 이끄는 과학 및 과학기술은 과거 어느 때보다도 훨씬 더 깊고 넓게 그리스도교 신학과 신앙에 대한 도전으로 다가오고 있다.

신의 의미는 철학·신학·과학과 함께 변해왔다. 과학과 신학은 하나님의 존재에 대한 가정을 전제로 종교와 과학간의 관계를 설명하였다. 신학에서는 신 존재 증명(proofs for the existence of God) 방법으로 임마누엘 칸트(Immanuel Kant, 1724-1804)도 거론한 우주론적 논증, 도덕적 논증, 목적론적 논증, 존재론적 논증을 해설한다. 칸트는 순수이성 비판에서 기존의 신 존재 증명을 비판하면서 실천이성 비판에서 도덕론적 신 존재 증명을 제시하고, 판단력 비판에서는 우주론적 증명을 긍정한다. 토마스 아퀴나스(Thomas Aquinas, 1224?-1274)는 신 존재 증명 방법으로 운동, 능동인, 우연과 필연, 완전성, 설계를 적용한 다섯 가지 길을 제시하였다. 그리스도교 신학에서는 신 존재 증명 방법을 이성, 경험, 신앙에 의거한 방법으로 분류하며, 『가톨릭 교회 교리서』(한국천주교주교회의)에서는 그것을 '일관성과 설득력을 가진 논증'이라는 의미의 '하느님의 존재 증명'이라고 부른다. 리지 헨더슨(Lizzie Henderson)과 스테프 브라이언트(Steph Bryant)는 그들의 저서 『하느님과 과학에 대한 101가지 질문』에서 예수 그리스도가 하느님이 있다는 가장 확실한 증거라고 밝힌다.

1. 철학과 과학철학

철학이 발전해온 역사적 과정은 철학이 과학과 신학의 근원이었음을 보여주기도 한다. 고대 그리스 철학의 주된 대상은 소크라테스 이전에는 자연이었고, 소크라테스 시대에는 혼으로 불리기도 하는 인간의 영혼이었으며, 소크라테스 이후에는 자연과 인간의 영혼(soul) 둘 다였다. 고대 그리스 시대의 철학과 과학은 통틀어 자연철학으로 일컬어진다. 용어로서의 자연철학은 근대 과학이 형성되기 이전의 철학적·과학적 과제뿐만 아니라 신학적 주제를 말할 때 주로 사용되었으며, 오늘날에도 근대 이전의 과학 또는 철학과 관련된 용어를 가리킬 때 쓰인다. 고대 그리스 시대부터 근대 이전 중세의 지배적 철학이었던 자연철학은 그리스도교 사상이 주류를 이룬 상황에서 철학과 과학 외에 신도 그 탐구의 대상으로 삼았다. 교부철학과 스콜라철학을 통칭하는 그리스도교 철학으로 대표되는 중세 철학의 형이상학과 대조적으로, 근대 철학에서는 지식과 그 기원을 대상으로 다룬 인식론이 주류가 되었다.

철학은 과학에서 그 존재를 가정하는 물질의 본성과 신앙적 믿음의 대상인 하나님의 본체를 동시에 다루어 과학과 신학의 토대가 되었을 뿐만 아니라 두 영역을 연결하는 다리 역할을 하였다. 철학·과학·신학 사이의 이러한 관계를 잘 이해하기 위해서는 과학과 철학의 관계, 과학과 종교의 관계, 종교와 철학의 관계, 성경 내용을 기술한 언어와 문자들의 의미뿐만 아니라 그 언어와 문자가 전하는 참뜻을 명확하게 이해해야 한다. 또한 그러기 위해서는 고대 그리스 자연철학, 중세 철학과 자연신학(natural theology), 근대 철학, 현대 철학 및 과학철학의 특성과 아울러 철학이 시대별 단계에 따라 발전해 온 상황도 잘 알아두어야 한다. 종교 또는 신학과 과학 사이의 갈등 이나 호의적 관계는 고대 그리스의 자연철학과 중세 철학뿐만 아니 라 자연신학을 통해서도 쉽게 파악할 수 있다. 또한 과학과 신학의 관계 및 그 속성과 차이를 잘 알고 이해하기 위해서는 근대 철학과 근대 과학의 특성부터 파악할 필요가 있다.

1) 고대 그리스 철학: 자연철학의 기원과 발달

기원전 6세기의 고대 그리스 자연철학자들은 자연 세계에 대해 탐 구하고, 당시에 세계와 인간이 어떻게, 왜 지금처럼 생겨나고 현재와 같은 모습을 지니는지에 관한 설명을 추구하는 전통을 확립하였다. 이런 주제가 지금은 철학과 과학의 영역에도 포함되어 있지만, 원래 신비와 종교의 영역에 속해 있었다. 고대 그리스 자연철학의 또 다른 핵심 주제는, 자연의 모든 현상과 사물을 연결하는 원인과 효과의 관 계 가운데 맨 첫 번째 원인인 제1원인(the first cause)과 만물이 파생되 는 기본물질인 원소였다. 당시의 자연철학자들은 변화와 그 과정을 실체로 인정한 학파와 영원히 불변하는 기본물질을 실체라고 주장 한 학파로 나뉘었다.

고대 그리스 자연철학에는 천문학·생명과학·의학 위주의 과학 과 인식론·윤리학·존재론의 철학 이외에 수론·기하학 중심의 수학 도 포함되어 있었다. 자연철학은 자연에 관한 사색적 철학이었다. 소 크라테스 이전 학파, 헬레니즘(hellenism) 사상을 수용한 스토아 학파 (stoicism), 헬레니즘 사상 이후의 신플라톤주의(neoplatonism)는 모두 과학과 신학뿐만 아니라 종교와도 깊은 연관을 맺고 있었다. 고대 그리스에서는 세계가 한 본질로부터 생겨난다고 가정한 일원론이 주류 철학이었으나, 점차 여러 본질에서 유래한다고 추정한 다원론도 나타났다. 근대의 자연철학은 19세기에 '과학'이라는 이름이 붙여지기까지 과학을 가리키는 말로 쓰였다.

(1) 소크라테스 이전의 자연철학

최초의 자연철학자인 탈레스는 일원론자(monist)로서 기본물질로 '물'을, 아낙시만드로스(Anaximander, 기원전 611-547)는 신성(theion)과 무한하고 부정(不定)한 무한자(apeiron)를, 아낙시메네스(Anaximenes, 기원전 약 550-475)는 '공기'를 제시하였다. 이들은 모든 물질 안에 본질적 존재가 있다고 주장하는 물활론(hylozoism)을 지지하였다. 피타고라스(Pythagora, 기원전 582-500)는 만물의 근원으로 신적 기원이 된다고 믿은 '수'(數)를 제시하였다. 크세노파네스(Xenophanes, 기원전 570-480)와 파르메니데스(Parmenides, 기원전 510-450)는 "무에서 존재가 나올 수 없고 존재하는 것은 없어지지 않는다"는 공리에 의거하여, 우주 만물의 근원으로 우주의 지배자이자 영원하며 가장 강력한 힘을 가진 하나뿐인 존재(Being)라는 신을 제시하였다. 헤라클레이토스(Heraclitus, 기원전 535-475)는 크세노파네스의 견해를 부정하면서 기본물질로 '불'을 제시하고, 자연의 모든 변화는 규칙성과 균형에 의해 지배된다고 주장하였다. 그는 변화(change)를 실체(reality) 또는 본체(entity)로 보는 입장에서 "같은 강을 두 번 다시 들어갈 수 없다"라는 말로 자신의 실체론적·본체론적 신념을 강조하였다.

다원론자인 엠페도클레스(Empedocles, 기원전 약 500-430)는 만물의 근원이 되는 '물·불·공기·흙'의 네 가지 기본물질과 아울러, 그 물질의 결합과 분리의 원리로서 생성되지 않으며 사라지지도 증가하지도 소멸하지도 않는 '사랑과 미움'이라는 두 가지 힘을 제안하였다. 물질은 사랑의 힘으로 결합하고, 미움으로 분리된다는 생각이었다. 힘에 의한 기본물질의 결합과 분리는 생물의 적자생존을 암시한다. 아낙사고라스(Anaxagoras, 기원전 488-428)는 자존적 정신(누스, nous)을 세상과 원소들의 혼돈에 질서를 부여하는 정신 또는 운동의 원리로 보았다. 그리고 모든 것이 모든 것 안에 무한히 작은 요소로 되어 있으며, 무한하게 작은 요소는 씨로서 그것으로부터 모든 생물과 모든 물체가 생긴다고 주장하였다. 원자론자인 레우키포스(Leucippus, 활동 시기 기원전 440)와 데모크리토스(Democritus, 기원전 약 460-380)는 기본물질로 더 이상 쪼개지거나 그 안에 빈 공간이 없는 '원자'(atom)를 제시하였다. 레우키포스가 시작하고 데모크리토스가 완성한 원자론은 원자들이 일정한 비율로 결합하여 온갖 물체가 생긴다고 설명하는 기계론적 이론이다.

페리클레스(Pericles, 기원전 약 495-429)의 권유에 의해 아테네로 옮겨온 아낙사고라스는 천체가 지구를 구성하는 물체와 비슷하며, 피타고라스 학파가 생각하고 있는 만큼 신성하지는 않다고 주장하였다. 그는 그의 주장 때문에 불경죄로 기소되기도 하였지만, 달이 스스로 빛을 내는 것이 아니라 빛을 반사한다고 주장하고 달의 그림자에 의한 식(蝕) 현상을 처음으로 제시하였다. 아낙사고라스는 모든 물체가 그 안에 있는 마음 또는 영혼에 의해 움직인다고 주장하기도 하였다. 그와 더불어 에피쿠로스(Epicurus, 기원전 342-270)도 달은 지구와 마찬가지로 신성하지 않다고 주장하였다. 에피쿠로스는 원자론을 부활시켰지만, 원자론을 자연의 설명과 이해에 적용하기보다는 종교를 공격하는 데 이용하였다. 에피쿠로스 학파는 무신론적 입장에서 그리고 신의 섭리를 부정함과 동시에 신정론(theodicy)을 거부하는 입장에서, 사도행전 17:18에서와 같이 스토아 학파와 함께 아테네의 아레오파고스(Areopagos) 언덕에서 사도 바울과 논쟁한 일화가 유명하다. 아레오파고스 언덕의 한 바위에는 바울의 연설 내용(행 17:16-34)이 음각된 동판이 붙어 있다.

플라톤(Plato, 기원전 427-347)과 아리스토텔레스(Aristotle, 기원전 384-322)는 소크라테스 이전의 자연철학자들을 우주의 실체를 과정 또는 변화로 본 자연철학자와 영원히 불변하는 안정(stability)으로 인식하는 자연철학자로 구분하였다. 원자론자들은 변하지 않는 안정을 실체로 보았으며, 헤라클레이토스는 본체나 본질을 알 수 없는 과정 또는 변화를 만물의 실체라고 생각하였다. 소크라테스 이전의 자연철학들은 자연현상에 관한 신화적·종교적 해석을 거부하고 이성적으로 이해하려 하였다. 그들의 주된 관심은 우주와 물질에 있었으나 물질세계의 기원과 본질에도 많은 관심을 가지고 탐구하였기 때문에, 우주철학자 또는 박물학자로 일컬어지기도 한다. 소크라테스 이전 학파와 소크라테스 학파 대다수는 우주적 차원의 합리적 원칙에 따라 우주의 질서가 유지된다고 믿었다. 일반적으로 과학에서 본질적 질문을 심도 깊게 할수록 철학적 물음 또는 신학적 물음이 되는데, 당시의 기본물질은 철학적 사고의 대상이었으며, 기본물질로부터 만물이 생성되는 과정은 창세기 1장에도 기록되어 있듯이 유로부터 유의 창조라는 현대적 뜻이 함의된 신학의 대상이었다.

(2) 소크라테스 이후의 자연철학

소크라테스와 플라톤 시대까지만 해도 자연철학자들은, 이성적으로 설명할 수 없었던 자연현상들을 아직 체계적으로 이론화되지 않았던 다신론적인(polytheistic) 종교적 관점에 의거하여 설명하려 하였다. 소크라테스는 당시 전통적 의미의 신에 대한 믿음(belief)이 없었다. 그는 신앙(faith)보다 철학에 더 큰 관심을 가지고, 자연에 대한 이해보다는 인간과 인간사회의 질서를 더 중요한 철학적 과제로 다루었다. 소크라테스는 자연철학을 공부하기는 하였지만, 그 과정에서 이해한 육체-영혼의 이원론을 유지하면서 그보다 전시대의 자연철학자들이 펼친 기계론적 세계관은 거부하였다. 소크라테스는 원래 철학적 사고의 관심과 대상이었던 자연철학보다 윤리적·정치적 문제에 더 많은 관심을 가졌다.

플라톤은 그의 스승 소크라테스를 따라 사물의 수학적 속성을 신적 기원의 출처로 보았으나, 소크라테스와 다르게 신들을 선한 이성 자체로 믿었다. 또한 천체를 일정하게 완전한 원운동을 하는 신성하고 고귀한 실체로 본 피타고라스 학파의 견해를 발달시켜, 우주 질서를 기계적 과정이나 말씀을 통해서가 아니라 초월자에 의한 행위의 결과로 보는 등 자연철학을 초자연적 영역으로까지 확대해 진전시켰다. 플라톤은 창조주가 이미 형성한 지적설계를 실현하여 혼돈(chaos)으로부터 질서를 세웠다고 주장한 것이다. 플라톤은 그의 『대화』에서 자연의 설계에 관해서도 기록하였다. 플라톤은 지적설계가 실제로 실현되는 과정에는 관심을 보이지 않으면서, 그 과정이 자연적으로 진행된다고 생각하였다. 그런데 지적설계가 실현되는 과정은 플라톤이 일반적으로 생각한 인과율보다 더 우선적이었다. 초기의 지적설계 지지자인 플라톤에 따르면, 모든 사건은 지적 존재가 형성한 합리적 목적과 설계에 따라서 일어난다. 플라톤은 또한 기본물질을 선의 이데아(idea)로 보았으며, 그런 관점에 의거하여 지식을 불변하는 속성으로 보아야 한다고 주장하였다.

아리스토텔레스는 4원소설과 질료형상론(hylomorphism)을 제시하며 세계는 변하지 않는 기본물질과 기본물질로 만들어진 변하는 물질 및 물체들로 이루어져 있다고 가정한 고대 그리스 시대의 세계관을 상세하게 설명하였다. 아리스토텔레스에 따르면 하늘과 땅의 기본물질은 다르다. 땅의 기본물질은 제자리로 돌아가려는 운동을 하는 흙·물·공기·불이며, 하늘의 물질은 다섯째의 순수한 물질로서 하늘의 공간을 꽉 채우고 있는 에테르(ether)라고도 불리는 제5원소다. 자연세계의 모든 사물은 이 네 가지 기본물질이 화합하여 이루어지고, 세계는 질료(matter)와 형상(form)이 결합된 채 존재한다. 원인은 제1물질에서 사물이 만들어지는 질료인/물질인, 제1물질에 설계·양상·형식을 부여하는 형상인/형식인, 설계를 실현시키는 기제(mechanism)를 제공하는 운동인/효과인, 목적에 따라 대상을 설계하게 하는 목적인의 네 가지 유형으로 구분된다. 네 가지 원인 가운데 형식인은 특정 목적에 따라 만들어지는 모든 물체와 그 과정에 내재되어 있다.

아리스토텔레스는 사물의 운동 양식을 빌려 나름 자신의 신 존재에 관한 논증을 펼쳤다. 그는 다른 것을 움직이게 하면서 스스로는 움직이지 않는 부동의 원동자인 '제1원인'이 있어야 한다고 보고, 그것을 신이라고 하였다. 아리스토텔레스는 지적설계와 목적을 자연에서 일어나는 모든 과정의 형식적 안내 원리라고 가정하였다. 또한 물체가 움직이면 공기가 즉시 그 뒤의 공간을 채워 진공이 존재하지 않는다고 주장하기도 하였다. 아리스토텔레스의 자연철학은 세계를 주어진 것으로 보고 그 구조가 필연적인 것이라고 설명하였다. 아리스토텔레스의 자연철학과 프톨레마이오스(Ptolemy, 85-165)의 천동설은 17세기 갈릴레이가 그들의 우주관을 부정하기까지 인간의 경험을 설명하는 기본적 틀로 이용되었다.

(3) 스토아 철학

고대 그리스의 스토아 철학(stoics/stoicism)은 논리학, 물리학, 윤리학으로 대별되며, 헬레니즘 시대에 생겨나 전기 로마 시대까지 당대 철학을 대표하였다. 제논(Zeno, 기원전 335-263?)이 아고라에서 창시한 스토아 학파는 보편적 이성을 중요시하고, 논리학과 관련이 있는 명제논리를 개발하였다. 스토아 철학은 인간을 포함한 모든 생명체를 신이 통제한다는 가정을 전제로 천체의 신성을 강조하였으며, 인간을 우주의 미시적 복사체로 인정하고, 인간보다 큰 세계나 작은 세계 모두 절대적 힘의 지배를 받는다고 주장하였다. 또한 우주를 관장하는 주체와 관련하여 아리스토텔레스는 원동력(primum mobile)을 꼽은 반면, 이들은 태양을 제시하였다.

스토아 학파에서는 지각을 참지식의 바탕으로 믿고 지각 자료를 이용하면 연구하고 있는 주제의 구조와 내용을 완전하게 기술할 수 있다고 생각하였다. 윤리학 분야에서는 금욕적 삶을 중시하며, 덕을 유일한 궁극적 가치로 가정하고, 결정론적 견해와 운명론을 받아들였다. 스토아 학파는 이성을 따르는 삶을 중요시하고 신의 섭리를 믿으면서도 신을 초월적 존재가 아니라 마음 안에 있는 존재로 간주함으로써 바울과 심한 토론을 벌이기도 하였다. 바로 앞 소절에서 기술하였듯이, 바울이 에피쿠로스 학파와 더불어 스토아 학파와 함께 (행 17:18) 그리스도교의 하나님과 교리에 관해 토론하고 "아덴 사람들아,…알지 못하는 신에게라고 새긴 단도 보았으니…너희가 알지 못하고 위하는 그것을 내가 너희에게 알게 하리라"(행 17:22-23)와 같이 선교한 흔적이 아레오파고스 언덕에 남아 있다.

고대 그리스 자연철학을 기반으로 형성된 스토아 철학의 존재론적·형이상학적 주제도 자연철학에서 다룬 것이 대부분이다. 논리학과 윤리학에서도 그 존재론 및 형이상학에서 다룬 주제를 활용하였다. 스토아 철학은 기본적으로 유물론 특히 물질주의로서 오로지 육체만 존재한다고 보았으며, 심지어 영혼과 지혜조차도 육체의 한 속성으로 보았다. 자연현상을 제1차 물질 프네우마(pneuma), 공기·물·불·흙의 네 가지 기본물질, 우주에 작용하는 능동적 원리와 소극적 원리로 설명하였다. 스토아 철학에서는 신을 능동적 원리에 합당한 육체적 속성으로서 계획에 따라 물질을 구체화하는 불 또는 숨을 설계하는 영원한 이성이나 지성으로 특징짓는다. 신은 살아 있는 존재로서 우주에 없는 곳이 없다. 스토아 학파는 형이상학과 논리학의 공동 주제인 인과율적 결정론 입장에서 현재의 사건이 과거의 사건에 의해 결정되었다고 주장한다. 또한 모든 원인은 각각 무형의 어떤 것의 원인이 된다고 가정한다.

스토아 철학은 신플라톤주의의 대두와 그리스도교 신학의 발전에 절대적인 영향을 미쳤다. 알렉산드리아의 클레멘스(Clement of Alexandria, 150-약 215)와 그의 제자 오리게네스(Origen, 185-253)는 스토아 철학을 기반으로 그리스도교 교의와 결합하여 그리스도교 신학을 체계화하였다. 그리하여 그리스도교 철학의 아버지로 일컬어지게 된 클레멘스는 여러 고대 그리스 학파의 철학 가운데서도 플라톤 철학을 최초로 받아들이고 그 논리적 전개와 철학적 용어를 이용하여 그리스도교의 진리를 해설·제시하였다. 클레멘스는 신적 속성들 가운데서도 자족성·초연성·불변성·자유·초월성·신성을 특별히 강조하였다.

한편 탁월한 성경 주석가로 알려진 오리게네스는 성경에서 문자적·윤리적·신비적 의미를 찾아내어 제시하고, 성경을 해석하기 위한 근본 기준으로 그리스도를 제시하였다. 오리게네스는 만물의 원인이 하나님의 본성에 있다는 생각으로부터 시작하여, 하나님을 단순한 지성적 본성, 물질세계를 초월하면서 인간 지성의 이해를 뛰어넘는 존재, 본성을 형언할 수 없으며 본질을 정의할 수 없는 분으로 제시한다. 오리게네스는 하나님이 자유의 원리에 따라 피조물을 만들었다고 주장하고, 인간은 주어진 자유의지에 따른 이성을 토대로 선악을 판단하고 선을 선택함으로써 악을 피한다고 보았다. 또한 이단에 맞서 그리스도의 신적이고 인간적인 이중적 본성을 확고하게 주장하기도 하였다.

초기 연금술 시대의 지배적인 철학이었던 스토아 철학은 자연의 모든 물체가 살아 있고 성장한다고 믿었다. 스토아 철학과 당시 종교에서는 정신이 윤회한다는 플라톤의 믿음, 즉 한 물체의 형식과 특징은 죽음과 부활을 통해 다른 물체로 이동한다는 견해를 받아들여, 한 물체가 지니는 형식이나 특성은 죽음과 부활이라는 과정을 통해 다른 물체로 전달된다고 생각하였다. 당시의 화학자들은 종교적 예식 절차인 탄생-죽음-부활에 대응되는 화학적 변동 과정을 연금술의 절차로 적용하였다. 연금술은 자연철학적 관점에서 이루어진, 오늘날의 공학에 비견되는 기술로 여겨질 수도 있지만, 기본적으로 비과학적인 기교(技巧)였다.

(4) 신플라톤주의

신플라톤주의는 3세기에 플로티노스(Plotinus, 204-270)가 플라톤의 이데아 사상, 운동과 생성에 관한 아리스토텔레스의 견해, 그리고 우주를 유기체 또는 생물체로 보는 스토아 학파의 세 가지 관념을 종합한 철학사상 체계다. 이렇게 플로티노스가 주창한 신플라톤주의는 플라톤·아리스토텔레스·스토아 철학사상의 단순한 융합체에 그치지 않고 종교적 속성까지 깊숙이 받아들였다. 그 결과 나중에는 신플라톤주의가 플라톤주의보다 더 강한 그리스도교적 색채를 지니게 되었으며, 고대 로마 제국 말기에는 그리스도교의 대체 신앙으로 받아들여지기도 하였다.

　　고대 그리스의 마지막 자연철학 학파인 신플라톤주의는 신을 우주의 궁극적 원리로 간주한다. 신플라톤주의는 무한한 관념으로 인식된 일자(The One)의 세계로부터 인간·생물체·물체와 같은 유한한 형식의 세계를 추상화하는 방식으로 영혼과 육체의 결합을 통한 일체화를 설명한다. 신플라톤주의의 유출설(流出說/emanationism)에 따르면 자연의 실체는 절대자인 '일자'(the First)에서 정신과 영혼을 거쳐 나온다. 일자는 만물의 본원으로서 신의 존재를 초월하며 인간에게 알려질 수도 없다. 일자에서 정신(spirit=pneuma)으로 일컬어지는 누스(nous=mind)가 나오고, 누스에서 세계혼(world soul)이 나오며, 세계혼에서 물질화되려는 경향에 따라 인간의 영혼(psyche=soul)을 포함한 각개의 영혼이 유출되어 모든 사물이 형성되고 결국에는 코스모스가 완성된다. 한편 인간의 영혼에는 물질적이고 일시적인 세상에서 영적이고 영원한 일자 또는 신에 도달하려는 의지가 있다. 신플라톤주의는 창조를 이와 같이 주장함으로써 만물의 생성에 작용하는 하나님의 섭리를 부정하였다.

　　신플라톤주의자들은 처음부터 창조론자가 아니었다. 신플라톤주의자들의 주장에 따르면 사고와 실체/본질 또는 이상과 형식은 서로 구분되며, 우주는 현상계와 이데아계로 나뉜다. 이데아계는 궁극적인 존재론적 실체이자 설명 원리인 일자, 곧 신, 누스 또는 정신(the intelligence), 프시케의 세 원리로 구성된다. 신플라톤주의는 아우렐리우스 아우구스티누스(Aurelius Augustinus, 354-430)의 철학과 신학에도 영향을 미쳤다. 아우구스티누스는 『신국』에서 악이 신 안에 존재하지 않으며 신이 만든 것도 아니고 악은 신의 본질인 선의 결핍이라고 기술하였다.

(5) 자연철학의 대상과 영역

현대 과학사와 과학철학에서는 과학의 기원을 고대 그리스 시대에 둔다. 고대 그리스 시대에는 자연철학에서 자연과 인간의 영혼 둘 다를 추구하였기 때문이다. 고대 그리스 시대의 자연철학은 현대적 의미의 과학 또는 신학과 기원을 같이하고, 부분적으로나마 병행 발전하였다. 당시 자연철학자들은 대부분 자연과 영혼을 목적론적 세계관에 따라 추구하였지만, 일부에서는 기계론적 세계관에 따라 탐색하기도 하였다. 고대 그리스 천문학에서도 그 예를 찾아볼 수 있듯이 주제에 따라서는 당대의 자연철학에 과학과 함께 신학도 통합되어 있었다. 고대 그리스 자연철학의 후반기 천문학자들은 천체가 지구보다 더 신성하며, 땅에서는 물체가 상하 직선으로 움직이는 자연운동이 일어나지만 천체는 신성한 하늘에서만 일어나는 원운동을 한다는 목적론적 견해를 주장하였다. 이는 소크라테스 이전의 그리스 자연철학자들이 천체를 물체로 가정하고 천체로부터 신을 분리하여 제시한 기계론적 세계관과 상반된 주장이다.

중세 이후 근대 과학이 발달하기 전까지 자연세계와 물리적 우주는 자연철학의 핵심적 대상이었다. 자연철학은 우주·물질·인과율·기본물질·운동·변화들에 관한 사변적 고찰을 통해 자연세계를 종합적으로 해석하고 설명하였다. 소크라테스 이전의 자연철학자들이 이와 같은 주제를 중심으로 자연세계를 비인격적이고 물질적으로 취급할수록, 신은 추상적이고 영적인 존재로 받아들여졌다. 그런 상황에서 고대 그리스의 자연철학은 종교로부터 분리되기도 하고, 반대로 종교의 영향을 받아 내용이 추가되고 그에 따라 다른 형태로 발달하기도 하였다. 테오프라스토스(Theophrastus, 기원전 372-287)는 장인 전통의 비유를 사용하여 자연에서 일어나는 여러 가지 과정을 설명하였다. 이를테면 금속이 생성되는 과정을 탄생, 죽음, 부활과 같은 준생명 과정과 관련시켜 설명하였다.

고대 그리스의 자연철학에는 자연관 또는 세계관도 포함되어 있었다. 존재론과 형이상학의 창시자인 파르메니데스는 실체를 기본물질과 같이 영원히 불변하는 속성이라고 정의하고, 헤라클레이토스는 끊임없이 변하는 과정에 있는 속성이라고 주장하였다. 파르메니데스 이후의 철학자들은 지각하는 세계가 실제 세계와 다르다고 가정하고, 이성을 진리의 바탕으로 보았다. 데모크리토스와 레우키포스는 실체를 원자의 결합과 분리로 설명하는 기계론적 세계관을 제시하고, 후반기 자연철학에서는 천체의 원운동을 언급하며 목적론적 세계관을 드러냈다. 피타고라스는 수를 궁극적 본체로 가정하는 관념론적 실체관을 드러냈다. 또한 고대 그리스의 자연철학자들은 관찰을 통해 자연세계를 조사하고, 그 결과에 대한 성찰과 그에 바탕을 둔 논리적 추론을 거쳐 결론을 도출하였다.

　　12세기 무렵 유럽에 대학교가 설립되기 이전까지는 자연철학이 대부분 자연사 곧 박물학(natural history)에 관한 백과전서나 편람의 형태로 전해지고 있었다. 당시 자연철학에서는 천문학이나 광학과 같이 수학적으로 기술되는 자연이 자연철학의 범위를 벗어난 영역으로 간주되었다. 한편 자연사 또는 박물학의 자연철학자들이 자연을 조사하고 탐구하는 활동은 대부분 교회 소속의 학교, 수도원, 개인의 후원을 받아 수행되었다. 과학혁명 시기를 거치면서 발견되거나 개발된 과학적 방법과 객관적 실험 방법이 자연의 탐구에 적용됨으로써, 고대에서 중세까지 이어진 자연철학으로부터 철학이 분리되고 자연철학도 자연과학으로 일컬어지게 되었다. 문예부흥기에는 고대 그리스 자연철학이 경험주의 철학의 기초가 되었으며, 문예부흥기 이후에는 실증주의 과학철학의 토대가 근대 과학과 과학적 방법론 및 후실증주의(post-positivism)로 다시 태어났다.

2) 중세 철학: 그리스도교 철학과 자연신학

넓은 의미의 중세 철학은 그리스도교를 주축으로 하는 종교철학을 가리킨다. 좁은 의미의 중세 철학은 로마 제국이 멸망한 5세기 말에 고대 그리스 철학과 그리스도교가 일치하여 생겨난 이래 문예부흥이 시작된 15세기에 이르는 1,000여 년 동안 발달하였던 자연철학을 가리킨다. 자연철학으로서의 중세 철학에는 그리스도교 신학의 특징이 두드러지게 나타났다. 중세의 철학 사상은 계시에 수반되는 그리스도교의 신앙이 진리임을 확인하고, 이성적 판단에 의거하여 도출된 철학적 진리를 인정하면서 그 두 진리의 조화를 추구하였다.

중세 철학은 신을 유일한 절대자로 기술하고, 우주와 만물이 무로부터 창조되었으며 인간에게는 하나님의 모습이라는 특별한 지위와 권위가 부여되었다고 설명한다. 중세 철학자 대부분은 성직자나 교부들이었다. 중세의 철학 학파들 가운데 2-8세기의 교부철학, 3세기에 시작된 그리스도교 철학, 9-15세기의 스콜라 철학, 자연신학을 체계화한 아퀴나스가 세운 토마스주의가 과학 및 신학과 깊은 관련을 맺고 있다. 이 철학들을 거쳐 발달된 중세 철학은 전반적으로 고대 그리스의 합리주의적 자연철학과 대립적이었다.

(1) 교부철학과 교부신학

초기 교회 시대에는 교회가 이교도의 철학적 사변의 도전을 받아, 신앙의 지식과 세상의 지식을 구별하여 신앙의 순수성을 지키려고 했던 뜻을 마음대로 이룰 수 없었다. 고대 그리스 시대의 철학과 종교의 관계에 관심을 가지고 사도들의 설교와 일치하는 정통성을 지닌 변증가들을 교부 또는 '교회의 아버지'(fathers of church)라고 부르기도 한다. 교부들은 종교로 등장한 그리스도교에 대한 그리스 철학의 도전에 맞섰다. 교부시대는 2-8세기의 기간을 말하며, 이 기간에 초기 그리스도교에 관한 연구를 목적으로 삼고 그 결과와 그리스도교 신학을 바탕으로 발달한 그리스도교 철학을 교부철학이라고 한다.

교부철학(patristic philosophy)은 고대 그리스의 철학 사상과 그리스도교의 계시가 교합되어 공유하게 된 영역을 중심으로 설립되어, 당시의 총합적 세계관으로 형성되었다. 교부철학은 그리스도교 신자의 신앙 및 하나님에 대한 바른 개념을 철학적으로 규정하였다. 그리하여 교부철학은 고대 헬레니즘의 유산과 유대교에서 이어받은 그리스도교 신앙이 융합된 사상을 이루어 이성에 의한 석명(釋明)을 허용하지 않는 신비가 그 주축이 되었지만, 어느 정도 이성적인 구조도 갖추고 있었다. 교부철학의 이러한 특성 때문에 중세의 그리스도교 철학이 주류 철학으로 확립되는 토대가 될 수 있었다. 초창기의 교부철학에는 헬레니즘 같은 이교도 철학도 포함되어 있어서, 그리스도교 신앙을 이교 세계에 종속시키려는 과정에서 충돌이 일어나기도 하였다. 가톨릭 신학에서는 2-8세기 말 사이에 융성한 교부철학과 9-15세기 말 사이에 번성한 스콜라 철학을 통틀어 그리스도교 철학(christian philosophy)이라고 일컫는다.

그리스도교 철학은 자연이성(natural reason)에 의거하여 종교적 신념을 이성적으로 확실시하거나 신앙의 진리를 합리적으로 정당화하는 데 목적이 있었다. 자연이성은 종교적 신념에 의존하지 않고, 논리적 추리에 기반한 합리적 논증 또는 비논리적인 직관을 따르는 이성을 뜻한다. 그리스도교 신학과 그리스도교 철학은 그리스도교의 신학적 교의와 철학에 대한 반성에 의해 밀접한 관계를 맺고 있지만, 철학적 반성은 합리적이라는 점에서 차이가 있다. 종교적 문제에 관한 논증에서 적어도 한 명제가 계시에서 도출된 것이면 그 논증은 그리스도교 신학에 속하고, 그렇지 않은 논증은 그리스도교 철학의 영역에 해당된다. 초기 그리스도교 철학은 스콜라 철학과 그리스도교 신학이 형성되는 탄탄한 기반이 되었다.

교부철학이 존재의 구조에 관한 객관적이고 불편부당한 탐구라면, 교부신학(patristic theology)은 존재의 실체론적·본체론적 의미에 관한 탐구다. 그러나 교부철학과 교부신학은 연구 분야가 대부분 같았으며, 연구의 구체적인 방법과 교부학 이론의 해석에 조금 차이가 있었다. 교부신학은 그리스도교 신앙을 이해한 그대로 전한 교부들이 확립한 이론적 체계다. 교부들은 성경의 권위에 주로 의존하였으며, 그들의 신학은 그리스도를 구세주이자 교회의 설립자로 이해하고 수호하는 데 초점이 있었다. 교부신학은 또한 대부분 성경에 대한 주석을 기반으로 탐구되었는데, 성경을 주석하는 도구로 플라톤 철학을 주로 활용하였다.

로마의 클레멘스(Clement, 30?-101?), 안티오키아의 이그나티오스(Ignatius, ?-107) 등 초기 교부들은 성경과 사도들의 설교를 이론적 분석이 없이 해설할 뿐, 그리스도교 신학으로 성립시키지는 못하였다. 제4대 교황 클레멘스는 교회의 위계 제도가 하나님이 정한 것이기 때문에, 평신도는 이에 순명해야 한다고 주장하였다. 주교 이그나티오스는 '가톨릭교회'라는 용어를 최초로 사용하였으며 그리스도를 통한 구원만이 참되다고 주장하였다. 그리스도교와 이교도가 빈번하게 충돌하는 2-3세기에는 이교도 철학을 배척하는 경향과 고대 그리스 철학을 그리스도교 신앙을 위해 적용하는 두 호교론적 경향이 나타났다. 후자의 사변적 호교론의 노선은 알렉산드리아의 클레멘스와 오리게네스에 의해 계승되었으나, 플라톤 사상과 성경의 비유적 해석 및 심원한 신비주의에 빠지는 경향도 나타났다.

이들과 다르게 안티오키아의 아리스토텔레스 학파는 교부시대를 통해 신학의 흐름에 큰 영향을 미쳤다. 아리스토텔레스 학파 중 그리스도교 신학의 발전에 가장 크게 기여한 교부는 아우구스티누스였다. 아우구스티누스는 자기보다 앞서 4세기에 발전되어온 교부 철학을 종합하여 체계화하였고, 난해한 교의적 문제를 명확하게 해명하였으며, 교리와 관련된 지식을 조화롭게 통합하였다. 아우구스티누스가 체계화한 지식은 다시 아퀴나스와 스콜라 철학자들에 의해 통일된 사상적 체계로 구성되었다. 오늘날에는 가톨릭교회의 「계시헌장」에 제시된 바와 같이(10항) 성경과 성전(聖傳)을 그리스도교 신학의 원천으로 간주한다.

(2) 스콜라 철학

중세의 주도적인 사상 체계로 자리잡은 그리스도교 철학은 처음부터 과학과 그리스도교 신앙의 조화에 목적을 두고 형성되었다. 그렇게 형성된 그리스도교 철학은 초기의 스콜라 철학(scholasticism)과 그리스도교 신학의 준비 단계를 거쳐, 차츰 과학과 신학의 상호작용을 중재하는 역할을 할 수 있을 만큼 전문화된 철학으로 발달하였다. 그리스도교 철학은 고대 그리스 철학이 그리스도교 신앙에 합류하여 철학과 종교의 협력 체제로 형성된 것이다. 아우구스티누스는 하나님의 자발적 활동성과 하나님에 의한 한순간적 세상의 창조를 주장하였다. 스콜라 철학은 지식의 사고와 교수의 방법으로서, 고대 그리스 자연철학과 그리스도교 철학을 바탕으로 생긴 그리스도교 신학이 통합된 학문적 총체였다.

중세 후반기 철학의 주류는 고대 그리스 자연철학과 그리스도교 신학의 조화와 종교적 신앙을 통한 이해의 추구에 목적을 둔 9-15세기의 스콜라 철학이었다. 스콜라 철학은 중세 철학으로 일컬어질 정도로 중세 철학의 핵심 철학으로서, 교회의 신앙을 어느 철학보다도 합리적으로 설명하였다. 아우구스티누스는 그리스도교 신앙을 이성적으로 해석하기 위해 신플라톤주의와 플로티노스의 유출설을 받아들여 스콜라 철학의 근간을 정립하였다. 스콜라 철학은 아우구스티누스에 이어 스콜라 철학의 아버지로 불리는 안셀무스(Anselm, 1033-1109)가 그 기초를 닦았다. 그리고 13세기에는 아퀴나스가 그리스 철학의 합리적 양식을 신학적 질문에 적용하여, 즉 아리스토텔레스의 형이상학적 사상을 그리스도교 신학에 도입하여 구체적으로 체계화함으로써 스콜라 철학을 완성하였다. 이렇게 발달되고 완성된 스콜라 철학의 핵심 주제는 신앙과 지식, 이성과 신앙, 종교와 철학, 철학과 신학의 관계 등이었다.

스콜라 철학은 그리스도교 신학에 바탕을 둔 철학적 사상으로서, 진리·인식·이성 등 철학적 문제를 신앙의 관점을 통해 해석하고 하나님의 계시를 통해 이해하였다. 하나님의 존재에 관한 문제도 물질적·과학적 방법이 아니라 그리스도교 신앙에 따라 해결하였다. 이런 특성과 상황 때문에 과학은 신학에 가장 결정적인 도전 분야로 등장하게 되었다. 스콜라 철학의 후반기에는 자연철학에서 종교와 과학이 분리되고 신앙과 이성의 관계가 대립하기 시작하면서, 철학이 점점 더 짙은 이성주의 특성을 갖게 된다. 결국 신앙과 이성의 관계가 프란시스 베이컨(Francis Bacon, 1561-1626)과 르네 데카르트(René Descartes, 1596-1650)에 의해 완전히 분리됨으로써, 스콜라 철학은 이성과 합리성에 기반한 근대 과학이 대두되는 단초가 되었다.

(3) 토마스주의

토마스주의(Thomism)는 14세기 이후 아퀴나스가 그의 철학적·신학적 사상을 종합적으로 체계화한 철학과 신학의 체제 그리고 그 학파를 가리킨다. 토마스주의는 자연과 그 안의 모든 존재를 하나님의 완전한 창조물로 보는 철학적 실재론이다. 아퀴나스는 아리스토텔레스의 철학을 받아들여 아우구스티누스의 신플라톤주의와 함께 그리스도교 신학과 통합하고, 권위보다 경험과 이성에 호소하는 방식을 중요시하여 경험 세계를 사유의 기초와 출발점으로 삼았다. 아퀴나스는 신학에 있어서 계시의 자율성을 선포하면서, 자연의 질서와 초자연의 질서의 근원이 진리 그 자체인 하나님에게 있다고 주장하였다.

아퀴나스는 진리의 출처로서 자연과 초자연의 조화, 각각 자연과 초자연에 관한 진리의 탐구 수단인 이성과 신앙의 조화, 그가 신학의 시녀로 본 철학과 그리스도교 신학의 종합을 바탕으로 하여 토마스주의의 체계를 구성하였다. 그가 철학에 있어서 이성의 자율성을 강조하면서도 철학과 그리스도교 신학을 종합할 때는 신학적 규정을 따랐기 때문에, 토마스주의에는 철학보다 신학이 더 우위에 있다. 아퀴나스는 불멸하는 정신 곧 영혼은 유일한 본질적 형상이며, 인간은 그 영혼과 질료로 이루어졌다고 주장하였다. 그렇게 구성된 인간은 확실하게 증명할 수 있는 지식을 통해 피조물로부터 출발하여 진리 그 자체인 하나님에게까지 도달할 수 있다고 가정하였다. 또한 그는 하나님이 제1의 원동자로서 최초의 원인이며, 절대적이고 필연적인 존재일 뿐만 아니라 자립적 존재라고 주장하였다.

아퀴나스의 『신학대전』에서는 주관적 신앙보다 성경의 '거룩한 가르침'의 객관적 내용과 신앙고백의 내용을 더 중요시한다. 그 성경의 내용은 하나님의 계시를 통해 알려진 것이다. 계시에는 인간의 구원에 필수적 내용들이 포함되어 있으며, 이성으로는 계시를 불확실한 정도로만 이해할 수 있다. 이성은 계시와 은총에 선행하는 전제이며, 신학의 안정성은 계시에 의존한다. 인간은 이해가 나약하여 신을 직관하지 못하기 때문에 신학은 철학적 논증을 사용해야 한다. 이때의 철학은 '계시 가능한 것'에 관심을 가지게 하는 '시녀' 역할을 한다. 20세기 초반에는 토마스주의가 부흥하여 신토마스주의/신스콜라 철학이 전개되었다.

(4) 신스콜라 철학

신토마스주의(neo-Thomism)로 일컬어지기도 하는 신스콜라 철학(neo-scholasticism)은 계몽주의 철학 시기에, 희미하게 변해버린 스콜라 철학 본래의 전통을 다시 계승해야 한다는 염원에 따라 형성된 철학이다. 신스콜라 철학은 19세기 중반에서 20세기 초, 당시 철학 분야의 그리스도교 철학과 신학 영역의 스콜라 철학의 공통적 주제인 물질세계와 관련된 사항을 현대적 사상에 맞추어 융합적으로 부흥시킨 것이다. 신스콜라 철학은 아퀴나스 등의 스콜라 철학 사상과 그 학설로 되돌아가 순수한 토마스주의를 고수하고, 그리스도교 철학을 스콜라 철학의 방법으로 발전시킬 목적에서 일어난 부흥 운동을 가리킨다.

아퀴나스 사상을 포함한 13세기의 스콜라 철학 사상과 토마스주의 학설을 현대화시켜 신스콜라 철학으로 발전시킬 움직임은 그것을 공인한 교황 레오 13세의 회칙이 1879년에 발표되기 이전부터 독일과 이탈리아에서 일어났다. 신스콜라 철학은 근대 철학의 이론적 오류를 비난하면서, 스콜라 사상 가운데서도 물질세계와 관련이 있는 사상과 스콜라 철학의 기본적 원리를 근대 과학과 조화시키고자 하는 목적과 더불어 그리스도교 철학이 일반 대중에게도 널리 받아들여질 수 있게 할 목적에서 형성되었다. 신토마스주의는 순수한 토마스주의를 고수하려 했을 뿐 토마스주의 사상에 새로운 내용을 많이 첨가하거나 크게 발전시키지는 못했지만, 오늘날까지도 가톨릭 신학의 형성과 발전에 결정적 영향을 미쳤다.

19세기 중반 토마스주의의 기본 골격을 중심으로 발달한 가톨릭 철학과 신토마스주의는 근대 과학과 조화를 이루어, 근대 철학의 잘못된 이론 특히 데이비드 흄(David Hume, 1711-1776)의 인과율과 칸트의 지식 이론의 오류를 지적하면서 실증주의 논증과 인식론적 회의론을 거부하는 데 앞장섰다. 신토마스주의는 철학적 입장에서 이성과 신앙을 통해 참지식을 획득할 수 있다고 주장하였다. 자연의 질서는 이성을 통해 인식할 수 있으며 하나님에 관한 진리는 하나님의 계시를 통해 알 수 있다는 주장이었다. 인문주의는 초월자와 계시에 바탕을 두고 있다는 이유로 신스콜라 철학을 거부하였다.

(5) 신론과 유신론적 진화론

가. 신론

신(Deus)은 인간 및 자연과 함께 철학의 주제이지만, 신에 관한 문제는 철학에 앞서 신화에서도 다루어졌다. 고대 그리스의 신화도 세상의 기원을 설명하면서, 혼돈에서 신이 탄생하였음을 암시한다. 현대

신학에서는 유신론(theism)을 일신론(monotheism), 다신론(polytheism), 범신론(pantheism)으로 분류한다. 그러나 과학과 종교 또는 과학과 신학의 관계를 논의할 때는 이외의 유신론에 속하는 이신론(deism) 또는 자연신론 그리고 유신론적 진화론과 더불어 여러 가지 무신론(atheism)도 중요한 주제로 다룬다. 신을 개신교에서는 하나님으로, 가톨릭에서는 하느님으로 부른다. 『한국가톨릭대사전』(한국교회사연구소)에서는 범신론을 만유재신론 또는 만유신론(panentheism)으로 부르기도 한다.

유신론은 인격적이고 초월적인 신의 존재를 인정하고 설명하는 신에 관한 이론이며, 유신론이 가리키는 신은 성경에서도 여러 가지 의미와 용어로 표현된다. 성경은 신을 하나님으로 지칭하며, 영원한 하나님(창 21:33), 창조주(롬 1:25), 하늘의 임금(단 4:34), 하늘의 하나님(단 5:22-23; 스 1:2)으로 부른다. 하나님은 전지전능하고(창 17:1-2; 룻 1:20-21; 롬 1:18), 완전하며(마 5:48), 인격적이고(출 3:14), 절대적이며(롬 11:33-34), 무한하고(욥 11:7-11), 무소부재하는(렘 23:23-24) 존재다. 이와 같이 성경에서는 하나님을 창조주·아버지·구원자·보호자·인도자·스승·심판자로 부른다. 미하엘 벨커(Michael Welker, 1947-)는 폴킹혼과의 공저『살아 계신 하나님에 대한 신앙』(조호영 옮김)에서 하나님은 자연·문화·역사를 창조적으로 연결하고 명령하고 형성하는 의지이자 힘이고 인격적 사례인 창조주라고 말한다. 또한 하나님은 이런 명령·다스림·통치 안에서 인간의 삶에 장소와 공간을 주는 절대자일 뿐만 아니라 삶의 의미와 방향을 제시하는 양도할 수 없는 존엄이라고 기술한다.

『한국가톨릭대사전』(한국교회사연구소)에서는 신을 종교심의 대상으로서 초인간적 위력을 가지고 세계를 지배하는 존재로 규정하는데, 이는 절대적이고 무한한 영적 실체로서의 하느님을 가리킨다. 사도신경에서는 하느님을 "전능하신 천주 성부 천지의 창조주를 저는 믿나이다"와 같이 창조주로 표현한다. 『창조론』(김정형 지음)에 따르면 삼위일체 하나님은 세계 창조 이전부터 영원한 사랑의 친교 안에 있다. 하나님은 넘쳐나는 사랑으로 세상을 창조하였고 은혜로 세상을 섭리한다. 하나님은 마지막 때 창조를 완성한 후에 스스로 지은 창조물 가운데 함께 있을 것이다. 성경의 창세기를 포함한 그리스도교 창조 교리에서도 가장 중요한 요소는 바로 창조주 하나님이다.

김정형의 저서 『창조론』과 가톨릭교회에서 말하는 신으로서의 하느님은 성경에 기록된 것과 비슷하게, 태초에(이 책에서는 가톨릭의 성경에 명기된 용어 '한처음'도 태초로 표기한다) 만물을 창조하였으며 지금도 살아 있고 자연과 세계의 역사를 섭리하는 무한하고 불변하는 영적 실체다. 이처럼 다양한 입장에서 종교적 의미로 정의되는 신의 개념에는 초감각적이고 인간의 능력을 초월하는 힘을 가진 존재라는 공통적 의미가 함축되어 있다. 신은 영적 실재이자 섭리와 구원의 전능자라는 의미가 포함되어 있는 것이다. 그러나 이러한 종교적 의미의 신은 스콜라 철학에 이어 근대에 들어서 데카르트, 바뤼흐 스피노자(Baruch Spinoza, 1632-1675), 독일의 관념주의를 거치면서 철학화되어 세상의 근본적이고 절대적인 존재로서의 '철학자의 신'과 동일시되기도 하였다.

한스 퀑(Hans Küng, 1928-2021)의 저서 『한스 퀑, 과학을 말하다』(서명옥 옮김)에 따르면, 그리스도교 전승에서는 신을 '언제나 더 크신 분'으로 인식한다. 신은 삼라만상 안에 고립되어 있지 않으며 아니

있는 곳이 없다. 신의 무한성은 공간을 포함하며 한 장소에 국한되지 않는다. 신은 세계에 내재하면서 세계를 초월한다. 무한한 신은 결코 정적이지 않으며, 역동성 자체이고, 세계를 자신 안에서 창조하고 내면에서 지탱하고 움직인다. 하느님의 영원성은 시간을 포함한다. 그렇지만 영원성이 시간을 초월하는 것이 아니라 시간의 모든 기간에 존재한다. 하느님은 만물에 내재하며 파악할 수 없는 '무한 차원' 또는 수학의 차원이 아니라 무한 실재의 차원이다. 하느님은 초월적이지만 내재적이며, 시간적으로 영원하고 공간적으로 무한하다. 상대성 안의 절대적 존재고, 세계와 그 역사의 현실에 있는 근원적 신비다. 하느님은 인간과 같은 인격이 아니고 인격 이상이다. 인격이 아닌 것도 아니며 인격이기도 하다. 인격·비인격을 초월하는 초인격적 존재이며, 보이지 않고 파악하거나 정의할 수도 없는 초월적 존재인 것이다. 최대이자 동시에 최소이므로 최소와 최대를 초월한다.

일신론은 한 인격적 하나님의 존재만을 인정하는 이론을, 다신론은 능력이 다른 여러 신의 존재를 인정하는 이론을 말한다. 범신론은 신과 자연을 구분하지 않고 신과 우주를 하나로 믿는, 세상이 곧 신이라는 믿음으로서 우주와 자연뿐만 아니라 자연법칙조차도 신으로 인식한다. 만유재신론으로 일컬어지기도 하는 범신론이 말하는 신은 인격신(personal god)이 아니다. 범신론은 신이 우주 어디에나 독립적으로 존재한다고 믿는 또는 만물이 신 안에 그리고 신이 만물 안에 있다고 믿는 종교관이다. 이신론(理神論)은 결정론적 신론으로서 신을 우주와 만물의 창조주로, 물질·우주·생명의 원인으로 인정한다. 그러나 이신론이 말하는 신은 세계를 영원히 지배하는 인격신이 아니라, 하나님이 태초에 창조할 때 이미 부여한 자연법칙이나 수학원리를 창조세계에서 스스로 작동하도록 내버린 비인격적 신을 가리킨다. 이신론은 또한 자연종교를 받아들이고 순수한 이성으로는 신의 존재와 그에 대한 신앙도 인정하지만, 초자연적 존재로서의 신은 부정하거나 의심하며 믿지도 않는다.

나. 유신론적 진화론

진화신학의 선구자로 일컬어지는 예수회 신부인 피에르 테야르 드 샤르댕(Pierre Teilhard de Chardin, 1881-1955)의 진화신학은 유신론적 진화론으로 분류된다. 김정형이 『창조론』에서 인용한 바에 따르면, 샤르댕은 인간 세계뿐만 아니라 물리적 우주와 그 안의 모든 것이 변한다고 보고, 진화를 생물 종의 기원만이 아니라 우주의 발생에 관한 개념으로도 본다. 샤르댕은 진화에 상응하는 범주를 생물의 진화를 넘어 세계관으로 넓히고, 그런 진화론적 관점에서 우주적 세계관을 재구성한 것을 기초로 그리스도교 전반에 대해 해석하고자 시도하였다. 샤르댕은 또한 우주를 진화 과정 안에 존재하는 유기적 전체로 보고, 진화론과 그리스도교가 본질적인 세계관에서 근본적으로 일치한다고 확신하여, 진화하는 우주에 관한 과학적 이해와 그리스도교 신앙을 통합하려 시도하였다. 샤르댕은 창조와 섭리를 구분하는 스콜라 철학을 부정하면서, 하나님은 시간이 시작된 이래 섭리와 창조 활동을 부단히 지속하고 있는데 그 창조는 변혁의 형태를 지닌다고 주장한다.

로버트 존 러셀(Robert John Russell)은 『우주론: 알파에서 오메가까지』(오경환·전양환 옮김)를 통해서, 유신론적 진화론(theistic evolution)의 속성을 다음과 같이 기술한다. 생물의 진화와 우주의 진화는 성경에서 가리키는 하느님을 우주와 그 안의 모든 생물의 창조주로 믿는 핵심적 신념과 합리적으로 잘 부합한다. 지난 38억 년 동안 이루어진 생물의 진화는 생물을 창조하는 하느님의 방식이다. 하느님은 우주의 절대적·초월적 창조주이며 생물학적 복합체의 지속적이고 내재적인 창조주이며, 무로부터의 존재를 우주에 부여하고 자연의 효율적인 인과율의 궁극적 원천으로서 자연법칙으로 불리는 규칙을 충실하게 유지한다. 하느님은 처음부터 자연 안에 설정된 풍부한 가능성을 세상에 부여하였는데, 그 가능성에는 물리적·생명과학적 과정의 특징인 법칙과 우연의 조합도 포함된다. 하느님은 그런 과정들 안에서, 과정들과 함께, 과정들을 통해 활동한다. 하느님은 일반 섭리 또는 지속적 창조 과정에서 자연세계에 생명의 질서, 아름다움, 복잡성, 경이로움을 부여한다.

러셀이 말한 대로, 유신론적 진화론은 지속적 창조의 관점에서 우주와 생물의 진화를 본다. 유신론적 진화론은 진화를 과학적 사실로 인정하며, 하나님이 우주와 생명의 진화 과정에서 섭리할 뿐만 아니라 우연을 통해 활동한다고 설명한다. 과학은 하나님의 활동에서 우연한 사건만 발견한다. 하나님은 인간이 출현하기 이전부터 자연사 안에서 과학으로부터 숨겨진 활동을 해왔다. 하나님의 '비개입적이고 객관적인 신적 활동'(NIODA, noninterventionist objective divine action)은 생명 현상을 생성하기 위해 자연 안에서 자연과 함께 작동한다. 유신론적 진화론은 신의 활동을 옹호하기 위해 진화론을 공박해야 한다는 가정과 진화는 하나님 활동의 불가능성을 보여준다는 무신론적 주장을 동시에 약화시키는 이론으로서, 우주 및 생물의 진화와 그리스도교 신앙에 대한 새로운 창조적 토론의 주제를 제공한다. 이런 기능적 특성 때문에 유신론적 진화론은 이안 바버(Ian G. Barbour, 1923-2013), 요한 바오로 2세(Papa Giovanni Paolo II, 1920-2005), 테드 피터스(Ted F. Peters, 1941-), 존 폴킹혼(John Polkinghorne, 1930-2021) 등 개신교와 가톨릭의 많은 신학자 및 과학자의 지지를 받는다. 그런데 유신론적 진화론이 더욱 확고한 지지를 받기 위해서는 적어도 다음 세 가지 조건이 충족되어야 한다. 하나님의 활동은 객관적이고 구체적이며, 하나님의 활동은 과학이 밝힐 수 없고, 하나님의 활동은 비개입적이다.

러셀에 따르면 유신론적 진화론은 다음과 같이 적어도 세 가지 가설을 중심으로 조사하여 수집한 결과를 근거로 성립된다. ① 그리스도교 신앙과 삶에 근거하여 하느님을 창조주로 본다. ② 하느님은 모든 존재의 궁극적 원인이자 그 의미와 궁극적 목적의 원천으로서 창조할 뿐만 아니라 하느님이 인도하는 전체적인 종말론적 목적을 달성하기 위해 우주와 생물의 진화를 안내하고 감독한다. ③ 하느님의 활동에는 일반 섭리와 특수 섭리가 모두 포함된다. 하나님은 알려진 자연법칙을 위반하거나 중지시키는 방식으로 활동하지 않으며, 자연법칙을 고려하여 신학적 전망에서 이해가 가능한 방식으로 활동한다. 하나님이 수행한 특수활동의 비개입적 효과는, 이를테면 진화의 경우에는 유전적 변이의 수준에서 물리학·화학·분자생물학의 알려진 법칙들과 전적으로 일치하는 방식을 매개로 하여 직접적으로 발생한다.

유신론적 진화론은 하나님이 세계를 창조하였으며 우주의 창조 원리로 빅뱅(big bang)을, 생명의 창조 원리로 진화를 부여하였다고 설명한다. 폴킹혼은 『쿼크, 카오스, 그리스도교』(우종학 옮김)에서, 양자역학과 카오스(chaos) 이론을 근거로 뉴턴의 고전역학으로 대표되는 기계론적 우주관을 부정한다. 폴킹혼에 따르면 우주와 생명이 진화되어온 역사는 우연과 필연이 풍성하게 상호작용하였음을 보여준다. 우연은 과학자들의 예상보다 훨씬 더 긍정적인 역할을 한다. 그런 상호작용은 하나님의 섭리 아래서 하나님과 우주의 역사 사이에서 일어나는데, 이는 창조가 이미 끝난 것의 시작이 아니라 지속적 과정이며 하나님은 138억 년 전이나 지금이나 창조주임을 암시한다. 지속적 창조 과정에는 창조물이 자유롭게 반응할 수 있는, 수많은 우연이 일어나는 공간이 있다. 이때 일어나는 우연은 생화학자 자크 모노(Jacques L. Monod, 1910-1976), 자칭 '사회생물학자'라 불리는 에드워드 윌슨(Edward O. Wilson, 1929-2021), 진화생물학자 리처드 도킨스(Richard Dawkins, 1941-)가 자연주의적 진화론 입장에서 지적한 무목적성 및 무의미성의 상징인 '눈먼' 우연이 아니라 자유로운 하나님 의지의 상징이다.

　이와 같은 그리스도교의 유신론적 진화론(theistic evolution)은 창조과학(creation science)의 과학적 창조론(scientific creationism)과 확연히 구분된다. 유신론적 진화론은 우주와 생명의 진화를 과학적 사실로 인정하면서 하느님의 섭리로 보는 신학적 창조론이다. 유신론적 진화론은 진화의 유신론적 속성을 강조하기 위해 진화론적 창조론(evolutionary creationism) 또는 진화론적 유신론(evolutionary theism)으로 일컬어지기도 한다. 한편 과학적 창조론은 애초에 창조 개념으로부터 진화 개념을 제거하기 위해 지어진 말로서 창조과학의 어원이 되었다. 과학적 창조론은 하느님의 창조를 과학적 증거에 입각하여 입증하고 설명할 수 있으며, 그렇게 하면 하느님의 창조도 결국에는 과학적으로 이해할 수 있다고 주장한다. 그러나 과학적 창조론은 하느님의 창조를 입증하는 근거나 과학적으로 설명하는 이론을 제시하지 않는다. 이렇듯이 과학적 창조론은 사이비과학(pseudoscience)으로서 창조과학에서 말하는 창조론, 이른바 '창조과학 창조론'을 가리킨다. 가톨릭 교회와 진보적 개신교는 유신론적 진화론을 지지하지만, 창조과학 지지자와 일부 근본주의 개신교 신학자들은 '창조과학 창조론'을 주장한다.

(6) 신 존재 증명

신 존재 증명은 플라톤이 처음으로 논의한 이래, 그의 제자 아리스토텔레스가 스승 플라톤의 논의 주제를 이어받아 우주론적(cosmological) 논증을 제안한 것이 그 시작이다. 중세에는 안셀무스가 존재론적(ontological) 논증을 제안하고, 아퀴나스가 신 존재 증명을 위한 다섯 가지 길을 제시하였다. 데카르트도 신의 관념은 그 자체가 존재를 내포한다는 본체론적/존재론적 신 존재 증명을 기술하였다. 신 존재 논증은 방법에 따라 논리적 논증과 형이상학적 논증이 포함된 철학적 논증, 경험적 논증, 과학적 논증으로 분류된다. 철학적 논증은 다시 인식론적 논증, 존재론적 논증, 가치론적 논증으로 세분화된다. 또한 신 존재 논증은 신의 존재 여부에 따라 유신론적 주장, 무신론적 주장, 불가지론적 주장으로 나뉜다.

『가톨릭 교회 교리서』(한국천주교주교회의)에 따르면 하느님에 대한 인식에 이르는 몇 가지 '길'이 있는데, 그 길은 자연과학적 증거의 의미가 아니라 참된 확실성에 이르는 '일관성과 설득력을 가진 논증'의 의미에서 '하느님의 존재 증명'이라고 한다. 하느님에게 다가가는

'길'들은 물질세계와 인간을 출발점으로 한다. 인간은 피조물의 알림과 자신의 양심의 소리를 들을 때 만물의 원인이며 목적인 하느님이 존재한다는 확실성에 도달할 수 있다. 인간은 자신의 능력으로 인격적 하느님의 존재를 깨달을 수 있다. 그러나 이성의 빛만으로 하느님을 인식하기에는 어려움이 많다. 단순히 인간의 이해력을 넘어서는데 그치지 않고 이성으로 접근이 가능한 종교적·윤리적 진리조차 더 확실하게 알기 위해서는 하느님의 계시라는 빛이 필요하다.

하느님은 스스로 창조한 시공간을 초월한 존재로서 피조물과는 전혀 다르기 때문에 과학적으로는 그 존재를 증명할 수 없다. 신의 존재를 인정하는 유신론적 주장을 수용하는 그리스도교 철학과 신학에서는 지금까지 제시된 신 존재 증명의 범주를 크게 우주론적 논증, 존재론적 논증, 목적론적 논증으로 분류한다. 일반적인 의미의 우주론적 논증은 기본적으로 수학과 과학에 기반한 우주 및 우주와의 관계에 관한 논증을, 존재론적 논증은 존재와 실체에 관한 형이상학적 논증을, 목적론적 논증은 최종적 원인과 궁극적 목적에 관한 논증을 일컫는다. 이 세 가지의 신 존재 논증 가운데 우주론적 논증이 논의된 지 가장 오래되었다.

우주론적 논증은 자연신학의 일부로서 우주의 전체와 그 일부에 관한 인과관계, 변화, 운동, 우발성과 관련이 있는 사실들로부터 하나님의 존재를 추론하는 귀납적·연역적 논증 방법이다. 우주론적 논증은 플라톤이 최초로 언급한 것을 아리스토텔레스가 더욱 구체적 방법으로 발전시켰다. 아리스토텔레스는 창조된 세계와 그 안에 있는 모든 피조물의 창조 및 생성과 변화에는 반드시 원인이 있으며, 그 원인을 계속 소급하여 추적하면 결국에는 첫 번째 원인, 곧 제1원인이 되는 존재에 의해 움직여지지 않는 부동의 존재가 있으리라고 추리하지 않을 수 없고, 그것을 하나님이라고 말할 수 있지 않겠느냐고 설명한다. 아퀴나스는 아리스토텔레스의 이런 논증을 첫 번째 길인 운동으로부터의 논증과 세 번째 길인 우연과 필연으로부터의 논증으로 발전시켰다.

안셀무스는 순수한 이성적 추론만을 통해 하나님의 존재를 이끌어내는 하나님 존재에 대한 '존재론적 논증'이라고 불리기도 하는 '본체론적 논증'을 제시하였다. 안셀무스에 의하면, 인간은 누구나 생각 안에 '그것보다 더 위대한 것을 생각할 수 없는 그 무엇'이라는 개념 또는 관념을 가지고 있다. 안셀무스는 '그것보다 더 위대한 것을 생각할 수 없는 그 무엇'은 필연적으로 생각 안에서뿐만 아니라 실제로 존재해야 한다고 보고, 바로 그것을 신이라고 하였다. 이는 그런 신이 존재하지 않는다는 말은 논리적으로 사실일 수 없으며, 신은 존재하지 않는다고 생각할 수 없는 필연적 존재라는 주장이다. 그러나 아퀴나스는 안셀무스가 육화한 하나님을 추상적 대상으로 다루었다는 이유로, 흄은 신의 존재를 선험적으로 증명할 수 없다는 말로, 그리고 칸트는 신의 '존재' 자체는 실체가 아니기 때문에 논증 자체가 성립되지 않는다는 생각에서 안셀무스의 신 존재 논증의 타당성을 부정하였다. 특히 칸트는 아무리 완전한 개념일지라도 개념은 어디까지나 개념일 뿐이며 존재와 별개라고 주장하였다. 칸트는 또 "가장 완전한 개념을 가지고 있기 때문에 그 존재가 존재하지 않는다"라고 말하는 것은 모순된다고 지적하면서, 안셀무스의 논증을 언어 조작이라고 하였다. 그러나 데카르트와 고트프리트 빌헬름 라이프니츠(Gottfried W. Leibniz, 1646-1716)는 안셀무스의 논증을 수용하였다.

영국의 성공회 신부이자 공리주의 철학자였던 윌리엄 페일리 (William Paley, 1743-1805)는 그의 저서 『자연신학』을 통해 생물의 구조와 기능의 복잡성에 비추어 창조주에 의한 설계를 추론하는 목적론적 신 존재 증명을 제안하였다. 페일리는 복잡한 과학적 원리와 법칙에 따라 움직이는 우주를 비롯해 정교한 모습과 상태로 일어나는 자연의 사물과 현상을 근거로, 세계가 저절로 만들어진 것이 아니라 지적 존재가 창조한 것이라고 주장하였다. 즉 피조물의 합목적적 적합성 그리고 환경에 대한 완전한 적응성은 피조물이 어떤 지성에 의한 산물임을 증명하는 것이다. 계몽주의 자연신학자로 불리기도 하는 페일리는 인과관계로 설명되는 사물과 현상이란 그것들의 설계자인 하나님의 존재와 그에 관한 특성으로 받아들일 수밖에 없다고 가정하였다. 생명체에서 발견되는 특정 목적에 대한 적합성은 그 생명체가 사전 설계에 따라 형성되었다는 것을 생각하게 하며, 그렇게 설계한 지적 존재를 추정할 수밖에 없게 한다는 주장이었다. 페일리에 의하면 생물이 환경의 변화에 적절하게 적응하는 것이야말로 자연의 설계자인 하나님이 존재한다는 증거다.

아퀴나스는 지각경험과 인과율에 바탕을 둔 이성적 추론이 가능한 하나님의 존재나 부존재를 ① 운동의 제1원인(motion/first mover), ② 효과인/능동인(efficient cause/first cause), ③ 우연과 필연 (possibility and necessity/time and contingency), ④ 완전성 단계(gradation/ degree), ⑤ 설계(design/teleological) 또는 최종인(final cause/ends)의 '신에 이르는 다섯 가지 길'을 통해 증명할 수 있다고 주장하였다. 아퀴나스는 우주론적 논증인 첫째 길에서, 변화를 초래하는 우주의 모든 연쇄적 원인 가운데서 맨 처음의 필연적이고 자존적이며 다른 어떤 것에 의해서도 결코 움직여지지 않는 원인인 제1원인의 존재를 가정하고, 그 부동의 동자를 하나님이라고 불렀다. 그는 또한 목적론적 논증으로 알려진 설계 논증인 다섯째 길에서, 모든 자연적 현상과 사물들이 목적으로 향하는 질서를 부여해주는 어떤 지성적 존재인 자연의 합리적 설계자를 가정하고 그것을 하나님이라고 불렀다.

그러나 아퀴나스의 신 존재 증명은 근대 시대부터 비판을 받았다. 데카르트는 아퀴나스의 우주론적 논증을 부정하고, 존재론적 신 존재 증명을 제시하였다. 데카르트는 완전한 존재로서의 신에 관한 본유적 관념을 근거로 신은 필연적으로 존재할 수밖에 없다고 주장하였다. 신이 완전하지 않다면, 그는 존재하지 않는다는 것이다. 칸트는 아퀴나스의 다섯 가지 길이 기존의 우주론적 논증의 변형에 불과하다고 보고 우주론적 논증을 비판함으로써 아퀴나스의 다섯 가지 논증을 모두 한꺼번에 비판하였다. 칸트는 아퀴나스의 논증이 경험으로부터 출발하지만 이내 경험을 넘어선다고 보고 그것을 비판하였다. 경험 안에서 사건의 원인을 추론하는 것은 정당하지만, 감각적 세계 이외에는 인과성의 원리를 적용할 수 없다는 것이다. 칸트는 인과율을 경험의 세계와 오성의 범주에 국한시켜 인과성의 원리가 적용되지 않는 우주론적 논증을 거부한 셈이다.

칸트에 따르면 신은 과학적으로 증명 불가능한 이론적 한계 개념으로서 구체적으로 인식이 불가능하다. 하나님은 시간과 공간 안에 존재하지 않는 영원하고 무소부재한 존재이기 때문에 이성적 추리 또는 과학적 접근의 대상이 될 수 없다. 하나님의 존재는 과학적 접근의 대상이 아니므로 과학적 증명을 통해서는 하나님에 관해 아무엇도 인식할 수 없을뿐더러 어떻게 판단할 수도 없다. 칸트는 이런 논거를 들어 논리적 추리나 과학적 방법을 통한 신 존재 증명은 모두 실패할 수밖에 없다고 주장한다. 현대의 과학철학에서 제시하는 과학의 본성에 비추어 볼지라도, 하나님의 존재나 부재의 과학적 증명은 본질적으로 불가능하다.

큉은 신 존재 증명을 칸트와 다른 의미로 인식한다. 『한스 큉, 과학을 말하다』(서명옥 옮김)에 서술되어 있듯이, 자연의 진실·진상·본질에 관한 근본적 질문과 답은 이론적 사변이 아니라 체험적·반성적 실천을 통해 찾아야 한다. 신 또한 이성을 통해서는 귀납적으로도 경험된 실재로부터 연역적으로도 증명할 수 없으며, 오로지 경험적 현실을 가지고 신을 증명하려는 간접적 검증 기준을 적용하여 논증할 수밖에 없다. 곧 하느님에 관한 진술들은 일상생활에서 가능한 경험적 상황에서 실존적 문제를 다루는 과정에서 입증하거나 검증하여야 한다. 그러나 하느님의 존재 또는 부존재에 대한 과학적 증명의 불가능성이 신학적 불가능성을 뜻하지는 않으며 신앙적 믿음을 부정하지도 않는다는 점을 강조할 필요는 있다.

이 소절에서 논의한 신 존재 증명은 과학과 종교 또는 과학과 신학의 관계 설정에 필요한 논쟁이기도 하다. 신 존재 증명은 그리스도교 신자뿐만 아니라 무신론자 및 일반인의 관심사이기도 하다. 일부 그리스도인들은 찰스 다윈(Charles Darwin, 1809-1882)의 진화론이 페일리의 설계 논증과 양립되지 않는다는 이유로 다윈의 진화론을 거부하였다. 현재 지적설계 이론도 무신론·이신론·불가지론자의 지지를 골고루 많이 받고 있으나, 사이비 과학이라는 속성 때문에 대다수의 그리스도교 신학자들과 과학자들은 그 타당성 및 진실성을 부정한다. 더욱이 지금까지 제시된 신 존재 증명을 위한 논증들 가운데서 그 어떤 것도 아무런 이의나 의심도 없이 하나님의 존재 또는 부재를 확실하게 증명하지 못한다.

(7) 자연신학과 자연의 신학

가. 자연신학

자연신학은 하나님의 계시가 자연에 함축되어 있는 것으로 믿고, 하나님의 존재와 진리를 자연에 대한 경험과 그에 기초한 이성을 통해 인식할 수 있는 자연계시에서 구하고자 하는 신학의 한 분야다. 자연신학은 특별계시에 의존하지 않고 자연계시 곧 일반계시에 의거하여 하나님이 존재한다는 믿음을 정당화하는 신 존재 증명의 한 가지 유형을 제공한다. 자연신학을 체계화한 아퀴나스는 이성적 진리와 신비적 계시에 관해 설명한 뒤에 이성으로 하나님의 존재를 탐구하는 과정을 설명하면서, 신비적 계시가 이성으로는 증명할 수 없지만 반이성적(反理性的)이지는 않다는 것을 밝혔다. 자연신학에서는 자연에서 발견되는 것과 계시를 통해 발견되는 것의 유사성에 따라서 하나님의 존재를 그 무소부재성과 함께 제시한다. 자연신학은 성경에 근거한 계시신학 그리고 선천적 이성에 바탕을 둔 칸트의 초자연적 신학과 구분된다. 매머드(mammoth)의 멸종은 창조주가 생명체를 주어진 환경에서 살기 적합하게 곧 잘 적응하도록 창조하였다는 자연신학의 설명에 어긋나는데, 이는 자연신학 교의가 모든 자연현상을 설명하지 못하는 한계를 보이는 한 단면이다.

소크라테스 이전의 고대 그리스의 자연철학에 기원을 둔 자연신학을 새로운 형태의 자연신학으로 구축하려는 노력은 가톨릭 국가인 이탈리아나 프랑스보다 개신교 국가인 영국에서 더 열정적으로 드러났다. 특별계시가 아니라 자연의 질서와 이성의 능력에 의존하는 자연신학이 자연철학에서 분리된 자연과학에 융합되자 새로운 국면을 맞게 된 것이다. 과학과 종교의 분리로 인해 더욱 구체적이고 체계적으로 구조화된 자연신학은 우주를 인과관계에 따라 닫힌 체계로 설명·묘사하는 아이작 뉴턴(Isaac Newton, 1642-1726)의 고전물리학 덕택에 더욱 포괄적인 구조를 갖추게 되었으며, 다윈의 진화론 덕분에 의해 더욱 깊게 이해될 수 있었다.

윌리암 노리스 클라크(William Norris Clarke, 1915-2008)는 공저서인 『물리학, 철학 그리고 신학』(전양환 외 11인 옮김)에서 자연신학은 이론물리학과 우주론 탐구에 특히 효과적이고 타당하게 적용할 수 있다고 이야기한다. 폴킹혼(『신학과 과학의 만남』, 윤철호·김효석 편집)은 자연신학에 대한 과격한 거부를 비판하는 반면 자연신학을 옹호함으로써 하나님에 대한 믿음으로 자연을 새롭게 조명하는 해석의 원리로 자연신학을 활용할 것을 권고한다. 폴킹혼에 따르면 자연신학을 통해 우주의 합리적 투명성을 경험할 수 있고 자연신학의 통찰에 의해 이성적 이해의 가능성을 깨달을 수 있는데, 이 또한 과학과 종교 사이의 상보적 협력이 필요한 이유다. 같은 책(『신학과 과학의 만남』, 윤철호·김효석 편집)에서 존 맥쿼리(John Macquarrie, 1919-2007)는 하나님이 세상에 영향을 주지만 세계로부터 영향을 받지 않는다는 고전적 신론이 현대 무신론의 빌미가 되었다고 보고, 그 대안으로 자연신학적 연구와 논증을 근간으로 형성한 변증법적 신론을 소개한다. 변증법적 신론은 그리스도교 신앙을 위한 철학적 틀과 지성적 근거를 제공한다고 믿는 자연신학으로서 만유재신론 또는 범신론을 가리키기도 한다.

신에 관한 철학으로 정의되기도 하는 자연신학은 상대주의, 해체주의, 경험주의, 신칸트학파, 분석철학, 해석학으로부터 특히 심한 비판을 받았다. 상대주의는 과학지식이 역사적·문화적·언어적 틀 안에서만 의미가 있다고 지적하고, 해체주의는 로고스중심주의의 이성을 거부하면서 자연신학을 비판하였다. 경험주의는 자연신학의 대상이 경험을 초월한다고 가정하면서 비판하고, 신칸트학파는 하나님 존재의 객관적·과학적 증명이 가능하지 않다는 입장에서 비판하였다. 자연신학은 성경적으로 "이는 하나님을 알 만한 것이 그들 속에 보임이라. 하나님께서 이를 그들에게 보이셨느니라. 창세로부터 그의 보이지 아니하는 것들 곧 그의 영원하신 능력과 신성이 그가 만드신 만물에 분명히 보여 알려졌나니 그러므로 그들이 핑계하지 못할지니라"(롬 1:19-20)를 전거(典據)로 삼는다. 자연신학에서 발달한 현대의 신학은 성경을 시대적 상황에 맞추어 재해석하는 학문이자, 하나님이 계시한 진리를 신앙과 이성으로 파악하는 학문으로 인식된다. 그러나 그리스도교 신학자들은 여전히 종교적 믿음을 본질적으로 이성이 아닌 하나님의 계시에 의해 이끌어지는 신앙으로 인식한다.

현대 철학에서는 자연신학을 이성·지각·내성 등 인간에게 자연스러운 인지적 기능을 이용하여 종교적·신학적 문제를 다루는 분야로 규정한다. 이런 의미의 자연신학은 자연에 관한 경험적 탐구에만 그치지 않는다. 또한 기적·성경·계시에는 전혀 의존하지 않고 철학적·과학적 방법을 적용하여 탐구한다. 오늘날 대다수의 가톨릭 신학자들은 자연신학뿐만 아니라 자연종교와 이신론의 방법론적 골간이 되는 이성을 신의 존재를 증명하는 한 수단으로 생각하지만, 개신교 신학자들은 그렇게 생각하지 않는 경향이 있다.

나. 자연의 신학

이안 바버(Ian Barbour, 1923-2013)는 종교와 과학의 관계를 네 가지 유형으로 구분하여 표현할 때, 특히 통합 모형의 유형으로 자연신학, 자연에 관한 신학(theology about nature)으로 일컬어지기도 하는 자연의 신학(theology of nature), 과정철학이 그 한 예가 되는 조직적 종합을 제시한다. 바버는 자연신학과 자연의 신학 둘 다 과학적 이론에 의거하여 전통적 그리스도교 신학 교리를 수정하거나 재구성할 수 있다고 보았다. 바버가 말한 자연신학은 자연에 관한 사실의 확인이나 과학적 발견으로부터 시작되며, 그것들을 이용한 철학적 논증을 통해 신의 존재를 증명한다. 자연신학에서는 계시 또는 성경이 아니라, 이성과 과학을 유신론의 바탕으로 간주한다. 자연신학은 자연에 대한 과학적 설명에서 출발하며, 신성한 계시보다는 자연이성에 바탕을 두고 있다는 점에서 이신론과 동일시되기도 한다.

자연신학은 탐구 자료의 출처를 준거로 자연의 신학과 구분된다. 자연의 신학은 전적으로 과학에 의존하는 자연신학과 달리 과학의 밖에 있는 원천에 근거한다. 자연의 신학은 종교적 체험과 역사적 계시에 바탕을 두고 이루어진 종교적 전통에서 시작된 신학으로서, 전통적인 종교적 방법과 종교적 경전, 예언서, 전승의 진리를 수용한다. 자연의 신학에서는 또한 자연에 관한 사실과 과학적 발견을 바탕으로 전통적 신학적 입장을 재해석하고 재구성한다. 자연의 신학은 계시의 빛을 통해 자연세계를 이해하며, 과학에 비추어 창조·섭리·죄·죽음·부활에 관한 전통적 교리를 수정하기도 한다. 과거 그리스도교에서는 당시의 자연에 대한 이해에 따라 우주를 신이 창조한 영원하고, 변하지 않으며, 완전한 것으로 특징지었다. 오늘날의 과학은 유한하고 언제나 변하는 자연을 드러내는데, 그리스도교에서는 그에 따라 우주를 유한하고 변하는, 또한 계속 팽창하며 별들이 생성하고 소멸하는 것으로 이해한다.

김정형은 그의 저서 『창조론』에서, 자연의 신학이 기독교 창조론의 핵심 진리를 보존하는 동시에 현대 과학과 유의미한 대화의 창구를 열어줄 수 있는 가장 유력한 방법을 제공한다고 강조한다. 자연의 신학이야말로 하나님을 아는 지식의 근거를 계시와 성경에 두면서도 과학의 발전을 긍정적으로 수용할 수 있는 최선의 방안이라는 것이다. 김정형에 따르면 자연의 신학은 고유한 신학적 주장의 근거를 계시와 성경에서 찾는다. 하나님이 창조한 세계의 역사와 현상에 대한 권위 있는 설명을 제시하는 과학과 달리, 계시와 성경은 창조자·구속자·삼위일체 하나님에 대한 권위 있는 절대적 지식을 제공하기 때문이다.

전통적 자연신학은 대부분의 경우 과학적 이론과 그 맥락을 통해 종교를 바라보는 반면, 자연의 신학은 과학 외 분야의 가치관을 근거로 종교적 중요성을 판단한다. 임창세의 저서 『칼 바르트와 공공신학』에 따르면 자연의 신학은 한마디로 전통적 자연신학을 수정하여 보완한 것이다. 자연의 신학은 과학적 탐구를 비롯한 다양한 학문적 연구의 성과를 수용하며, 학제 간의 대화를 통해 자연 안에서 하나님의 섭리를 발견하고 이를 현대인들에게 설득하는 신학을 말한다. 자연의 신학은 더 나아가 전통적 교리를 과학의 발달과 과학 시대에 맞게 수정하고 보완하는 것을 지향한다.

마르틴 루터(Martin Luther, 1483-1546)는 자연신학이 자유의지를 중요시한다고 생각하여 반대한 것으로 알려졌다. 오늘날 대다수의 종교학자 및 과학자들은 루터와 약간 다른 입장에서 자연신학보다 자연의 신학을 지지하며, 성경·예언·전승의 진리를 가정하는 전통적인 종교적 방식을 수용함으로써 자연의 사실과 과학적 발견을 전통적인 신학적 견해를 재해석하거나 재구성하는 바탕으로 이용한다. 과거의 그리스도교 자연신학에서는 우주를 영원성·불변성·완전성 등 자연에 관한 이해에 따라 신에 의해 창조된 것으로 표현하였으나, 자연의 신학에서는 과학이 자연의 유한성과 불변성을 입증할 수 있다고 주장한다. 하나님의 거룩한 목적과 설계를 강조한 페일리도 자연의 신학자로 볼 수 있다.

『신학과 과학의 만남』(윤철호·김효석 편집)에는 앨리스터 맥그래스(Alister McGrath, 1953-)가 제안한 삼위일체 자연신학도 소개되어 있다. 맥그래스는 계몽주의에 뿌리를 두고 있는 근대 자연주의에 내재된 문제와 한계를 지적하고, 그 대안으로 과학의 자연에 대한 이해를 적절하게 적용하는 삼위일체 자연신학을 제시한다. 맥그래스에 따르면 신앙이나 계시에 호소하지 않고서도 하나님의 존재를 증명할 수 있다고 주장하는 근대 자연신학은 신뢰의 위기에 처해 있다. 기존의 자연신학은 기계론적 세계관에 지나치게 의존하는 과학적 문제가 있으며, 하나님의 자기 계시와 동떨어진 상태에서 하나님을 설명하려는 신학적 문제도 안고 있다. 또한 성경에 기록된 예수 그리스도의 삶과 죽음과 부활 안에서 계시된 하나님과 아무런 관계도 없는,

단일신론적이고 이신론적 하나님의 개념으로 환원시켜 버리는 문제도 안고 있다. 삼위일체 자연신학은 가장 중요한 요소로 고정되고 확정된 실체가 아니라 인식되고 해석된 실체로서의 자연 개념을 강조하며, 신학과 과학의 상호 이해와 대화를 통한 자연의 통일된 설명의 존재론적 토대를 제공하는 데 목표를 둔다.

3) 근대 철학: 실증주의와 과학의 합리성

17세기에 경험론과 합리론을 중심으로 시작되어 19세기에 실증주의로 발전한 서양 철학을 근대 철학이라고 한다. 형이상학 위주의 중세 철학이 과학혁명을 거치면서, 특히 칸트를 통해 인식론 중심의 철학으로 대체되었다. 그리하여 칸트 이후의 철학에서는 과학주의의 영향으로 형이상학이 거의 사라지고 인식론과 논리학이 철학의 핵심 분야로 대두하였다. 형이상학적 무신론자인 루트비히 포이어바흐(Ludwig Feuerbach, 1804-1872)는 데카르트가 "나는 생각한다. 고로 나는 존재한다"라고 선언하며 사유로부터 존재를 이끌어냈다고 전제하면서 '신이란 결국 인간의 자기 투사'라는 이론을 제시하여 아퀴나스의 우주론적 논증을 부정하였다. 프리드리히 니체(Friedrich W. Nietzsche, 1844-1900)는 신의 부재를 이론적으로는 설명하지 않은 채 '신의 죽음'을 선포함으로써 하나님의 존재 자체를 부정하였다.

전통적 철학으로 일컬어지기도 하는 근대 철학은 학파와 관계없이 모두 지식의 원천과 획득, 과학적 방법, 과학의 본성 및 과학적 탐구와 관련된 문제, 합리적 논리와 회의, 이성을 주요한 주제로 다룬다. 근대 철학 가운데서도 과학철학은 신학적 사고와 신앙뿐만 아니라 고대 그리스 시대의 자연철학 및 아리스토텔레스의 목적론적 사고로부터도 일정한 거리를 유지한다. 17-18세기의 인식론은 관념론을 기반으로 시작된 합리주의로 불리기도 하는 이성주의(rationalism)와 지식의 원천으로 감각적 경험을 중요시한 경험주의(empiricism)로 대별된다. 실증주의(positivism)는 합리주의와 경험주의의 문제 및 한계를 극복할 수 있는 구조로 체계화된 새로운 과학철학이며, 반증주의는 실증주의와 후실증주의를 총칭하는 현대 과학철학의 과도기적 역할을 한다. 과학철학은 학파마다 각기 고유한 과학 지식과 과학적 방법에 관한 견해를 표명한다.

(1) 경험주의와 귀납적 추리

근대 철학이 대두된 배경에는 과학의 발달과 중세 철학에 대한 반발이 있었다. 근대에는 고대 그리스 시대 자연철학의 부흥과 아울러 르네상스, 과학혁명, 종교개혁 그리고 중세의 스콜라 철학에 대한 반감 및 그에 수반된 중세 철학의 쇠퇴가 있었다. 베이컨은 스콜라 철학자들이 논리학을 연역적 논증에 집중적으로 적용하는 것을 비판하면서, 과학에서는 연역적 논증보다 관찰·실험의 경험과 그에 바탕을 둔 귀납적 추리가 더 실용적이라고 역설하였다. 베이컨은 감각적 인식과 내성에 의한 경험으로 얻어진 자료만이 참된 지식의 바탕이 된다고 가정하고, 지각과 내성을 통한 경험을 지식의 일차적 출처로 규정하였다. 베이컨과 그를 지지하는 당시의 경험주의자들은 자연에 존재하는 물리적 실체들을 지각되는 현상의 원인으로 보고 과학적 방법으로 질적인 귀납적 추리를 골격으로 한 관찰·측정·실험을 통해 자료를 수집하는 절차를 따르는 실험적-귀납적 방법(experimental-inductive method)을 제안하였다.

베이컨이 파지하고 있던 인식론적 견해와 그가 과학적 방법으로 제안한 귀납법은 토머스 홉스(Thomas Hobbes, 1588-1679), 존 로크(John Locke, 1632-1704), 조지 버클리(George Berkeley, 1685-1753), 흄, 존 밀(John Stuart Mill, 1806-1873), 버트런드 러셀(Bertrand A. Russell,1972-1970)을 거치면서 경험주의의 기초가 되었다. 영국의 경험주의 가운데 검증에 대해 엄격한 입장을 지닌 학파는 19세기 말 빈 학파(Vienna Circle)가 주창한 실증주의의 기초가 되었으며, 그렇게 형성된 실증주의는 과학적 방법으로서 귀납적 방법의 본성과 과학지식을 정의하고 그 본질을 설명하였다. 그러나 경험주의는 선험적 명제와 개념, 수학적 명제와 개념이 가리키는 과학지식의 형성과 관련된 문제를 내재적으로 안고 있다. 이와 더불어 탐구의 대상을 경험할 수 있는 현상과 사물에 한정함으로써, 신이나 영과 같은 관찰할 수 없는 초자연적·초월적 진실과 실체에 대해서도 알려고 하는 인간의 본성적 욕구를 제약하는 문제도 안고 있다.

(2) 이성주의와 연역적 논증

고대 그리스 시대부터 독자적으로 이루어져왔던 장인 전통과 학자 전통이 16세기에 이르러 통합되었다. 장인 전통에서 경험주의를 받아들인 베이컨과 대조적으로, 데카르트는 학자 전통을 따라 이성주의/합리주의를 받아들였다. 이성주의는 지식 또는 정당화의 출처와 검증 수단으로 마음과 이성적 사고를 이용하는 사변적 철학을 통틀어 말한다. 이성주의는 모든 실체에 논리적 구조가 내재되어 있다고 가정하면서, 그 존재는 어떤 진리도 감각적 지각을 통해서는 알 수 없고 이성 또는 지성을 통해서만 이해할 수 있다고 단언한다.

'이성주의'의 이성은 삶을 감정 또는 신앙보다 합리적 사고와 논리에 의존해야 한다는 신념이다. 큉의 저서 『한스 큉, 과학을 말하다』(서명옥 옮김)에 따르면, 17세기 불확실성 시대에 이성주의는 확실성의 근거를 이성에서 찾았다. 특히 자율적 이성이 근대 과학의 속성으로 절대화되어 초경험적·초월적인 것에 대한 믿음은 사라졌고, 하나님에 대한 믿음은 과학에 대한 맹목적 믿음과 의지로 대체되었다. 그러나 인간은 이성 이상의 것으로서 이성에 환원되지 않는 욕구·감각·상상·정서·감정·열정 등의 관계 안에서도 살아간다. 인간은 방법론적·합리적 사고와 같은 데카르트의 기하학적 정신, 직관적·전체적·감각적 인식 및 지각과 같은 블레즈 파스칼(Blaise Pascal, 1623-1662)의 섬세의 정신에도 의존한다. 더욱이 합리적 자연과학도 반드시 이성적 기능에만 한정되지 않으며, 그에 주관적이고 불합리한 결과가 초래되기 마련이다.

원래 이성주의는 이성을 절대시하며 철학적으로는 지식의 확실성이 경험보다 이성에서 비롯된다고 설명하는 이론을 가리키며, 신학적으로는 이성을 종교의 궁극적 권위로 다루는 실천을 말한다. 이성주의는 마음에 진실과 인과율의 논리 또는 범주의 공식적 개념과 같은 선험적 개념이 있다고 설명한다. 이러한 신조 때문에, 선험주의로 불리기도 하는 이성주의는 지식을 경험적으로 정당화할 수 없다고 주장한다. 이성주의자인 데카르트는 우주 안에 존재하는 모든 것이 태어나면서 평등하게 갖춘 이성에 의해 혼돈에서 조화를 이루는 코스모스(cosmos)가 되어 나온다고 생각하였다.

데카르트는 유클리드(Euclid, 기원전 4-3세기)의 기하학적 증명 방법과 자명한 진리를 바탕으로 시작되는 본성적으로 질적인 연역적 논증(deductive inference) 절차를 통합하여, 전체적으로 과학적이고 양적인 수학적–연역적 방법(mathematic-deductive method)을 제시하였다. 그리하여 데카르트는 해석기하학의 창시자이자 근대 철학의 아버지로 일컬어지게 되었다. 데카르트, 스피노자, 라이프니츠를 포함한 당시 이성주의자들은 본질, 인과성 등 선험적 개념이 타고날 때부터 주어져 있다고 믿고 그에 따라 원천적으로 선천적인 것이라고 주장하였다. 이성주의는 기존의 존재론 또는 형이상학과는 거리를 두면서 인식론과 더 깊은 관련을 맺었다. 그러나 이성주의자들에게는 우연의 가능성, 과학에서 실험의 필요성, 과학적 변화와 발달을 설명하는 데 늘 어려움이 있었다.

이성주의는 종교와 상충될 수밖에 없었다. 이성주의의 합리성은 이성과 객관적 사실에서 비롯되는 데 비해, 종교적 신앙은 비논리적이며 비이성적이기 때문이다. 실제로 계몽시대의 이성주의자들은 합리적인 것만을 지지하고, 미신이나 신비적인 것은 멀리하였다. 당시의 이성주의자들은 그리스도교를 거부하면서도 초월적 존재를 믿는 이신론만은 지지하였다. 이신론은 창조자로서 하나님의 존재와 진리를 이성주의의 대상인 자연을 바탕으로 한 이성을 통해 확인할 수 있다고 설명하는 합리적 종교관으로 인식되기도 하였다.

(3) 칸트의 선험주의

계몽주의 철학자 칸트는 근대의 경험주의와 이성주의의 문제점을 비판하면서, 두 학파가 안고 있는 문제점을 선험주의로 통합하여 극복하고자 했다. 칸트는 이성의 구조와 한계에 관해 기술한 비판철학을 통해 인식의 객관적 기준을 선험적 형식에서 찾아야 한다고 주장하였다. 또한 사유가 존재를 설정한다고 가정하면서, 탐구의 방법이 탐구의 대상을 규정한다고 주장하였다. 칸트는 초월적 관념론을 통해 관찰 가능한 자연세계와 같은 경험할 수 있는 대상과 신이나 혼과 같은 관찰할 수 없는 대상을 구분하면서, 경험할 수 있는 대상에 관한 지식만을 알 수 있고 경험할 수 없는 형이상학적 질문에는 답할 수 없다고 역설하였다.

칸트는 지식이 수동적 감성과 능동적 지성이라는 두 가지 출처에서 융합적으로 생성된다고 주장한다. 지식은 감성을 통해 수집한 감각 자료에 지성의 순수 개념인 범주를 적용하여 그 사실·진리·실체를 인식할 수 있다는 것이다. 칸트는 감각 자료를 기반으로 얻어진 인식을 이해라고 하면서, 그 이해와 초월적 대상에 관한 인식을 가리키는 오성을 구분한다. 그는 또한 개념을 감각적 경험을 추상화한 후험적 개념, 경험과 독립적인 선험적 개념, 경험에서 추상화되지도 않고 경험과 독립적이지도 않은 관념으로 나눈다. 과학철학에서는 이와 같은 인식론적 관점에 비추어, 칸트의 이론에 따라 수행되는 과학적 탐구에는 비록 그가 구체적으로 지적하지는 않았지만 가설-연역적 방법이 가장 효과적일 것이라고 주장한다.

칸트는 경험이 가능한 대상은 '사물 그 자체'가 아니라 인식의 주관에 나타나는 '의식에 주어진 세계'일 뿐이라고 강조하였다. 칸트는 이성을 행동 양식의 결정에 적용하는 실천 이성과 사변 이성을 가리키는 이론 이성을 구분하였는데, 당시의 신앙은 의지 능력인 실천 이성보다 인식 능력인 이론 이성과 더 밀접한 관련이 있었다. 이성은 감각 또는 (직관을 제외한) 내성과 상반되는데, 아리스토텔레스는 이성의 대상으로 수학·물리학·신학을 제시한 바 있다. 칸트는 수학적 공식이나 과학적 법칙과 같이 순수한 이성이나 합리적 논증을 통해 밝혀진 진리와 정신적·영적 감화를 통해 체득하는 진리를 구분하였다. 칸트는 진리를 이와 같이 구분하여 이성의 능력과 종교를 둘 다 비판하였고, 결과적으로 과학과 종교를 뚜렷하게 구분되는 각각의 영역으로 분리하였다. 칸트의 이와 같은 분리로 종교적 영역이 더욱 분명하게 묘사될 수 있었으나, 진리를 탐구하는 수단의 하나로 이성을 받아들이는 철학자와 신학자들의 비판을 받았다. 당시 철학자들과 신학자들은 같은 진리를 추구하면서 궁극적 진리는 구분할 수 없는 하나라고 가정한 것이다.

그런데 이성을 실천 이성과 이론 이성으로 구분한 칸트는 신에 관한 지식과 관련된 질문을 할 때는 이론 이성에 묻지 않고 실천 이성에 요청하였다. 신에 관한 질문을 과학적 지식에 관한 것이 아니라 인간의 도덕적 행위에 관한 것으로, 하나님의 존재를 도덕적 행위의 기본 조건으로 가정한 것이다. 칸트에 의해 중세의 종교적 권위가 이성으로 대체되어, 이성이 근대 최고의 주도적 가치가 된 것이다. 그 결과 철학이 신학보다, 자연이 은총보다, 인간적인 것이 그리스도교적인 것보다 우위에 놓인다고 생각하게 되었다. 이런 그의 철학은 철학과 종교 양측으로부터 비판을 받는 빌미가 되었다.

(4) 실증주의와 과학적 검증

오귀스트 콩트(Auguste François Comte, 1798-1857)는 사물의 진실성, 유용성, 확실성, 정확성, 유기성, 상대성의 여섯 가지 특성을 모두 포괄하는 개념에 '실증주의'라는 이름을 지어 당시 경험주의의 철학적 전통을 실증주의라고 불렀다. 실증주의 전통은 후기 문예부흥기의 신플라톤주의에도 그 뿌리가 있다. 콩트는 과학적 방법에 관해 감각적 경험이 모든 과학적 주장의 정당성에 대한 판단의 준거가 된다고 주장하였다. 콩트에 따르면 사고는 신을 도입하여 사물을 설명하는 종교적 방식에서 시작하여 사물 그 자체와 원인을 추구하는 형이상학적 방식을 적용하는 단계를 거쳐, 관찰할 수 있는 대상을 강조하는 과학적 방식을 구성하는 단계에 따라 진화된다. 이와 같은 사고 진화 과정의 마지막 단계를 근간으로 시작된 실증주의는 그 후 쭉 과학적 탐구를 관찰과 조작이 가능한 대상에 한정하면서, 다른 한편으로는 특히 빈 학파를 중심으로 과학 통일의 필연성을 강조하였다. 실증주의는 19세기 중반 이후부터는 과학철학에서 일반적으로 인정되는 과학관 또는 과학에 관한 이론으로 받아들여졌다.

흄과 밀의 경험주의와 더불어 그들의 경험주의에 기반하여 발전한 비교적 엄격한 경험주의의 입장을 반영하기 위해 이름이 붙여진 실증주의는 고대 그리스의 레우키포스와 데모크리토스의 원자론을 그 토대로 삼았다. 실증주의는 다른 한편으로 합리적으로 정당화할 수 있는 언명만이 과학적으로 확증할 수 있을 뿐만 아니라 논리적·수학적 증명도 가능하다고 보고, 선험적 사색, 형이상학, 유신론을 거부하였다. 19세기부터 가장 영향력이 큰 지적·사상적 조류를 이루어 하나의 합리적인 과학적 견해로 형성된 실증주의는 과학적 사고와 합리성이 그 핵심적 속성이다. 실증주의의 합리적 속성은 충분하고 확실한 증거에 바탕을 둔 논증에서 비롯된다. 오늘날 실증주의는 과학의 전지전능성 및 통일성과 그 본성에 관한 이론으로 받아들여지기도 하며, 비분석적이고 타당한 지식만을 과학지식으로 인정할 수 있다고 주장한다.

신과 종교에 관한 콩트의 말 "과학사회와 신은 공존할 수 없다"에도 암시되어 있듯이, 실증주의는 본질적 속성상 신과 아무런 관계도 없는 독립된 영역을 대상으로 한다. 실증주의는 연구하는 과학자와 과학자가 연구하는 대상 사이에 독립적 관계가 있다고 강조하기도 하였다. 과학철학에서는 경험주의와 그에 기원한 실증주의를 형이상학보다 인식론으로 다룬다. 실증주의는 과학적 이론이나 법칙을 검증하는 방식에 따라 논리실증주의와 논리경험주의로 분파되고, 환원주의(reductionism)와 조작주의(operationalism)의 근원이 되었으며, 20세기 중반기에는 기존의 분석철학에도 융합되었다. 그러나 다음 내용과 제2장에서 기술한 과학지식 및 과학적 방법의 본성에 비추어 볼 때, 어떤 실증주의의 기준도 과학지식의 진위를 판단하는 기준으로 적용할 수 없다. 실증주의의 의미 기준은 논리적·수학적·경험과학적 지식과 그 외의 지식을 구분하는 데는 타당하지만, 과학지식 또는 과학적 명제의 진위나 그 적절성을 판단하는 데는 적합하지 않다. 또한 실증주의가 제시하는 자연과학적·수학적 기준도 초경험적·과학철학적·신학적 지식의 진위나 그 명제의 유의미성 판단에 적용하기에는 합당하지 않다.

논리실증주의를 지지하는 과학적 실재론이 과학철학의 한 분파로 발달한 반면, 경험주의와 실증주의를 거부하는 비판적 실재론은 사회과학철학의 한 분파로 형성되었다. 과학적 실재론은 충분히 검증된 과학적 이론이라면 어느 것이나 진리라고 가정하며, 과학적 이론을 자연현상의 기술이나 예상에 적용하는 실증주의에 비해 관찰되는 현상의 기저가 되는 실재 질서의 표상에 이용한다. 한편 비판적 실재론은 실재(actual) 세계와 관찰할 수 있는 세계를 구분하고, 실재 세계를 지식과 경험, 지각·이론·개념에 독립적인 존재로 가정한다. 제2장에 기술되어 있는 바와 같이 과학적 실재론이 인과관계를 관찰·실험으로 얻어진 실재적 자료인 사실(fact)·진리(truth)·실체(reality)에 의거하여 설명하는 반면, 비판적 실재론은 관찰하지 못한 본체(entity), 즉 진실(truth)·진상(substance)·본질(essence)을 추리하고 그것을 참고하여 설명한다. 즉 비판적 실재론은 인과관계를 실험과 해석의 창조적 결합을 통해 인식하려 한다. 과학과 종교의 관계를 다루는 개신교 신학자들의 저서는 과학의 본성을 많이 다루고 있지 않은데, 다루는 것조차도 대부분 실증주의나 과학적 실재론보다 비판적 실재론에 따라 내용을 기술하고 있다. 『기원 이론』(노동래 옮김)에 따르면 창조세계는 궁극적 실재가 아니고 새 창조가 궁극적 실재다. 예수가 영원히 지닐 몸은 부활하기 전의 몸이 아니라 부활하여 변한 '새 창조의 부활의 몸'이다. 그런데 예수 그리스도의 몸에 관해 과학적 실재론에서는 부활하기 전의 예수의 몸을 실체로 기술하며, 비판적 실재론에서는 '새 창조의 부활의 몸'을 본질로 이해한다.

1920-30년대의 논리실증주의는 모리츠 슐리크(Moritz Schlick, 1882-1936), 루돌프 카르나프(Rudolf Carnap, 1891-1970), 오토 노이라트(Otto Neurath, 1882-1945) 등 빈 학파와 관련이 있으며, 독일의 칼 구스타프 헴펠(Carl Gustav Hempel, 1905-1997), 한스 라이헨바흐(Hans Reihenbach, 1891-1953), 영국 철학자 앨프리드 줄스 에이어(Alfred Jules Ayre, 1910-1989)도 논리실증주의자로 분류된다. 논리실증주의(logical positivim)라는 명칭의 '논리적'(logical)이라는 말은 의미만이 탐구의 주제가 된다는 뜻을, '논리'(logic)는 철학적 탐구에 기본적 도구라는

의미를 함축하고 있다. 1920-40년대의 논리실증주의는 과학적 담론만이 의미 있는 언어를 위한 규범을 제시하며, 감각적 자료로 검증할 수 있는 경험적 명제만이 의미 있는 기술(記述)이라고 주장하였다. 에른스트 마흐(Ernst Mach, 1838-1916)와 헴펠은 관찰과 측정을 통해 확증할 수 있는 명제만이 의미가 있다고 주장하면서, 명제의 의미를 확인하는 방법으로 확증법(verification) 또는 확증가능성(verifiability) 원리를 개발하였다. 논리실증주의에서는 검증의 결과가 가설을 지지하는 경우 가설이 맞는다고 단정하고, 배치되는 결과가 나오면 그 가설을 즉각 버린다. 실증주의는 결과적으로 철학적 탐구에서 형이상학을 일축하고 신학과 거리를 둔 셈이다. 논리실증주의가 경험주의의 엄격한 입장을 수용하여 결정적 증거를 제시하는 방법으로 확증법을 제시하였지만, 한정된 양의 관찰 진술만으로는 보편적 명제로 형성된 과학적 법칙을 결정적으로 확증할 수 없는 문제에 봉착하였다.

에이어와 카르나프는 논리실증주의보다 비교적 더 온건한 경험주의를 수용한 논리경험주의(logocal empiricism) 입장에서 확증법보다는 더 느슨한 입증법(confirmation)을 검증의 원리로 제시하였다. 카르나프는 '확증하다' 대신에 '입증하다'는 표현을 썼는데, '입증하다'에는 '검증하다'(test)의 의미도 함축되어 있다. 논리경험주의는 의미 있는 가설이나 명제라면 관찰과 실험을 통해 검증할 수 있어야 한다고 주장한다. 확증법이 단정적 확증을 추구할 목적으로 적용되는 것과 대조적으로, 입증법은 확률적으로나 개연적으로 입증할 수 있는 상황에 적용된다. 논리경험주의는 과학적 방법으로 가설-연역적(hypothetico-deductive) 방법을 제시함으로써, 20세기 중반까지 지배적 과학철학이 되었다. 논리경험주의는 가설-연역적 방법을 적용한 결과가 가설을 지지하는 경우에는 "가설이 진실에 더 가까워졌다"와 같은 확률적 결론을 내리지만, 가설에 일치하지 않는 결과가 나오면 그 가설을 그냥 버리고 새로운 가설의 설정을 추구한다.

쾽은 그의 저서 『한스 쾽, 과학을 말하다』(서명옥 옮김)에서 "실증주의만으로는 부족하다"라는 말로 과학의 본질적 한계를 지적한다. 쾽이 지적한 대로 1922년 실증주의의 빈 학파에서는 다음과 같은 요지의 '과학적 세계관'을 발표하였다. "의미가 있는 명제는 수학과 논리학의 명제처럼 경험적 내용이 없는 순수한 형식명제와 경험적으로 검증이 가능한 경험과학의 명제뿐이다." 이 선언은 초경험적·형이상학적 명제는 모두 무의미하다거나 과학의 대상이 아니라는 생각이 반영된 것이다. 2000년대의 실증주의는 객관적이며 정확하고 정밀한 자연과학과 수학에 매료되어, 모든 철학적 진술조차도 경험적 검증을 요구하였다. 즉 철학은 논리학과 언어분석으로 환원되고, 형이상학은 결국 극복되며, 신학은 애당초부터 무의미하다는 주장이었다. 그러나 이런 주장은 과학의 본성에 대한 회의를 느끼게 하는 단초가 되었다. 오늘날 실증주의 접근법으로는 개념의 일의성에 도달할 수 없다고 인식되며, 과학적 방법이 과학지식 탐구의 유일하고 이상적인 방법으로 간주되지도 않는다.

(5) 환원주의와 과학의 통일

노이라트는 열렬한 논리실증주의자로서 물리주의(physicalism) 입장에서 통일과학(unified science)의 필요성을 어느 실증주의자보다도 더 적극적으로 강조하였다. 물리주의는 모든 것이 물리적이라고 주장하며, 과학철학에서는 유물주의와 거의 같은 의미로 사용된다. 그러나 엄격한 의미의 물리주의는 과학철학에서 자주 사용되는 용어이며, 유물주의는 심리학에서 주로 쓰이는 말이다. 물리주의는 존재하거나 일어나는 모든 것이 물리적 속성으로 이루어져 있다고 가정하고, 그 어떤 것이든 시간, 공간, 물질의 물리학 용어로 표현될 수 있다고 주장한다.

물리주의와 조금 다른 의미를 함의하는 유물주의는 오로지 물질만이 존재하며 정신이나 영혼은 실체가 없다고 가정하면서, 존재하는 것은 모두 물질로 구성되어 있어서 어떻게 해서든지 물질로 환원할 수 있다고 말한다. 유물주의는 과학지식을 얻는 유일한 방법은 과학적 방법밖에 없다고 보고, 물질과 에너지야말로 우주의 가장 기본적 실재(actuality)라고 가정하면서 종교조차도 물질로 구성된 인간으로 환원하여 기술한다. 유물주의는 모든 것을 환원주의 입장에서 종교적·신비적 용어보다 이성·설명과 같은 인간적 용어로 해석하고 설명한다.

물리주의와 유물주의는 둘 다 환원주의를 표현할 때 많이 사용된다. 논리실증주의의 극단적 입장을 수용하여 형성된 환원주의는 화학적 진술과 생명과학적 진술은 물론이고 심리학적 진술조차도 궁극적으로는 물리학 용어로 설명할 수 있다고 주장한다. 환원주의는 이와 같은 가정을 전제로 물리학을 자연과학에 가장 기본적인 분야로 보고, 화학·생명과학·지구과학·천문학을 모두 물리학으로 통일해야 한다고 주장하기도 한다. 환원주의는 의미에 따라 다음과 같은 세 가지 유형으로 분류된다.

- 구성환원주의: 생물체는 자연의 무기물과 동일한 물질, 곧 같은 원소로 구성되어 있다.
- 설명환원주의: 구성요소에 대한 이해가 없이는 그것으로 이루어진 전체를 이해할 수 없다.
- 이론구성주의: 생명과학 법칙은 화학 법칙으로, 화학 법칙은 물리학 법칙으로 환원된다.

과학철학에서는 조작주의도 실증주의의 한 형태로, 그리고 의미의 이론으로 간주한다. 물리학자인 퍼시 윌리엄스 브리지먼(Percy Williams Bridgman, 1882-1961)은 실증주의가 분석 단위로 다루는 문장 대신에 개념을 다루는 조작주의를 제안하였다. 그가 제시한 조작주의에 따르면, 과학적 개념은 그것을 측정하기 위한 방법을 모르거나 그것이 알려져 있지 않으면 그 의미를 알 수 없다. 그러므로 과학적 개념은 사전적으로 정의하기보다 관찰·측정·실험 방법과 그 절차 및 결과로 정의해야 한다. 바로 그런 이유로 특히 심리학과 교육학 연구에서는 그 대상과 연구가설을 대부분 조작적으로 정의한다. 이를테면 "몸무게는 체중계가 가리키는 수치이다"와 같이 정의한다. 이 경우 몸무게는 엄밀한 의미에서 그 실체를 가시적 용어로 표현할 수 없는 구인(construct)이기 때문에, 실제 연구에서는 이와 같이 정의할 수밖에 없다.

　물리주의와 유물주의뿐만 아니라 환원주의도 종교적 신앙에 상충한다. 물리주의는 본질적 속성상 반종교적일 수밖에 없다. 물리주의는 지식의 물리적 현상만을 지식의 유일한 원천으로 보기 때문이다. 유물주의는 신과 영혼의 존재 자체를 부정함으로써 비물리적 존재를 믿는 종교에 상충될 뿐만 아니라 그리스도교의 신앙적 가치보다 물질적 소유욕을 더 중요시하는 가치관을 초래하기도 하였다. 환원주의는 종교의 기원·기능·의미뿐만 아니라, 심지어 진리의 분석 결과조차도 세속적 용어로 표현하는 경향을 이끌었다.

맥그래스와 폴킹혼은『신학과 과학의 만남』(윤철호·김효석 편집)에서 환원주의를 비판하면서 존재자에 대한 단일한 기술이나 해석보다 다양한 기술과 해석이 바람직하다고 주장한다. 그들에 따르면 세계는 존재론적으로 단일하지만 그에 관한 지식은 방법론적으로 다양하며, 바로 그런 이유 때문에 실재는 그것의 본질에 따라 탐구되고 표현되어야 한다. 자연을 관찰하여 수집한 자료에 나타난 후험적·형이상학적 관념을 제거해서도 안 된다. 또한 과학적 탐구나 신학적 탐구에서는 존재론을 인식론보다 우선해야 한다.

(6) 반증주의와 직관 그리고 창발적 사고

경험주의·이성주의·실증주의의 인식론적 관점 또는 방법론적 관점에서 보면, 과학은 객관적이고 합리적인 학문이다. 과학철학에서는 '논리적', '기계적', '동의어반복적'이라는 말을 '합리적'이나 '이성적'이라는 말로 대체하여 사용한다. 논리적 추리를 따르는 과학적 방법을 통해 그리고 확실한 증거를 바탕으로 객관적 과학지식과 이해를 획득하고 평가할 때도 '과학적'이라고 한다. 과학이 기계적이고 논리적인 규칙을 따라 수행되며, 그 결과 객관적 과학지식이 획득되거나 진리로 평가된다고 판단할 때도 합리적이라고 말한다. 반증주의는 상황에 따라 과학을 합리적 학문 또는 비합리적 학문으로 본다.

전통적 과학철학으로 일컬어지기도 하는 실증주의와 대척적 입장에 있는 후실증주의 곧 현대 과학철학에서는 과학의 합리성과 과학지식의 누적적 발달을 부정한다. 반증주의자로서 실증주의와 후실증주의의 가교 역할을 한 칼 포퍼(Karl Popper, 1902-1994)는 논리실증주의 용어인 '확증하다'는 물론이고 논리경험주의 용어인 '입증하다'도 사용하지 않고, '반증하다'와 '검증하다'를 사용하여 과학적 이론을 반증하는 방법을 설명한다. 포퍼는 그의 '반증 이론'을 통해 긍정 진술은 그 진리를 확증하거나 입증하기보다 반증하기가 더 쉽다고 주장하고, 과학적 진술과 형이상학적 진술을 구분하는 기준으로 반증가능성(falsifiability)을 제시하였다. 이어 과학적 이론과 가설은 검증될 수 있는 것이어야 하며, 그 진리나 실체는 결코 확증하거나 입증할 수 없고, 오로지 반증만이 가능하다고 주장한다. 이 주장에 따르면 과학적 이론 또는 가설은 일반적이고 포괄적일수록, 그래서 반증하기 쉬운 것일수록 좋은 이론과 가설이다. 반증주의는 가설을 검증하여 가설을 지지하는 결과가 나오면 "가설의 반증에 실패하였다"와 같은 결론을 내리지만, 가설에 반하는 결과가 나오면 그 가설을 무조건 기각한다. 가설을 기각한 다음에는 비논리적인 직관(intuition)에 기반한 창발적 사고(emergent thinking)를 통해 새로운 가설을 설정하여 검증에 대비한다.

　제2장에도 기술되어 있듯이 경험주의는 귀납적 방법을, 이성주의는 연역적 방법을 과학적 방법으로 제시하였다. 실증주의와 반증주의는 귀납적 방법과 연역적 방법에 내재된 문제와 한계를 극복하면서, 각 방법의 장점을 살려 가설-연역적 방법과 귀추법을 개발·제시하였다. 이 네 가지 과학적 방법은 모두 논리적 추론 과정을 따른다. 경험주의와 실증주의는 과학이 이와 같은 기계적인 절차를 밟아

서 얻어지는 객관적 과학지식이 누적되어 점차적으로 발달한다고 가정한다. 그러나 반증주의는 과학이 직관적으로 가설을 설정하고 그 가설을 기각하면서 새로운 가설을 설정하는 순환적 과정을 거쳐 발달한다고 본다.

4) 현대 철학: 후실증주의와 과학의 비합리성

실증주의 이후의 과학철학은 후실증주의 또는 현대 과학철학으로 일컬어진다. 후실증주의는 관찰자의 객관적 입장을 주장하는 실증주의를 거부하며, 과학의 분석 도구로 실증주의가 이용한 논리를 버리고 그 대신 과학사를 활용한다. 후실증주의는 감각적 지각을 통해 객관성이 보장되는 과학적 사실을 얻을 수 있다고 설명하는 경험주의의 지각 이론도 거부하고, 인식할 내용은 선행하는 지식·신념·이론의 영향을 받아 결정된다는 지식의 구성이론을 제시한다. 후실증주의는 실증주의가 1950년대부터 포퍼, 노우드 러셀 핸슨(Norwood Russell Hanson, 1924-1967), 임레 라카토쉬(Imre Lakatos, 1922-1974), 토머스 새뮤얼 쿤(Thomas Samuel Kuhn, 1922-1996), 래리 라우든(Larry Laudan, 1941-)의 비판을 받은 이후 실증주의의 이론적 배경인 실재론(realism) 대신에 관념론(idealism)과 상대론(relativism)을 주축으로 하여 형성되었다.

실재론적 입장에서 과학의 합리적(rational) 특성을 강조하는 경험주의·이성주의·실증주의를 비롯한 이른바 전통적 과학철학과 대조적으로, 후실증주의는 상대주의와 관념주의의 입장에서 과학의 비합리적(irrational) 특성을 강조한다. 포퍼는 쿤이 말하는 패러다임이 경쟁할 때, 새로운 정상과학을 이끌 패러다임이 논리적 절차나 절대적 증거를 기반으로 결정되는 것이 아니라 전문 과학자들로 구성된 과학사회의 지지도에 따라 선택된다고 주장하면서 쿤을 비합리주의자로 분류한다. 라카토쉬가 제시한 연구 프로그램의 변화도 과학의 비합리적 변화를 보여주는데, 파울 카를 파이어아벤트(Paul Karl Feyerabend, 1924-1994)는 라카토쉬보다 한 걸음 더 나아가 과학사를 보면 과학이 '제멋대로'(anything goes)의 원리에 따라 발달해온 것을 알 수 있다고 강변한다.

후실증주의도 종교와 관련을 맺고 있다. 후실증주의는 종교를 이해하기 쉽게 설명하며, 종교는 후실증주의에 필요한 자료를 제공한다. 그러나 후실증주의도 현대의 종교와 충돌하는 부분이 많다. 근대 과학과 그리스도교 신학의 관계에서와 마찬가지로, 현대의 과학 및 과학기술과 종교는 우주나 생명체의 탄생과 진화에 관한 개념에 관해서 가장 심하게 충돌한다. 후실증주의는 모두 진리는 객관적이지만, 진리에 대한 경험은 주관적이라는 관념을 고수한다. 그러나 자연세계 곧 창조세계를 있는 그대로 보고 이해한다는 관념은 거부한다. 관찰의 이론–준거적 속성으로 불리기도 하는 관찰의 이론 의존적(theory-laden of observation) 속성 때문에 그럴 수 없다는 것이다. 이와 같이 후실증주의는 하나님과 계시를 포함한 종교적 영역에 대해서는 무관심할 수밖에 없으며 탐구할 수도 없다.

(1) 핸슨과 관찰의 이론 의존성

핸슨은 과학적 발견의 방법과 과정을 논리적 절차에 따라 설명할 때 관찰의 이론 의존적 속성을 강조하였다. 관찰의 이론 의존적 속성은 관찰이 관찰자의 이론적 선행지식의 영향을 받는 특성을 말한다. 그것은 관찰·실험이 이루어지는 과학적 탐구 상황에서 관찰자나 실험자의 관찰 언어와 이론 언어, 그가 가지고 있는 과학사적 이해와 현재의 이해, 그리고 그의 경험적 인식이 모두 혼합되어 있기 때문에 나타나는 현상이다.

핸슨은 관찰의 이론 의존적 특성을 전제로 감각기관을 통해 지각한 것은 감각기관이 실제로 수용한 것과 다르며, 과학적 이론은 객관적 관찰 자료를 기반으로 형성될 수 없다고 주장하였다. 아침에 새소리를 듣고, 관련 선행지식이나 감정적 상태에 따라 "새가 노래한다" 또는 "새가 운다"와 같이 인식할 수 있다는 주장이다. 이와 같은 지각적 인식의 주관성 때문에 과학적 사실을 바탕으로 형성한 이론의 객관성은 보장되지 않는다.

이와 같이 선행지식, 사전경험, 기대감에 따라 세상을 보고 해석하며 이해하는 절차와 방법은 성경을 읽고 해석하며 그에 따라 성경 말씀을 믿고 따르는 신앙생활에도 적용된다. 성경은 과학지식을 통해 문자적으로 해석하면 쉽게 이해되지 않는다. 또한 유다인들은 예수를 직접 만나고 그의 말을 듣고 그가 이루는 표징들을 보았어도 그의 가족을 알기 때문에(요 6:42), 예수가 하나님이라는 그리스도교의 기본 교리를 곧이곧대로 믿으려 하지 않았다.

(2) 쿤과 과학혁명

쿤은 과학사에 의거하여, 과학이 패러다임(paradigm)의 반복적 교체를 통해 발전한다고 설명하는 과학혁명(scientific revolution) 이론을 제시한다. 패러다임은 연구의 주제와 관련이 있는 이론·가정·방법·도구 또는 그것들을 암시하는 개념들로 이루어진 실체론적·방법론적·개념적 체계로서 특정한 연구 전통을 구성한다. 과학자는 개념적 안경(conceptual goggle)의 역할을 하는 패러다임을 통해 세계를 보고 그 세계에 함축된 의미를 파악한다. 그러므로 그가 가지고 있는 사전 지식 곧 지적 배경이나 기대감에 따라 관찰의 결과를 기술하며, 다른 과학자와 동일한 세상을 볼지라도 각자 다른 세상을 인식한다. 과학자는 자신의 패러다임을 통해서 볼 때 변칙 사례가 반복적으로 나타나면, 자신의 패러다임을 버리고 변칙 사례를 모두 포괄하는 새 패러다임을 받아들인다. 과학은 이와 같이 패러다임의 반복적 교체를 통해 발달한다.

쿤은 패러다임의 교체(paradigm shift)를 과학혁명으로 부른다. 아리스토텔레스의 목적론적 세계관이 기계론적 세계관으로 바뀌는데 2천여 년이나 걸렸듯이, 패러다임의 교체는 종교적 개종(religious conversion)에 버금갈 만큼 어렵다. 새롭게 등장한 패러다임으로 보는 세상은 기존의 패러다임을 통해 본 세상과 본질적으로 다르다. 갈릴레이가 천동설을 버리고 지동설을 제시한 사실이 패러다임이 교체된 대표적 예다. 당시 그리스도교 신학에서는 성경 말씀 "태양아, 너는 기브온 위에 머무르라. 달아, 너도 아얄론 골짜기에서 그리할지어다' 하매 태양이 머물고 달이 멈추기를 백성이 그 대적에게 원수를 갚기까지 하였느니라"(수 10:12-13), "지혜는 다른 모든 것에 앞서 창조되었고 명철한 지각도 영원으로부터 창조되었다"(집회서 1:4)와 같은 천동설을 근거로 그와 상반된 패러다임인 지동설을 주장한 갈릴레이를 비난하였다.

(3) 라카토쉬와 연구 프로그램

라카토쉬에 따르면 과학은 연구 프로그램(research program)의 점진적 변화 과정을 통해 분화되고 발달한다. 연구 프로그램은 견고한 핵 (hard core)과 보조가설(auxiliary hypothesis)로 구성된다. 견고한 핵은 천동설에서 "태양을 포함한 모든 행성이 지구를 중심으로 공전하고, 지구는 자전한다"이며, 보조가설은 '태양으로부터 지구까지의 거리', '지구의 공전 속도', '지구의 자전 속도', '지구로부터 행성까지의 거리', '행성의 공전 속도' 등이다. 어떤 천문학자가 예상한 대로 일식이나 월식이 일어나지 않을 경우, 견고한 핵이 틀렸다고 판단하여 버리기보다는 예상할 때 적용한 보조가설의 수치를 다시 점검한다.

연구 프로그램은 과학이 발달하는 과정을 쿤과는 물론이고 포퍼와도 다르게 설명한다. 쿤의 패러다임은 교체되는 즉시 핵심적 개념이 확실히 다른 이론체계로 바뀌지만, 라카토쉬의 연구 프로그램은 대부분 보조가설이 바뀌어 분화될 뿐이지 견고한 핵은 단번에 바뀌지 않는다. 포퍼는 이론이 단 한 번의 실험에 의해서도 반증된다고 주장하지만, 라카토쉬는 연구 프로그램이 반증하는 증거가 나타날지라도 견고한 핵은 버려지지 않고 보조가설만 수정된다고 주장한다. 알베르트 아인슈타인(Albert Einstein, 1879-1955)의 상대성 이론이 나왔음에도 불구하고 뉴턴의 이론이 버려지지 않은 사실 역시 연구 프로그램의 변화를 보여 준다.

(4) 라우든과 연구 전통

라우든은 실증주의·실재론·상대주의를 강하게 비판하고, 과학이 라카토쉬의 연구 프로그램이 아니라 연구 전통(research tradition)의 진화를 통해 발전한다고 주장하였다. 라우든은 또한 포퍼의 경험주의적 입장에서 주장한 반증주의와 쿤의 과학혁명 이론을 둘 다 부정하면서, 과학은 입증된 과학적 증거가 수집되고 그와 동시에 개념적 불일치가 해결되는 진화적 과정에 따라 발달한다고 주장한다. 그는 쿤의 패러다임과 라카토쉬의 연구 프로그램에 내재된 문제와 한계를 극복하기 위한 이론으로 연구 전통 모형을 제시하였다.

연구 전통은 이론, 탐구의 방법론적 준칙, 이론의 검증 방법, 자료의 수집 방법에 관한 규준으로 구성되어 있다. 라우든은 과학이 쿤의 주장대로 격변적으로 변하지 않고, 라카토쉬의 이론대로 진화적으로 발달하지도 않는다고 본다. 과학은 연구 전통의 구성요소가 모두 한꺼번에 바뀌지 않으며, 한두 개가 독립적으로 바뀌어 발전한다는 생각이다. 니콜라우스 코페르니쿠스(Nicolaus Copernicus, 1473-1543)의 원운동과 이심원에 따라서, 요하네스 케플러(Johannes Kepler, 1571-1630)는 타원을 이용하여 행성의 공전을 설명하였는데, 이것들이 연구 전통의 변화를 보여준다.

5) 과학지식사회학과 구성주의: 과학지식의 가변성

고대 그리스 자연철학과 대조적으로, 현대 과학은 철학적 특성과 사회적 특성을 함께 지닌다. 이는 과학이 적어도 과학지식, 과학적 방법, 과학자의 세 가지 구성요소로 이루어져 있어서 나타나는 특성이다. 과학지식과 과학적 방법의 본질은 과학철학의 대상이며, 과학자가 과학적 방법을 적용하여 과학지식을 형성하고 검증하는 과정은 과학사회학에서도 다루어지는 대상이다. 과학의 사회적 특성, 과학지식의 사회적 특성, 과학적 활동의 사회적 특성은 모두 과학자가 개인적으로나 사적으로 과학을 탐구하는 것이 아니라 과학자가 소속된 사회의 관계망 안에서 그리고 위계적으로 제도화된 과학과 관련된 조직과 체제 아래서 과학적 연구를 수행하는 데서도 비롯한다. 오늘날에는 과학의 본성, 과학지식 및 과학적 방법의 본성이 주제나 영역에 따라 과학사회학, 과학지식사회학, 구성주의(constructivism)에서도 다루어진다.

과학사회학·과학지식사회학·구성주의는 모두 과학지식이 발견되는 것이 아니라 과학사회에서 과학자에 의해 구성된다고 설명하는데, 과학지식이 구성된다는 말에는 그것이 절대적 진리가 아니라는 의미도 함축되어 있다. 실증주의가 내린 과학지식의 정의인 '정당화된 참 신념'(justified true belief)에도 과학지식이 절대적 진리가 아니라는 뜻이 담겨 있다. 쿤이 설명한 그대로 기존의 패러다임이 버려지고 새로운 패러다임이 선택되면, 패러다임을 구성한 이론도 새로운 이론 즉 새로운 과학지식으로 바뀐다. 원자 모형이 '돌턴→톰슨→러더퍼드→보어→현재의 전자구름' 모형과 같이 바뀌는 과정은 과학지식의 발달 과정을 잘 말해준다. 과학지식이 진리라면, 기존의 과학지식 위에 새로운 과학지식이 차곡차곡 쌓여야 한다. 그러나 과학지식은 어느 것이나 새로운 증거가 나타나면 그 즉시 버려지는 가설적·잠정적 가정일 뿐이다.

(1) 과학사회학과 과학의 사회적 합의

후실증주의 과학철학자들은 과학지식과 사회의 관계, 과학지식이 형성·검증되는 방법과 과정, 과학자 집단과 과학자들의 관계 또는 과학사회의 구조에 관심을 가지고, 그것들을 중심으로 과학의 사회성 이론을 정립하였다. 과학사회학의 핵심 목표는 과학의 사회적 측면에 대한 이해이며, 과학사회학의 주요한 주제는 과학의 사회적 조건과 그 효과, 과학적 활동의 사회적 구조와 그 과정이다. 과학사회학은 사회 및 그보다 좁은 과학사회 안의 사회적 측면을 연구한다는 점에서 사회학의 한 분야로 다루어지기도 한다.

로버트 머튼(Robert K. Merton, 1910-2003)을 비롯한 과학사회학자들은 상대주의 인식론과 반실재론적 형이상학을 받아들여, 과학사회가 과학지식을 창조하고 평가하는 방법과 과정에 관심을 집중하였다. 과학사회학은 과학의 사회적 특성이 논리적·기계적 방법과 절차가 아니라 민주적 의사결정 과정을 따르는 협력적인 과학적 활동에 기인한 것으로 설명한다. 쿤의 패러다임의 선택이나 라카토쉬의 연구 프로그램의 진화적 변화도 논리적 추론으로 구성된 과학적 방법이 아니라 비논리적인 사회적 합의에 수반되는 것이 그 예다.

(2) 과학지식사회학과 과학지식의 사회적 특성

밀, 찰스 퍼스(Charles S. Peirce, 1839-1914), 포퍼 등은 과학사회학이 과학자들의 행동과 과학의 사회적 특성을 핵심 주제로 다룬다고 비판하면서, 과학사회의 집단적 협력과 협동을 통한 과학지식의 형성과 검증을 강조하는 과학지식사회학(sociology of scientific knowledge)을 설립하였다. 과학지식사회학은 과학적 활동을 사회적 활동으로 보고, 과학지식을 사회적 과정을 거쳐 형성된 산물, 그리하여 사회적 특성을 띠는 과학지식으로 다룬다. 과학지식이 띠는 사회적 특성은 과학사회학의 주제 가운데 하나이기도 하며, 과학지식사회학의 주제에는 이와 더불어 인간과 사회적 관계에 관한 과학적 연구의 효과, 사회적 관계와 가치가 과학적 연구에 미치는 영향, 실험실 중심의 과학적 연구와 그에 수반하는 사회적 특성도 포함된다.

과학지식사회학은 베이컨에 의해 시작된 이래, 카를 마르크스 (Karl Marx, 1818-1883)와 다비드 에밀 뒤르켐(David-Emile Durkheim)의 철학사상의 구성요소가 되었으며, 카를 만하임(Karl Mannheim, 1893-1947)은 그것을 현대 인식론의 한 분야로 발전시켰다. 베이컨은 관찰을 통한 과학적 탐구의 사회적 특성을 강조하면서, 과학의 대중화에 기여하였다. 마르크스는 인간이 다양한 사회적 집단의 이념적 요구에 따라 자연을 대상으로 상호작용함으로써 과학지식이 생성된다고 확신하였다. 만하임은 마르크스의 과학사회학을 과학지식사회학으로 발전시켰다. 과학지식사회학은 과학지식의 절대성과 객관성을 부정하고, 관찰을 통해 수집한 자료로부터 과학적 이론을 도출할 수 없다는 가정을 전제하는 현대 인식론의 한 분야다.

(3) 구성주의와 과학지식의 사회적 구성

과학철학적 이론이자 심리학적 이론으로서 현대 교육학의 주요 이론적 배경이 되는 구성주의는 과학에 관심을 가진 사회학자들이 1970년대까지 과학사회학에 쏟았던 그들의 인식론적 관심을 1980년대부터는 과학지식사회학으로 돌리는 자극제 역할을 하였다. 과학지식사회학자들은 과학과 과학지식의 사회적 특성을 강조하는 구성주의의 자극을 받아, 과학사회학자들이 과학과 과학기술을 너무 사소하게 다룬다고 비난하였다. 당시의 구성주의는 과학지식의 본성과 그 의미를 구성하는 사회적 과정을 집중적으로 다루는, 과학

사회학과 과학지식사회학을 포괄하는 인지론이자 심리학적 이론으로 간주되었다. 구성주의는 이와 같은 특성 때문에 수학교육학과 과학교육학에서 핵심적인 이론적 배경이 되고 있다.

구성주의는 흔히 사회적 구성주의와 급진적 구성주의로 대별된다. 사회적 구성주의는 레프 비고츠키(Lev Vygotsky, 1896-1934)에게서 비롯한 인지론으로서, 과학지식이 다른 사람, 문화, 사회 사이의 상호작용을 통해 발달한다고 설명한다. 급진적 구성주의는 에른스트 폰 글라저스펠트(Ernst von Glasersfeld, 1917-2010)가 개발한 심리학 이론으로서, 과학지식은 과학자에 의해 만들어지는 것이지 발견되는 것이 아니라고 주장한다. 급진적 구성주의는 장 피아제(Jean Piaget, 1896-1980)의 지능발달 이론을 기반으로 형성되어 인지적 구성주의로 일컬어지기도 한다. 인지적 구성주의는 학습이 학습자의 인지발달 단계의 영향을 받으며, 과학지식을 소극적으로 수용하여서가 아니라 스스로 구성하여 일어난다고 설명한다.

2. 문예부흥과 인문주의

르네상스(renaissance)는 엄격한 의미에서 고전 학문과 학예의 부흥 운동을 가리키지만, 그 운동에는 인문주의라는 지적 운동도 포함된다. 그래서 르네상스와 인문주의가 르네상스 인문주의로 통칭되기도 한다. 르네상스 인문주의는 고대 그리스 철학과 로마 인본주의의 재발견으로 인식되며, 오늘날 문명사에서는 인문주의 가치를 추구한 시대를 지칭하는 용어로 정립되었다. 르네상스 과정에서 생겨난 근대 과학은 당시에 자연과학·사회과학·형식과학을 통틀어 일컫는 말이었으며, 세 분야 모두 목적론적 세계관(teleological worldview)이 기계론적 세계관(mechanistic worldview)으로 대체되는 계기를 제공하였다. 즉 근대 과학은 기계론적 세계관이 자연철학의 한 근간이었던 목적론적 세계관을 대체함으로써 형성되었다.

1) 르네상스의 대두 배경과 영향

넓은 의미로 르네상스는 그리스와 로마의 고전을 통해 새로운 인간 생활을 확립하고 고전 문화를 부활시키는 데 목적을 두고 일어난 문예부흥(literary revival) 운동이다. 르네상스 인문주의는 신을 모든 것의 중심에 둔 그리스도교의 신본주의(theocentrism) 세계관 대신에 인간을 모든 것의 척도로 간주하며 고대 그리스-로마 시대의 인본주의(anthropocentrism) 세계관을 수용한 문화적 혁신 운동이다. 르네상스 인문주의는 14세기에 이탈리아에서 시작되어 15세기에 전 유럽으로 퍼진 일종의 지적 운동으로서 문화적 부흥을 강조할 때는 문예부흥으로, 고대 그리스와 로마 문헌 및 자료의 수집과 해석 그리고 그에 수반한 과학의 획기적 발달을 강조할 때는 학예부흥으로 일컬어진다.

(1) 르네상스의 대두 배경

14세기에서 17세기 초 사이에 프랑스에서 르네상스 운동이 일어나게 된 직접적 배경은 인문주의의 등장, 이슬람에 의한 고대 그리스-로마의 학문과 지식의 유럽 소개, 니콜라우스 코페르니쿠스(Nicolaus Copernicus, 1473-1543)의 지동설 주장이라 할 수 있다. 르네상스는 예술과 철학에 있어서 그리스도교를 멀리하면서 인문주의를 사상적 지주로 삼고 중세 문화를 배척하였다. 문예부흥은 로마 시대를 거치는 동안 묻혀 있었던 고대 그리스의 학식과 지혜의 부흥, 즉 고대 그리스의 철학·과학·문학·예술의 재발견에 관심을 집중한 유럽 사회의 현상과 그 시기를 통칭하는 말이기도 하다.

르네상스는 그리스도교 사회 안에서 일어난 문화혁신 운동이다. 개신교 개혁가들 특히 칼뱅주의자들(Calvinists)과 근대 과학자들이 못마땅해하는 중세의 중심 사상은, 우주가 세상 높은 끝에 있는 신에서부터 땅 위의 불완전한 속성에 이르는 단계적 존재 사슬로 구성되어 있다는 위계 개념이었다. 르네상스를 거치면서 로마 가톨릭 교회와 로마 제국은 영적이고 물질적인 삶을 조직하기 위한 안정적이고 통합적인 틀을 제공할 수 없게 되었다. 인문주의가 르네상스의 등장 배경을 설명할 때는 그 원인의 하나로 제시되지만, 르네상스의 결과와 그 영향을 말할 때는 르네상스의 정신으로 여겨진다.

(2) 르네상스의 영향

르네상스가 영향을 미친 결과로 학문의 발달, 문학과 예술의 발전, 고전 문헌의 보전과 해석, 과학혁명의 기초 마련, 계몽주의의 융성이 제시된다. 1100년대에 유럽에 소개된 고대 그리스-로마 문헌은 자연 세계뿐만 아니라 신학과 예술에도 보다 합리적이고 과학적인 접근법을 적용하도록 촉구하였다. 고대의 문헌이 해석됨에 따라 과학의 주된 연구 대상도 신보다는 인간과 자연에 집중되었다. 콘스탄티노플이 오스만 튀르크에 의해 함락된 이후 학자들이 로마로 가져온 고대 그리스-로마 문헌들은 합리적 사고와 과학을 강조함으로써 인문주의의 활력소가 되었으며, 유럽의 지적 사고의 발전에도 큰 영향을 미쳤다. 르네상스 인문주의는 또한 고전문헌을 특별히 강조한 계몽주의가 탄생하는 근원이 되기도 하였다.

　　이탈리아와 유럽의 예술도 해부학, 원근법, 자연을 하늘나라에 이르는 길로 보는 견해와 같은 고전적 학식의 합리적 요소를 과감하게 받아들였다. 그리스도교 안에서도 르네상스의 도래로 세속화가 촉진되었으나 르네상스 시기의 화가들은 성경의 이야기에 담겨 있는 주제와 신앙적 함의를 많이 표현하였다. 또한 르네상스 시대의 그리스도교도들은 그리스도교의 정화와 개혁에 특히 많은 노력을 기울였다. 당시 르네상스 시기에 코페르니쿠스가 주장한 지동설은 문예부흥에 영향을 미쳤을 뿐만 아니라, 세계의 사상적 대전환을 불러일으켰으며, 근대 과학의 발달을 촉진하였다. 신앙적으로는 르네상스기를 거치면서, 사람들이 과거에 비해 신이나 사후 세상보다 삶의 문제에 더 많은 관심을 갖게 되었다.

2) 인문주의의 속성과 영향

중세의 성직자들이 스콜라 철학을 주도한 것과 대조적으로, 인문주의 사상을 주도한 것은 문학가들이었다. 인문주의는 르네상스의 계기이자 그 산물이다. 인본주의로 일컬어지기도 하는 인문주의는 민주적·윤리적 인생관을 가리키기도 한다. 인문주의는 하나님 말씀으로서의 성경을 부인한다. 성경은 무지한 세상의 인간이 저술한 것이기 때문에 오류가 많다고 생각한 것이다.

(1) 인문주의의 속성

르네상스의 주류 정신이었던 인문주의는 인간과 인간성을 존중함으로써 인간을 억압하고 구속하던 온갖 장애물에서 인간을 해방해야 한다는 생각을 바탕으로 세상을 보는 관점이다. 인문주의는 인간의 존귀함을 옹호하기 위해서는 중세까지 서구 사회의 지배적 세계관이었던 그리스도교의 권위와 신 중심의 세계관에서 벗어나, 고대 그리스의 자연관 또는 로마의 세계관으로 돌아가야 한다고 주장하였다. 인문주의는 인간이 신적 질서에 적극 의존하는 초자연적·초월적 영역과 대비되는 위치에서, 인간을 과학적이고 객관적으로 즉 자연의 한 부분으로 취급하는 중세의 경향을 대담하게 거부한 정신 운동이었다.

인생관의 한 유형으로 볼 수도 있는 인문주의는 인간이란 누구나 자신의 삶에 의미를 부여하고 인간다움을 갖추어야 할 권리와 책임이 있다고 확언한다. 인문주의는 인간의 실재를 실체론적 존재 및 철학적 사유의 근원이 되는 존재로 간주하면서 인간의 능력과 성품

을 중요시한다. 인간을 실체론적·철학적 존재로 강조하는 인문주의
는 초자연주의를 거부하고 개인의 존엄성과 가치, 이성을 통한 자아
실현 능력의 중요성을 강조한다. 계몽주의 시대에는 과학의 발달로
인해 인문주의에서 인간의 가치가 더욱 중요시되었으나, 20세기에
는 탈종교화되면서 무신론적 세속주의로 변하기도 하였다.

(2) 인문주의가 그리스도교에 끼친 영향

르네상스 인문주의는 로마 가톨릭교회의 신앙적 역할에 관해 회의
적 반응을 유발하기도 하였으며, 북부 유럽에서는 그리스도교 인문
주의 또는 성경적 인문주의로 발달하면서 종교개혁(reformation)을 촉
구하였다. 문예부흥 기간에 대두된 르네상스 인문주의와 독일과 스
위스에서 일어난 종교개혁의 영향을 받은 로마 가톨릭교회는 트리
엔트 공의회(Council of Trent, 1545-1563)를 열어, 1522년부터 스페인
의 한 수도회에서 시작되어 종교개혁에서 제기된 문제를 가톨릭교
회 나름대로 극복함으로써 개신교(protestantism)의 신앙을 종식시키
고 참된 개혁을 이루고자, 1522-1648년에 이루어진 가톨릭 개혁
(catholic reformation)을 촉진하였다.

　　종교개혁을 강조하기 위해 반종교개혁(counter reformation)으로
불리기도 하는 가톨릭 개혁 운동이 일어난 후 이냐시오 로욜라(St.
Ignatius Loyola, 1491-1556)는 예수회를 창설하여 참된 가톨릭 신앙을
부흥시키려 하였다. 가톨릭 개혁 운동을 통해 제도와 조직이 강화되
었으며, 가톨릭의 교의와 신심이 한층 더 부흥되고, 전반적으로 가톨
릭 교리도 더욱 분명하게 정립되었다. 특히 성경의 원어와 초대 그리
스도교 교부들의 원전에 집중되었던 그리스도교 인문주의는 종교개

혁자들이 성경에 근거한 신학적 사상을 체계화하는 과정에도 큰 영향을 끼쳤다. 미술과 건축 분야에서도 가톨릭 개혁의 영향으로 바로크(baroque) 양식이 강조되었다.

3) 목적론적 세계관과 기계론적 세계관

세계관(worldview)은 세계에 관한 일치된 견해 또는 세계를 보고 이해하는 관점을 말한다. 위키백과(2024.01.30)에서는 세계관을 근본적이고 실존적이며 규범적인 원리와 함께 주제·가치·감정·윤리가 포함된 지식이나 관점을 가지고 세계를 인식하는 틀(framework)로 정의하고, 세상을 창조한 신의 존재, 세상과 자연의 본질, 인식론, 인간에 대한 문제의 네 영역으로 나눈다. 과학사에서는 세계관을 당대의 인간·역사·우주에 관한 문제와 현상을 목적론으로 설명하는 목적론적 세계관과 인간·역사·우주에 관한 문제와 현상을 자연적 인과관계와 자연법칙으로 설명하는 기계론적 세계관으로 분류한다.

(1) 목적론적 세계관

목적론(teleology)은 자연의 모든 사물과 현상을 목적적 주체로 또는 특정한 용도가 있는 존재로 가정한다. 이는 모든 사건이 신성한 궁극적 목적을 향해 나아가며, 모든 실체적 존재에는 특정한 목적으로 이끄는 생기나 생명력이 내재되어 있다는 가정이다. 아리스토텔레스도 자연에 목적인이 작용한다고 설명한 바 있다. 만물은 목적에 따라 존재하며, 기본물질인 물, 불, 공기, 흙은 각기 최종적 목적지인 제자리로 돌아가기까지 계속 움직인다고 설명하였다. 세계를 하나의 질서로 해석한 아리스토텔레스의 목적론적 세계관은 고대 그리스도교의 공감을 얻었으며, 아퀴나스 세계관의 기초가 되었다. 라이프니츠는 모든 존재의 본질을 '완전한 발달'을 실현하기 위해 존재하는 목적적 주체로 보았다.

목적론은 자연에 존재하는 모든 사물이 살아 있으며 목적을 가지고 존재한다고 가정하였다. 고대의 자연철학은 목적론적 세계관을 기반으로 중세의 신학에 통합될 수 있었다. 중세의 자연철학자들은 모든 자연현상을 신의 계획과 목적에 따라서 창조한 것, 이를테면 생물의 다양성을 하나님이 목적에 따라 창조한 것으로 설명하였다. 그러나 장 칼뱅(John Calvin, 1509-1564)은 목적론적 세계관에서 우주 지배에 관한 위계적 개념을 버리고, 당대 신학의 우주 지배에 관한 절대론자들의 이론을 지지하였다. 한편 르네상스 시기의 자연주의자들은 과학적 방법을 적용하여 물체에 내재되어 있다고 가정된 생기 또는 생명력을 찾아보았지만, 이를 발견하지 못하자 목적론적 세계관을 부정하기 시작하였다. 라마르크의 용불용설에는 다분히 목적론적 세계관이, 다윈의 자연선택설에는 기계론적 세계관이 반영되어 있다.

초기 근대의 자연과학자들도 자연철학 부분에서 당시의 절대론자들과 비슷한 입장을 취하였다. 중세에는 고대 그리스 시대와 마찬가지로 자연운동을 천상계의 완전한 원운동과 지상의 직선운동으로 구분하고, 우주의 구성요소들이 위계적 관계를 맺고 있으며, 우주는 그 위계적 단계에 따라 지배된다고 가정하였다. 그러나 코페르니쿠스는 지구가 천상계에 부여된 완전한 원운동을 한다고 주장함으로써 우주의 다른 구성요소들 사이의 위계적 관계도 부정하였다. 그는 지구에 고유한 특성으로 생각되었던 중력 현상이 다른 행성에도 나타난다고 주장하며 지구와 다른 행성들의 유사성을 강조하였다. 중세의 자연철학자들은 인과관계와 역학적 법칙에 따라 우주의 모든 현상의 존재 목적을 설명하고자 하였다.

(2) 기계론적 세계관

근대 과학에서는 목적론이 추구하는 존재의 목적보다 기계론의 주제인 존재의 방식과 그 이유를 주로 물었다. 데카르트도 아리스토텔레스의 이론에 바탕을 둔 중세의 목적론적 세계관을 반대하며 기계론을 확립하였다. 데카르트는 모든 물질적 존재를 기계로 보고, 그것들이 모두 동일한 기계적 법칙에 따라 작동된다고 주장한 것이다. 데카르트는 물리적·유기체적 세계가 수학적 방법으로 확인할 수 있는 기계적 법칙을 따른다는 기계론적 세계관 곧 기계론(mechanism)을 완성하였다. 데카르트는 기계적 법칙을 표명하기 위해 '자연의 법칙'이라는 개념을 처음으로 사용하였으며, 우주와 그 안에 존재하는 만물은 신이 태초에 세계를 창조할 때 부여한 '자연법칙'(natural law)에 의해 지배된다고 주장하였다.

뉴턴의 고전역학에 바탕을 둔 기계론적 세계관은 그리스도교 신학과 물질세계에 대한 설명 방식에도 영향을 미쳤다. 뉴턴의 고전역학에 기반한 기계론적 철학은 인간의 사고방식에 영향을 미치는 과정에서 이신론이 형성되는 한 배경이 되기도 하였다. 또한 뉴턴의 법칙으로 물리학의 운동·열역학·전자기학·광학뿐만 아니라 화학과 생명과학을 비롯한 모든 자연현상을 설명할 수 있었다. 그러나 17세기의 가톨릭에서는, 가톨릭 신학의 기초가 되었던 아리스토텔레스의 세계관을 부정하였다는 이유로 데카르트의 기계론적 세계관을 받아들이지 않았다. 현대의 과학과 그리스도교 신학에서는 양자이론에 의해 기계론적 세계관이 무너지기 시작하면서 유기체론적 세계관(organismic worldview)이 대두되었다.

3. 과학혁명과 자연주의 및 과학주의

16-17세기의 과학혁명이란 고대로부터 중세까지 2,000여 년 동안 이어져온 자연철학에서 벗어나 근대 과학이 형성된 과정을 말한다. 과학혁명을 거치면서 형성된 근대 과학의 가장 두드러진 특징은 결정론적 세계관의 대두와 새로운 과학적 방법의 발견 및 개발이다. 근대 과학이 발전하는 과정에서 철학으로부터 과학철학이 갈라지고, 과학철학에서 근대 과학에 필수적인 과학적 방법이 발견·개발되었다. 그러나 당시에 발견·개발된 과학적 방법을 근대 과학에 적용하여 얻어진 결과는 창조된 자연세계에 나타나는 현상의 진실과 자연세계에 존재하는 온갖 물체의 실체가 창조주와 무관하게 자연에만 존재한다고 믿는 경향을 초래하였다.

과학혁명은 초자연적 존재나 그 힘을 믿지 않는 자연주의가 나타난 배경, 계몽주의의 문화혁명이 유발된 배경, 과학적 방법으로 입증되지 않는 진술은 어떤 것도 과학지식으로 볼 수 없다고 주장하는 과학주의가 발흥하는 배경이 되었다. 과학혁명은 자연철학과 종교의 끈끈한 관계를 무너뜨리는 계기도 되었다. 자연주의는 자연주의자 존 듀이(John Dewey, 1859-1952), 토마스 네이글(Thomas Nagel, 1937-) 등이 철학과 과학을 긴밀하게 연결하기 위해 사용한 용어로서, 모든 실체가 초자연적 힘에 의존하지 않고 자연에 스스로 존재한다고 보는 사상이다. 당시의 자연주의는 과학이나 과학철학보다 교육과 문화 분야에서 더 중요시한 교육관이자 철학 사상이었다.

1) 과학혁명과 근대 과학

르네상스 후반기부터 일어나기 시작한 과학혁명은 코페르니쿠스가 지동설을 발표하고 안드레아스 베살리우스(Andreas Vesalius, 1514-1564)가 인체 해부에 관한 책을 출판한 1543년에 시작되어 뉴턴이 프린키피아(*Principia*)를 출판한 1687년까지, 자연철학의 대변혁에 의해 근대 과학이 대두한 기간을 가리킨다. 과학혁명은 문예부흥과 종교개혁마저 중세의 그리스도교 세계에서 일어난 한 사건이나 내적 변동으로 간주할 만큼 대대적이었다. 또한 그리스도교 신앙이 시작된 이래 인간의 정신과 의식에 있어서 가장 위대하고 획기적인 사상적 변혁을 일으켰다.

　근대 과학은 과학혁명 과정에서 그리고 그 결과로 고대 그리스 시대 이래 지속되어온 자연철학에서 생겨났다. 고대 그리스의 세계관이 근대 과학으로 대체된 것이다. 근대 과학에서는 필연적 요구에 따라 새로운 과학적 방법이 개발되었으며, 그에 따라 뉴턴의 역학을 기반으로 결정론적 세계관이 형성되는 생태적 배경이 되었다. 17세기 말까지 유럽 문화의 중심에 있던 그리스도교 신앙은 근대 과학에 의해 밀려났으며, 그런 맥락에서 생겨난 과학혁명이라는 용어가 지금은 지적 변화의 정도와 가치를 나타내는 일반적인 말로 쓰인다.

(1) 과학혁명과 그리스도교의 영향

가. 과학혁명기 그리스도교 과학자
과학혁명 기간에 학술 단체에 등록된 근대 과학자들은 대부분 그리

스도교도였다. 그들 중 신학자들은 자연에 관한 근대 과학이 그리스
도교 신앙에 위험한 영향을 미치지 않는다는 것을 보여주었으며, 과
학자들은 그리스도교의 믿음에 대한 새로운 동기를 부여하고자 고
심하였다. 갈릴레이는 하나님의 존재가 명백하다는 사실을 받아들
임으로써, 그분의 존재 증명을 위한 과학적 토대의 필요성조차 인식
하지 못했다. 그는 또한 성경에 과학적 진리가 담겨 있으며 건전한
해석을 통해 그 진리를 발견할 수 있다고 생각하였지만, 자연에 관한
진리를 탐구하고자 할 때는 성경에서 시작해서는 안 된다고 주장하
였다. 그는 가톨릭 신자로서 신이 창조한 아름다움과 과학의 역할을
동시에 믿었다.

데카르트는 교회 또는 성경과 독립적으로 자연세계에 대한 지
식을 도출할 수 있는 합리적 탐구 방법을 추구하였다. 그렇다고 해
서 그는 자신이 수행하는 탐구에서 신을 제거하지는 않았다. 데카르
트는 오히려 그 존재를 굳게 믿는 하나님이 매 순간 존재하는 우주를
보존한다는 것을 부정하지 않은 채 회의(懷疑)를 통해 확실한 진리를
추구하였다. 피조물이 원래대로 보존되기 위해서는 창조될 때와 같
은 능력과 작용이 필요하기 때문이라는 생각에서였다. 데카르트는
그리스도교 신앙의 합리성을 믿고, 이성과 논리를 통해 하나님의 본
성과 하나님에 관한 진리를 탐구할 수 있다고 주장하였다. 그러나 신
은 완전한 존재라는 관념에 이미 존재한다는 존재론적 신 존재 증명
을 언급한 데카르트는 제1원인을 자연철학적 논의에서 제거하고, 나
머지 원인들은 형이상학적 주제로 간주하였다.

근대 화학의 아버지로 일컬어지는 로버트 보일(Robert Boyle,
1627-1691)은 자연에 관한 연구로는 하나님의 존재와 본성을 드러낼

수 없다고 주장한 데카르트를 비난하고, 설계 논증을 통해 자연에 개입하는 하나님을 증명할 수 있다고 주장하였다. 자연에 스며들어 있는 신적 흔적이 하나님의 섭리에 따라 드러난다는 생각에서였다. 보일은 과학과 성경이 조화를 이룬다고 믿고, 만약 과학과 성경 사이에 불일치가 나타난다면, 그것은 과학의 오류이거나 성경을 잘못 읽고 해석한 탓이라고 보았다.

칸트는 신이 경험을 초월하며 자연세계의 밖에 존재하기 때문에, 하나님의 존재를 입증할 과학적 방법은 없다고 주장하였다. 그러나 뉴턴은 설계 논증을 토대로 다음과 같이 비과학적 방법을 통해 하나님의 존재를 입증하고자 하였다. "이 모든 것을 만드셨고, 모든 것이 여전히 하나님의 권능 안에 있으며, 따라서 경외해야 하는 존재가 있다는 것을 믿을 수밖에 없다." 『하느님과 과학에 대한 101가지 질문』(김도현 옮김)을 보면, 뉴턴은 또한 자신이 발견한 자연법칙이 창조주 하느님의 존재를 가리킨다고 말하였다. 뉴턴은 이와 같은 논증과 신념을 근거로, 지고한 하나님의 궁극적 본질은 알지 못하겠지만 그 존재는 하나님이 창조한 우주를 통해 알아볼 수 있다고 강변하였다.

나. 개신교 과학자들의 활발한 과학 활동 요인

17세기 유럽의 그리스도교 과학자들 가운데는 개신교 신도의 수가 로마 가톨릭 신자의 수보다 훨씬 더 많았다. 과학사에서는 그 이유로 세 가지 요인을 거론한다. 첫째 요인은 초기 개신교 정신과 과학적 태도의 일치다. 종교개혁 당시 스위스와 독일의 초기 그리스도교에서는 가톨릭 사제들의 지도와 권위를 거부하고, 자신의 종교적 경험을 통해 영적 진리를 추구하라고 가르쳤다. 초기 과학자들은 자신의 직접 경험을 통해 과학적 진리를 추구하고, 자연을 자신의 신앙적 입장에 유리하게 해석하였다.

둘째 요인은 종교적 목적을 달성하기 위한 과학의 이용이다. 종교적 목적을 달성하기 위해 과학을 가장 적극적으로 이용한 사람들은 17세기의 칼뱅주의자들이었다. 선행(善行)의 수행을 종교적 의무로 강조한 영국 청교도들도 과학을 중요시하면서 과학적 활동과 인류에게 유익한 선행을 동일시하였다. 루터와 칼뱅은 둘 다 선행의 종교적 중요성을 강조하지는 않았다. 루터는 내적 믿음만으로 구원을 받을 수 있다고 생각하였으며, 칼뱅은 구원받을 사람이 이미 결정되어 있다고 주장하였다. 아리스토텔레스의 목적론적 자연철학을 결정적으로 부정한 갈릴레이와 케플러가 등장한 후에는, 과학적 활동의 중심지가 가톨릭교의 이탈리아와 루터파의 독일에서 청교도의 영국과 네덜란드를 비롯한 칼뱅주의 국가로 옮겨졌다.

셋째 요인은 개신교 신학의 우주에 대한 가치관과 근대 과학의 가치에 대한 일치된 호응이었다. 루터와 칼뱅은 둘 다 성경의 문자적 해석과 충돌된다는 이유로 코페르니쿠스의 지동설을 부정하였다. 중세의 세계관은 그리스도교 신학과 자연철학이 통합되어 있었는데, 그 통합적 체계가 당시 개신교 개혁가들과 과학자들에 의해 동시에 무너졌다. 과학자들은 통합 체계의 우주적 요소를 공격하였으며, 개신교 개혁가들은 통합 체계로부터 신학적 요소를 떼어냈다. 이렇게 갈라진 두 요소는 18세기에 이르러 운동법칙과 만유인력 법칙으로 태양이 태양계의 중심에 있어야 한다는 것을 가장 처음 이론적으로 증명한 뉴턴의 영향을 받아서 기계론적-신학적 세계관, 곧 기계론적 철학과 신학이 형성되는 바탕이 되었다.

(2) 근대 과학과 결정론적 세계관

가. 결정론적 세계관의 대두

역설적이며 신비롭게도 근대 과학은 그리스도교 문화와 신앙적 분위기를 배경으로 생겨났다. 근대 과학 대두의 역설적 현상은 근대 과학이 세워진 기초를 살펴보아도 알 수 있다. 근대 과학의 밑바탕에는 고대 그리스-로마 시대의 자연철학 사상과 지식 및 세계관, 그리스 시대 수학을 기반으로 발전된 중세의 수학, 과학과 독립적으로 기술을 발달시킨 중세의 장인 전통, 르네상스의 학문부흥 운동이 깔려 있다. 장인 전통과 학자 전통이 융합되어 이 모든 요소가 포함된 학제적 형태의 근대 과학으로 형성된 것이다.

과학혁명 시기의 과학적 방법은 이런 배경적 요소들을 유기적으로 접착시키는 역할을 하였으며, 이런 요소를 기반으로 형성된 근대 과학에서 실용적이면서 효과적으로 적용할 수 있는 방식으로 개발되었다. 일부 과학사에는 이와 같은 상황을 근거로, 근대 과학이 근대 과학의 아버지로 불리는 갈릴레이로부터 시작되어 근대 과학의 완결자 뉴턴에 의해 완성된 것으로 기록하고 있다. 이와 같이 인식된 근대 과학은 물리적 세계의 토대가 되는 질서인 과학적 법칙과 원리의 추구로 특징지어졌다.

근대 과학의 또 다른 특징 가운데 하나인 결정론적 세계관(deterministic worldview)은 근대 과학의 핵심적 산물인 기계론적 세계관뿐만 아니라 근대 과학의 또 다른 산물인 과학적 방법과도 잘 부합한다. 결정론(determinism)은 모든 사건과 현상이 우연이나 자유로운 선택이 아니라 인과관계나 인과율이라는 법칙에 따라 일어난다고 가정하는 철학적 견해로서, 개인의 자유의지는 물론이고 신적 섭리도 배제한다. 결정론적 사고는 고대 그리스의 자연철학에 그 기원이 있다. 고대 그리스의 자연철학은 근본물질의 변화에 따라 만물이 생성된다고 보고, 그런 원인과 결과가 일종의 사슬과 같은 모양으로 연결되어 있다고 가정하였다. 근대 과학 시대에 영국의 로크는 원인과 결과를 알면 그 대상의 관념을 알 수 있다고 보았으며, 독일의 라이프니츠는 존재하는 것에는 모두 원인이 있으며 그 최고의 원인이 신이라고 하였고, 스콜라 철학자와 데카르트는 그런 인과관계를 필연적 실재로 보았다.

나. 자연법칙과 기적

결정론을 지배하는 인과관계의 표상인 자연법칙 개념이 확립되지 않은 17세기 이전에는 하나님이 행한 일 가운데 경외와 경탄으로 이르게 한 모든 것을 기적이라는 말로 통칭하였다. 한편 18세기 근대 과학 시대에는 자연법을 보편타당하고 영구불변하며 역사성이 있고 인식이 가능한 특성을 지닌 자연법칙으로 규정하였다. 근대의 자연철학자들 가운데서도 흄은 유물론적 자연주의 관점에서 기적을 자연법으로 환원하여 설명하면서, 기적은 자연법칙을 위반하여 일어난 현상이라고 주장하였다. 19세기의 이성주의자들은 그런 관점에 따라 기적을 신화적으로 기술하기도 하였다. 『하느님과 과학에 대한 101가지 질문』을 보면 기적은 자연법칙을 벗어나 과학적으로 설명할 수 없는 놀랍고 기이한 일로서, 성경에는 기적이 하나님의 존재를 나타내는 표징(sign)으로 기술되어 있다.

그러나 이런 주장과 설명은 자연법칙에 관한 오해에서 비롯된 것이다. 여기서 자연법칙은 자연현상의 규칙성을 귀납적으로 일반화하여 진술한 기술적 언명에 지나지 않는다. 자연법칙은 규칙성을 나타내는 원인이 아니며, 인과관계를 정확하게 표현하는 진술도 아니다. 또한 하나님에 의한 지속적 창조 활동을 나타내는 진술은 더욱 아니다. 한마디로 자연법칙은 과학적 주제이며 기적은 신학적 문제다. 그러므로 하나님의 계시의 한 가지 수단인 기적이 자연법칙을 위반하였다는 말은 논리적으로도 합당하지 않다.

『기원 이론』(노동래 옮김)에서는 기적을 신학적으로 창조세계의 균일성과 같은 통상적 질서의 일관성을 벗어난 것, 또는 창조세계의 우발적 합리성을 뛰어넘는, 하나님에 의해 일어나는 초자연적 활동으로 규정한다. 기적을 성육신이나 부활같이 창조세계의 통상적 배경에 의해 돋보이는 사건이나 현상으로, 또한 통상적으로 매개된 활동과 다른 방식에 따라 창조세계에 관여하는 신적 행동으로 해석한 것이다. 4-5세기에 아우구스티누스는 기적이란 자연법칙에 반하는 것이 아니라 인간의 기대에 반하는 것이라고 말했다.

다. 결정론의 유형과 영향

피에르시몽 드 라플라스(Pierre-Simon de Laplace, 1749-1827)는 수학적 방법론의 중요성을 깨닫고 인과관계론을 바탕으로 기계론적 세계관으로 불리기도 하는 기계론적 결정론을 확립하였다. 라플라스는 뉴턴의 기계론적 고전역학이 우주에 관해 성공적으로 설명하는 것을 보고, 뉴턴의 역학지식을 알면 우주의 과거뿐만 아니라 미래도 정확하게 예측할 수 있다고 주장하였다. 라플라스는 우주가 주어진 물체와 운동에 의해 스스로 그리고 필연적으로 현재와 같이 존재하게 되었다고 주장한 것이다. 과학에서 신학을 철저하게 배제시킨 결과를 초래한 라플라스의 결정론적 세계관은 과학적 세계관 또는 인과적 세계관이라고도 하는데, 세계를 하나님의 창조가 계속 실현되고 있는 과정으로 규정하는 과정철학 및 과정신학과도 배치된다. 일반적으로 결정론은 세상의 모든 일이 우연하게 정해진다는, 또는 자유의지에 따른 선택이 아니라 특정한 인과관계나 주어진 조건에 따른 법칙에 의해 결정된다는 철학적·과학적 이론을 뜻한다. 즉 자연 현상에 있어서 자유의지를 철저하게 부정하며, 그 대신에 인과관계를 적극 강조하는 이론이다. 결정론은 자연세계가 인과율의 지배를 받기 때문에, 만물의 창조 과정에는 하나님이 개입할 여지가 없다고 설명한다.

결정론적 세계관의 함의는 과학과 철학 분야에만 한정되지 않고, 세계에 관한 신학적 해석에도 영향을 미쳤다. 과학적 세계관과 함께 자주 거론되는 결정론 가운데 하나인 신학적 결정론은 하나님이 세상의 모든 일을 결정한다고 설명하는 신학적 이론으로서, 하나님을 세계와 만물의 창조자, 그 관리자, 세상만사의 원인으로 간주한다. 신학적 결정론의 속성은 "모든 일을 그의 뜻의 결정대로 일하시는 이의 계획을 따라 우리가 예정을 입어 그 안에서 기업이 되었으니"(엡 1:11)라는 성경 말씀으로도 설명된다. 신학에서는 신학적 결정론이 예정론과 비교되기도 한다. 예정론은 일반적인 의미로 세상의 일과 인간의 모든 행위가 하나님에 의해 이미 정해져 있거나 하나님 의지의 지배를 받는다고 설명한다. 가톨릭교회에서는 운명론이나 칼뱅주의에 빠질 위험이 있다는 이유로 예정론을 배척한다. 『한국가톨릭대사전』(한국교회사연구소)은 인간이 하느님의 섭리하에서 언제나 자유를 누리고 있다는 것을 명심하면서 세상의 통치자인 하느님의 거룩한 섭리로 예정을 이해할 것을 권고한다.

과학적 결정론 또는 인과적 결정론은 하나님 존재의 불필요성을 설명함으로써 신학적 결정론과 배치된다. 한편 결정론적 세계관은 양자역학이 발달함에 따라 점차 무너지기 시작하였다. 양자역학은 아원자 세계를 구성하는 요소들의 운동과 그에 의해 나타나는 현상은 비결정적이기 때문에 정확하게 예상하거나 파악할 수 없다고 설명한다. 양자역학은 신학적 결정론과 상반되는 우연의 세계를 인정한 것이다. 결정론적 세계관은 인간의 자유의지와 양립할 수 없다는 철학적 사상과 대척점에 서 있는 것으로 이해되기도 한다.

(3) 근대 과학과 과학적 방법

근대 과학의 본성은 당시에 발견되거나 개발되어 적용된 과학적 방법의 본질적 특성과 종류로도 나타나며, 그런 이유로 근대 과학은 과학적 방법과 동일한 의미로 인식되기도 한다. 근대 과학에서는 당시에 발견되거나 개발된 과학적 방법을 적용하여 고대 그리스의 지식과 자연에 관한 관념, 자연의 언어 가운데 하나인 수학적 개념, 그리스-로마 시대에 발달한 과학기술을 모아 더 큰 체계로 조직할 수 있었다. 당시의 자연철학에서는 과학적 방법에 실험을 도입하고 수학을 활용하여 자연현상을 더욱 정확하게 기술할 수 있었다.

'과학적 방법의 아버지'로 일컬어지는 베이컨은 과학적 방법과 관련하여 질적 특성을 지닌 그리고 귀납적 추리를 근간으로 하는 실험적-귀납적 방법의 적용을 강조하였고, 수학적 경험주의자인 갈릴레이는 귀납적 방법과 실험 방법을 통합하여 양적·귀납적 특성의 수학적-실험적 방법을 적용하였으며, 합리주의자인 데카르트는 연역적 논증을 근간으로 한 양적 특성의 수학적-연역적 방법을 제시하였다. 자연철학은 상식보다 논리적 추리를 중요시하고, 당시 새로 발견·개발된 과학적 방법이 질적 자연관을 양적 자연관으로 대체하였으며, 자연을 생명체라고 생각했던 전통적 생각을 버리고 무생물적 기계라고 가정하였다. 근대 과학은 탐구 목적으로 아리스토텔레스의 목적인을 특징짓는 '왜'(why)라는 질문에 대한 설명보다 '어떻게'(how)에 대한 기술을 더 중요시하였다. 오늘날에도 과학적 방법은 '어떻게'라는 질문에 대한 답은 제시할 수 있으나, '왜'라는 질문에 대한 답은 알아내지 못한다. 현대의 과학적 방법을 통해 과학적 사실·진리·실체는 상징이나 모형을 사용하여 비유적으로나마 기술할 수는 있으나, 각각의 본체인 진실·진상·본질은 정확하게 그리고 인식이 가능한 형태로 표현하지 못한다.

근대 과학에서는 실험을 과학지식의 생성 출처로 이용하기보다 이미 확립된 원리의 효과를 설명하기 위한 방법으로 적용하였다. 근대 후반기부터는 자연철학 연구에서 귀납적 추리보다는 연역적 추리 방법이 적용되었다. 『한스 큉, 과학을 말하다』(서명옥 옮김)에 따르면, 과학적 방법이 자기 확실성에서 신의 확실성으로 나아갔으며 신중심적 사고가 인간중심적 사고로 교체되었다. 하느님이나 자연보다 인간·주체·이성·자유가 과학적 방법의 출발점이 되었으며, 그에 따라 학문의 자율성이 철학적으로 정립되었다.

2) 자연주의와 계몽주의

자연주의는 자연에 존재하는 초자연적 실체나 그 활동을 부정하는, 또는 하나님이 없다고 주장하는 일부 무신론적 견해를 피력하는 세계관의 하나다. 그런 자연주의를 르네상스 인문주의와 융합하여 이루어진 사상이 계몽주의다. 계몽주의는 형성된 초기에 과학과 이성의 가치를 중요하게 여겼던 반면, 그리스도교와 과학의 분리를 강조하면서 초자연적 대상에는 큰 관심을 두지 않았다. 계몽주의는 자연주의와 마찬가지로 이성과 지각을 통해 인간을 포함한 자연에 관한 지식을 탐구하며 인간의 행복을 추구하였다.

『한스 큉, 과학을 말하다』(서명옥 옮김)를 보면 신학과 종교는 성경의 세계상과 성경의 메시지를 뚜렷하게 구분하지 못한 채 새로운 자연과학적·철학적 발전을 거부함으로써, 18-21세기의 광범위한 계층에 퍼진 과학적·정치적 무신론의 성립에 본격적으로 기여하였다. 무신론의 형성과 발달에는 이성주의도 절대적 영향을 미쳤다. 자율적 이성이 근대 자연과학의 형태로 절대화됨에 따라 초경험적 존재에 대한 믿음이 사라지고, 하느님에 대한 믿음은 과학에 대한 맹신주의로 대체되었다.

(1) 자연주의와 무신론

가. 자연주의의 대두 배경과 특성

적어도 17세기까지는 자연주의가 자연철학과 동일시되기도 하였다. 자연주의는 우주가 초자연적 힘이 아니라 자연의 법칙에 따라 작동하며 자연법칙의 작동으로 나타나는 자연현상은 과학적 방법을 적용하여 탐색하고 그 결과를 객관적으로 기술할 수 있다고 주장한다. 인식론과 형이상학 및 존재론을 정당화하고 설명하는 방법을 주로 다루는 오늘날의 과학철학과 달리, 당시의 자연주의 철학에서는 형이상학, 인식론, 심리철학, 윤리학을 모두 다루었다. 그러나 어느 영역에서나 공통적으로 과학적 방법을 적용하여 탐구하였다. 실증주의는 자연주의 철학 가운데서 인식론만 받아들였다. 미국에서는 이런 실증주의 및 그에 바탕을 둔 실용주의와 통하는 철학적 견해를 통틀어 자연주의로 부르기도 하였다. 실용주의와 함께 미국의 주류 철학으로 정립된 자연주의는 과학적 방법을 적용하면 우주의 어느 측면이라도 얼마든지 연구할 수 있다고 주장한다. 그러나 원래의 자연주의는 자연 이외의 실체를 인정하지 않았다.

포퍼가 과학주의라고 말하는 자연주의는 인간의 활동과 화학적 작용도 자연적 현상이라고 주장하고, 우주에 관한 온갖 지식은 과학적 방법을 적용해서 획득된다고 가정한다. 철학자에 따라서는 자연주의를 물질주의 또는 물리주의와 동일시하는데, 이는 자연주의가 자연에 존재하는 물체와 그에 나타나는 현상을 물질, 에너지, 그 밖의 물리적·화학적 속성으로 설명하기 때문이다. 자연주의는 자연의 모든 현상을 영적 기원이라고는 전혀 찾아볼 수 없는 순전히 물리적인 속성으로 본다. 영혼 또는 정신조차도 초자연적 실체가 아니라 물질이며 물리화학적 반응의 결과라고 생각한다. 자연주의가 이렇게 설명하는 기저에는 영·신·유령은 모두 진짜가 아니며 자연은 어떤 목적도 갖고 있지 않다는 반목적론적 생각이 깔려 있다.

실재론을 받아들이면서 실증주의와 결정론을 중요시하는 자연주의는 초자연적 간섭이 없는 순수한 자연세계와 그 실체만을 인정하는 존재론 또는 형이상학으로서, 자연을 모든 존재와 가치의 기준과 원리로 본다. 자연은 상호 관련된 체계를 이루어 스스로 존재하기 때문에, 초자연적 존재와 그에 관한 지식으로 설명할 필요가 없다고 생각한다. 자연주의는 또한 자연세계를 창조한 하나님의 존재를 부정하는 세계관으로서, 종교적 신앙은 비합리적이고 근거가 없다고 믿는 일부 무신론적 입장을 지지한다.

나. 과학적 방법론으로서의 자연주의

현재 자연주의는 인간에게 고유한 가치와 신앙마저 과학적 방법을 적용하여 갖가지 방법과 수단으로 증명하려 한다. 그런 이유로 철학에서 논의되는 자연주의는 과학적 방법론으로 간주되기도 한다. 『기원 이론』(노동래 옮김)에 따르면 도킨스 등이 지지하는 자연주의는 지나치게 좁은 의미의 인식론, 특히 지나치게 엄격한 의미의 과학적 방법과 과학지식에 의존하여 과학적 방법을 통해 구체적으로 검증할 수 있는 지식만을 인정함으로써 과학만능주의와 구분할 수 없는 형이상학적 자연주의로 일컬어진다. 기독교 변증학(Christian apologetics)과 무신론자들은 형이상학적 자연주의를 공유한다. 다만 지적설계를 포함한 일부 기독교 변증학에서는 과학을 통해 하나님을 증명할 수 있다고 보며, 무신론자들은 과학을 적용하여 하나님의 존재를 논박할 수 있다고 주장한다.

　과학적 방법을 철학과 관련시켜 방법론적으로 설명하는 자연주의는 방법론적 자연주의와 철학적 자연주의로 나뉜다. 방법론적 자연주의는 자연세계를 이해하기 위한 과학적 접근법을 안내하는 인식론적 분야로서 철학적 탐구와 과학적 방법의 일치를 강조한다. 또한 자연적 원인과 사건을 통해 자연현상을 탐구하는 안내 원리를 중요시하는 동시에, 과학과 종교는 서로 무관하다고 강조한다. 존재론적 자연주의 또는 형이상학적 자연주의로 일컬어지기도 하는 철학적 자연주의는 자연에 신·영혼·영과 같은 초자연적 속성이라는 것은 없고 물질과 물질적 실재들 사이에서 상호작용하는 힘과 법칙들만 존재한다고 가정하며, 자연의 원리와 관계만이 자연과학 연구의 대상이라고 주장한다. 진화주의는 형이상학적 자연주의 세계관에 과학적 세계관인 다윈주의가 통합되어 형성된 자연주의의 한 유형이며, 도킨스도 형이상학적 자연주의 입장에서 과학적 방법과 과학 지식의 속성을 설명한다.

다. 무신론의 발달과 유형

자연주의는 자연세계를 창조한 초월적 존재가 자연에는 없고 자연 밖에 존재하며, 자연에는 초자연적 간섭이 없는 순수한 자연의 실체 또는 그 본질만 존재한다는 무신론적 관점을 표명한다. 명시적 무신론을 처음 주장한 피에르 벨(Pierre Bayle, 1647-1706)의 회의주의 사상은 이신론과 경험론에도 영향을 미쳤다. 무신론의 영향을 받은 경험론은 사실·진리·본질에 대한 불가지론을 거부하며, 물질에는 지각하고 사고하는 능력이 있다고 가정한다. 볼테르(Voltaire, 1694-1778)는 물질적 질료에 생기가 있다고 생각하였다. 무신론의 창조자인 루트비히 폰 포이어바흐(Ludwig von Feuerbach, 1804-1872)는 신이 인간을 창조한 것이 아니라 인간이 신을 창조하였다고 주장하였다. 이렇게 종교나 신은 인간이 생각해낸 결과이기 때문에 생각이 없어지면 종교나 신도 자연스럽게 없어진다고 주장하는 무신론을 비판적 무신론이라고 한다. 비판적 무신론에 견주어 신이라는 것은 없으며 있다면 없애야 한다고 주장하는 무신론은 적극적 무신론으로 일컬어진다. 김도현의 저서『과학 시대에도 신앙은 필요한가』에서는 세계가 신에 의해서가 아니라 자연스럽게 생겨났다고 주장하는 무신론을 과학적 무신론이라고 한다. 과학적 무신론의 예로 인류 원리(anthropic principle)를 무신론적으로 설명하는 다중 우주론(multiverse theory, 평행 우주론으로도 불림)과 대진화 이론(macroevolutionary theory)이 제시되었으며, 도킨스와 스티븐 호킹(Stephen Hawking, 1942-2018)도 과학에 관한 전통적·문자적 해석에 의거하여 과학적 무신론을 적극 지지한다.

『창조론』(김정형 지음)에 소개된 성공회 신학자이자 생화학자인 아서 피콕(Arthur R. Peacocke, 1924-2006)은 자신의 신학적 입장을 자연주의적 유신론으로 요약한다. 피콕은 방법론적 자연주의를 가리키는 과학적 자연주의가 자연세계에 대한 참된 설명을 제공한다고 가정하면서도, 기적은 초자연적 실재와 함께 자연의 규칙성을 벗어나는 사건 또는 현상이라고 생각하여 자연주의의 기적 개념은 받아들이지 않는다. 피콕은 과학적 자연주의를 초자연주의의 정반대 개념으로 정의하면서 미완성의 온건한 형이상학적 입장으로 규정하고, 완성된 형이상학 입장으로 분류되는 유물론적 자연주의 또는 자연주의적 유신론과 구분한다. 피콕은 과학이 보여주는 자연에서 일어나는 과정들 그 자체가 모두 창조주 하나님의 활동이라고 생각하고, 과학적 자연주의와 함께 자연에서의 하나님의 활동 방식에 신학적 주장이 내포된 자연주의적 유신론을 제시한다.『신학과 과학의 만남』(윤철호·김효석 편집)에 언급된 피콕의 설명에 따르면, 창조세계 안에 초월적으로 내재하고 있는 자연의 법칙과 질서가 서로를 존중하면서 창조세계를 과정적으로 완성해간다.

라. 과학적 무신론

허정윤은 그의 저서『기독교, 과학적 무신론, 그리고 항일 독립운동』에서 과학적 무신론을 근대 과학에서 비롯된 자연주의 입장으로 보고, 그것을 과학적 방법으로 연구하거나 주장하는 현대의 무신론을 총칭하는 말로 정의한다. 과학적 무신론은 철학·지질학·생물학·사회학·물리화학에서 인간의 상상으로 짜깁기한 허구적 이론, 과학의 탈을 쓴 가설, 인본주의적 우상의 교리라는 것이다.

또한 다윈의 진화론이 카를 마르크스와 프리드리히 엥겔스(Friedrich Engels, 1820-1895)의 무신론적 유물론과 결합하여 과학적 무신론의 원형이 되었으며, 블라디미르 레닌(Vladimir Lenin, 1870-1924)은 그 과학적 무신론에 생명력을 부여하였고, 이오시프 스탈린(Joseph Stalin, 1878-1953)은 마르크스-레닌주의적 과학적 무신론을 자신의 방식으로 해석하였다. 알렉산드르 오파린(Alexander Oparin, 1894-1980)은 1936년에『생명의 기원』을 출판하여 화학적 진화론을 발표함으로써 과학적 무신론을 완성하였다. 영국에서 태동한 과학적 무신론이 독일에서 한 단계 더 발전하여 러시아에서 완성된 셈이다. 과학적 무신론은 고대 그리스의 신화적 유신론이 생물의 자연발생론에 의해 철학적 무신론으로 발전하고, 이어 과학주의로 전환되는 과정을 거쳐 현대의 무신론으로 형성되었다고 볼 수도 있다.

마. 무신론적 태도와 무신론의 정의적 특성

신의 존재를 인정하지 않는 학설과 생활 태도를 무신론이라고 할 때, 신을 인정하면서도 실제 생활에서는 신이 존재하지 않는 것처럼 생활하는 것, 신뿐만 아니라 신성의 존재도 인정하지 않는 것, 신에 관해 무지하거나 무관심한 것, 인간중심주의나 과학만능주의와 같이 신을 대신한 무엇인가를 신격화하는 것은 모두 무신론적 행위이자 태도다. 조한규는 그의 저서 『알고 싶은 가톨릭 신학 I』에서, 이에 더하여 무신론의 주장과 질문을 다음과 같은 세 가지 유형으로 나눈다. 하느님이 계시는가? 다른 신은 없는가? 종교를 가져야만 하는가? 첫 번째 "하느님이 계시는가?"는 구체적으로 하느님의 본성과 기능적 특성에 관해 세부적으로 묻는 질문이다. 두 번째 "다른 신은 없는가?"는 하느님보다 더 위대한 신, 그런 신을 경배하는 종교에 관해 묻는 질문이다. 세 번째 "반드시 종교를 가져야 하는가?"는 종교나 신앙을 꼭 가져야 하는지, 신앙생활이 반드시 필요한지에 관한 답을 요청하는 질문이다.

무신론은 종교적 신앙의 대상인 신의 존재를 부정하거나, 특히 인격적·초월적 신 존재 자체를 거부하는 사상과 태도를 통틀어 일컫는 말이다. 무신론의 근원은 고대 그리스 시대까지 거슬러 올라가지만, 계몽주의 시대에 비로소 자연주의와 함께 그 체계가 구체적으로 갖추어졌다. 무신론은 신성 또는 신적 대상에 대한 거부라기보다는 초월적 존재이자, 만물의 창조주이며, 섭리하는 존재를 가리키는 신을 부정한다. 이와 같이 그리스도교적 신에 대한 무신론적 사상을 가리키는 무신론은 여러 기준에 따라 다양한 유형으로 분류된다. 그리스도교의 유신관과 비교되는 무신론으로는 자연주의, 범신론, 불가지론, 회의주의, 실증주의, 실용주의가 있다. 이런 유형의 무신론은 데카르트의 기계론적 세계관의 절대적인 영향을 받았다. 진리의 근거를 자명성에 둔 데카르트의 기계론적 사상이 합리론·경험론·관념론·유물론·현상론·실존주의를 거치면서 이처럼 다양한 무신론적 사상이 각자 나름대로 형성되었다.

(2) 계몽주의와 이신론

계몽주의는 16-18세기에 어리석고 몽매한 상태에서 살아가고 있는 인간들을 이성에 토대를 둔 지식으로 일깨워주는 데 목표를 두고 일어난 사상으로서, 백과전서파를 중심으로 특히 가톨릭교회에 도전하였다. 계몽주의는 계시종교가 인간에게 타율을 조장할 뿐만 아니라 미성숙을 강요한다고 생각하고, 계시종교를 일차적 비판의 대상으로 삼았다. 계몽주의는 계시종교를 단순한 이성의 한계 내에서 인식되는 종교로 설명하려고 함과 동시에 계시종교를 극복하려고 하였다. 계몽주의는 외적으로 코르넬리우스 얀센(Cornelius Jansen, 1585-1638)이 아우구스티누스의 극단적 주장을 강조한 신학사상 곧 원죄·자유·성총 등에 포함된 비가톨릭적 요소에 대한 경건주의와 엄격주의를 내세우면서, 내적으로는 가톨릭의 정통 신학을 반대하던 얀센주의(Jansenism)를 주장하여 정통 교회를 혼란에 빠뜨렸다.

　　하나님·천사·영혼을 포함한 종교적 실체들에 대한 가르침은 17-18세기 이후의 계몽주의 시기를 거치는 동안에 많은 의심을 받았다. 그러한 상황에서 데카르트가 확립한 기계론적 세계관과 뉴턴 역학의 발달과 그에 수반된 기계론적 철학 그리고 과학적 방법의 개발로 생겨난 과학주의의 영향을 받아 이신론이 형성되었다. 당시에 과학주의는 산업사회를 지향하는 과학기술주의 이념(technocratic ideology)이 되기도 하였다. 이신론은 신이 자연세계를 창조하였지만 자연세계는 그것을 창조한 신과 관계없이 오로지 자연법칙에 따라 운용된다고 설명하는 새로운 신학적 이론으로서 계몽주의 시대의 지배적인 종교관이 되었다.

계몽주의 이신론은 이성과 자연세계를 타당한 종교적 지식의 출처로 보며, 계시는 종교적 지식과 직접적 관련이 없다고 믿는다. 이신론은 자연종교의 한 유형으로서 우주를 창조주와 독립적인 구조화된 존재라고 주장한다. 그러나 이신론은 창조주 하나님의 존재를 인정하면서도, 세상의 만사에 관여하고 계시나 기적으로 자신을 드러내는 인격적 지배자 또는 초자연적 존재로서의 그리스도를 부정하거나 믿지 않음으로써 가톨릭 교리에 정면으로 상충한다. 이신론은 또한 하나님의 존재와 진리의 근거를 포함하여 알고자 하는 것은 무엇이나 순수한 이성으로 인식할 수 있는 자연에서 구해야 한다고 보고, 이성적 사람이라면 누구나 계시·기적·은총·신비를 인정하지 않아야 한다고 주장하는 이른바 합리적 종교관이다. 18세기 과학과 종교 또는 신학이 대립하는 상황에서, 이신론은 자연에서 일어나는 사건이 아무런 매개도 없이 하나님이 개입한 결과와 하나님의 개입이라고는 전혀 없는 자연스러운 과정의 결과라는 두 가지 가운데 하나를 선택하도록 강요하는 분위기를 조성하였다.

이신론의 신은 우주 만물을 창조하고 우주의 진화에 개입하는 전지전능한 창조주 하나님 곧 유신론적 진화론에서 가리키는 인격신이 아니라, 자연과 우주 그리고 그 질서의 창조자이자 지적설계자인 자연신을 가리킨다. 17세기 중엽에서 18세기에 걸쳐 영국의 자연과학자들에 의해 주창된 이신론에 따르면, 우주가 창조된 다음에는 하나님의 간섭이 없이 하나님이 창조 때 이미 부여한 자연법칙에 따라 인과율적으로 작용하며 스스로 발전할 수 있는 힘도 가지고 있다. 이신론은 그런 가정을 전제로, 종교에서 기적과 같은 초자연적 요소를 배제하고 이성에 의한 신앙만을 인정하였다. 이신론은 과학혁명을 거치면서 자연과학의 지배적 세계관이 된 기계론적 세계관이 발달하는 토대가 되었다.

계몽주의는 하나님이 우주를 창조하였으며 자연의 법칙을 확립하였다고 주장하는 신학적 합리주의를 탄생시킴으로써, 자연종교와 자연신학, 이신론, 종교적 보편주의가 모두 그리스도교 신학에 전면적으로 도전하는 계기를 제공하였다. 계몽주의와 계시종교가 대립하는 상황에서, 이신론과 자연주의도 자연을 초월하여 존재하는 실체와 초월적 존재에 대한 진리에 관해 설명하는 초자연주의와 대립하였다. 자연주의는 세상을 물질적 영역과 대상에 한정하며, 지식도 과학지식만 인정하는 세계관을 강화하였다. 자연주의가 강화한 세계관은 세계를 이신론적 관점보다 기계론적 관점에서 보는 세계관이 되었다. 이신론은 순수한 이성으로 하나님의 존재를 인정하지만, 그리스도를 초자연적 존재로 보기를 거부하거나 흄이 그랬던 것처럼 의심하고, 볼테르나 루소가 한 것처럼 믿을 수 없다고 부정한다.

(3) 자연주의와 계몽주의 그리고 종교

과학혁명 시기의 대다수 자연철학자들은 신의 개념마저도 인간을 있게 한 신이 아닌 신이 창조한 인간이 만든 것이라고 주장하였다. 이러한 잘못된 인식의 변화에는 과학의 발달이 절대적인 영향을 미쳤다. 당시에는 과학에 의해 자연적 원인이 많이 밝혀질수록 초자연적 원인이나 신의 개입을 주장할 여지가 점차적으로 줄어들 것이라고 심각하게 걱정하는 그리스도인들과 신학자들이 많았다. 14-16세기에 본격적으로 일어나기 시작한 근대 과학과 그리스도교 사이의 갈등은 16-17세기를 지나면서 절정에 달하였다. 근대 과학과 계시종교 사이 특히 근대 과학과 그리스도교 사이에 일어난 충돌이나 갈등의 중심에는, 갈릴레이의 종교재판에서도 알 수 있듯이 종교적 교의를 통해 계시된 절대적이고 불변하는 신적 권위와 과학에서 도출된 부단히 진화하는 세계관 사이의 현격한 차이가 있었다.

　18세기 프랑스 계몽주의의 기계론적 유물론은 인간의 본성을 인과적·물리적 결정론에 따라 설명하였으며, 자연과학에 바탕을 두고 형성된 19세기 독일의 기계론적 유물론은 인간조차 순수한 물리적 실체라고 주장하기에 이르렀다. 프랑스의 기계론적 유물론은 인간과 동물이 본질적으로 다르지 않으며, 인간 본연의 의지·자유·이성은 환상에 불과하다고 설명한다. 독일의 기계론적 유물론은 인간의 의식과 사고를 비롯한 심리적 현상조차도 자연법칙으로 환원하여 설명한다. 또한 의식의 존재 자체를 부정하였으며, 모든 인간의 행동은 에너지 보존의 법칙 같은 물질적 운동으로 환원할 수 있다고 주장한다. 독일의 기계론적 유물론은 인간의 계통발생과 개체발생 과정을 인간이 순수한 물리적 실체임을 보여주는 증거라고 주장한다. 한편 20세기 프랑스 실존주의는 기계론적 유물론과 기계론적 자연과학의 견해를 거부하고, 인간을 자유로운 존재로 파악하였다. 대표적인 무신론적 실존주의자인 장 폴 샤르트르(Jean Paul Sartre, 1905-1980)는 기계론적 유물론과 함께 결정론도 거부하면서 인간 자체가 자유라고 주장하였다.

근대 과학에서 논리적 추론을 근간으로 구성된 과학적 방법, 자연주의 과학관 및 신관, 이신론적 종교관에 의해 야기된 과학과 그리스도교 사이의 갈등 상황에서 그리스도교 신학자들의 입장에도 변화가 일어났다. 특히 근본주의 신학자들은 성경 문자주의에 몰입하여 성경 말씀은 신이 직접 계시한 것이며, 그것에 대한 잘못된 해석은 진리가 아니라고 주장하였다. 다른 극단주의 신학자들 가운데 19세기의 현대주의자들은 우주적 힘에 의해 진화가 일어난다고 보고, 그것은 신이 부여한 '진보'의 자연법칙이 작용한 증거라고 주장하였다. 그들은 신과 인간은 자연의 일부이며 과학이 더 발달하면 그것이 증명될 것이라고 가정하고, 과학과 성경 사이의 갈등이 결국 종식될 것이라고 주장하였다. 또한 성경은 자연세계를 설명하는 진리가 아니라 그리스도 안에 있는 계시의 출처라고 주장하기도 하였다.

3) 과학주의와 과학 이념

과학주의는 과학적 방법을 적용하면 어떤 진리와 실체에도 도달할 수 있다고 가정하면서도 과학적 탐구 영역에서 형이상학·철학·종교를 제외한다. 과학주의는 과학기술의 만능성을 더하여 과학만능주의를 낳았으며, 그로 인해 더욱 심각한 종교와의 충돌을 유발하였다. 과학주의가 과학을 진리와 실체를 확인할 수 있는 유일한 방법으로 간주함과 아울러 과학만능주의가 과학기술을 모든 문제의 해결에 적용할 수 있는 수단으로 인정함으로써 과학과 과학기술이 함께 일종의 이념으로 굳혀졌다. 과학 이념 또는 과학기술 이념은 과학기

술만능주의를 표방함으로써 기술과학주의(technocratic ideology)/기술
과학관료주의로 일컬어지기도 한다.

(1) 과학주의의 대두 배경

과학주의는 과학적 방법이 세계의 실체와 진리를 밝히기 위한 최선
의 방법이라고 설명한다. 현대의 과학철학에서는 과학주의를, 과학
과 과학적 방법이야말로 자연과 그 안의 실체에 관한 진리를 표현하
는 최선의 유일한 방법이라고 생각하는 과학적·철학적 견해로 규정
한다. 과학철학에서는 또한 과학주의를 16-17세기에 이미 알려진
"과학은 사회학을 포함한 모든 학문 영역의 모형이 되어야 한다"는
관념으로 특징짓는다. 과학주의는 인간의 본성과 잠재력에 관한 합
리적이고 경험적인 탐구와 병행하여, 새로운 사회적·경제적·정치적
조직체가 출현할 것이라고 자신만만하게 설명한다. 오늘날의 과학
주의는 고도화된 과학기술과 그에 수반되는 정보화 시대의 부푼 희
망을 기대하는 경향을 보이기도 한다.

　　과학철학에서는 극단적 논리실증주의를 비아냥거릴 때 과학주
의를 사용하기도 한다. 과학주의는 본디 자연에는 객관적 진리가 과
학적 방법을 통해 발견되기를 기다리고 있다는 경험주의 신념의 토
대 위에 정립되었으며, 오늘날까지도 인식론적·방법론적 환원주의
를 추구한다. 실증주의는 논리적 추리와 논증으로 이루어져 있는 과
학적 방법을 적용하면, 종교적 교의도 그 애매한 부분을 걷어내고 명
쾌한 진리를 제공할 수 있다고 여겼다. 그런 과학적 방법을 적용하여
이루어진 과학지식은 상황 논리에 의해 과학이라는 한정적 상황에
서는 합리적이고 조직적인 체계를 이룬다. 과학적 방법과 과학지식

의 특성으로 인해 과학은 다른 어떤 분야의 학문보다도 합리적이고 객관적인 학문으로 인식되고 있다.

이와 같은 특성을 지닌 과학을 근거로, 논리적이고 합리적인 상황을 가리킬 때 '과학적'이라는 말도 쓰이게 되었다. 과학주의는 과학적 방법과 과학지식에 대한 과장된 신념을 가리키기도 한다. 체육을 '체육과학'으로, 사회학을 '사회과학'으로 부르는 것도 이런 과학주의에 따른 표현이다. 이런 상황은 과학주의가 과학적 방법에 관한 이성적 생각보다는 비이성적 사고의 발로임을 역설적으로 표현한다. 과학주의는 심지어 물질적 자연세계를 세상의 전부로 보고, 과학적 방법만이 그런 세상의 진리와 실체를 밝힐 수 있으며, 그런 세상은 과학지식을 통해서만 이해하고 설명할 수 있다고 주장하는 과학만능주의로 발전된 것이다. 과학주의의 한 예로 창조과학자들이 주장하는 진화주의를 들 수 있다.

(2) 과학주의와 과학만능주의

과학은 과학자들이 객관적이고 합리적인 과학적 방법을 적용한 연구를 통해 얻어진 결과 덕분에 지성적 학문 분야 가운데서 가장 독보적인 학문으로 확립될 수 있었으며, 삶에 물질적 풍요로움을 점점 더 증가시켜 주기도 하였다. 그러나 과학의 대상이 과학적 연구의 범위를 벗어나는 주제와 영역에까지 미치는 경우도 볼 수 있는데, 이런 현상의 기저에는 "과학적 방법을 적용하면 밝힐 수 없는 진리나 실체란 없다. 그리고 과학기술을 적용하면 해결하지 못할 문제도 없다" 또는 "세상에는 과학으로 설명할 수 없는 현상은 없다"와 같은 과학만능주의 곧 사이비 '과학 이념'에 관한 믿음이 깔려 있다.

엄격한 의미에서 과학주의는 반드시 이성적 판단에 기반한 사상이 아니라 과학의 부정적 속성에 관한 믿음에 바탕을 둔 신념에 불과한 것이다. 과학 이념으로서의 과학주의는 합리적 방법과 절차에 따라 적용되는 과학적 방법 및 과학지식을 지적 탐구와 지식의 모형이라고 주장한다. 이는 모든 것이 전적으로 과학에 의존하며, 자연세계를 마음대로 지배하거나 통제할 수 있다는 오만한 주체의식을 드러낸다. 도킨스도 "과학은 하나님의 존재를 부정한다"와 같은 말을 통해 과학만능주의적 견해를 표현한다. 『기원 이론』(노동래 옮김)에도 지적되어 있듯이 진화주의는 과학주의의 한 유형이다. 진화주의는 자연현상에 대한 과학적 설명을 근거로 "생물의 다양성은 과학적으로 설명할 수 있기 때문에, 진화에는 하나님의 관여가 필요 없다"와 같은 주장을 펼친다. 한편 진화주의와 상반되는 창조론은 하나님을 창조주로 보는 초자연적·신학적·철학적 세계관을 바탕으로 생물 종들의 즉각적 발생과 지속적 발달 및 생성을 설명한다.

과학만능주의적 태도와 신념은 과학 이념으로서 마음에 과학의 바벨탑을 쌓는 행위의 근원이 된다. 과학만능주의는 신앙을 배척하고 무시하며, 미신으로 취급하며 조롱하고, 과학을 우상화하는 교만을 드러내는 하나의 발원지이기도 하다. 과학만능주의의 부당성은 "찾으라. 그리하면 찾아낼 것이요"(마 7:7)라는 성경 말씀을 통해서도 확인된다. 그림·시·음악 등 과학 외 분야의 재료에서도 과학적 통찰의 추구에 초점을 맞춘다면, 관련이 있는 과학적 주제를 인식할 수 있다. 그렇다고 해도 과학은 다른 분야와 본질적으로 같지는 않다. 그러므로 과학을 기준으로 종교를 비롯한 다른 분야의 본성을 단정하는 방식은 적절하지 않다.

(3) 과학만능주의와 그리스도교 신앙

과학만능주의를 표방하는 과학주의는 과학적 방법 및 과학지식의 만능성에 대한 믿음에 따라, 어떤 종교적 진리나 그리스도교 신앙의 대상도 과학적 방법을 통해 탐구할 수 있으며, 과학지식을 이용해 어떤 종교적 진리도 설명할 수 있다고 주장한다. 과학만능주의는 과학과 더불어 과학기술에도 의존하여 어떤 종교적·신앙적 문제도 과학기술로 해결할 수 있다고 주장한다. 곧 과학만능주의는 실증주의의 극단적 입장인 환원주의적 입장에서 하나님뿐만 아니라 정신과 영혼의 본질조차도 과학적 방법을 통해 규명할 수 있다고 본다.

과학만능주의는 과학이 아닌 분야 즉 세상의 추상적이고 비경험적인 영역이나 종교와 같은 내재적 가치의 속성에도 과학적 방법을 적용하여 종교적 진실을 밝힐 수 있으며 과학기술을 통해 신앙적 문제를 해결할 수 있다는 이념적 주장에 지나지 않는다. 과학만능주의는 과학을 절대화하고 과학적 권위를 내세우면서 하나님을 인간이 지어낸 허구적 믿음의 대상으로 보고, 그런 하나님을 믿는 종교는 현대의 문명시대 및 과학기술 시대 이전의 구시대적 유물로 치부한다. 그러나 종교적·신앙적 진리나 실체는 관찰·실험·추리를 통해 도달할 수 있는 것이 아니다. 종교적·신앙적 문제는 과학기술의 기예·기술·도구를 사용하여 해결할 수 있는 것도 아니다. 그리스도교 신앙의 대상인 하나님의 존재, 창조주 하나님에 의한 태초 창조(창 1:1)도 현대의 과학적 방법을 적용하여 증명하거나 확증할 수 있는 개념이 아니다. 그런 주제는 신앙과 이성을 통해서나 이해하고 해결할 수밖에 없으며, 그렇기 때문에 종교 또는 신앙에 관한 과학주의에 따른 주장은 부당하다.

히브리서 11:3 말씀 "믿음으로 모든 세계가 하나님의 말씀으로 지어진 줄을 우리가 아나니 보이는 것은 나타난 것으로 말미암아 된 것이 아니니라"에 함의되어 있듯이, 그리스도교 신앙의 핵심은 신뢰와 확신이다. 성경에서 제시하는 신앙의 목적은 과학과 상관이 없는 하나님과 하나님의 약속이다. 이와 같은 의미에 비추어볼 때, 신앙은 하나님에 대한 굳은 믿음과 하나님이 자신의 약속을 지키리라는 확신을 가리킨다. 이런 믿음과 확신에 기초한 신앙은 과학 또는 과학기술과 직접적인 관련이 없다.

제2장

과학과 과학기술의 본질

창조세계의 사실(fact), 진리(truth), 실체(reality)의 규명에 최상의 방법을 제공하는 학문은 과학이다. 과학은 관찰·측정·실험한 자연의 현상(phenomenon)이나 사물에 대한 감각적 인상(impression)을 근거로 실재의(actual) 현상 또는 인상인 사실·진리·실체를 밝히고 진술한다. 그러나 과학은 사실, 진리, 실체 각각의 궁극적 존재 자체인 본체(entity)로서 현상/인상이 가리키는 진실(truth), 진상(眞相, substance), 본질(essence)은 밝히지 못한다. 진실·진상·본질은 철학의 대상이며, 과학에서는 그것들을 모형과 비유로 표현한다. 성경 말씀도 그런 비유와 상징으로 기술되어 있다. 성경에 비유와 상징으로 기술된 하나님의 본성(nature of God)과 하나님에 관한 절대적·궁극적 사실·진리·실체는 각각 진실·진상·본질 그 자체로서 믿음의 대상이다.

한스 큉(Hans Küng, 1928-2021)은『한스 큉, 과학을 말하다』(서명옥 옮김)에서, 본체로 일컫는 실재를 존재하는 모든 것으로 정의한다. 그에 따르면 실재는 존재자의 모두이자 총체이며 존재 일반이다. 실재는 그에 대한 인식 또는 의식으로부터 독립적인 본질적 존재로서, 몇 마디 문장이나 단어로 정의할 수 없는 본체다. 실재/본체는 감각적 인식을 초월하는 물리적 세계의 존재론적 속성이기 때문이다. 본체는 일차원적 속성이 아니라 다면적 속성으로서, 그 특성은 모두 확인해 기술할 수 없을 정도로 무수하다. 그러므로 실재는 본질적 속성상 확인된 무수한 특성을 모두 포함하는 하나의 용어나 문장으로 규정할 수도 없다. 궁극적인 과학적 사실의 진실, 과학적 사실·법칙·이론의 절대적 진리인 진상, 과학적 개념이나 이론의 존재론적 실체인 본질도 쿵이 말하는 본체와 마찬가지로 말 몇 마디로 정확하게 정의할 수 없다. 진실·진상·본질은 모두 관찰할 수 없는 초감성적·초자연적 본체이기 때문이다.

과학은 사전적 의미로 '과학지식 체계와 과학자가 자연을 추구하기 위해 조사하고 사고하는 방법'으로 정의된다. 인식론에서는 과학적 사실·개념·법칙·이론·가설로 조직된 체계를 과학지식이라고 말하며, 과학적 방법론(scientific methodology)에서는 과학자가 관찰과 실험을 통해 조사하고 그 결과로 얻어진 자료를 기반으로 추리하고 사고하는 방법을 과학적 방법이라고 한다. 그리고 헨더슨과 브라이언트는 그들의 저서 『하느님과 과학에 대한 101가지 질문』(김도현 옮김)에서 자연은 하나님의 창조물이기 때문에 과학을 공부하고 연구하는 것은 자연과 하나님을 연결하는 좋은 방법이라고 주장한다.

과학철학에서는 과학의 본성을 기술하고 설명할 때, 과학의 영역과 범위, 과학적 방법, 과학지식, 과학의 발달, 과학자와 그의 역할, 과학과 인간 및 사회의 관계를 그 구성요소로 제시한다. 과학의 본성을 이루는 구성요소 중 과학지식과 과학적 방법은 과학의 본질적인 한계 요인이 된다. 과학지식은 잠정적·가설적 진술이며, 어떤 과학적 방법도 절대적 진리나 궁극적 실체를 밝히지 못하기 때문이다. 또한 과학지식은 하나님의 존재와 창조 및 매개 활동을 자세하게 기술하지 못하며, 과학적 방법만으로는 그것들을 확실하게 증명할 수 없다.

고대 그리스 시대부터 근대 과학 이전까지 현대적 의미의 과학으로 볼 수 있는 자연철학은 제1장에서 기술하였다. 그러므로 제2장에서는 현대의 과학자들과 과학철학자들 특히 실증주의자들이 규정한 과학의 본성에 관해 기술한다. 실증주의자들이 밝히는 과학관에서 종교적·신학적 관점을 배제하고, 신앙으로부터 중립적 입장에서 그들이 제시한 과학의 본성을 기술한다. 한편 오늘날 하나님 보기에 좋게 만든 지구의 오염과 환경 파괴 및 그에 수반되는 기후 위기와 같은 문제는 인간의 생존과 생명의 존엄을 위협할 뿐만 아니라 하나님의 권위에 도전하고 있다. 이러한 생태적 문제는 순수과학보다 과학기술에 의해 야기되고 있기 때문에, 이 장에서는 과학의 본성과 더불어 과학기술의 본성에 관해서도 기술한다.

1. 과학과 철학의 관계와 과학철학

과학과 철학은 기원이 같고 함께 발달하였지만, 각 영역에서 직접 다루는 대상은 다르다. 기원전 6세기 고대 그리스 시대에 과학은 과학이라는 용어는 물론이고 현대의 과학철학이 규정하는 철학뿐만 아니라 신학과도 함께 자연철학에 통합되어 있었다. 16-18세기 계몽주의 시대에 자연철학에서 갈라진 과학은 자연현상을 가시적 용어로 기술(記述)하기 위한 목적으로, 철학과 신학은 과학에서 기술한 자료를 바탕으로 자연현상의 원인을 설명할 목적으로 탐구하였다.

오늘날 철학의 한 분야로 형성된 과학철학은 실증주의가 형성됨으로써 그 정체성과 아울러 그 주제와 내용이 확인되고 그 영역도 확정되었다. 과학철학의 기본적 주제는 과학의 본성이며, 과학철학의 핵심적 목적은 과학적 활동의 요소에 관한 철학적 탐구다. 철학 및 과학철학의 변화에 따라 과학의 본성에 대한 인식도 달라졌다. 오늘날에도 과학과 철학은 긴밀한 관계를 맺고 있으며, 본질적 속성상 앞으로도 그런 상태로 변화·발달할 것이다.

1) 과학과 철학의 분리와 보완 관계

과학은 우연적 사실과 진리 및 실체를 다루는 경험적 학문이며, 철학은 필연적 진실과 진상 및 본질을 다루는 관념적·사변적·형식적 학문이다. 그러나 과학과 철학은 논리적 도구, 개념적 분석, 논증을 공유하며, 서로의 영역에서 생성된 정보와 자료를 활용하여 함께 발전한다. 과학철학은 철학의 한 분야로서 과학적 탐구와 과학지식의 본성 및 그 구성요소를 방법론적·인식론적 관점에서 분석한다. 오늘날 자연을 그 대상과 주제로 다루는 과학철학은 그것들을 자연과학과 공유하기 때문에, 자연의 철학으로 일컬어지기도 한다.

전통적 의미의 자연철학과 구분되는 자연의 철학(philosophy of nature)은 19세기 독일의 폰 셸링(von Schelling, 1775-1854), 프리드리히 헤겔(Friedrich Hegel, 1770-1831), 아르투어 쇼펜하우어(Arthur Schopenhauer, 1788-1860)의 사상을 기반으로 등장한 철학이다. 자연의 철학 영역은 형이상학과 인식론으로 구분된다. 형이상학으로서 자연의 철학은 기계론을 거부하면서, 자연을 자기조직, 역동성, 창의성, 영혼을 드러내는 유기체로 간주하고 움직이는 물질로 환원시킬 수 없다고 본다. 인식론으로서 자연의 철학은 자연이 이와 같은 특성을 지니고 있기 때문에, 선험적 추리(*a priori* reasoning) 또는 직관과 같은 철학적 방법과 경험과학적 방법을 함께 적용하여 이해해야 한다고 주장한다. 오늘날에는 이와 같은 자연의 철학 내용이 철학 또는 과학철학에서도 다루어진다.

계몽주의 시기에 자연철학으로부터 분리되기 시작한 과학과 철학은, 20세기에 과학철학으로 등장한 실증주의가 과학철학의 한 분야로 확립됨에 따라, 자연철학으로부터 완전히 독립되었다. 그에 대한 가장 큰 이유는 실증주의에서 제시한 과학의 목적이 정작 일반 철학의 목적과 달랐기 때문이다. 과학과 철학이 분리된 또 다른 이유는 실증주의 과학철학에서 개발한 과학적 방법을 철학적 탐구에서는 실질적으로 이용할 수 없었기 때문이었다. 자연철학은 18세기 이후에야 실험을 과학적 방법으로 적용하기 시작하였다. 그 후 자연철학에서 빠져나간 과학은 자연과학으로 발달하였으며, 과학이 빠져나간 자연철학은 과학적 방법을 개발함으로써 과학철학으로 설립되어 마침내 근대 철학의 한 분야를 차지하였다.

근대에 자연철학에서 분리된 과학과 철학이 오늘날에는 상호보완적 관계를 맺고 있다. 과학은 소재를 제공하여 철학의 대상을 정화하며 철학의 주요 관심사인 일반성을 더욱 명확하게 표현한다. 이와 대조적으로 철학은 과학의 본성을 명확하게 밝혀 과학의 목적과 가정과 전제들을 구체적으로 표현하고 정당화할 수 있는 방식을 보여 준다. 과학을 포함한 대부분의 학문 분야에서 분야별 탐구의 목적을 철학에서 찾는 이유가 바로 철학의 이런 기능적 특성 때문이다. 그러나 과학과 철학은 각각 고유한 목적·영역·방법으로 구성되어 있다. 관찰이 가능한 것은 과학의 영역이지만, 관찰할 수 없는 영역은 철학의 대상이다. 실제로는 관찰이 불가능하나 원리적으로 관찰할 수 있는 영역도 과학의 대상이지만, 실제로나 원리적으로도 관찰할 수 없는 주제는 철학에서 다룰 수밖에 없다. 과학적 사실·진리·실체는 과학의 대상이지만, 사실·진리·실체의 궁극적·절대적·존재론적 본체인 진실·진상·본질은 과학철학의 대상이다.

자연과학과 과학철학도 서로 구분되지만 상호보완적 관계에 있다. 공간·시간·물질·에너지는 물리학의 대상이지만, 그것들에 대한 궁극적 질문이나 인과관계와 같은 근원적 질문은 과학철학의 대상이다. 자연과학은 관찰이 가능한 물체나 현상에 관한 지식의 누적으로 발달하지만, 그 진실·진상·본질은 과학철학의 영역이다. 자연과학은 과학철학의 대상과 주제를 구체화하여 그 영역과 범위를 알려주며, 과학철학은 자연과학의 표현 방식과 탐구 방법의 타당성을 정당화하고 과학지식의 진짜 본체를 논한다.

2) 과학의 정의와 가치

과학은 19세기에 만들어진 용어다. 과학은 다양한 측면으로 구성되어 있어서 한두 마디로 정의하기 어렵다. 어떻게 정의하더라도 장님 코끼리 만지는 격이다. 그래서 과학자마다 정의하는 과학의 의미가 다르며, 과학철학적 관점에 따른 과학의 정의는 본질적 차이를 드러낸다. 실재론(realism)에서는 과학을 자연의 진리를 추구하는 학문으로, 반실재론(anti-realism)에서는 과학을 경험적으로 검증할 수 있는 과학지식을 추구하는 경험적 학문으로 간주한다. 과학은 그 정의와 관계없이 관찰이 가능한 자연을 대상으로 삼아 그 사실·진리·실체와 그 지식을 기술하고 각각의 본체인 진실·진상·본성을 추구하는 학문으로 받아들여진다.

과학의 실용적 가치는 일상생활에서도 찾아볼 수 있다. 과학은 인간의 수명을 연장하고 건강한 삶을 증진하는 데 절대적 공헌을 한다. 과학을 통해 건강을 조절하고 질병을 치료하기 위한 의약품을 개발하며 고통을 줄일 수도 있다. 또한 생존에 필수적인 깨끗한 물을 얻을 수 있고 건강한 식품도 조달할 수 있다. 과학은 음악과 체육을 통해 더욱 재미있고 즐거운 삶을 누릴 수 있게 한다.

과학자들이 연구하는 목적과 이유는 과학의 고유한 가치에서 찾아볼 수 있다. 과학의 가치는 과학의 바람직한 원리·기준·질로서 각급 학교에서 과학교육이 필요한 이유를 설명해주며, 과학자들이 수행하는 과학적 연구의 목적과 그 이유를 정당화하는 준거가 된다. 미국의 과학교육학자 아브루스카토(Joseph Abruscato)는 그의 저서 *Teaching Children Science*(5th ed.)를 통해 과학의 본성을 드러내는 근원적 특성인 과학의 가치로 진리·자유·의심·독창성·질서·의사소통을 제시한다. 한편 카린(Arthur Carin)은 그의 저서 *Teaching Science Through Discovery*(8th ed.)에서, 미국의 비영리 연구단체인 미국과학진흥협회(AAAS, American Association for the Advancement of Science)의 제안을 재정리하여 과학의 가치로 호기심을 갖기, 증거를 중시하기, 의심하기, 다의성의 수용, 협력하기, 실패에 대한 긍정적 접근을 제시한다. 과학의 가치는 과학자들이 지향하는 과학에 대한 태도의 이상적 기준이 되며, 과학적 연구에서 지키려는 과학의 기풍(ethods of science) 또는 과학의 정신(spirit of science)을 이룬다. 그러나 과학의 가치는 절대적이지 않고 문화적·시대적 상황에 따라 그 내용과 기능이 다양하게 제시된다. 과학의 가치는 과학교육의 목적과 방향을 결정하는 이론적 배경이 되기도 하는데, 이런 이유로 과학교육의 목적도 사회적·문화적 변화에 맞추어 함께 변한다.

과학에 여러 가치가 내재되어 있다는 말에는 가치중립적인 과학적 연구가 불가능하다는 뜻도 함축되어 있다. 과학의 가치는 과학철학 특히 인식론의 변화에 따라 함께 변해왔다. 과학의 가치로 경험주의에서는 관찰의 객관성을 중요시하였으며, 이성주의에서는 과학지식의 보편성과 절대성을 강조하였다. 논리실증주의에서는 관찰의 객관성과 더불어 과학적 방법론 측면에서 확증성을 제시하고, 논리경험주의에서는 입증성을 강조하였다. 반증주의에서는 반증성을 제안하고, 구성주의에서는 사회적 합의와 의사소통을 특별히 중요시한다. 이런 과학의 가치는 과학적 사고 및 활동의 기반이자 본질적 속성이기도 하다.

3) 과학철학의 대상과 발달

과학철학은 과학의 학문적 조건과 그 토대, 과학의 목적과 방법, 과학적 연구의 결과가 과학에 던져주는 시사점을 다룬다. 과학은 핵심적 질문으로 '어떻게'(how)라는 질문을 다루지만, 과학철학은 철학 또는 신학과 마찬가지로 근원적인 '왜'(why)라는 질문에 대한 답을 탐색한다. 과학철학적 질문은 어느 것이나 형이상학적·존재론적·인식론적·윤리적 문제를 다룬다. 이를테면 과학철학이 과학과 진리의 관계만 다룰지라도, 형이상학적·존재론적·인식론적 문제를 도출할 수 있다. 생명윤리나 과학적 활동의 비행(非行)은 과학철학의 한 분파인 과학윤리학의 영역이다.

과학의 영역 밖에 있는 주제는 그 경계 밖 이웃에 있는 철학의 대상이다. 과학과 그 경계 안에서 과학이 설정한 기본적 가정들은 철학에서도 다룰 수 있기 때문이다. 본질적 특성상 실제로 또는 원리적으로 관찰할 수 없는 현상과 사물은 철학의 대상이다. 과학적 사실·진리·실체는 모두 '어떻게'라는 과학적 질문에 대한 답의 대상으로서 과학의 영역에 해당되지만, 사실·진리·실체 각각의 본체인 진실·진상·본질은 '왜'라는 과학철학적 또는 신학적 질문에 대한 답의 대상으로서 과학철학 또는 신학의 영역에 포함된다. 즉 과학의 대상은 과학철학에서도 다루어지며, 과학철학의 일부 대상은 신학철학의 대상이 된다. 한편 일부 신학철학은 신학의 대상이기도 하다. 과학, 과학철학, 신학의 이런 관계에서 과학철학은 과학과 신학을 연결하는 가교의 역할을 한다.

우주·시간·공간·원인과 같은 전문적 용어는 과학과 과학철학에는 물론이고 신학에도 고유한 의미가 있다. '무'와 '진공'의 구분, '물질'과 '질량'의 구분도 과학·과학철학·신학에 함의된 용어다. 신학에서는 '천지창조'를 '무로부터의 창조'(creation from nothing)라고 설명하며, 물리학에서는 '열역학 제2 법칙과 빅뱅에 의한 우주 생성론'으로 설명한다. 철학에서는 '천지창조' 또는 '창조'의 본질에 관한 철학적 견해를 제시할 수도 있다. 이런 용어들은 의미가 분명하게 다르지만, 공명하는 부분이 있으면 관련이 있는 학문들을 조화롭게 융합할 수도 있다. 이와 같은 방식으로 자연철학처럼 과학·철학·신학이 융합된 학문은, 예컨대 '창조'라는 동일한 진리나 본질을 추구하는 종합적 학문이 될 수 있다.

과학과 관련이 있는 철학의 근원은 고대 그리스 시대의 자연철학까지 거슬러 올라간다. 소크라테스(Socrates, 기원전 470-399) 이전의 고대 그리스 시대부터 아리스토텔레스(Aristotle, 기원전 384-322) 시대를 거쳐 과학혁명이 일어나기 직전까지 과학과 철학이 계속 통합되어 있었던 자연철학은 19세기에 들어서서야 현대적인 의미의 과학이라는 용어로 대체되었다. 자연철학자들은 자연철학의 본질적 특성상 철학의 핵심 주제뿐만 아니라 자연과학의 주요 대상에도 관심을 가질 수밖에 없었다. 아리스토텔레스는 여러 학문 분야에 많은 업적을 남겼지만, 생명과학 분야에 가장 많은 업적을 남긴 까닭으로 지금도 생명과학자로 가장 유명하다.

계몽주의 시대의 자연철학자들도 자연과학에 큰 관심을 가졌다. 해석기하학적 방법을 정리한 기계론자인 르네 데카르트(René Descartes, 1596-1650)는 빛의 반사 법칙과 굴절 법칙을 발견하였으며, 빌헬름 라이프니츠(Wilhelm Leibniz, 1646-1716)는 아이작 뉴턴(Isaac

Newton, 1642-1726)과 독립적으로 미적분을 창시하였으며, 임마누엘 칸트(Immanuel Kant, 1724-1804)는 칸트-라플라스 성운설을 설정하였다. 그들에 이은 경험주의·이성주의·실증주의·반증주의는 경험에 기원을 둔 과학지식의 본성과 논리학과 수학을 골격으로 하는 과학적 방법을 핵심 주제로 삼았다. 한편 토머스 쿤(Thomas Kuhn, 1922-1996), 임레 라카토쉬(Imre Lakatos, 1922-1974), 칼 포퍼(Karl Popper, 1902-1994) 등이 포함된 후실증주의(post-positivism)는 과학사를 과학의 발달에 관한 분석 도구로 이용하였다. 그들은 과학사를 분석하여 과학의 발달 과정과 방법을 설명하는 과학의 발달 모형을 개발·제시하였다.

오늘날에는 과학적 방법이 방법의 이론으로 정의되는 과학적 방법론(scientific methodology)에서 다루어진다. 과학철학의 한 분야로 발달된 과학적 방법론에서는 과학적 방법과 그 적용 결과를 핵심 주제로 다룬다. 과학적 방법론은 과학적 방법의 결과를 다루기 때문에 인식론과 밀접한 관련이 있지만 두 영역은 엄연히 구분된다. 과학적 방법론에서는 세계에 대한 가정된 진리에 도달하는 방법을 탐색하고, 그 방법의 기초가 된 이론적 배경을 분석한다. 과학적 방법론에서는 과학적 방법을 적용한 이론과 주장의 수용 또는 기각, 가설과 증거 사이의 관계도 다룬다.

2. 과학지식의 상대성과 가변성

과학철학에서는 지식을 '주제에 대한 경험, 교육, 이해를 통해 획득된 사실, 정보, 기능'으로 정의한다. '지식'을 나타내는 영어 'knowledge'는 '알다'를 나타내는 'to know'의 명사형이다. '알다'(to know)는 옳게 생각한다는 뜻이며, '지식'은 진리로 믿는 사실과 이해를 뜻하는 말이다. '알다'와 '지식'은 둘 다 '진리'와 '믿음' 그리고 사실과 관련된다. 그러나 과학에는 절대적 진리로 이루어진 지식이란 없다. 과학지식의 의미를 분석하면, 고대 그리스의 자연철학자들은 '태양이 지구를 중심으로 공전한다'는 것을 '믿었다'고 말할 수는 있으나 '알았다'고 말할 수는 없다. 거짓 진술을 믿을 수는 있으나 '안다'고는 할 수 없기 때문이다. "태초에 하나님이 천지를 창조하시니라"(창 1:1)는 말씀을 과학적으로는 '믿는다' 또는 '이해한다'고 말할 수는 있지만, 과학적으로 증명할 수 없기 때문에 '안다'고 주장할 수는 없다. 또한 창세기 1:1과 같은 성서 말씀은 절대적 믿음의 대상이므로, 신학적으로는 그것을 '믿는다', '이해한다' 또는 '안다'고 말해도 되지만, 일상생활에서는 '안다'고 말하지 못한다.

　이와 같이 과학적 상황과 맥락에서 말하는 '앎'과 '믿음'은 신앙적·신학적·종교적 상황과 맥락에서 거론하는 '앎' 및 '믿음'과 꼭 같지 않다. 과학적 '앎'은 과학적 탐구를 통해 형성된 과학적 사실·법칙·이론에 대한 깨달음을, 신앙적 '앎'은 "내가 내 손을 애굽 위에 펴서 이스라엘 자손을 그 땅에서 인도하여 낼 때에야 애굽 사람이 나를 여호와인 줄 알리라 하시매"(출 7:5)라는 말씀과 같이 신앙과 믿음을 기반으로 한 절대자나 절대적 진리에 관한 이해와 인식을 가리킨다. 또한 과학적 앎은 창조된 세계에 관한 과학적 개념·법칙·이론의 일치되고 합리적인 관계에 대한 지각적 깨달음을, 신앙적·신학적 앎은 "나는 선한 목자라. 나는 내 양을 알고 양도 나를 아는 것이 아버지께서 나를 아시고 내가 아버지를 아는 것 같으니"(요 10:14-15)라는 말씀과 같이 신앙적 대상의 본성에 관한 내적 깨달음과 애정이 담긴 믿음을 나타낸다. 한편 과학적 믿음은 피조물과 관련된 진리에 관한 신뢰를, 신앙적·종교적 믿음은 절대자나 절대적 진리에 대한 신뢰를 가리킨다. 신학적·신앙적 관점에서 보면 과학적 믿음은 그 믿음의 대상이 피조물이기 때문에 엄격한 의미의 우상숭배다.

실증주의(positivism)에서는 과학지식의 구성요소로 사실, 개념, 법칙/원리, 이론, 가설을 제시하는데, 이 구성요소들은 모두 사실과 진실, 진리와 진상, 실체와 본질에 관한 의미로 정의된다. 과학지식의 구성요소 중 사실·법칙·원리는 자연에 대한 관찰·측정·실험을 통해 발견되는 것들로서 바꾸지 못하며, 개념과 이론은 과학자들이 사실과 법칙을 설명하고 정당화하기 위해 구성한 것들로서 바꿀수 있다. 그러나 과학지식의 어떤 구성요소도 그 사실과 진실, 진리와 진상, 실체와 본질을 정확하게 표현하지는 못하며, 당연히 과학지식도 그 사실과 진실, 진리와 진상, 실체와 본질을 정확하게 나타내지 못한다. 과학지식은 시대에 따라 상대적이며 부단히 바뀐다. 실제로 지난 2,500여 년의 과학사에서도 볼 수 있듯이 과학지식은 계속 변화되어 왔다. 상대적·가변적 특성의 과학지식과 대조적으로, 하나님의 본질과 성경 말씀에 관한 지식은 절대적이고 불변적이다. 그것들은 궁극적 실체 또는 절대적 진리이기 때문에 신앙적으로 믿는 한 '안다'고 말할 수도 있다.

1) 과학적 사실과 진실

과학적 사실(fact)은 '관찰·측정·실험을 통해 수집한, 그리고 검증이 가능한 구체적 정보'다. 과학적 사실은 "흡연은 건강에 해롭다"와 같은 제도적 사실, "저 우리 안에 닭이 3마리 있다"와 같은 유일 사건에 관한 사실, "이 성경은 2,074쪽짜리다"와 같은 사물에 관한 사실, "저 비커의 물이 98℃에서 끓었다"와 같은 진리에 관한 사실로 분류된다. 과학적 사실은 그 유형에 관계없이 모두 관찰된 한 현상 또는 사건을 기술하는 진술이다. 그리고 네 번째의 진리에 관한 사실만이 과학지식의 구성요소가 된다.

과학철학에서는 관찰·측정·실험을 통해 자연으로부터 발견된 자료와 정보를 해석하여 단일 언명(simple statement)으로 기술한 명제를 과학적 사실이라고 말한다. 그러나 과학지식의 바탕이 될 수 있는 "저 비커의 물이 98℃에서 끓었다"는 언명이 사실을 객관적으로 드러내거나 진실(truth)을 완벽하게 표현하지 않는다. 이 언명에 관한 정확한 과학적 사실은 압력, 물의 밀도 등 물의 비등에 영향을 미치는, 관찰·측정·조작이 가능한 모든 변인을 함께 표현하여야 한다. 그리고 이 언명 또는 사실에 관한 진실은 온도·물 등 비등에 관련된 모든 본체와 그에 의해 나타나는 현상을 관찰·측정·조작이 불가능한 아원자 수준에서 설명하여야 한다. 이 진술은 인위적으로 구성된 과학적 맥락에 한하여, 관찰의 범위 안에서 과학적 '사실'일지언정 '물의 비등'의 진실은 아니다. '물' 또는 '98℃'라는 말도 인위적인 과학적 용어일 뿐이지 어떤 절대적 속성을 나타내는 본질이 아니기 때문이다. "카시오페이아 자리는 W 모양이다"도 가까이 다가가거나 떨어져 바라보면 그 모양이 달라지는, 실체가 없는 과학적 사실을 표현하는 언명 가운데 하나로서 사변적 진술에 불과하다. 과학적 사실을 기술하는 언명은 관찰·측정·실험을 통해 지각하는 순간적 현상에 관한 해석된 진술로서, 참도 진실도 아니며 기껏해야 당시의 최신 과학지식과 그 맥락에 비추어 참 또는 진실로 받아들여지는 것이다. 사실의 진실도 사실을 바탕으로 추정할 수밖에 없는 의미로서, 어떤 과학적 방법으로도 알 수 없는 본질적 실재다.

과학적 진술과 달리 신학적 진술 특히 하나님 말씀에 관한 성경의 사실적 진술은 진리 그 자체이기 때문에 진실로 보아야 한다. 과학자들한테는 사실로 보이기 어려울지라도, 그리스도교인에게는 "하나님이 자기 형상 곧 하나님의 형상대로 사람을 창조하시되"(창 1:27)라는 말씀의 함의가 절대적 진리이자 사실이다. 그리스도인은 성경 말씀의 사실적 진술보다 그것이 가리키는 숨겨진 진실을 믿는다. 그리스도교는 위의 창세기 1:27 말씀을 신학적 사실로 받아들이되, 그것보다는 하나님이 사람의 겉모양, 성품, 의지, 선한 마음 등 모든 것이 하나님을 닮도록 만들었다는 신학적 진실 곧 절대적 진리를 믿고 앎으로 받아들인다. 하나님을 믿는 이들은 "동이 틀 때 떠오르는 태양은 놀라운 도구가 되어 지극히 높으신 분의 위업을 선포한다"(집회서 43:2)는 말씀도 과학적 진리는커녕 과학적 사실로도 받아들일 수 없지만, 이 말씀을 "태양을 만드신 주님께서는 위대하시고 그분의 명령에 따라 태양은 제 궤도를 바삐 돈다"(집회서 43:5)는 말씀과 함께 들으면 창조주 하나님의 위업을 이해하는 데 아무런 문제가 되지 않는 신앙적 진리로 받아들일 수 있다.

과학적 사실과 그것을 표현하는 언명이 그 대상의 본질이나 진실을 정확하게 표현하지 못하는 까닭은 관찰의 이론 의존성(theory-ladenness of observation)에 있다. 노우드 핸슨(Norwood R. Hanson, 1924-1967)에 따르면 자연의 사물과 현상은 관찰자의 경험, 선행지식, 기대감에 따라 다르게 해석되고 기술된다. "해가 동쪽에서 떠서 서쪽으로 진다"는 표현은 선행지식의 하나인 천동설 관점에 따라 보고 기술한 진술의 한 예다. 지동설 관점에서 본다면 "지구가 해를 향하여 서쪽에서 동쪽으로 자전한다"가 더 적절한 표현이다. 이와 같이 관찰 진술은 관찰자의 이론적 해석이거나 기대에 따른 진술이다. 사실의 이런 특성 때문에 사실을 바탕으로 이루어지는 개념·법칙·이론은 물론이고, 그것들로 이루어진 과학지식은 어느 것도 본질이나 진실 그리고 진상을 정확하게 표현하지 못한다. 과학적 사실은 궁극적 현상이나 사물의 상태를 기술할 뿐이지, 그 진리와 진상과 본질을 직접 가리키지는 않는다. 당연히 과학지식은 진리·진상·본질로 구성된 확고한 체계가 아니라 잠정적 또는 가설적 조직일 수밖에 없으며, 그러므로 그런 과학지식이 핵심적 구성요소가 되는 과학은 언제나 불안정한 상태에 있을 수밖에 없다.

전통적 과학철학에서는 사실을 이성과 관찰에 기반한 기술적(記述的) 진술 곧 과학적 진술로 여기며, 가치를 규범적·처방적 진술 곧 윤리학적·수사학적·예술적 진술로 간주한다. 관찰의 이론 의존적 속성은 사실과 가치의 관계에 대한 문제도 제기한다. 핸슨은 관찰의 이론 의존적 속성을 근거로 절대론자들에 의한 사실과 가치의 구분을 거부한다. 감각적 지각은 데이비드 흄(David Hume, 1711-1776)과 실증주의의 주장대로 가치무관한(value-free) 관찰이 불가능하며, 과학적 사실은 주관적 해석과 그 표현일 수밖에 없기 때문이다.

2) 과학적 개념과 본질

개념(concept)은 특정한 물체, 성질, 현상, 사건에 관해 여러 사람이 공통적으로 파지하고 있는 생각이다. 과학적 개념은 과학자들이 구성한 관념(idea)으로서 물체, 성질, 현상, 사건에 관한 추상적 표상(symbol)일 뿐이지 그 어떤 것도 그 실체나 본질을 정확히 나타내지 않는다. '빛이 비친다'에서 '빛'은 존재할 것으로 가정되는 '빛'의 실체를 부르는 이름일 뿐이지, '빛'이라는 용어가 '빛'의 실체나 본질을 정확하게 표현하지는 않는다. 본질은 데카르트가 말한 대로 "존재하기 위해 다른 어떤 것도 필요로 하지 않는 것"을 가리킨다. 즉 철학적 의미의 실체는 변하지만, 궁극적 존재인 본질은 변하지 않는다.

과학적 개념은 정보를 조직화하고 체계화하는 기능이 있어서 과학지식을 구성하는 요소가 된다. 인식론에서는 개념을 물체·현상·기호의 준거속성(criterial attribute)을 일반화한 관념으로 정의한다. 한 범주로 분류된 모든 사물과 현상, 기호가 공통적으로 나타내는 특성을 준거속성이라고 한다. 개념은 정의하기 어려운 준거속성을 총칭하는 이름이 가리키는 대상에 붙인 부호일 뿐이며, 그 실체나 본질을 정확하게 표현하지 못한다. '소'는 소를 가리키는 데 사용하는 용어일 뿐이다. 소의 실체는 다리, 털, 뿔 등 모든 가시적 특성으로 표현해야 하며, 소의 본질은 소의 실체를 근거로 추정되는 진짜 소 곧 소의 본체를 말한다.

개념은 원자·에너지·유전자·대양과 같이 반드시 명사형 단어로 표현되며, 과학교육 현장에서는 가능한 한 자세하게 표현하기 위해 준거속성과 더불어 그 이름, 정의, 가치, 실례와 비실례를 포함하여 기술한다. 개념 가운데 '서울'이나 '아인슈타인의 상대성 이론'과 같이 실례가 하나뿐인 개념은 정체(identity)를 나타내는 고유명사이기 때문에 그 용어의 이름 하나만으로 표현한다. 성경 창세기 2장의 '에덴'도 특정 장소를 가리키는 이름이라면 '서울'과 마찬가지로 표현할 수 있겠지만, 성경의 '에덴'은 고유명사가 아니다.

개념은 과학사의 초기 발달 단계나 개인의 인지적 발달의 초기 과정에서 획득되는 사적 개념(private conception)을 거쳐 누구나 이해할 수 있는 공적 개념(public concept)으로 발달한다. 사적 개념은 오개념(misconception)이라고도 한다. 중학생들은 "전기는 쓰면 없어진다"는 개념을 갖고 있는데, 이는 전기요금을 계산하는 일상생활을 통해 갖게 된 생각으로서 전류를 전기에너지로 혼동하여 생긴 오개념이라 할 수 있다. 오개념은 인지적 구조에 논리적으로 연결되어 있어서 자연을 관찰할 때 패러다임(paradigm)의 역할을 한다. 'IQ'나 '순간 속도'와 같이 이성을 통한 논리적 추리(logical reasoning)나 수학적 계산으로 도출한 개념은 구인(construct)이라고 한다.

3) 과학적 법칙과 일반화

인식론에서는 과학적 법칙(law)이란 자연현상들 사이 또는 사물들 사이의 불변적 관계를 보편성, 필연성, 일반성에 맞추어 표현하는 진술이라고 정의한다. 과학적 법칙은 원인과 결과 사이의 필연적 관계로 규정되기도 한다. 과학적 법칙은 정의상 적용되는 범위가 넓고 어떤 예외도 인정되지 않는, 그 의미가 확정적인 진술을 말한다. 그런데 과학지식의 구성요소에 관한 현대의 과학철학적 논의에서는 과학적 법칙이 거의 거론되지 않는다. 새로 발견된 과학적 법칙이 없어서인지 근래에 발견된 과학적 법칙에 대한 언급이 전혀 없고, 뉴턴의 만유인력 법칙과 같이 오래전부터 널리 알려진 과학적 법칙에 관해서만 진술되고 있다.

과학교육학계와 과학교육 현장에서는 과학적 법칙을 자연현상에 나타나는 규칙성(regularity)에 관한 감각적 자료로부터 귀납적으로 도출한 일반화(generalization)로 규정하며, 규칙성의 일반화로 부르기도 한다. 법칙으로 일반화되는 자연현상의 규칙성은 "온도가 올라가면 기체의 부피가 늘어난다"는 보일의 법칙에서도 알 수 있듯이, 무수히 관찰하여 나타난 결과를 몇 개의 개념을 사용하여 기술한 복합 진술(complex statement)이다. 보일의 법칙은 온도·기체·부피 개념이 의미 있게 연결되어 있다. "저 비커의 물이 98℃에서 끓었다"는 단일 진술로 표현된 과학적 사실에 견주어, "이 실험실에서 물은 98℃에서 끓는다"는 복합 진술로 기술된 과학적 법칙이다. 과학과 과학철학에서는 이와 같이 자연세계를 움직이는 과학적 법칙을 자연법칙 또는 물리법칙이라고 부르며, 그리스도교 신학에서는 자연법칙을 하나님이 자연에 준 선물이며 인간이 바꿀 수 없는 섭리의 한 수단으로 간주한다.

법칙은 그 바탕이 된 사실과 그 사실에 나타난 규칙성을 기술하거나 그보다 더 하위적인 법칙을 설명하며, 새로운 사실을 예상하는 근거가 되고 이론을 구성하는 배경이자 그 골격이 된다. 과학적 법칙은 기능에 따라 본질 법칙과 기능 법칙으로 대별된다. 본질 법칙은 물질과 계(system)의 불변의 속성을 묘사하며, 특정한 식물 또는 바위에 관해 진술하는 법칙, 화학의 원소와 화합물을 기술하는 법칙이 그

좋은 예다. 기능 법칙은 물리학에 특징적인 법칙으로서, 물질과 계의 속성들 사이에 존재하는 불변의 관계를 기술한다. 기능 법칙은 원인과 효과를 나타내는 개념으로 그 관계를 기술하기 때문에, 예상과 설명의 기능을 한다. 온도와 화학 반응의 속도 관계를 기술하는 아레니우스 법칙(Arrhenius law)이나 전류와 전압의 관계를 나타내는 옴의 법칙(Ohm's law)이 기능 법칙의 예다. 이런 의미와 특성을 지닌 과학적 법칙은 근대 과학 시대의 실증주의 관점을 준거로 하여 정의된 개념이다. 양자역학에서도 볼 수 있듯이 현대 과학이 발달할수록 현대적 의미의 과학적 법칙을 적용할 수 없는 영역이 넓어진다.

과학적 법칙은 전제된 어떤 가정(assumption)이나 미리 설정된 가설과 관계없이 관찰·측정·실험을 통해 수집한 자료에 나타난 현상들을 귀납적으로 일반화한 규칙성을 나타낸다. 그런데 과학적 법칙은 비유(analogy), 모형(model), 수학적 공식을 이용하여 현상의 규칙성을 표현한 진술일 뿐이지, 그 일반화/규칙성의 진상 또는 본질을 정확하게 표현하지는 않는다. 보일-샤를의 법칙(Boyle-Charles's law)을 나타내는 이상기체 방정식($V=nRT/P$)과 같이, 법칙을 간단명료하게 나타내는 수학적 공식도 기껏해야 진리나 진상의 근사치를 나타내는 비유적 모형일 뿐이지, 그 진상과 본질은 물론이고 각각 그것들을 표현하는 진리와 실체조차 정확하게 말하지는 않는다. 바로 앞 절에서 기술한 보일의 법칙과 그 진술에 쓰인 온도·기체·부피도 과학자들이 만든 용어일 뿐이지, 각각 진상과 본질을 나타내지는 않는다. 그러므로 보일의 법칙은 현재 수준의 기체화학 상황에서는 맥락상 진리일 수도 있지만, 그것들 사이의 실제 관계를 나타내는 진상은 아니다. 보일의 법칙의 진실이나 진상은 아원자 수준에서 표현해야 하며, 불가지성이라는 본질적 특성 때문에 알 수 없다.

법칙과 원리(principle)는 혼동되거나 혼용되고 있지만, 명확하게 구분된다. 법칙은 경험적이지만 원리는 분석적이다. 법칙은 새 증거가 나오면 기각되지만 원리는 어느 상황에서도 기각되지 않는다. 법칙은 몇 가지 사실적 진술을 바탕으로 일반화한 진술이지만, 원리는 자연현상이 일어나는 이치에 관한 보편적 진술이다. "물체의 무게를 물에서 재면 덜 나간다"는 관찰 자료를 바탕으로 진술한 법칙이지만, "유체에 잠긴 물체는 잠긴 부피와 같은 부피의 유체의 무게만큼 가벼워진다"는 아르키메데스의 원리(Archimedes' principle)다. 뉴턴의 '만유인력 법칙'은 사실 '만유인력 원리'로 불려야 하는 과학적 원리다.

4) 과학적 이론과 모형

과학적 이론(theory)은 자연현상이 일어나는 원인을 설명하고, 현상의 사실, 진리 또는 관련된 사물의 실체를 묘사·해설하기 위해 과학자들이 모형과 비유를 사용하여 구성한 설명 체계다. 과학적 이론은 자연에서 일어나는 현상과 자연에 존재하는 사물에 관한 진실·진상·본질을 모형으로 기술하거나 비유적으로 표현하여 설명한다. 과학적 이론이 처음으로 제안될 때는 가설에 지나지 않으며, 수차례의 반복적 검증 과정을 거쳐 확실하게 입증되어야 이론으로 일컬어진다. 과학적 이론은 자연에 대한 관찰·측정·실험을 통해 발견되는 과학적 사실이나 법칙과 달리 과학자들이 구성한 것이다. 과학적 이론은 자연의 진실·진상·본질을 설명하는 수단일 뿐이지 진실·진상·본질 자체를 자세하게 표현하지 못한다.

과학적 이론이 가리키는 대상의 본질은 감각적으로 지각할 수 없는 추상적 속성이기 때문에, 그것을 구체적 사물로 직접 보여줄 수 없으며 그 진상이나 본질도 정확하게 표현하지 못한다. 이론이 지칭하는 대상의 본질이나 진상은 직접 기술할 수 있는 언어 자체가 없기 때문에, 어떤 가시적 용어로도 표현할 수 없다. 그래서 과학적 이론이 가리키는 현상이나 사물의 실체와 진리는 상징(symbol), 모형, 비유로 기술할 수밖에 없다. 과학적 이론과 그것을 표현할 때 사용하는 모형·상징·비유는 본질적 속성상 이론이 가리키는 진실·진상·본질과 잘 부합하는 것으로 간주되기는 하지만, 그것들을 곧이곧대로 정확하게 기술하는 것이 아니라 상징적이고 선택적으로 묘사하는 수단에 불과하다. 모형이나 비유로 표현한 과학적 법칙이 '어떻게'라는 질문에 대한 답이라면, 과학적 이론은 '왜'라는 질문에 대한 답의 표현이다. 과학적 법칙은 진위로 말할 수 있지만, 과학적 이론은 그 진위가 아닌 경험적·이성적 설명의 합당성·실용성·일관성 즉 그 가치를 준거로 판단된다.

제임스 왓슨(James D. Watson, 1928-)과 프란시스 크릭(Francis H. Crick, 1916-2004)이 제안한 DNA 모형이 과학적 이론에 사용된 모형의 예다. 원자 모형이 존 돌턴(John Dalton, 1766-1844), 존 톰슨(John Thomson, 1856-1940), 어니스트 러더퍼드(Ernest Rutherford, 1871-1937), 닐스 보어(Niels Bohr, 1885-1962)를 거쳐 변화되어온 과학사적 과정에서도 볼 수 있듯이, 과학적 이론을 표현하는 모형은 과학의 발달에 따라 새로운 것으로 대체되었다. 이는 모형이 이론을 표현하는 한 가지 수단일 뿐이지 이론의 실체나 본질 또는 진리나 진상은 아니라는 것을 뜻한다. 이론을 표현하는 모형은 이론의 본질이나 진상을 잘못 이해하게 만드는 원인이 되기도 한다. 예컨대 학생들은 러더퍼드의 모형이 나왔을 때 원자가 진짜로 그렇게 생긴 것으로 받아들였다.

과학지식과 종교적 앎은 상징과 비유를 사용하여 각각 과학지식과 성경의 말씀을 표현하는 방법론적 공통점을 공유한다. 상징은 추상적인 개념이나 속성을 나타내는 기호·부호·물건을 가리킨다. 화학 기호나 수학 공식에 쓰이는 부호, 그리스도를 나타내는 물고기가 그 예다. 비유는 외부의 자연세계에 존재하는 것으로 생각하는 실제 세계의 존재를 가정하고, 우리에게 친숙한 사물·기제·과정에 그 존재를 빗대어서 표현하는 도구다. 전기·저항·전압 또는 세포핵 그리고 "너희는 세상의 소금이니"(마 5:11)는 은유를 이용한 비유다. 이와 같이 과학과 성경에서 상징·알레고리(allegory)·은유(metaphor)·직유(simile)를 이용한 비유는 특정한 체험을 그 문화권이 지닌 분류 체계 안에 스며들게 하는 역할을 한다.

『한스 큉, 과학을 말하다』(서명옥 옮김)를 보면, 성경은 상징과 비유 곧 은유적 상징어를 통해 변하지 않는 하나님의 말씀을 전한다. 성경 사무엘하 13:19, 다니엘 9:3, 마태복음 10:13, 누가복음 10:13에서도 은유적 상징어로 기술된 예를 볼 수 있다. 재의 수요일에 축성하고 머리에 얹는 재는 참회를 상징한다. 그러나 눈에 보이는 사물을 보이는 그대로, 또는 성경에 사용된 상징을 문자 그대로 받아들이면 미신이 될 수 있다. 그렇다고 눈에 보이는 성물이나 성경 말씀을 상징이라는 이유만으로 거부하지 말아야 한다. 상징이 당시의 이해와 상상의 범주에서 의미한 사건들을 현대의 이해와 상상으로 해석하는 것이 중요하다.

하나님의 실체와 본질 그리고 성경의 말씀은 결코 알 수 없는 신비로서 비유, 알레고리 형식으로 표현할 수밖에 없다. 포도밭 소작인(막 12:1-12)과 돌아온 탕자(눅 15:11-32)의 비유는 알레고리 형식의 표현이며, 씨 뿌리는 사람의 비유, 가라지의 비유, 겨자씨의 비유(마 13장)는 은유에 기반한 비유적 표현을 담고 있다. "너희는 세상의 빛이니"(마 5:14)는 은유적 비유이며 "옷이 빛과 같이 희어졌더라"(마 17:20)는 직유적 표현이다. 성경에 사용된 알레고리나 비유도 하나님 말씀의 사실과 진실, 진리와 진상, 실체와 본질을 완벽하게 표현하지 못한다. 그러므로 성경 말씀의 표현에 사용된 알레고리나 비유는 저자의 원뜻을 잘못 읽고 해석할 수 있는 근원이 된다. 특히 알레고리적 해석은 뚜렷한 준거나 증거도 없이 은유적으로 설명하는 경우가 많아서, 안티오키아 학파의 비난을 많이 샀던 방법이다.

과학적 이론은 모형을 이용하거나 비유적으로 과학적 사실·개념·법칙을 설명하며, 과학적 이론의 각 구성요소들을 이용하여 자연 현상의 원인을 설명하고 사물의 실체나 본질 또는 현상의 진리나 진상을 기술한다. 과학적 이론은 이런 설명적 기능에 따라 자연에 나타나는 사실과 규칙성을 예측하는 준거가 된다. 그러나 과학적 법칙과 다르게 관찰이나 다른 감각적 지각을 통해서는 직접 검증할 수 없고, 검증할 이론에서 도출한 가설의 검증을 통해 그리고 대부분의 경우 가설-연역적 방법을 적용하여 간접적으로 검증할 수밖에 없다. 진화론·원자설·상대성 이론은 과학적 이론이다. 그러나 성경에는 과학적 이론에 대응되는 말씀이 없으며, 그래서 어떤 성경 말씀도 '신학적 이론'으로 부를 수 없다.

5) 잠정적 법칙과 이론으로서의 과학적 가설

과학철학에서는 과학적 가설(hypothesis)을 과학지식의 구성요소에
포함시키기도 한다. 과학적 가설은 흔히 자연현상에 대한 관찰의 결
과에 대한 잠정적이며 검증이 가능한 설명으로 정의되는데, 과학철
학자에 따라서는 가설을 검증이 가능한 예상이나 경험에 기반한 임
시적 추측으로 규정하기도 한다. 과학적 연구에서는 가설을 관찰과
실험을 통해 검증할 수 있는 명제의 형식으로 진술한다. 포퍼의 반증
주의에 따르면 일반성이 큰, 그래서 검증하기 쉬운 가설일수록 좋은
가설이다. 가설을 이와 같이 규정하면 점쟁이들이 하는 말, 꿈에 대
한 해석, 지적설계의 주장은 과학적 진술로 볼 수 없다. "왜, 물질의
농도가 높으면 어는점이 낮을까?"는 검증 방법이 열려 있어서 적용
할 과학적 방법을 구체적으로 말해주지 않기 때문에 좋지 않은 가설
이다. 그리고 "기체의 압력과 부피는 반비례한다"는 가설이 "공기의
압력과 부피는 반비례한다"는 가설보다 더 좋은 가설이다. 앞의 가설
의 일반성이 뒤의 것보다 더 크기 때문이다.

과학적 가설은 반복적 관찰·측정·실험을 통한 검증을 거쳐 확
증되거나 입증된 정도에 따라서 그리고 사실적 진술에 입각하여 어
느 정도 검증을 거치면, 검증된 명제에 따라 과학적 법칙 또는 과학
적 이론의 지위를 갖는다. "공기는 부피를 줄이면, 압력이 늘어난다"
와 같이 진술된 가설처럼, 검증을 거쳐 확증되거나 입증되어 법칙이
되는 가설을 일반화 가설이라고 한다. 한편 "공기의 부피가 줄면, 공
기 분자가 벽에 부딪힐 횟수가 늘어나 압력이 커진다"와 같이 진술
된 가설처럼, (간접적) 검증을 거쳐 이론이 되는 가설은 설명 가설이

라고 한다. 일부 과학자들은 검증이 덜 되었다는 이유로, 다윈의 진화론을 가설을 뜻하는 '진화설'이라고 부른다. 오늘날에는 가설이 검증을 통해 법칙이 되는 경우는 거의 없고, 대부분의 경우 이론이 된다. 이런 관계 때문에 이론은 사실, 이미 검증된 가설, 법칙에 의하여 합리적으로 정당화된 자연세계에 대한 설명으로 인식되기도 한다.

요한복음 20:1-10과 같은 성경 말씀에서 현상을 보고 상황을 파악하며 사태를 믿는 과정은 과학에서 사실을 바탕으로 가설을 거쳐 법칙과 이론이 형성되는 과정과 병행한다. "막달라 마리아가 무덤에 와서 돌이 무덤에서 옮겨진 것을 보고"(요 20:1)의 '보고'(see)와 "구부려 세마포 놓인 것을 보았으나 들어가지는 아니하였더니"(요 20:5)의 '보았으나'(see)는 겉으로 드러난 현상을 시각적으로 보는 "물이 끓는다"는 과학적 사실과 상응한다. "시몬 베드로는 따라와서 무덤에 들어가 보니 세마포가 놓였고 또 머리를 쌌던 수건은…딴 곳에 쌌던 대로 놓여 있더라"(요 20:6-7)에서 '보니'(look)는 지성과 이성을 통해 유심히 바라보며 살핀 "물이 99℃에서 끓었다"는 과학적 법칙과 상응한다. "그 때에야 무덤에 먼저 갔던 그 다른 제자도 들어가 보고 믿더라"(요 20:8)에서 '보고'(observe)는 이성과 마음을 통해 보이지 않는 것조차 깨닫고 믿는 "물은 온도가 올라가면 물 입자의 운동이 활발해진다"는 과학적 이론과 상응한다.

3. 과학적 사고의 본성

과학적 사고(scientific thinking)는 과학실험과 과학적 방법의 핵심적 사변 방법으로서, 과학적 연구의 기본적 수단 가운데 하나다. 과학적 사고는 논리적 사고를 근간으로 이루어지는 비판적 사고의 한 유형으로서, 기호적 사고와 발산적 사고 및 상징적 사고와 구분된다. 김영정과 서원주의 논문 「비판적 사고, 논리적 사고, 창의적 사고」에 따르면, 이 사고들은 다음 표에 제시된 바와 같은 관계를 맺고 있다.

← 수 리 성					예 술 성 →	
기호적 사고 (formal symbolic)	비판적(critical) 사고				발산적 사고 (diver-gent)	상징적 사고 (material symbolic)
	분석적 (analytical)l	추론적 (inferential)	변증적(dialectical)			
			종합적 (synthetical)	대안적 (alternative)		
형식논리 순수수학	개념적 분석 text 분석	분석적 추론: 연역 종합적 추론: 귀납	가설 추리 의사결정 상황 추리 민감성	관점/발상 전환 대안 창안 시야/시계 확장 시각/지평 전환 재정의	유창성 융통성 독창성 정교성	문학적 사고 예술적 사고 음악적 사고
표준적 의미의 논리적(logical) 사고				표준적 의미의 창의적(creative) 사고		
넓은 의미의 논리적 사고: 수렴적 창의성				좁은 의미의 창의적 사고: 발산적 창의성		
좁은 의미의 논리적 사고			넓은 의미의 창의적 사고			

이 표에서 기호적 사고는 수학적 사고 및 형식논리적 사고와 같이 순수한 논리성과 수리성을 띠는 사고를, 상징적 사고는 문학적·예술적·음악적 사고와 같이 추상적인 것을 구체적이고 감각적인 것으로 표현하는 사고를 가리킨다. 비판적 사고는 특정한 소재를 바탕으로 한 논리적·수학적 사고를 말하며, 자연세계를 바탕으로 하는 비판

적 사고를 과학적 사고라고 한다. 발산적 사고는 창의적 사고의 핵심적 사고로서, 결과의 명확성에 있어서 논리적 사고와 구분된다. 과학교육학에서는 과학교육의 목적으로 창의력 신장을 강조하는데, 창의력을 구성하는 사고 능력에는 발산적으로 사고할 수 있는 능력과 상징적으로 사고할 수 있는 능력이 포함된다. 과학적 사고에는 논리적·비판적 사고뿐만 아니라 비논리적 사고도 포함된다.

전통적 과학철학에서 제시한 과학적 방법은 주로 논리적 사고에 바탕을 둔 비판적 사고와 수학적 사고를 근간으로 이루어져 있으며, 후실증주의와 구성주의를 비롯한 현대의 과학철학에서 제시한 과학적 방법은 비논리적 사고가 그 골간을 이룬다. 포퍼는 검증을 통해 가설이 기각될 경우 비논리적인 직관을 통해 새로운 가설을 설정해야 한다고 주장한다. 또한 구성주의는 과학적 방법으로 사회적 합의(social consensus)를 제시한다.

1) 논리적 사고와 비판적 사고

논리적 사고는 귀납적·연역적·귀추적·비유적 추리의 근간이 되는 형식과학적 사고다. 논리적 사고는 논증(inference) 과정의 타당성(validity)과 결론의 진위에만 관심을 가지는 탈내용적 사고(content-free thinking)다. "A = B이고, B = C이면, A = C다"는 논증에서, 전제의 진위는 형식논리적 사고의 대상이 아니다. A, B, C는 어떤 상황이나 내용일 수도 있다. 형식논리적 추리에서는 A = B, B = C와 같은 전제에서 결론 A = C를 도출하는 논증 과정의 타당성에만 관심을 둘 뿐이며, 추론의 골격이 된 전제들과 결론의 진위는 따지지 않는다.

수학적 사고도 형식논리적 사고와 마찬가지로 지각적 경험을 통해 수집한 자료나 사실을 이용하지 않는 순수한 사고 과정으로 이루어지는 형식과학적 사고다. 특히 순수수학적 사고는 수와 공간의 수학적 공리·공준·개념으로 기술된 분석적 명제에 바탕을 둔 논리적 추리를 지칭한다. 수학적 사고 과정은 "삼각형의 내각의 합은 180°다. 두 꼭짓점의 각이 각각 60°이면, 나머지 꼭짓점의 각은 60°다"와 같이 시공간에 관한 명제들로 이루어진다. 수학적 사고에서는 논증 과정의 타당성뿐만 아니라 논증을 구성하는 명제와 그 결론의 진위도 따진다.

비판적 사고는 논리적 추리의 특성과 그것을 적용할 때 드러나는 한계에 대한 부정적 입장에서 중요시되었다. 비판적 사고는 특정한 사실과 개념에 관한 증거와 추리를 바탕으로 정보를 분석하여 정보의 진위 또는 진실성을 결정하는 과정으로서, 논증의 양식뿐만 아니라 논증 과정의 타당성과 아울러 그 과정의 단계를 이루는 전제의 진위도 따진다. 비판적 사고에는 명제의 진위 판단, 논증의 타당성과 증거의 진위에 대한 평가, 분석한 결과의 이용, 믿고 행동할 것의 결정에 이용되는 사고도 포함된다. 비판적 사고는 이런 주제에 따라서 다양한 과정을 통해 이루어진다.

과학적 사고는 비판적 사고의 한 가지 유형이다. 비판적 사고의 전제는 자연현상과 생명현상뿐만 아니라 사회적·역사적·문화적 현상을 소재로 진술된다. 전제가 자연현상 또는 생명현상으로 기술된 비판적 사고를 특별히 과학적 사고라고 한다. 과학적 방법과 과정을 따르는 사고, 과학적 연구와 그 과정에서 이루어지는 사고, 과학적 탐구를 수행하는 과정에서 적용하는 논리적 사고는 모두 과학적 사고라고 할 수 있다. 이와 같이 논리적 추리를 근간으로 하는 과학적 사고는 합리적 사고 또는 객관적 사고로 일컬어진다.

2) 창의적 사고

창의적 사고는 새롭고 적절한 업적이나 사회적으로 가치 있는 산물을 산출할 수 있는 능력이다. 새로운 업적은 독창적 산물을, 적절한 업적은 생활과 사회에 유용하고 적응성이 있는 산물을 일컫는다. 가장 좁은 의미의 창의적 사고는 앞의 표에 제시된 유창성·융통성·정교성·독창성과 같은 발산적 사고(divergent thinking)만을 지칭하기도 한다. 이보다 더 넓은 의미의 창의적 사고 능력은 통찰력, 발명 능력, 상상력, 혁신적 사고, 독창성, 주도적 역할, 자료의 출처로서의 기능과 관련되어 있다. 창의적 사고는 독창적이며 유용한 가치가 있는 결과를 생성하는 상상력이 풍부한 사고로서 기존의 이론이나 증거, 선행지식, 대상과 내용의 영향을 받는다는 점에서 형식논리적 사고나 순수수학적 사고와 대비된다. 독특하고 새로운 문제의 해결 방법 제시, 예술적 창조, 과학적 법칙이나 이론의 창출 같은 정신적 과정이 창의적 사고의 예다.

　비판적 사고와 창의적 사고는 상호보완적 관계를 맺고 있다. 객관적이고 논리적으로 판단하는 이성적 사고와 반성적 사고를 포함하는 비판적 사고와 달리, 창의적 사고는 관념과 지식을 새로 조합하여 문제의 해결에 목적이 있는 주관적이고 비논리적인 사고다. 비판적 사고는 합리적 사고이며, 창의적 사고는 비합리적 사고다. 창의적 사고는 개방적·혁신적·독창적·무제한적 사고로서 개방적 탐색 또는 관념의 창발적 생성과 관련되어 있으며, 비판적 사고는 집중적·학문지향적·논리적·제한적 사고로서 실제 문제를 대상으로 한다. 비판적 사고가 문제해결책의 장단점을 분석한다면, 창의적 사고는 새로운 통찰력을 얻게 하며 다양한 문제해결책을 제시한다. 또한 비판적 사고가 논리를 기본으로 한 과학적 사고라면, 창의적 사고는 직관적 사고, 대안의 탐색과 생성, 시각화, 영상화, 이상화와 같은 상상적이고 창발적인 비논리적 사고다.

3) 사고 실험

사고 실험(thought experiment)은 과학적 연구의 핵심적 수단 가운데 하나로서, 에른스트 마흐(Ernst Mach, 1838-1916)가 처음 제시한 과학적 방법이다. 사고 실험은 순수한 사고만으로 실험의 방법과 상황을 설정하고, 사고에 의한 실험을 통해 결과를 얻는 과학적 연구 과정이다. 사고 실험은 구인(construct)을 이해하기 위한 과학적 탐구에 효과적이며, 특히 물리학 같은 이론적 학문 분야에 긴요한 탐구 수단이다. 사고 실험은 실험에 필요한 재료의 제한이나 오차의 한계 때문에 의도하는 실험이 불가능한 주제의 사고에 효과적이다. 사고 실험에는 논리적으로 추리할 수 있는 능력과 수학적 사고 능력이 필수적이다.

갈릴레오 갈릴레이(Galileo Galilei, 1564-1642)는 사고 실험을 통해 물체의 낙하속도에 관한 아리스토텔레스의 주장을 반박하였다. 아리스토텔레스는 물체가 떨어지는 속력이 그 무게에 비례하기 때문에, 가벼운 물체보다 무거운 물체가 더 빨리 떨어진다고 주장하였다. 그의 주장이 옳다면, 두 물체를 하나로 묶은 물체는 원래의 무거운 물체보다 더 빨리 떨어져야 한다. 그러나 갈릴레이는 더 가벼운 물체 ㉮와 더 무거운 물체 ㉯를 하나로(㉮+㉯) 묶어 떨어뜨리면, 물체 ㉮가 떨어지는 속력과 물체 ㉯가 떨어지는 속력의 중간 속력으로 떨어질 것으로 예상할 수도 있다고 주장하였다. 그는 아리스토텔레스의 주장에 어긋나는 결론이 도출되는 이유는, 사고 실험에 적용된 논증의 전제인 아리스토텔레스의 주장이 틀렸기 때문이라고 설명하였다. 연역적 논증에서 논증 형식이 타당하지만 전제가 거짓일 경우 거짓의 결론이 도출된다. 갈릴레이는 사고 실험을 통해 인식한 관성(inertia)의 개념도 제시하였다.

덴마크의 크리스티안 외르스테드(Christian Ørsted, 1777-1851)가 처음 사용한 용어인 사고 실험은 현대의 과학적 연구에서도 널리 활용되고 있다. 하이젠베르크(Werner K. Heisenberg, 1901-1976)는 파장을 무한히 짧게 할 수 있는 γ선 현미경을 사용해 전자의 위치를 정확하게 측정하는 과정에서 그 전자의 운동량이 불확정하다는 불확정성원리를 이끌어냈다. 에테르의 존재를 증명하기 위해 수행한 마이켈슨-몰리(Michelson-Morley)의 실험장치도 사고 실험의 산물이며, 뉴턴, 라이프니츠, 카르노(Nicolas Carnot, 1796-1832), 아인슈타인(Albert Einstein, 1879-1955), 슈뢰딩거(Erwin Schrodinger, 1887-1961), 하이젠베르크도 각자 사고 실험을 통해 연구하였다.

4. 과학적 방법의 다양성

방법론에서 정의하는 과학적 방법은 자연에 대한 해석을 바탕으로 과학지식의 발견과 구성에 목적이 있는 과학적 연구에 적용하는 방법과 원리로서, 17세기 이래 과학의 본성에 관한 논의의 핵심적 주제였다. 과학적 방법의 일차적 목적은 자연의 진실·진상·본질을 직접 확인하기보다 그것들의 추론에 필요한 증거·정보·지식을 수집하는 데 있다. 과학적 연구와 그 방법의 적용은 이성과 경험에 대한 신뢰성, 균일성과 같은 자연에 관한 전제, 단순성·일관성·유용성 등 과학의 가치의 영향을 받는다.

1600년대 이전에는 오늘날 과학적 진리의 탐구와 과학지식의 검증에 적용되는 과학적 방법 같은 수단이 없었다. 16세기부터 중세의 장인 전통과 학자 전통이 새로운 전통으로 통합되었다. 17세기 초부터 통합된 새로운 전통을 이어받아 발달한 근대 과학은 한 가지 과학적 방법만 적용할 수 없었고, 주제마다 적절한 과학적 방법이 필요하였다. 근대 과학에서 개발된 과학적 방법의 핵심 골격은 논리와 수학이었다. 특히 인과관계의 목적을 밝히는 데 목적이 있는 과학적 연구의 방법으로는 실험이 적용되었다.

1) 과학적 방법의 발달과 한계

프란시스 베이컨(Francis Bacon, 1561-1626)은 근대 과학에 적용하기 위한 과학적 방법으로, 장인 전통과 학자 전통에서 각각 전승되어 오던 두 가지 방법을 귀납적 추리와 통합하여 실험적-귀납적

(experimental-inductive) 방법을 제시하였다. 근대 과학의 창시자인 갈릴레이는 귀납적 추리에 수학적 방법과 실험 방법을 통합하여 구성한 수학적–실험적(mathematical-experimental) 방법을 자신의 연구에서 적용하였다. 베이컨의 실험적–귀납적 방법과 갈릴레이의 수학적–실험적 방법의 핵심적 골격은 과학적 실험(scientific experiment)이다. 과학적 실험은 종속변인을 완벽하게 통제하고 독립변인을 정확하게 조절한 상황에서 관찰이나 측정을 통해 가설을 검증하려는 과학적 방법의 한 유형이다.

기계론의 완성자 데카르트는 장인 전통과 학자 전통의 두 가지 방법과 연역적 추리를 통합하여 양적인 수학적–연역적(mathematical-deductive) 방법을 제안하였으며, 고전물리학의 창시자 뉴턴은 연역적 방법에 가까운 물리적–수학적(physical-mathematical) 방법을 제안하였다. 실증주의는 현행 과학적 연구에서 가장 널리 적용되고 있는 과학적 방법으로서, 과학적 실험을 통해 적용되는 가설–연역적(hypothetico-deductive) 방법을 제시하였다. 과학적 연구 현장에서는 가설–연역적 방법과 더불어 귀납적 추리의 일종인 유비추리(inference by analogy) 방법과 가설–연역적 방법의 한 유형인 귀추적 방법(abductive method)도 널리 적용되고 있다.

전통적 과학철학에서 제시하는 과학적 방법은 논리적 추리가 기본 골격을 이루며, 경험을 통한 자료의 수집·정리·분석, 가설의 검증, 그 결과에 따른 개념과 이론의 구성에 적용된다. 논리적 추리는 추론이나 논증의 형식을 빌려 이미 알고 있는 사실과 지식을 바탕으로 알지 못한 사실을 미루어 짐작하는 사고로서 귀납적 추리와 연역적 추리로 대별된다. 과학적 방법으로 적용되는 귀납적 추리는 자연현상의 규칙성을 전제하며, 연역적 추리는 자연적 과정의 필연성과 인과관계를 전제한다. 추론은 어떤 생각을 근거로 하여 다른 생각을 이끌어내는 사고 과정을 말하며, 논증은 어떤 주장과 그 주장의 근거로 구성되어 있는 사고 과정을 가리킨다. 과학적 방법론에서는 연역적 추리에 대비되는 추리로 귀납적 추리 외에 유비추리와 가설추리도 제시한다. 유추로 불리기도 하는 유비추리는 직유나 은유 또는 모형을 이용하는 비유추리, 즉 자연현상을 설명하는 것으로 추정되는 여러 가지의 원인 중 어느 하나를 가설로 제안하는 추리를 가리킨다. 이와 같이 추리를 근간으로 하는 과학적 방법은 모두 창조세계를 파악하기 위한 연구에 적용되고 있다. 그러나 이런 과학적 법칙을 초자연적 신비의 탐구에는 적용할 수 없다.

자연의 책과 성경의 책이라는 두 책의 은유에서 자연의 책을 읽고 해석하는 방법도 과학적 방법이라고 하는데, 이때의 과학적 방법은 종교적 신앙과 대응된다. 과학적 방법은 관찰·측정이 가능하고 가시적 대상을 탐구하지만, 신앙은 비가시적 진실·진상·본질을 믿는다. 성경의 말씀과 그 말씀으로 세상을 창조하는 목적과 방법은 신비이기 때문에 논리적 추리나 논증, 그 과정으로 구성된 과학적 방법으로는 확인할 수 없고, 신앙을 통해 때로는 이성을 통해 알고 이해할 수 있다. 귀납적 논증과 연역적 논증으로 구성된 신 존재 증명 방법은 그 어느 것도 신의 존재나 부재를 확증하지 못한 사실이 이를 반증한다. "믿음은(원래는 '믿음'보다 '신앙'으로 해석되어야 함) 바라는 것들의 실상이요 보이지 않는 것들의 증거니…믿음으로 모든 세계가 하나님의 말씀으로 지어진 줄을 우리가 아나니 보이는 것은 나타난 것으로 말미암아 된 것이 아니니라"(히 11:1-3)는 말씀이 지적하듯이 성경 말씀의 절대적 진리에 대한 함의는 믿으면 이해되고 이해되면 마음에 받아들여진다.

자연에 일어나는 현상들 사이의 인과관계를 밝히기 위해 수행하는 과학적 연구와 탐구에서는 가설추리 방법으로 분류되는 가설-연역적 방법과 귀추적 방법이 널리 적용된다. 가설-연역적 방법은 석·박사 학위를 따기 위한 과학적 실험 연구와 같이 이론이 정립된 지 비교적 오래되어 귀납적으로 일반화된 자료가 많이 축적된 분야나 이론으로부터 가설을 도출하고 변인을 통제·조절한 상황에서 실험을 통해 그 가설을 검증할 경우에 적용된다. 귀추적 방법은 이론이 성립된 지 오래되지 않아서 귀납적으로 일반화된 자료가 많지 않은 초기 발달 단계에 있는 과학 분야나 새로운 과학적 이론의 구성에 목적이 있는 연구에서 가장 효과적으로 적용되는 방법이다.

그러나 전통적인 과학적 방법은 어느 것이나 적용상의 문제와 한계를 안고 있다. 과학적 방법은 지식을 획득할 수 있는 여러 가지 방법들 중 하나일 뿐이다. 더욱이 과학적 방법을 적용하여 나타나는 효과는 주제와 영역에 따라 한정된다. 실증주의자들이 개발한 과학적 방법은 모두 기계와 같이 규칙적으로 움직이는, 그래서 예상이 가능한 물리적 세계에서나 효과적으로 적용할 수 있다. 인과관계의 목적을 달성하기 위해 수행되는 과학적 실험도 우주론과 같이 변인을 통제할 수 없는 영역에는 적용할 수 없는 한계가 있다. 또한 과학적 이론을 구성할 때는 전통적인 과학적 방법이 적용되지도 않는다. 즉 과학적 방법은 '왜'라는 질문에 대한 답의 추구에 목적이 있는 과학적 연구에는 적용할 수 없다.

2) 실험적-귀납적 방법과 유비추리

'과학적 방법의 아버지'로 일컬어지는 베이컨은 스콜라 철학을 거부하고, 그 기초가 된 아리스토텔레스와 플라톤(Plato, 기원전 424-348) 사상도 비판하였다. 그러면서 새로운 과학지식의 생성에 아무런 도움도 되지 않는 연역적 방법보다는 자연에 관한 사실의 수집과 관찰, 측정, 실험을 적용하는 귀납적 방법을 중요시하였다. 베이컨은 과학적 방법을 적용할 때 쓰이는 수학의 역할을 충분히 인식하지 못하였기 때문에, 본질적 속성상 수학이 필요 없는 질적이고 실험적인 귀납적 방법을 제시하였다. 베이컨이 중요시한 실험적-귀납적 방법은 당시에 '과학적 방법'으로 인식되었을 정도로 최초로 제시된 과학적 조사 방법이었다.

베이컨은 근대 과학에 필수적인 과학적 방법으로 실험적 방법을 사용할 수 있는 가능성을 탐색하였다. 또한 그는 자연현상에 나타나는 규칙성의 인식에는 경험적 추리나 직관보다 관찰을 통해 얻어진 자료에 바탕을 둔 귀납적 추리가 더 적절하다고 생각하였다. 베이컨이 주창한 실험적-귀납적 방법은 사전(事前) 가설이나 미리 예상한 기대감도 없이 자연현상을 관찰·측정·실험하여 수집한 자료에 나타나는 규칙성을 과학적 법칙으로 일반화하는 방법이다. 실험적-귀납적 방법은 베이컨 자신에 의해서는 거의 적용되지 않았고, 19세기에 와서야 지질학, 분류학, 생물의 진화론 등 기술적(記述的) 학문 분야에서 본격적으로 적용되었다.

귀납법은 현상의 일반화나 현상들 사이의 상관관계를 확인하는 데 목적이 있는 기술적 과학(descritive science)의 탐구에 특히 효과적인 방법이다. "낙하하는 물체는 일정한 비율로 속도가 올라간다"는 갈릴레이의 낙하법칙은 수차례의 관찰로 얻어진 결과를 바탕으로 일반화하거나 낙하 시간과 속도 사이의 상관관계를 기술하는 진술이다. 단위 시간 당 속도가 정확히 얼마나 빨리 떨어지며, 그 속도에 영향을 미치는 요인이 무엇인지, 그리고 "공기의 저항이 없다면, 낙하하는 물체는 계속 가속되므로, 일정한 비율로 속도가 올라간다"와 같은 더 정확한 상관관계나 그보다 더 필연적 관계인 인과관계를 알기 위해서는 과학적 실험을 기반으로 하는 가설-연역적 방법과 실험을 적용하여 확인해야 한다.

『폴킹혼의 양자물리학과 신학』(현우식 옮김)에 따르면 과학과 신학은 둘 다 경험과 사고 사이의 창의적 상호작용이 필요하다. 관찰·실험적 도전과 개념적·이론적 사고 사이의 변증법적 종합을 통해 과학을 발달시키는 논리적 유사관계가 신학에도 있다. 마치 과학적 연구의 결과에 의해 관찰·실험과 과학적 개념·이론이 결합하듯이, 신학적 탐구에서도 관찰·실험 등 경험을 바탕으로 한 귀납적 추론을 따르는 아래로부터의 그리스도론(Christology from below) 논증과 하나님 계시에 바탕을 둔 연역적 추론을 통한 위로부터의 그리스도론(Christology from above) 논증이 상호보완될 수 있다. 한편 과학적 관찰·실험과 과학적 개념·이론의 결합에는 수학적 공식이 핵심 수단으로 이용되듯이, 위와 아래로부터의 그리스도론 논증 사이의 상호보완에 철학이 기본적 골격과 자료를 제공한다.

귀납적 논증에는 유비추리도 포함된다. 유비추리는 우리가 잘 알고 있는 사물이나 현상의 특성이 잘 알지 못하는 사물이나 현상에도 존재할 것으로 추정하는 비유적 사고 방식이다. 아퀴나스의 다섯 가지 길이 그 예다. 유비추리는 서로 다른 몇 가지 대상의 유사성을 근거로 비슷한 속성을 비교하는 추리이며 유추로 일컬어지기도 한다. 과학적 연구에서 유비추리를 과학적 방법으로 적용하는 예로, 사람에게 새로 개발된 신약의 효능을 알아보기 위해 원숭이나 개에게 먼저 투입하여 확인하는 의약학의 임상적 실험을 들 수 있다.

실험적-귀납적 방법은 귀납의 원리를 충족하지 못하는 문제와 관찰의 이론 의존적 속성에서 비롯하는 적용상의 문제와 한계를 안고 있다. 귀납의 원리를 충족하지 못하는 문제는 무한한 대상 중 한정된 수의 대상을 관찰하여 얻어진 결과에서 도출하는 과도한 일반화에서 생겨난다. 과도한 일반화와 관련된 문제 때문에 귀납적으로 도출된 일반화는 타당성이 보장되지 못하고, 일반화의 바탕이 된 관찰 자료에만 한정적 타당성을 지닌다. 한편 이론 의존적 속성과 관련된 문제는, 관찰·측정·실험을 통해 수집한 자료가 주관적 해석이거나 측정기에 나타난 수치에 불과하고 그 자료에 바탕을 둔 일반화도 객관적일 수 없기 때문에 생겨난다.

3) 수학적-실험적 방법과 수학적-연역적 방법

근대 과학의 창시자 갈릴레이는 정량적 실험 위주의 과학적 방법을 개발하여 물체를 떨어뜨리는 실험에 적용하였다. 갈릴레이는 경사면을 이용한 실험을 통해 자유낙하 법칙을 발견하였다. 그는 실험을 통해 자유낙하 법칙을 발견하고 "진공에서 자유낙하하는 물체는 그 질량, 모양, 재질, 크기 따위에 관계없이 일정한 가속도로 떨어진다"라고 설명하였다. 그는 과학적 방법을 적용할 때 필요한 수학의 역할에도 관심을 가지고, 시간, 운동, (질량으로 일컬어지는) 물질의 양 등 측정이 가능한 성질에 관한 조사에 수학적 방법을 적용할 수 있다고 주장하였다. 근대의 자연철학 탐구에 측정 방법이 도입되어 수학이 적용되자, 일부 자연철학이 담당해온 질적이고 논리적인 추리의 역할이 양적인 수학의 역할로 대체되었다.

갈릴레이는 자신이 개량한 망원경을 사용하여 관측하는 과정에서 실험과 수학이 동시에 적용되는 수학적-실험적 방법을 활용하였다. 이 방법을 통해 수학적 계산이 가능한 자료를 수집할 수 있게 되었다. 갈릴레이가 그의 연구에서 활용한 수학적-실험적 방법은 기본적으로 귀납적 추리 과정을 바탕으로 한 실험 위주의 과학적 방법으로서, 가능한 한 많은 관찰자료를 모아 수학적 분석과 해석이 가능한 형태로 조직하고, 그 자료에 대한 연역적 논증을 통해 수학적 결론을 도출한 다음 변인을 확인해 실험으로 입증하는 단계로 구성되어 있다. 갈릴레이는 수학적-실험적 방법을 적용하기 위해 낙하 실험에서 공기저항과 같은 미세한 영향을 미치는 변인을 무시하면서도 실험 조건을 '수학적'일 정도로 완벽하게 통제하였다. 그러나 수학적-실험적 방법은 정확하게 측정할 수 없는 영역에는 적용할 수 없었으며, 그런 영역에는 질적인 베이컨의 실험적-귀납적 방법이 더 효과적으로 활용되었다.

17세기에 형성되기 시작한 근대 과학은 갈릴레이가 개발한 수학적-실험적 방법을 데카르트가 더욱 정교하게 다듬은 수학적-연역적 방법을 함께 적용함으로써 더욱 체계적으로 발달하였다. 존 로크(John Locke, 1632-1704)는 물리적 질량·운동·연장·고체성·정지성 등 물체에 고유한 객관적 성질을 '제1성질'이라고 부르고, 색채·온도·맛 따위의 지각 작용을 통해 인식되는 주관적 성질을 '제2성질' 이라고 하였다. 근대 과학자들은 당시 '수학적 과학자들'이 무시한 측정할 수 없는 제2성질을 실체가 없는 것으로 간주하고, 오로지 측정이 가능한 곧 수학적 증명이 가능한 제1성질만을 실재적인 것으로 간주하였다.

데카르트는 수학적으로 확실하게 증명할 수 있는 결론과 이론만 제시할 정도로, 기본적으로 연역적 방법인 수학적-연역적 방법만 자신의 연구에 적용하였다. 데카르트가 제시한 수학적-연역적 방법이 과학적 연구에 널리 적용될수록 관찰·측정·실험에 사용되는 기구와 도구들도 많이 발명되거나 개발되었는데, 그런 기구와 도구들은 수학적 방법을 적용할 수 있는 범위를 더욱 확장하였다. 그와 같은 순환적 상호영향에 따라 측정 가능한 영역이 더욱 확장되어 수학적-연역적 방법은 그만큼 더 보편적으로 적용되었으며, 그런 계기로 인해 철학의 한 분야로 정립되었다. 데카르트의 과학적 방법은 계산과 실험 위주의, 정확하고 수학적 확실성을 이상으로 하는 학문의 바탕이 되었다.

연역적 방법은 특정 영역에 한하여 효과를 발휘하는 적용상의 한계가 있다. 연역적 추리와 동일한 논증 과정으로 이루어지는 수학적-연역적 방법도 과학적 방법으로 적용되는 연역적 방법이 안고 있는 한계와 문제를 그대로 안고 있다. 수학적-연역적 방법도 기본적으로 양적 추리일 뿐 연역적 추리이기 때문에, 과학지식의 형성 과정보다는 그 정당화 과정에 더 효과적인 도구다. 수학적-연역적 방법도 논증의 대전제인 명약관화한 대명제와 공리뿐만 아니라 새로운 자료와 정보도 생성하지 못하는 문제와 한계를 안고 있다. 연역적 방법은 그 논증의 첫 번째 단계의 일반화 명제를 생성하지 못하기 때문에 귀납적으로 일반화된 명제를 차용하며, 그런 이유로 그 논증의 결론도 새로운 정보가 되지 못한다.

4) 가설-연역적 방법과 귀추적 방법

포퍼의 반증주의로 대표되는 반귀납주의(anti-inductivism)는 귀납적 논증이 실제로는 가설을 제시하고, 잠정적 결론을 도출하며, 관찰·실험을 통해 결론의 진위를 검증하는 절차를 거쳐 진행된다고 보았다. 반증주의는 논리경험주의와 함께 반귀납주의를 받아들이고 마흐의 실증주의와 버트런드 러셀(Bertrand Russell, 1872-1970)의 기호논리학을 통합하여 가설-연역적 방법을 개발하였다. 논리경험주의와 반증주의가 제시한 가설-연역적 방법은 여러 사실을 바탕으로 일반화하는 열거귀납을 통한 가설의 검증에 가장 효과적이다.

가설-연역적 방법은 귀납적 추리의 장점과 연역적 추리의 장점을 살리고 그와 동시에 귀납적 방법과 연역적 방법이 안고 있는 한계와 문제를 극복할 수 있도록 융합하여 개발되어 과학적 연구에 가장 보편적으로 적용되고 있는 과학적 방법이다. 가설-연역적 방법은 귀납적 방법이 적용되는 단계와 연역적 방법이 적용되는 단계를 거쳐 수행된다. 즉 다음과 같이 일반화 진술→관찰·실험 상황 설정→설명가설 제시→가설 검증의 절차에 따라 수행된다.

- 일반화 진술: 구리에는 전기가 통한다.
- 관측·실험 상황 설정: 이 전선은 구리로 만들어져 있으며, 전기 회

로에 적절하게 연결되어 있다.

- 설명가설: 전선에는 전기가 흐를 것이다.
- 가설 검증: 만일 전기가 흐르면, "전선에는 전기가 흐를 것이다"는 가설을 수용한다.

일반화 진술은 관찰·실험으로 수집한 자료를 귀납적으로 일반화한 진술이다. 복잡하고 추상적인 이론에 관한 일반화 진술은 창의적 상상을 추측하여 진술하기도 한다. 관측·실험 조건은 실험을 수행할 조건이다. 설명가설은 일반화 진술로부터 연역적으로 도출하여 관찰과 실험을 통한 검증이 가능한 형식으로 진술한 예상가설을 말한다. 가설 검증 단계에서는 수집된 자료를 근거로 설명가설을 수용하거나 기각한다. 이와 같이 가설-연역적 방법으로 직접 검증하는 것은 인과관계로 진술하는 설명가설이지만, 검증의 궁극적 대상은 출발점이 된 일반화 진술이다. 즉 가설-연역적 방법은 이론을 가설의 검증을 통해 간접적으로 검증한다.

가설-연역적 방법을 적용하면 갈릴레이가 귀납적 방법을 통해 발견한 "낙하하는 물체는 일정한 비율로 속도가 올라간다"는 법칙을 검증하기 위한 실험을 실시하여 $v=gt$ 또는 $s=1/2gt2$의 공식을 발견하거나 확정할 수 있다. 그러나 이 공식들은 왜 가속도가 시간이나 중력에 비례하여 늘어나는지, 왜 거리가 1/2을 상수로 하며 시간의 제곱승에 비례하는지를 정확하게 말해주지 않으며, 그런 것들을 확인하기 위해 적용할 과학적 방법도 없다. 그런 궁극적 원인이나 이유는 이론으로 제시되어야 하는데, 이론의 구성에는 과학적 방법이 적용되지 않는다. 포퍼에 의하면 검증할 이론에 해당되는 가설은 보통

비논리적 추리인 직관을 통해 설정된다.

 귀납법과 연역법의 장점을 근간으로 하여 개발한 가설-연역적 방법은 귀납적 방법과 연역적 방법이 안고 있는 문제와 한계도 그대로 갖고 있다. 가설-연역적 방법은 무엇보다도 이론 의존적 속성을 지닌 관찰을 통해 수집한 자료를 근거로 가설을 검증하는 문제가 있다. 가설-연역적 방법에 따른 검증은 절대적 준거가 아니라 진리가 아닌 주관적 자료를 준거로 적용하여 이루어진다. 그러므로 가설-연역적 방법을 적용하여 과학적 이론을 검증할 경우, 그 이론은 확정적으로 검증되지 않는다.

 귀추적 방법은 미국의 실용주의 주창자 찰스 샌더스 퍼스(Charles Sanders Peirce, 1839-1914)가 이름을 붙인 과학적 방법으로서, 자연현상의 원인을 발견하기 위해 추리하는 일반적 규칙의 한 유형이다. 핸슨은 과학사를 분석하여 과학이 발달해온 과정을 예시와 함께 귀추적 추론 과정으로 설명하였다. 퍼스가 예시한 것은 아니지만, 찰스 다윈(Charles Darwin, 1809-1882)이 그의 진화론에서 제시한 공통조상설은 귀추적 추론 과정에서 제시된 최선의 설명이다. 근대부터 오늘날까지 계속 논의되어온 신 존재 증명 방법도 대부분 가설-연역적 방법이거나 귀추적 방법이다. 존 폴킹혼(John Polkinghorne, 1930-2021)은 신학도 과학적 탐구 방법을 적용할 수 있다고 보고, 특히 귀추법이 효과적이라고 주장하였다.

 세부적 기능에 따라 최선의 설명 추론, 설명적 귀납, 이론적 귀납으로 일컬어지기도 하는 귀추적 방법은 다음과 같은 절차에 따라 적용된다. 관찰 증거는 귀납적 일반화를 통해 발견하거나 설명할 구체적인 현상을 가리키며, 최선의 설명 또는 최적의 이론은 관찰 증거의 원인에 관한 가장 이상적인 설명이다. 아래의 예에서도 알 수 있듯이 귀추적 방법의 결론은 전제들을 바탕으로 도출한 것이 아니라 증거의 원인에 관한 진술이다.

- 관찰 증거: 바람이 살랑살랑 부는 날에 빨래가 잘 마른다.
- 최선의 설명: 바람이 살랑살랑 불면 바람이 불지 않을 때보다 기화가 더 잘 되어, 빨래가 더 잘 마른다.
- 결론: 바람이 살랑살랑 불면, 기화가 더 잘 된다.

가설-연역적 방법과 귀추적 방법은 둘 다 귀납적 추리가 그 근간이다. 그러나 두 방법은 명제가 제시되는 순서에 의해 서로 구분된다. 가설-연역적 방법은 일반적 명제를 제시하고 그 명제를 검증하기 위한 가설을 도출한 다음 그 가설을 검증한다. 귀추적 방법에서는 구체적인 현상을 제시하고, 그 원인을 일반적 명제로 진술한다. 귀추적 방법의 핵심은 결론보다 최선의 설명 또는 최적의 이론에 있다. 귀추적 방법이 과학지식의 발달에 공헌하는 것도 귀납적 방법, 연역적 방법, 가설-연역적 방법의 결론과 달리 최선의 설명 내용 때문이다.

5. 과학의 목적과 한계

과학의 목적은 과학자가 연구를 통해 달성하려는 목적을 뜻한다. 과학의 목적은 과학적 방법을 적용하여 달성된다. 과학적 방법은 과학에서 다룰 수 있는 대상에만 적용할 수 있다. 과학은 또 분야에 따라 그 대상과 적용되는 방법이 달라지며, 분야별로 고유한 목적이 있고, 분야별 목적에 따라 달성할 수 있는 범위와 한계가 결정된다. 과학이 지니는 문제와 한계는 과학의 본성, 과학지식이 형성되는 방법과 과정, 과학적 방법에서 비롯된다.

1) 과학의 목적

과학의 목적을 과학지식 및 과학적 방법과 관련하여 진술한다면, '자연을 관찰함으로써 그것이 어떻게 작용하는지 알고 연구와 실험을 통해 그것을 이해하는 것'이라고 할 수 있다. 과학의 목적은 "세계를 알고자 하는 궁극적 목적이 무엇인지?" 또는 "과학지식의 목적이 무엇인지?"에 관한 대답이기도 하다. 과학의 직접적 목적이 세상을 알고 이해하는 데 필요한 과학지식의 획득에 있기 때문이다. 프란시스코 호세 아얄라(Francisco Jose Ayala, 1934-2023)는 과학의 목적을 넓은 의미로 '자연의 다양한 현상과 과정을 몇 개의 설명 원리에 포함시키기 위한 시도'로 정의하고 구체적으로 다음과 같이 표현한다.

- 자연의 현상과 과정의 관계가 나타내는 양상을 발견하고자 노력하면서, 과학지식을 체계적으로 조직한다.

- 사건이 일어나는 원인을 설명한다.
- 검증이 가능한, 즉 반증하여 기각할 수 있는 설명가설을 제안한다.

과학철학자 리처드 키치너(Richard Kitchener, 1941-)는 과학의 목적
으로 자연에서 일어나는 현상과 자연에 존재하는 사물에 관한 기술
(description), 설명(explanation), 예상(prediction), 통제(control)를 제시한
다. 이 네 가지 과학의 목적은 과학과 과학철학에서 전통적으로 논의
되고 전해져오는 것들이다. 현대의 과학철학에서는 이와 더불어 자
연에 관한 이해(understanding)도 과학의 목적에 포함시키는데, 과학
의 목적 가운데 하나인 이해는 종교와 과학의 관계에 관한 논의에서
신학의 핵심적 목적으로 반드시 거론되는 주제이기도 하다.

과학의 목적으로서 기술(記述)은 서술(敍述)로 표기되기도 하며
자연에 대한 관찰·측정·실험을 통해 수집한 자료를 이용하여 자연
의 사건·현상·사물에 대한 경험적 사실들을 단일 진술로 기록하거
나 직설적으로 묘사하는 방법이다. "지금 바깥 온도는 -15℃다"와
같이 관찰·측정·실험으로 수집한 결과는 일차적 정보로서 과학지
식의 형성에 기초적 자료가 된다. 암석학과 분류학 같은 기술적 학
문 영역에서는 일차적 정보가 이론의 확립에 필수적 바탕이 되는데,
일차적 자료를 바탕으로 형성된 기술적 과학지식은 직관이나 형식
적 사고를 거쳐 얻어진 이론적 과학지식과 여러 가지 측면에서 구분
된다. 일차적 자료를 수집하기 위한 관찰·측정·실험에는 각종 도구
와 기구의 사용이 필수적이다. 관찰·측정·실험의 도구나 기구를 사
용하여 수집한 자료는 대부분 양적 자료로서, 오감을 이용한 관찰로
얻은 질적 정보보다 통계적 처리가 더 쉬운 장점이 있다. 과학적 관

점에서 그리고 자구적 의미로 읽는다면 다음 성경 말씀도 기술로 볼 수 있다. "땅이 혼돈하고 공허하며 흑암이 깊음 위에 있고 하나님의 영은 수면 위에 운행하시니라"(창 1:2). 그러나 성경의 이 말씀은 믿고 받아들이거나 이해해야 할 대상이지 신학적 지식의 기초적 자료가 되지는 않는다.

자연세계가 작용하는 방법과 그 원리를 알 수 있도록 묘사하는 과학적 설명은 새로운 발견과 이해를 바탕으로 수정되는 잠정적 언명이다. 과학적 연구에서 이루어지는 설명의 유형은 인과적 설명, 이론에 의한 사실·법칙의 설명, 기능적 설명으로 구분된다. 인과적 설명은 "공룡은 기후 변동으로 온도가 매우 낮아서 멸종했다"와 같이 상태·사건·과정이 일어난 원인을 제시하여 설명한다. 순전히 과학적 시각으로 읽으면 "하나님이 이르시되 '빛이 있으라' 하시니 빛이 있었고"(창 1:3)라는 말씀도 인과적 설명의 한 예다. 또한 이론에 의한 사실·법칙의 설명에 대한 예로 뉴턴의 이론을 이용한 요하네스 케플러(Johannes Kepler, 1571-1630)의 법칙에 관한 설명을 들 수 있다. 뉴턴의 이론으로부터 케플러의 제1법칙을 연역적으로 도출하는 것은 뉴턴의 이론으로 케플러의 법칙을 설명하는 것이다. 기관의 기능적 설명의 실례를 하나 들면 "혈액순환은 생물의 항상성 유지에 필요하다"가 있다.

이해는 정보와 자료의 함의를 파악하여 적용하고 분석하거나 다른 의미와 관련짓는 과정이다. 과학지식을 기억만 하지 않고 기존의 과학지식과 통합하여 체계화하는 것, 정보·자료·과학지식의 의미를 바꾸지 않고 다른 말이나 자신의 말로 표현하는 것, 내외삽을 통해 새로운 의미를 추리해내는 것이 모두 이해다. 이해에는 논리적 추리를 통해 대상을 아는 것도 포함되는데, 바로 이 점에서 관찰과 경험을 통해 대상을 직접 아는 지각적 인식과도 구분된다. 이해는 일반화·법칙·이론으로 설명하거나 예상하기 어려운 분야, 인과율적으로 설명할 수 없는 분야, 상관관계에 관심과 목적이 있는 분야의 기본적 목적이다. 케플러의 법칙과 아인슈타인의 상대성 이론 사이에는 인과관계가 없다. 그러나 그 두 관계를 이해하면 케플러의 법칙을 뉴턴의 이론으로부터 더욱 쉽게 도출할 수 있고, 두 법칙과 관련된 개념들을 분석할 수도 있다. 논리적 추리와 분석을 통해 알 수 있는 것이 아니라는 점에서 성경 말씀도 이해의 대상으로 볼 수 있다. 성경 말씀은 논리적 추리가 아닌 신앙적 믿음을 통해 이해된다. 성경의 하나님 말씀의 문자적 해석, 우의적/알레고리적 해석은 모두 이해다.

천문학은 주로 어떤 원인을 근거로 하여, 관측 가능한 현상을 예상할 목적으로 수행된다. 예상은 미래에 일어날 현상을 다루며, 이때는 다루려는 현상이 일어나기 전에 제시된다. 과학적 연구에서는 자연현상의 원인으로 작용하는 변인을 바탕으로 아직 관찰되지 않은 결과를 예상하기도 하는데, 예상 결과는 종속변인이고 예상의 근거인 원인은 독립변인이다. 설명과 예상은 결론에 시간적 차이가 있을 뿐 비슷한 논증 형식에 따라 이루어진다. 설명의 결론은 이미 일어난 사건을 진술하며, 예상의 결론은 미래에 일어날 예정이거나 이미 일어났지만 아직 알려지지 않은 사건을 기술한다. 예상은 보편법칙에 바탕을 두지 않고서도 가능하다. 이를테면 이론으로부터 발견해야 할 사실이나 법칙을 추론하여 예상할 수도 있다.

과학의 목적인 예상(豫想)은 그리스도교 신학에서 거론하는 예언(預言, prophecy)은 물론이고 예정(predestination)과도 다르다. 예언은 예언자가 전하는 하나님의 말씀으로서, 자연이나 일상생활에 어떤 변화도 요구하지 않는 과학적 예상과 달리, 사람들로 하여금 현재 누리고 있는 삶의 방식을 바꾸게 할 목적에서 전해진다. 『가톨릭 대사전』(한국교회사연구소)에 따르면, 예정은 세상을 통치하는 하느님의 섭리로 하느님이 인간에게 주기를 원하는 영광에 이르는 방법의 제시다(딤전 2:4-5; 벧후 1:11-18). 예정설은 하느님이 인간 영혼의 영구적 지위를 미리 정해 놓았다는 사상으로서, 가톨릭교회에서는 운명론이나 가톨릭 교리에 어긋나는 칼빈주의에 빠질 염려가 있어서 배척한다. 하느님은 은총을 통해 인간의 의지를 움직이기도 하지만, 인간은 하느님의 섭리에 따라 자유를 누린다. 예정과 관련된 문제는 아우구스티누스(Augustine, 354-430)가 최초로 논의하였으며, 토마스 아퀴나스(Thomas Aquinas, 1224-1274)는 "예정을 미리 결정되는 운명으로만 간주하면 그리스도의 운명과 인간의 운명이 다른 것이 되겠지만, 예정의 목적과 대상을 숙고하여 보면 그리스도의 운명과 인간의 운명이 같은 것임을 알 수 있다"라고 말하였다. 하느님이 예수와 우리를 같은 운명으로 묶어 놓았으며, 인간의 구원이 예수 그리스도를 통해 이루어지게 하였기 때문이다.

과학의 목적 통제는 사건, 일, 현상이 일어나거나 일어나지 않게 하기 위한 억제와 조절이다. 통제는 예상에 필수적 수단이자 실천적 활동으로서 기초과학보다 응용과학과 과학기술에서 더 중요시하는 목적이다. 사건을 통제한다는 말은 통제가 되도록 또는 통제가 되지 못하도록 억제하거나 어떤 목적에 맞게 조절한다는 뜻이다. 예상은 관련이 있는 지식과 방법을 이용하여 자연을 통제하기 위한 사고 활동이며, 통제의 가장 초보적 수단이다. 그런 기능 때문에 통제는 예상과 아울러 자연과학에서 가장 낮은 수준의 과학적 활동으로 인정된다. 과학적 연구에서 변인의 통제는 과학의 목적으로서 통제와 같은 목적에서 수행된다.

2) 과학의 대상

과학적 연구는 몇 가지 믿음을 바탕으로 한다. 과학적 방법에 대한 신뢰가 있어야 하며, 연구 대상의 존재에 대한 가정을 전제해야 한다. 과학자들은 연구 대상의 실체와 본질, 자연현상의 진리와 진상 또는 사실과 진실에 대한 믿음을 기초로 연구하기 때문이다. 과학자는 연구의 대상이 자신의 외부에 존재하고 관찰을 비롯한 감각적 지각과 이성적 인식 등 과학적 방법이 타당하며 객관적이라는 믿음을 갖고 연구한다. 과학자는 관찰·측정·실험에 이용하는 각종 도구와 기구의 타당성을 신뢰하며, 그것들을 사용하여 자연의 실체와 진리 그리고 사실적 진실을 밝힐 수 있다고 믿고 연구한다.

　　과학의 대상은 과학의 정의적 속성으로부터 도출할 수 있다. 과학은 물리적 세계와 그 현상에 관한 과학지식, 객관적 관찰 및 체계적 실험에 기반한 과학적 방법이다. 이 정의로부터 도출할 수 있는 과학의 대상은 시간과 공간 안의 사물, 자연세계에 관한 사실과 진리다. 그러나 쿼크·전자·전기의 본질과 자연현상의 진상·진실은 과학의 직접적 대상이 아니다. 그것들의 본체와 본성은 관련 현상들을 관찰·측정하여 얻어진 자료를 바탕으로 추정할 수 있을 뿐이다. 과학의 대상은 과학의 분야별 정의, 분야별 추구하는 목적을 분석하여 확인할 수도 있다. 과학은 크게 무생물계의 구성과 작용에 관해 연구하는 물리학, 화학, 천문학, 지구과학의 물상과학, 생명과 그 과정을 연구하는 생명과학으로 나뉜다. 과학의 대상은 자연과 그 안에 있는 만물과 그 작용이며, 그 범위는 아원자 세계에서 우주까지다.

물리학은 물질의 구성, 시간과 공간 속에서 일어나는 물질의 운동, 관측이 가능한 우주의 기본 구성요소와 그것들 사이의 상호작용을 다루는 물질과학이다. 물리학의 범위는 거시적 수준의 자연세계에서 미시적 자연세계에 이른다. 화학은 원소와 화합물로 정의되는 물질의 성질·조성·구조, 물질들 사이의 반응을 다룬다. 지구과학은 지구의 구조와 그 안에서 일어나는 현상과 과정을, 천문학은 지구 밖 우주의 모든 물체와 현상을 다룬다. 전통적으로 생물학으로 불리던 생명과학은 생물체의 구조, 생명의 과정, 그 행동, 생태적 환경을 주된 대상으로 다룬다.

신학적 입장에서는 과학의 대상을 이보다 더 넓은 의미로 신에 의한 모든 창조물로 본다. 국어사전은 피조물을 "조물주에 의하여 만들어진 모든 것, 삼라만상을 이른다"고 정의한다. 성경에 기록된 창조 이야기와 관련이 있는 의미로 해석할 수 있는 이 정의는 과학의 대상에 세상의 기원과 그 안에 존재하는 모든 피조물이 포함된다는 의미가 함축되어 있다. 또한 과학에는 세계가 생겨난 이전과 지금의 피조물 이외의 것들은 연구의 대상이 될 수 없다는 의미도 담겨 있다. 세상을 시작하게 하였다는 '빅뱅'의 기원과 '빅뱅'이 일어나기 전의 상태에 관한 문제는 과학의 영역을 넘어선다.

3) 과학의 한계

과학주의(scientism)는 과학을 통해서만 세상과 그 안의 실체에 관한 진리를 밝힐 수 있다고 본다. 그렇지만 이런 세계관은 과학에 내재된 문제와 한계를 무시한 과학만능주의적 이데올로기(ideology)에 지나지 않는다. 과학은 인간이 자연세계를 이해하기 위해 개발한 온갖 방법 중 가장 효과적인 것임은 확실하다. 현대의 물리학과 생명과학이 발달된 실태만 보더라도 그렇게 간주할 수 있다. 그러나 과학은 각각 자연의 궁극적 실체, 진리, 사실인 자연의 본질, 진상, 진실은 물론이고 자연의 실체·진리·사실 어떤 것도 명확하게 밝힐 수 없으며, 과학과 관련된 모든 문제를 최종적으로 해결할 수도 없다.

과학은 시공간 안에서 물질과 에너지로 설명할 수 있는 물리적 대상에만 적용된다. 그러나 과학은 우주적 실증에는 한계를 드러낸다. 즉 과학은 불가사의한 우주의 궁극적 진리와 실체에 관한 질문에는 답하지 못한다. 과학을 적용할 때 드러나는 또 다른 문제와 한계는 과학의 본질적 기능 및 과학의 가치와 관련된 문제, 과학지식의 속성과 연관이 있는 문제, 과학지식과 과학적 방법을 적용할 수 없는 자연의 존재 또는 그 대상에서 비롯한 문제로 구분할 수 있다.

과학의 본질적 기능과 관련된 한계는 과학의 대상에 대한 한계다. 과학은 피조물의 본성과 대우주·아원자 등의 물리적 실체를 완전하게 파악하여 정확하게 기술하지 못한다. 대상의 진실·진상·본질은 곧이곧대로 기술하지 못하는 상징·비유·모형·공식을 이용하여 기술할 수밖에 없다. 과학이 도덕적 판단을 내리지 못하는 문제도 있다. 기후위기와 관련하여 과학은 지금의 기후가 어떤 이유로 어떻게 나타났는지 기술할 뿐이며, 그 선악은 판단하지 못한다. 과학은 자연에 대한 심미적 판단도 내리지 못한다. 자연의 아름다움과 거대함에 관한 표현은 개인의 가치관에 따른 주관적 판단이지 객관적인 과학적 표현이 아니다. 과학적 탐구의 한계를 벗어나는 대상은 철학적 사고나 종교적 신앙을 통해 이해할 수 있다.

　　과학은 초자연적 설명에 관해서는 그 결론조차 도출하지 못한다. 신의 존재에 대한 것과 같은 초자연적 질문과 그에 대한 설명은 정의에 의해 자연계를 벗어난 주제다. 그런 문제는 과학의 대상이 아니며 개인적 신앙이나 영성과 관련되어 있다. 과학은 자연을 기술할 뿐이지, 자연의 사물이나 현상을 증명하기는커녕 확실하게 설명하지도 못한다. 과학은 '어떻게?'라는 질문에는 비교적 완전한 답을 제시하지만, 궁극적 물음인 '왜?'에는 우리를 설득하거나 이해시킬 만한 답을 주지 못한다. 과학은 우주에 분포되어 있는 별의 특성에 관해서는 알 수 있지만, 별들이 왜 무엇을 위해 거기에 있는지는 설명하지 못한다. 그리스도교 철학과 신학에서는 과학이 미치지 못하는 한계 너머를 철학적 추리나 종교적 신념을 위한 영역으로 간주하며 '왜?'는 신앙을 통해 답할 수 있는 물음으로 인정한다.

　　과학지식과 관련된 과학의 한계는 과학지식이 형성되는 상황과 과학지식 및 그 구성요소의 속성에서 비롯된다. 과학적 사실·개념·법칙·이론과 그것들로 구성된 과학지식은 모두 역사적·문화적·언어적 상황에서 형성되며, 그렇기 때문에 어떤 것도 절대적으로 완전하지 않다. 과학지식은 형성된 상황 안에서만 진리나 실체를 나타낼 수는 있으나, 그렇더라도 절대적 진리나 궁극적 실체는 표현하지 못한다. 과학지식의 구성요소인 사실·개념·법칙·이론은 해석되거나 구성된 진술들로서 그 어느 것도 자연의 진리와 사물의 실체조차 정확하게 기술하지 못하기 때문이다. 과학지식은 상징·비유·모형·수학적 공식을 빌려 표현된 정보나 자료일 뿐이며, 그 진리성·합리성·실용성은 모두 절대적이지 않고 시대나 상황에 따라 상대적일 뿐이다.

과학지식의 구성요소인 사실과 법칙은 현상을 관찰한 그대로 진술할 뿐 그 현상이 왜, 어떻게 일어났는지에 관해서는 말하지 않는다. 사실과 법칙이 기술하는 현상이 일어나는 이유와 과정은 눈에 보이지 않기 때문에 이론과 모형을 이용하여 설명해야 하는데, 이론과 모형도 구성된 것으로서 그 현상의 원인과 과정을 확실하게 기술하거나 설명하지 못한다. 또한 과학지식은 어느 것이나 잠정적이고 가설적 상태에 있기 마련이며, 어디에 무엇을 위해 이용할 것인지 그 방법도 말하지 않는다. 과학지식은 관찰할 수 없는 대상에 관해서는 설득력 있게 설명하기는커녕 정확하게 기술하지도 못한다.

과학적 방법과 관련된 과학의 한계는 어떤 과학적 방법을 적용할지라도 모든 진리와 진상, 실체와 본질, 사실과 진실을 밝히지 못하는 본성에서 비롯한다. 이상적인 과학적 연구 방법으로 간주되는 과학적 실험에서는 통제변인을 일정하게 유지하고 독립변인을 조절함으로써 종속변인에 나타나는 현상을 관찰·측정하여 자료를 수집하고, 그 자료를 바탕으로 변인들 사이의 인과관계를 결정한다. 그러나 실제의 과학적 연구에서는 대부분 변인을 모두 확인하기 어려우며, 변인을 완벽하게 통제할 수도 없다. 그러므로 과학적 실험을 실시하여 수행한 연구에서도 절대적이고 궁극적인 진상·본질·진실보다는 기껏해야 개연적·통계적 진리·실체·사실을 확인하는 데 그친다. 과학적 방법은 관찰·측정이 가능한 것을 대상으로 하기 때문에, 관찰·측정이 불가능한 초자연적·초월적 대상에는 적용할 수 없다.

형식논리적 추리에 기반한 귀납법 또는 연역법을 골격으로 한 실험적-귀납적·수학적-실험적·수학적-연역적·가설-연역적·유비추리적 방법 모두 적용상의 문제와 한계가 있다. 과학적 방법은 어느 것이나 자연현상의 귀납적 일반화와 사실의 확인에 한정되어 있으며, 자연현상의 궁극적 원인은 밝히지 못한다. 과학적 방법을 적용하여 "압력이 일정하면 기체의 온도가 올라갈수록 기체의 부피가 증가한다"는 규칙성 곧 그것을 일반화한 법칙을 발견하고, 그 원인으로 "기체에 열을 가하면 기체 분자의 운동이 활발하여지고, 분자 운동이 활발해지면 분자들 사이의 거리가 멀어지면서 부피가 팽창하게 된다"와 같은 이론을 추정할 수는 있다. 그러나 과학적 방법으로는 왜, 무엇 때문에 관찰한 비율로만 비례하여 늘어나는지 정확한 원인을 밝히지 못한다.

과학은 이론 의존적 특성이 있는 관찰이나 사람이 만든 관찰·실험 도구와 기구를 사용하는 관측을 통해 조사하기 때문에, 원천적으로 객관적 자료를 수집할 수 없다. 그러므로 과학은 그런 자료를 바탕으로 도출한 결론의 진위나 타당성을 확신할 수 없는 한계도 있다. 관찰·실험 도구와 기구는 가시적이고 측정이 가능한 현상에만, 곧 한정된 거리와 크기에만 사용되며, 본질이나 진상 또는 사실적 진실에는 미치지 못한다. 과학적 방법은 그 방법을 적용하여 당연한 것으로 증명할 수 없는 절대적 진리, 기계적으로 움직이지 않고 우발적으로 나타나는 현상들, 그리고 자연에 무한하게 널려 있는 모든 대상과 현상에는 적용할 수 없는 한계도 있다.

6. 과학기술의 본성과 인간에 대한 도전

과학과 종교의 대립은 고대 그리스 시대 때부터 지금까지 계속되고 있다. 신학자에 따라서는 종교에 대한 과학의 도전을 그리스 철학, 근대 과학, 종교다원주의의 세 단계로 나누어 논의한다. 고대 그리스 철학에서는 하나님의 존재, 지혜, 지성, 선, 진리, 행복이라는 반종교적 용어를 사용하였으며, 근대에는 자연을 탐구할 때 신학적 접근법을 거부하였다. 근대 이후에는 인식론의 대두로 인해 형이상학 중심의 중세 철학과 중세 신학이 무너졌으며, 특히 1960년대 중반 이후부터는 철학·신학·종교 각 영역에서 새로운 사상적 운동이 일어났다. 종교다원주의(religious pluralism)는 이런 상황을 거치면서 상대주의와 포용주의의 영향을 받아 더욱 발흥하였다. 이때의 종교다원주의는 각 종교마다 합당한 구원자가 보내졌다고 가정하는 종교적 합리주의를 말한다.

　과학과 과학기술은 둘 다 사회적 산물이다. 과학과 과학기술의 이런 특성을 강조하기 위해 1970년대부터는 과학과 과학기술을 과학–과학기술–사회(STS: Science-Technology-Society)로 통칭한다. 과학적 방법의 발견과 과학기술의 발달을 통해 과학주의와 과학만능주의가 형성되었으며, 현대에는 인간에게 한계가 없다고 주장하는 이념적 발상에서 비롯된 인공지능과 같은 기술과학(technoscience)의 발전으로 인해 무릇 인간을 포함한 온갖 생명의 건전한 존재가 위협을 받고 있다. 과학지식이 포함된 기술과학으로 일컬어지기도 하는 과학기술의 발전은 기술과학주의/과학기술주의(technocratic ideology)가 형성되는 배경이 되었으며, 그렇게 형성된 과학기술 및 기술과학은 피조물 공동의 집인 지구를 파괴함으로써 그리스도교에 도전하고 있다. 또한 과학기술 및 기술과학의 발달은 자연철학 및 과학과 다른 측면에서 그리스도교 신학은 물론이고 신앙과도 상반되는 과학윤리 문제를 수반한다.

고대 그리스 시대부터 중세까지는 주류 사상이었던 자연철학이 종교와 충돌하였는데, 근대에는 과학주의 및 자연주의가 종교에 도전하였다. 프란치스코 교황의 권고 「하느님을 찬미하여라」에서도 지적하고 있듯이, 현대에는 18세기 이후 획기적으로 발달한 과학과 혁신적으로 개발된 기술과학이 종교적 가치와 인간의 존엄성마저 무너뜨리고 있다. 지구의 오염과 그에 따른 기후 변화 및 환경 파괴로 인해 가장 취약한 사람들의 생존이 가장 큰 영향을 받고 있다. "하나님이 지으신 그 모든 것을 보시니 보시기에 심히 좋았더라"(창 1:31)고 말씀하시고 "그것을 경작하며 지키게"(창 2:15) 하신 인류 공동의 집 곧 에덴동산이 무너지고 있다.

1) 과학기술의 기원과 발달

기술(technique)은 기예(art) 또는 기교(craft)로서 자연을 개발하고 정복하는 지혜와 그 수단이며, 기능(skill)은 어떤 것이나 능숙하게 잘할 수 있는 능력이다. 기술은 인류가 출현할 때 과학보다 먼저 생겨났다. 기술은 과학지식 없이도 인간이 만들어 이용한 수도 펌프가 보여 주듯이, 중세기까지 과학과 무관하게 독자적으로 개발되었다. 중세 이후 과학혁명기에는 장인 전통과 학자 전통이 통합되어 두 영역이 상승적으로 발달하였다. 과학혁명기 이후에는 과학이 기술의 발달에 영향을 미치고 기술이 과학의 발전에 영향을 미쳤으며, 그런 상호보완적이면서 순환적 발전 과정에서 과학과 기술이 융합된 응용과학(applied science)이 생겨났다.

과학기술(technology)은 수공적 기술 및 전문적 기능, 순수과학에서 생성된 서술적·이론적 지식과 응용과학에서 이루어진 절차적 지식을 이용하여 새로운 물질을 창출하고, 정교한 기계나 도구를 만드는 고도로 전문화된 기능적 수단이자 학문적 분야다. 전통적 의미의 물리학·화학·생명과학·지질학·천문학은 과학이며, 공학·농학·의학·약학은 과학기술에 해당된다. 유전공학·항공우주공학·생명공학도 과학기술이지만 그 의미와 속성상 기술과학에 더 가까운 영역이다. 생물 복제나 인공지능에서도 볼 수 있듯이 학문적 분야의 지식과 기술과 기능이 통합되어 있는 현대의 과학기술 또는 기술과학은 과학인지 기술인지 구분하기 어렵다. 그러므로 지금은 과학적 연구의 주된 활동인 연구(research)와 과학기술 및 기술과학의 핵심 활동인 개발(development)도 '연구개발' 또는 'R&D'라는 통합적 용어로 통칭한다.

전통적으로 공학(engineering)은 공업 분야의 응용과학기술을 연구하는 학문으로 규정되고, 과학기술은 기술적 영역으로 인식되었다. 그러나 현대의 과학철학에서 말하는 과학기술에는 기예 및 기능과 더불어 순수과학과 응용과학도 통합되어 있다. 과학기술의 특성에서 학문적 특성이 강조된 것이다. 이런 이유에서 대중매체가 말하는 '과학'에는 과학기술이, '과학기술'에는 순수과학과 응용과학이 포함되어 있다. 그래서 오늘날에는 과학과 과학기술을 구분하지 않고 '과학기술'로 통칭하는 경향이며, 과학기술 연구개발에서는 과학기술보다 더 전문적이고 학문적 의미의 기술과학이라는 용어가 상황에 따라 드물지 않게 사용되고 있다.

2) STS와 과학윤리

STS는 1970년대 이후 핵발전소·컴퓨터·유전공학의 발달로 과학자들은 물론이고 일반인조차도 관심을 갖는 학문적 대상이 되었으며, 1980년대 초부터는 과학에 대한 새로운 관점으로 받아들여졌다. 새로운 과학관으로서의 STS는 과학·기술·사회를 뜻하는 영어단어의 첫 번째 문자를 따서 만든 두문자 용어다. 새로운 과학관으로 확립된 STS는 과학윤리 또는 생명윤리의 특성을 나타내기도 하며, 과학의 본성을 이루는 핵심적 구성요소의 하나이기도 하다.

STS 과학관은 과학·과학기술·사회 사이에 일어나는 상호작용과 그 산물을 통틀어 가리킨다. 과학은 과학기술에 응용할 과학적 법칙을 발견하거나 이론을 구성하여 과학기술의 개발을 촉진하고, 새로운 개발 방법과 방향을 제시하며, 사회에 새로운 통찰력을 제공함으로써 사회적 문제와 해결책에 관한 과학적 사고 능력을 제공한다. 과학기술은 과학이 나아갈 방향을 제시하고, 그 범위와 깊이를 넓혀주며, 과학지식을 응용하여 사회에 필요한 여러 가지 도구·방법·물질을 발명하고 그에 따라 사회를 풍요롭고 편리하게 해준다. 사회는 과학에 과학적 연구의 중요성과 목적을 제안하며, 과학기술에는 그 개발의 필요성과 방향을 제시한다. 사회는 또한 과학적 연구와 과학기술 개발의 동기를 부여하고, 행정적·재정적·정책적 지원을 통해 그 원동력을 제공한다.

전통적 과학철학에서는 과학의 구성요소로 과학지식, 과학적 방법, 과학자, 사회를 제시하였다. 현대의 과학철학에서는 여기에 더해 인식론적·기술적·경제적·윤리적·정치적·실용적 측면도 제시하며, 사회학에서는 이런 측면에 가치와 법률적 판단도 더한다. 이처럼 다양한 과학의 측면은 과학의 의미와 특성이 그것을 보는 관점이나 그에 대한 가치관에 따라 다르게 인식되는 원인인 과학윤리 문제가 생기는 근본 이유가 된다.

과학의 윤리적 문제는 과학지식을 적용할 때, 과학적 연구를 수행할 때, 과학적 연구의 결과에 관한 보고서를 작성하거나 발표할 때 주로 생겨난다. 과학지식에 따른 연구 계획서를 수립할 때 주관적 기준에 따라 심사하여 연구비를 지원할 수 있다. 그리고 사람과 동물을 대상으로 한 연구에서는 생명체에 상처를 주거나 목숨을 잃게 할 수도 있다. 연구의 결과를 발표할 때 하는 부분적 발표, 표절, 흉내내기, 쪽매붙이기는 모두 비윤리적 행위다.

3) 기술과학의 의미와 특성

과학기술 연구개발 현장에서는 기술과학이 과학기술과 비슷한 의미라고 받아들이지만, 상황에 따라서는 과학기술보다 더 첨단과학적인 특성을 부각시키기 위해 기술과학을 더 선호한다. 1980년대부터 사용되어온 기술과학이라는 용어는 전통적으로 분명하게 구분되었던 이론적 과학과 실용적 과학기술 사이의 상호작용 관계를 가리킨다. 기술과학의 목적은 첨단적 산물을 생성하기 위하여 과학지식과 과학기술을 통합하는 데 있다.

기술과학의 역사는 근대 과학이 시작되는 시점까지 거슬러 올라간다. 베이컨은 지식과 힘의 관계를 "아는 것이 힘이다"라는 말로 표현하였다. 과학은 자연현상의 원인에 관한 지식, 곧 효과적인 간섭 능력을 제공한다는 생각에서였다. 그래서 기술과학이라는 용어가 쓰이기 전에 과학 기량이라는 용어가 먼저 사용되었다. 학문적 특성상 기술과학은 과학과 과학기술 중간에 있는 첨단 과학기술을 가리킨다. 현대의 과학철학에서는 기술과학을 인간에 관한 연구개발에 전통적인 과학적 방법을 사용하는 과학기술로 규정한다. 한편 사회학에서는 기술과학을 실제 세계의 사회경제적-정치적 상황에서 인간에 의해 만들어진 과학으로 정의한다. 생명과학 연구 현장에서는 생명공학을 과학기술보다 기술공학으로 분류하기도 한다.

일반사회에서는 기술과학이 과학기술보다 더 부정적 의미로 인식된다. 사회에서는 과학 및 과학기술의 긍정적 측면의 발달을 언급할 때는 과학기술로 표현하지만, 지구오염, 환경문제, 기후변화 등 부정적 실태를 말할 때는 기술과학이라는 용어를 더 자주 쓴다. 오늘날 기술과학은 2016년부터 사용되기 시작한 제4차 산업혁명의 구성요소를 가리키는 말로 사용되기도 한다. 제4차 산업혁명은 정보통신기술(ICT)의 융합으로 이루어질 것으로 기대되는 차세대 산업혁명을 가리키며, 그 핵심 구성요소에 인공지능, 사물인터넷(IoT), 빅데이터 분석, 로봇공학, 양자계산, 생명공학, 무인 항공기와 자동차, 3차원 인쇄, 나노기술의 7대 기술 혁신이 포함된다. 일부에서는 기술과학을 긍정적으로 전망하면서도 부정적 측면에 관해 깊은 우려를 나타내기도 한다. 그리스도교에서도 특히 가톨릭 신학에서는 긍정적 측면보다는 부정적 측면에 관한 우려의 소리에 먼저 귀를 기울여야 한다는 주장을 강조한다.

　프란치스코 교황 회칙 「찬미받으소서」에서도 말하고 있듯이, 인류는 현재 과학기술 때문에 선택해야 할 갈림길을 마주하게 된 새로운 시대에 살고 있다. 지난 몇십 년 사이에 혁신적으로 발달한 컴퓨터 공학, 디지털 혁명, 로봇공학, 생명공학, 나노공학, 전자통신이 이끄는 기술과학 시대를 살고 있다는 말이다. 과학기술은 본질적으로 인류에게 유용한 기능을 하지만, 인간의 안전과 복지에 관한 문제를 유발할 수도 있기 때문이다.

4) 과학기술의 바벨탑

과학기술과 기술과학은 인류와 사회에 긍정적 영향과 아울러 부정적 영향도 미치며, 미래로 갈수록 그 정도는 점점 더 커질 것이다. 과학기술/기술과학의 발달로 통신이 편리해지고, 생활방식이 향상되며, 정보의 접근이 점점 더 쉬워질 것이다. 인간은 그렇게 될수록 과학기술/기술과학에 점차적으로 더욱 의존할 것이다. 과학기술/기술과학의 기하급수적 발전은 건강과 복지제도의 개선도 촉진할 것이다. 그러나 과학기술/기술과학이 인간의 생활에 미치는 긍정적 효과는 과학기술의 만능주의를 표방하는 과학기술주의 또는 기술과학주의가 형성되는 모태가 되었다.

　기술과학은 과학기술주의 또는 과학기술만능주의의 기대와 다르게, 인간의 삶과 환경에는 물론이고 사회와 정치에도 부정적 영향을 미친다. 산업용 로봇, 인공지능(AI)과 기계학습, 인공지능형 챗지피티(ChatGPT)는 가장 급격하게 발전하는 기술과학이다. 김기석은 그의 저서 『신학자의 과학 산책』에서 인공지능의 위험성을 경고한다. 인공지능은 인류에게 신세계를 약속하지만, 인간의 한계를 초월하는 초지능의 출현으로 인간의 멸종을 불러올 수도 있다. 인공지능의 발달로 인간의 존엄성이 훼손될 뿐만 아니라 인간의 주체성이 상실되고 인간성의 위기에 처해질 수 있다. 인공지능의 발전으로 유전자공학 및 나노공학과 결합하여 그 구조와 기능에 있어서 인간과 비슷한 생체조직, 신체기관을 조정하는 사이보그 기술이 현실화되고 있으며, 머지않아 인공지능을 탑재한 로봇이나 드론이 대량살상 무기로 사용될 수 있을 것이다.

바로 앞 소절에서도 논의한 바와 같이 기술과학은 상품과 서비스의 속도·질·생산비의 개선에는 큰 공헌을 하였지만, 노동의 신성한 가치를 훼손하였으며 수많은 노동자의 일자리를 빼앗았다. 컴퓨터화된 알고리즘은 다양한 형태의 인간에 의한 결정 권한을 빼앗았으며, 인공지능은 그것을 얼굴 인식이나 말투 인식과 같은 반응 결정에 통합시켜버린 결과를 초래하였다. 이로 인해 피조물로서 조화로운 삶을 위해서는 현실적인 기술과학의 발달 수준에 맞는 노동의 개념을 다시 세우고 바르게 이해해야 할 필요가 있다. 노동은 "여호와 하나님이 그 사람을 이끌어 에덴 동산에 두어 그것을 경작하며 지키게 하시고"(창 2:15)라는 말씀의 함의와 같이 고역이 아니며, "네가 흙으로 돌아갈 때까지 얼굴에 땀을 흘려야 먹을 것을 먹으리니"(창 3:19)라는 말씀과 같이 신성한 임무요 의무이기 때문이다.

『가톨릭 교회 교리서』(한국천주교주교회의)에 따르면 인간의 노동은 하느님의 모습으로 창조되어 서로 함께 서로를 위해 땅을 지배함으로써 창조 사업을 계속하라는 요청을 받은 사람들이 직접 하는 것이다. 또한 노동은 "누구든지 일하기 싫어하거든 먹지도 말게 하라"(살후 3:10)는 말씀이 암시하는 바와 같이 인간 누구나 맡아야 할 하나의 의무다. 인간은 이와 같이 신성하고 의무적인 노동을 통해 타고난 능력을 발휘하고 실현하도록 창조된 피조물이다. 비록 성경 말씀을 따르지 않더라도 노동의 가장 중요한 가치는 그 일의 주체이며 목적인 인간 자신에게 있지만, 노동은 결코 훼손해서는 안 되는 하나님의 은총이다.

그리스도교에서는 생명공학과 인공지능의 발달로 인한 부작용을 가장 중요한 주제로 삼는다. 생물 복제로 야기될 문제를 가장 심각하고 절박하게 본 것이다. 생물 복제는 생명체의 가치와 존엄성을 훼손하며, 그리스도교의 창조교리에도 크게 어긋난다. 인간의 지능을 초월하는 초인공지능이 발달하면서, 칩이 삽입된 뇌를 가진 인공적인 인간이 만들어질 수도 있다. 이를 하나님이 창조한 인간으로 보기는 어려울 것이다. 이처럼 생명공학과 인공지능의 발달은 그리스도교 신앙에 도전적인 도발이 될 것이다. 제4차 산업혁명의 요소가 되는 첨단 기술과학 가운데 생명공학과 인공지능의 발달만으로도 하나님의 모습으로 창조된 인간의 의미에 대한 근본적 질문이 제기된다. 신학적 관점에서 보면 그것들은 무너지지 않고 오히려 점점 더 높이 쌓여서 기술과학의 바벨탑이 될 것이다.

프란치스코 교황은 2024년 1월 1일 제57차 세계 평화의 날을 맞아 '인공지능과 평화'를 주제로 발표한 담화를 통해 인공지능이 세계의 평화에 미치는 영향을 성찰하고 개발과 사용을 규제하는 국제 협약을 채택할 것을 촉구하였다. 교황은 인공지능 시대의 부작용으로 불평등 악화, 딥러닝(deep learning)과 딥페이크(deepfake) 기술의 오용, 인간의 일자리 대체, 인공지능의 무기화 및 자율무기 체계의 위험성을 강조하였다. 아울러 인공지능의 사용 영역과 영역별 방법을 제시하면서, 인공지능의 발달은 받아들이되 도전에는 맞설 것을 강력하게 권고하였다. 프란치스코 교황은 또한 제58차 홍보 주일 담화를 통해 인공지능 체계는 정보를 교류하는 과정에서 거짓 이야기를 마치 참인 것처럼 믿고 공유하게 만들어 현실을 왜곡시키는 이른바 '인지적 오염'의 수단이 될 수 있음을 경고하였다. 이어 인공지능 체계를 온전한 의사소통에 봉사하도록 이끄는 데 도움이 되는 지혜(집회서 1:4; 지혜서 7:27)를 구할 것을 권고하였다.

과학기술과 기술과학은 두 가지 방법으로 자연환경을 파괴하였다. 지구를 오염시키고 자연자원의 고갈을 촉진시켰다. 각종 유해가스의 방출로 공기와 물과 심지어 땅까지 생명체의 생존을 위협할 정도로 오염되었다. 과학기술/기술과학의 발달에 따라 대수층(帶水層, aquifer)이 고갈되고, 산림벌채가 증가하고, 화석연료와 금속 자원이 바닥을 치는 중이다. 제3장에서 기술한 신학의 입장에서는 자연환경의 파괴가 창조자의 선한 의지로 빚은 피조물에 입힌 상처이자 에덴동산의 파괴이며 과학 또는 과학기술이라는 바벨탑의 잔재로 인식될 수 있다.

제3장

그리스도교 신학의 특성

손자병법의 '지피지기 백전불태'(知彼知己 百戰不殆)를 굳이 언급하지 않더라도, 그리스도교인으로서 그리스도교에 대한 과학의 도전에 떳떳하게 대응하기 위해서는 과학과 더불어 신학도 제대로 파악하고 이해하여야 한다. 그리스도교 교리를 완전히 이해할수록 과학적 설명을 과감하게 받아들일 수 있다. 존 폴킹혼(John Polkinghorne, 1930-2021)이 『퀴크, 카오스, 그리스도교』(우종학 옮김)에서 지적하듯이, 과학과 종교의 충돌을 방지하기 위해서라도 과학과 종교를 모두 잘 알아야 한다. 과학과 종교의 충돌은 주로 과학과 종교에 대한 오해에 기인하기 때문이다. 신학은 과학과 마찬가지로 앎에 관한 학문이며, 초자연적·초월적 세계에 대한 진리를 알고 영적 존재를 이해하는 데 최선의 방법이다. 신학의 주요 대상은 종교적 문헌, 신념, 전례, 종교의 사회적 역할 등이다. 예배, 기도, 윤리적 행동을 대상으로 하는 종교는 신학 또는 종교신학의 대상이며, 종교적 문제는 철학과 종교철학에서도 다루어진다. 신학은 종교적 전통을 확장하고 개혁하며 정당화하는 역할을 하는 학문이며, 특히 그리스도교 신학은 계시를 통해 알려진 하나님의 본성, 하나님에 관한 사실과 진리, 하나님과 창조물 인간의 관계에 관한 연구에 목적을 둔 학문이다.

1. 종교와 그리스도교 그리고 과학

인류는 어떤 큰 힘이 자연을 지배하고 조정한다는 가정을 전제로 자연에서 일어나는 현상의 배후에 있는 원인을 찾아내고, 특히 우주와 생명 및 인간의 기원을 알아보기 위해 노력하였다. 철학자이자 종교학의 창시자인 프리드리히 막스 뮐러(Friedrich Max Müller, 1823-1900)는 "종교는 인류와 그 역사를 같이하였다"라고 말하였으며, 프랑스의 사회학자 다비드 에밀 뒤르켐(David-Emile Durkheim, 1858-1917)은 "종교는 모든 문화의 어머니"라고 주장하였다. 이들의 말은 인간이 있던 곳에는 종교적 행위가 있었으며, 종교적 행위가 문화를 낳았다는 뜻이다. 종교적 행위는 이성과 함께 인간에게만 있는 고유한 특성이다. 원시 인류는 자연의 거대한 위력을 조정하는 힘을 두려워하고 그것을 신 또는 신령이라고 생각하며 공경하였는데, 이것이 곧 종교적 신앙의 근거가 되었다.

그리스도교를 포함한 모든 종교는 인류의 문화와 철학적 사상의 골격을 이루었으며, 과학 시대를 사는 오늘날의 신앙생활에도 큰 영향을 미친다. 종교는 과학과 마찬가지로 그러나 서로 다른 방식과 관점을 통해, 인간의 사고와 활동 및 인류 문화의 창달에 결정적 역할을 한다. 과학과 종교 또는 신앙은 특히 인간의 존재와 더불어 그에 관한 지식의 탐구라는 공동의 목표를 추구한다. 과학자와 신학자 또는 신앙인은 모두 믿음에 의존하며 믿음에 따라 행동하는데, 이것이 바로 종교와 과학 둘 다 믿음이 필요한 이유다.

종교와 과학은 각각 종교적 신앙과 과학적 탐구를 통해 진리의 절대적 확실성을 담보하지 못하는 공통적 특성을 갖는다. 『하느님과 과학에 대한 101가지 질문』에도 기술되어 있는 바와 같이, 종교와 신앙은 과학의 대상인 자연세계와 그 안에서 일어나는 현상을 이해하고 설명하는 데는 별다른 도움이 되지 않는다. 한편 과학은 종교와 신앙의 주된 관심 영역인 인생에서 중요한 것, 삶의 목적, 바람직한 삶을 위하여 선택해야 할 것이 무엇인지 그 기준을 세우고 옳고 그름을 판단하는 데는 절대적 한계가 있다.

철학은 과학과 신학을 연결하는 가교역할을 한다. 과학과 철학은 논리적 도구, 개념적 분석, 논증을 공유한다. 신학적 탐구는 과학에서 과학적 방법을, 철학에서 통찰을 빌려와 사용하며, 종교와 과학이 융합된 간학문적 접근법을 적용하여 두 영역 사이에서 나타나는 공명을 찾아 그 결과를 기반으로 두 영역 사이의 상호관계를 확인하고, 그에 바탕을 둔 상호보완적 관계를 추구한다. 그러나 일반인들은 물론이고 일부 신학자와 과학자들조차도 과학과 종교를 서로 화해하기 어려운 상호 적대적 관계로 인식한다. 종교와 과학의 관계에 관해 개신교와 가톨릭교는 사소한 부분이기는 하지만 조금 다른 입장을 나타낸다. 이 장에서는 종교와 그리스도교, 종교신학과 종교철학, 종교와 신학과 과학의 관계에 대해 기술한다.

1) 종교와 자연종교 그리고 그리스도교

인간은 오래전부터 세상의 기원과 그 의미와 목적에 관해 묻고 답해왔다. 종교는 종교적 질문과 그 질문에 대한 대답의 출처에 따라 자연종교(natural religion)와 계시종교(revealed religion)로 구분된다. 자연종교는 인간 본연의 이성에 바탕을 둔 종교로서, 인간 이성을 통해 발견할 수 있다는 신에 대한 신앙적 의무를 포함한다. 계시종교로 분류되는 그리스도교는 신앙의 대상인 하나님의 응답을 가장 원시적 문화까지도 포함한 모든 문화적 전통의 고유한 신비에서 찾는다. 하나님은 종교적 관념을 계시에 바탕을 둔 교리로 선언한 그리스도교라는 종교로 형식화되었다. 중세 말까지 서양 세계는 성경의 가르침에 대한 절대적 신뢰와 초월적·초자연적 신비에 대한 보편적 신앙의 지배를 받았다.

(1) 종교의 속성

종교는 인간이 어떤 신이나 초자연적 절대자에 대한 믿음을 통해 자신의 고뇌를 해결하거나 삶에 관한 궁극적 의미를 추구하는 문화적 체계를 가리키며, 물신 숭배와 같은 초기 신앙 형태도 종교에 포함된다. 세상에는 시대·장소·종족·문화에 따라 다양한 종교가 있으며, 종교마다 인생을 살아가며 근본으로 삼아야 할 특유한 지침을 가르쳐준다. 종교는 "사람이 무엇인가? 사람의 진정한 행복은 어디서 찾아야 하는가? 영혼이 무엇인가? 죽음이 무엇이며, 죽은 이후에는 어떤 세상인가?"와 같은 궁극적 질문에 대답하는 특성을 공통적으로 가지고 있다. 종교는 다른 인생 문제의 해결에 필요한 확신도 준다. 또한 과학처럼 명쾌하고 실제적인 해답은 주지 못하지만, 진·선·미의 가치와 신·망·애의 삼덕(三德)을 깨닫게 한다. 종교적 신앙은 내면적 믿음에서 나오며, 그런 종교적 믿음은 신의 선물이자 은총으로서 인간의 모든 능력을 초월한다. 종교는 추구하는 대상이나 교리에 따라 물신 숭배나 토테미즘(totemism) 같은 비제도적 종교와 불교나 이슬람교와 같은 제도적 종교로 구분된다.

인간은 누구든 종교심을 가지고 있으며, 고대인들의 삶은 종교가 지배하였다고 말해도 과언이 아니다. 종교는 신앙과 숭배의 체제로서 인간이 성스럽고 신성하고 절대적이며 영적이고 신적이며 또는 특별히 숭배의 가치가 있다고 생각하는 대상과 인간 사이의 관계를 말하며, 인간이 자신의 삶과 죽음에 관한 궁극적 관심을 다루는 방식으로 인식되기도 한다. 고대인들의 전통에서는 이러한 관계와 흥미를 신 또는 영(靈)과의 관계나 그에 대한 태도로 표현하였다. 자연종교에서는 자연세계에 대한 생각이나 태도로 표현하였다. 인간은 종교를 통해 자신의 유한성과 절대자에 대한 내적 갈망을 표현하며, 자신의 한계를 극복하고 고통스러운 삶에서 벗어나고자 한다. 신앙의 중심이 절대자 또는 초월자이기 때문에, 그리스도교와 같은 일부 종교는 그 자체를 신앙으로 일컫기도 한다. 그리스도교 신앙은 하나님이 절대적으로 중요하기 때문에, 그 중심에는 하나님이 인간에게 준 계시가 있다.

폴킹혼의 『쿼크, 카오스, 그리스도교』(우종학 옮김)를 보면 종교에는 믿음이 그 핵심적 구성요소다. 과학적 탐구와 마찬가지로 종교적 탐구도 진리를 추구하여 확실한 근거가 있는 믿음을 추구한다. 종교는 참일 때만 믿을 가치가 있기 때문이다. 그러나 과학도 마찬가지이지만 종교도 절대적으로 확실한 지식은 주장하지 못한다. 종교의 목적은 탐구를 통해 종교적 진리를 추구하거나 지식을 알기보다는 신앙이나 믿음을 통해 이해하는 데 있다. 그리스도교는 예수 그리스도의 가르침을 중심으로 천지를 창조한 하나님을 유일신으로 섬기며 그리스도를 구세주로 믿는 종교다.

17-18세기 계몽주의 사상가와 과학자들은 합리적이라고 간주

할 수 있는 것만 이성적인 것으로 받아들이고 '종교의 진리와 본질'에 관해 의문을 제기하면서 기존 종교의 권위에 도전하였다. 대표적 계몽주의 철학자 임마누엘 칸트(Immanuel Kant, 1724-1804)는 인간의 마음이 선천적인 개념적 범주인 시간·공간·인과관계·실체를 통해 경험에 질서를 부여한다고 가정하였다. 칸트는 이 범주를 벗어난 물질에 관한 지식은 있을 수 없으며, 이런 범주를 벗어난 신에 관한 지식도 있을 수 없다고 주장하였다. 아이작 뉴턴(Isaac Newton, 1643-1727)과 볼테르(Voltaire, 1694-1778)는 종교적 신앙심은 모든 인간에게 선천적인 속성이므로 계시가 필요 없다고 보고 계시종교를 반대하였다. 장자크 루소(Jean-Jacques Rousseau, 1812-1778)는 참되고 올바른 종교는 선과 미 그리고 이성과 양심에 기초를 두어 성립된다고 주장하면서, 하나님의 계시도 구속도 필요 없는 자연종교를 내세웠다. 종교를 이와 같은 의미로 규정한다면 '종교적'이라는 말은 자연세계를 경외하는 마음과 태도를 가리킬 수 있다.

(2) 자연종교의 대두와 특성

자연종교의 뿌리는 모든 사물이 기본 질료와 본질적 형상으로 되어 있다고 설명하는 아리스토텔레스(Aristotle, 기원전 384-322)의 질료형상론(hylomorphism)과 더불어, 신(god)·영혼(soul)·정신(spirit)과 모든 초자연적 힘이 자연에 구현되어 있다고 믿었던 원시적 '자연에 관한 종교'(religion of nature)에 있다. 계몽시대의 합리주의자들은 유신론(theism)을 비롯하여 자연을 신으로 다루는 범신론(pantheism)·이신론(deism)·정령설·토테미즘·샤머니즘(shamanism)을 통틀어 자연종교라고 불렀다. 자연종교에 대한 탐구는 종교개혁 이후 가톨릭교회와 개신교의 갈등으로 그리스도교의 권위가 추락하고 근대 과학의 발달로 인해 그리스도교의 신앙에 대한 의문이 제기될 때 본격적으로 시작되었다.

『한국가톨릭대사전』(한국교회사연구소)에서도 자연종교의 속성을 계시종교와 대비하여 서술한다. 이성이나 경험을 통해 종교의 본질을 발견할 수 있다고 본 계몽주의 시대의 합리주의자들이 주장한 자연종교는 자연에 관한 탐구와 이성을 통해 도출한 원리에 바탕을 둔 종교로서, 자연과 영적 힘 또는 신성이 구현된 자연세계를 믿는다. 자연종교는 계시가 필요하지 않고, 최고신의 존재, 영생에 대한 희망, 상선벌악에 대한 신앙을 참된 종교의 본질이자 희망으로 본다. 윌리엄 틴들(William Tyndale, 1494-1536)은 그리스도교도 이런 핵심적 대상을 중심으로 성립되어야 한다고 강조하였지만, 계몽주의 시대의 그리스도교 신학에서는 종교 그 자체보다 종교를 그 한 분야로 포함한 신학을 중심으로 탐구하였다. 그러므로 계몽주의 시대의 신학에서는 자연종교와 계시종교를 각각 자연신학과 계시신학에 포함시켜 탐구하였다.

자연종교와 대비되는 계시종교는 인간의 이성만으로는 도달할 수 없고 이해할 수도 없는 하나님이 성경을 통해 인간에게 내린 계시에 바탕을 둔 종교를 가리킨다. 그리스도교는 자연의 진리를 초월하여 그리스도가 가르쳐준 하늘나라에 관한 초월적·초자연적 진리에 바탕을 둔 계시종교다. 계시신학은 모든 종교적 진리를 신이 인간에게 내린 계시로부터 도출한다는 교리에 바탕을 둔 신학 또는 성경에 기초한 신학이다. 이성으로 신의 존재와 자연진리를 추구하는 자연신학과 대조적으로, 계시신학은 하나님의 계시에 관한 신학적 탐구를 통해 하나님의 본성 및 하나님과 관련된 진리를 찾는다.

인간의 본성과 자연에 바탕을 둔 자연종교는, 마술·우상숭배·이교주의를 비롯한 원시인이나 미개인이 믿고 따랐던 원시종교처럼 자연스럽게 생겨난 '자연적 종교'(nature religion)와도 구분된다. 자연종교는 존 로크(John Locke, 1632-1704) 등에 의해서 이신론(理神論)으로 발달하였다. '자연의 종교'(religion of nature)로 불리기도 한 자연종교에서 발달된 이신론에서는 종교가 모든 인간에게 선천적인 것이기 때문에 특별계시가 소용없을 뿐만 아니라 오히려 해로운 것이라고 가정하였다. 이런 자연종교 사상과 이신론적 종교관이 뉴턴과 볼테르를 포함한 계몽주의 사상가들에게 전수되었지만, 가톨릭교회는 이들의 종교관을 이단으로 인정하여 배척한다.

(3) 그리스도교의 형성과 특성

인간이 신을 믿는 것은 자연스러운 일로서, 우리는 본능적으로 신을 안다. 누구나 대자연의 아름다움, 위대함, 오묘함을 비롯해 그 안의 질서에서 자신의 온갖 지혜와 능력을 초월하는 어떤 존재가 있을 것이라고 믿고, 자신의 이성과 양심에 따라 그 초월적 존재를 경외하며 섬긴다. 인간은 그런 초월적 존재를 인식하고 믿기는 하지만, 그 존재가 누구이고 자신과 어떤 관계가 있는지를 눈에 보이는 자연현상과 이성 및 양심을 통해 알아보고 깨닫는 데는 한계가 있다. 계시종교는 신이 계시로 자신을 밝혀줌으로써 인간이 믿는 신에 관해 탐구할 수 있는 길을 열어 주는 종교다.

그리스도교(christianity)의 기원은 그 정신적 원류를 구약성경에 두고 형성된 유대교(Judaism)에 있다. 유대교는 기원전 20세기경 아브라함(Abraham)으로부터 형태를 갖추기 시작하여 이삭·야곱·요셉을 거쳐 내려오다 모세에 의해 그 기초가 다져졌다. 유대교는 기원전 12세기경부터 이스라엘의 민족 종교로 뿌리 내리기 시작하였으며, 이어 기원전 6세기 바빌로니아 귀양살이 이후 모세의 율법을 바탕으로 더욱 체계화되었다. 모세오경을 통칭하는 토라(Torah)라고 하는 율법에 본래의 특징이 있는 유대교는 메시아 사상에 기반하지만, 예수를 하나님의 아들인 메시아로 인정하지 않는다. 유대교의 경전은 히브리 말로 쓰인 구약 24권이며, 이들이 경전 다음으로 귀중하게 여기는 문헌으로 탈무드(Talmud)가 있다.

그리스도교는 유일신 하나님과 그의 외아들 예수 그리스도를 믿으며 구원을 받기 위해 그를 따르는 종교다. 팔레스타인(Palestine)에서 처음 생긴 그리스도교가 로마로 전파된 후 313년에 로마의 콘스탄티누스(Constantinus, 272-337) 대제가 밀라노 칙령(Edict of Milan)으로 그리스도교를 공인하였으며, 테오도시우스 1세(Theodosius I, 347-395)가 380년에 테살로니카 칙령(Cunctos Populos)을 내려 니케아 그리스도교를 국교로 선포하였다. 1054년에는 로마 제국이 동서로 나뉘면서 로마 가톨릭으로부터 동방 정교회가 분리되었다. 초대 그리스도교는 고대 그리스 철학과의 대화를 기반으로 발전하였으며, 동로마 제국의 동방 교회도 그리스 철학을 통해 그리스도교 신앙을 받아들였다. 그리하여 동방 교회는 서방교회에 비해 더 철학적이고 이상적이었으며 고대 그리스의 철학과 유대교의 영향으로 유일신론을 더욱 강조하였지만, 예수 그리스도는 그다지 중요시하지 않았다.

영국의 존 위클리프(John Wycliffe, 1320-1384)가 신앙의 표준을 성경에 두어야 한다고 주장하고, 독일에서는 1517년에 비텐베르크 대학(Universität Halle-Wittenberg)의 교수 마르틴 루터(Martin Luther, 1483-1546)가 가톨릭교회의 개혁을 요구하고 나섰다. 스위스의 울리히 츠빙글리(Ulrich Zwingli, 1484-1531)와 프랑스의 장 칼뱅(Jean Calvin, 1509-1564)에 의해 종교개혁의 바람이 불기 시작했고 네덜란드·스웨덴·노르웨이·덴마크 등에서도 세차게 일어났다. 1648년에 베스트팔리아(Westphalia) 열국 회의에서 가톨릭과 개신교 세력권을 결정하자 가톨릭교와 개신교가 정식 분리되었다. 6세기에 로마 가톨릭 교회와 통합된 채 발달된 영국의 성공회(Anlicanism/The Holy Catholic Church)도 16세기 종교개혁 운동의 영향을 받아 다시 분리되었다.

『한국가톨릭대사전』(한국교회사연구소)에 따르면 그리스도교는 예수의 제자들이 예수 그리스도의 삶과 죽음과 부활을 믿고 그를 따르는 종교를 가리킨다. 그리스도교는 원래부터 예수의 제자들이 예수를 그리스도로 믿은 데서 생겨났다. 즉 예수 그리스도의 인격과 가르침에서 그 뿌리가 뻗어나가기 시작한 것이다. 그러나 예수를 그리스도교의 창시자로 볼 수는 없다. 예수의 죽음과 부활이 있은 후 얼마 되지 않아 예수의 제자들은 '그리스도인'으로 불리었으며, '그리스도교'라는 용어는 2세기에 안티오키아의 이그나티오스(Ignatius, 35?-110?)에 의해 처음 사용되었다. 이레나이우스(Irenaeus, 약 130-202)는 그리스도교란 우상을 멀리하고 예수 그리스도를 통해 한 분이신 하느님을 섬기는 종교라고 정의하였다.

『가톨릭 교회 교리서』(한국천주교주교회의)에서는 그리스도교를 강생한 하느님 '말씀'의 종교로 규정한다. 그리스도교 신앙은 경직된 '경전'의 종교가 아니라는 말이다. 그리스도교의 '말씀'은 글로 되었을 뿐만 아니라 사람이 되어 살아 있는 말씀이다. 성경의 말씀은 살아 있는 하느님의 '말씀'으로서 성령을 통해 우리들의 마음을 "열어 성경을 깨닫게"(눅 24:45) 해주는 살아 있는 말씀이다. 『가톨릭 교회 교리서』(한국천주교주교회의)와 이레나이우스가 정의한 그리스도교를 종합하면, 그리스도교는 인간이 그리스도를 통해 그리스도 안에서 그리스도와 함께 삶과 죽음 그리고 삶의 의미와 목적을 포함한 근본적 물음에 대한 답을 찾고 구원을 얻기 위해 믿는 종교이자 신앙으로 규정할 수 있다.

그리스도교는 예수 그리스도의 가르침을 따르는 종교라고 할 수도 있다. 그리스도교 신자들은 그리스도의 가르침에 기반한 그리스도교의 가르침을 믿고 순응함으로써 각자 마음의 평화를 얻을 뿐만 아니라 세상의 평화를 추구한다. 진정한 그리스도인은 죽음 이후에도 온전히 구원될 것이라고 믿는다. 그리스도교는 인간의 구원을 목표로 하는 구원의 종교이며, 현세에 가시적으로 존재하면서도 죽음 이후의 진정한 그리고 영원한 행복이 하나님과 함께 이어질 것이라고 믿는 내세 지향적 종교이기 때문이다.

(4) 가톨릭 교리

가톨릭 교리(doctrine)는 사전적 의미로 종교적 원리나 이치 또는 각 종교에서 진리라고 규정한 신앙의 체계를 이른다. 『한국가톨릭대사전』(한국교회사연구소)에 따르면 가톨릭 교리는 하느님이 계시한 신앙의 진리와 가톨릭 교회의 가르침을 말한다. 그런 교리를 기록한 책을 교리서라고 한다. 한국 천주교 주교회의는 1997년 '『가톨릭 교회 교리서』(한국천주교주교회의)의 라틴어 표준판 승인과 공포에 관한 교황

교서' 「큰 기쁨」(Laetamur Magnopere)을 바탕으로 2003년 공식 교리서인 『가톨릭 교회 교리서』(한국천주교주교회의)를 편찬하였다. 『가톨릭 교회 교리서』(한국천주교주교회의)는 제1편 신앙고백(신경), 제2편 그리스도 신비의 기념(신앙의 성사들), 제3편 그리스도인의 삶(신앙생활-계명), 제4편 그리스도인의 기도(주님의 기도)로 편성되어 있다.

그리스도교의 본질적 가르침을 뜻하는 교리는 그리스도인들에게 믿음의 근거와 가치 판단의 기준을 제공한다. 『물리학, 철학 그리고 신학』(전양환 외 11인 옮김)을 읽어보면, 특히 삼위일체 교리는 성경, 그리스도가 선포한 이스라엘의 삶, 그들의 삶 안에서 수 세기 동안 이루어져 왔던 하느님의 오랜 계시에 궁극적 근거를 둔다. 현재의 그리스도교 교리는 4-5세기 아우구스티누스(Augustinus, 354-430)나 성 대 그레고리오(Gregorius, 590-604)가 쓴 교리서를 기초로 작성되었다. 아우구스티누스는 창조·강생·삼위일체가 서로 연결된 교리를 완성하였다. 이들의 교리서는 세례를 받기에 필요한 교리의 표준 교리서였다. 가톨릭 교리는 ① 천주존재(우주를 창조하고 다스리는 하느님의 존재), ② 상선벌악(하느님은 착한 사람에게 상을 주고 악한 사람에게 벌을 주는 이), ③ 삼위일체(하느님은 세 위격, 즉 성부·성자·성령으로 이루어진 한 분), ④ 강생구속(사람이 죄로 인해 하느님을 잃게 된 것을 예수 그리스도가 십자가 죽음으로 대속)이라는 네 가지 기본 교리로 구분된다.

교황 요한 바오로 2세(Papa Giovanni Paolo II, 1920-2005)는 '『가톨릭 교회 교리서』(한국천주교주교회의) 라틴어 표준판 승인과 공포에 관한 교황 교서'에서 교리를 '하나이며 사도로부터 이어 오는 영구한 신앙에 대한 새롭고 권위 있는 설명'으로 규정한다. 또한 교리서가 '교회의 친교를 위한 유효하고 권위 있는 도구'와 '신앙 교육을 위한 확고한 규범서, 특히 지역 교리서의 편찬을 위한 확고하고 권위 있는 규범서'가 되어야 한다고 권고하였다. 교리서의 편찬 목적은 신앙과 가톨릭 교리의 참되고 체계적인 제시에 있다. '제2차 바티칸 공의회에 따라 마련된『가톨릭 교회 교리서』의 발행에 관한 교황령'「신앙의 유산」(Fidei Depositum)에 따르면, 교리서 라틴어 표준판은 교리교육 담당자들을 위한 교재다. 교리교육은 성서적이고 전례적이며 그리스도교도들의 실제 생활에 적합한 교리의 제시에 목적이 있다.

2) 종교신학과 종교철학

종교신학(theology of religion)은 종교와 관련된 현상을 신학적으로 탐색하고 평가하는 종교학과 신학의 한 분야다. 종교신학은 성경을 통한 종교적 믿음을 상세히 밝히고, 그것이 윤리적 문제에 미치는 영향을 집중적으로 탐구하는 신학이다. 한편 종교철학(philosophy of religion)은 신의 존재, 믿음과 신앙, 윤리적 문제에 관한 관념을 대상으로 하는 종교학과 철학의 한 분야이며, 형이상학·인식론·가치론으로 소분화된다.

칸트는 종교와 도덕의 관계를 분명하게 밝힌 철학자로서 종교철학의 아버지로 일컬어진다. 칸트 이후 20세기에 들어 알프레드 화이트헤드(Alfred Whitehead, 1861-1947)는 전통적 종교철학과 더불어 종교신학에 도전적인 과정철학과 과정신학의 입장을 표명하였다. 화이트헤드는 종교의 원리는 영원하지만 종교의 원리와 신앙을 표현하는 방식은 과학이 발달함에 따라 적절하게 수정·보완되어야 하며, 그에 따라 변한다고 주장하였다.

(1) 종교신학의 형성

『한국민족문화대백과사전』(한국학중앙연구원)에서는 종교를 '초월적이며 절대적인 존재에 대한 경험과 신앙에 기반을 둔 교의·의례·시설·조직을 갖춘 사회 집단이 형성되는 문화 현상'으로 정의한다.『한국가톨릭대사전』(한국교회사연구소)에서는 현대적 의미의 신학을 '하느님이 계시한 진리를 신앙과 이성으로 파악하려는 학문적 노력'으로 정의한다. 이 두 정의를 종합하면 종교신학은 '종교에 관한 신학'으로 요약되며, 이런 의미에서 종교적 현상을 다루는 신학의 한 영역 또는 종교학의 한 분야로 간주할 수도 있다.

현재 영향력이 가장 큰 종교신학은 예수회 사제인 카를 라너(Karl Rahner, 1904-1984)의 초월론적 신학이다. 라너의 종교신학은 플라톤(Plato, 기원전 428-427)·아리스토텔레스의 우주중심적 세계, 캔터베리의 안셀무스(Anselmus Cantuariensis, 1093-1109)·토마스 아퀴나스(Thomas Aquinas, 1224-1274)의 신중심 세계, 르네 데카르트(René Descartes, 1596-1650)·칸트의 인간중심적 세계를 거친 신학적 변화를 기술하고, 그 과정을 관통하는 맥락에서 초월론적 신학을 전개한다. 라너는 초월론적 종교신학에 의거하여 하나님과 인류 사이의 원천적 연결성을 설명할 뿐만 아니라 그리스도교와 다른 종교들의 관계도 규명하였다. 라너는 신학적 인식이 철학적 통찰에 근거한다고 보고, 철학적 성찰을 통해 신학적 인식을 더욱 확장·심화시켰다.

엄격한 의미의 종교와 신학은 사실 별개의 영역이다. 종교가 인간을 초자연적이고 초월적 존재와 관련짓는 숭배의 문화적 체계라면, 신학은 철학적·사변적 영역을 넘나들면서 신앙으로 받아들인 계시를 비롯한 신성에 관해 비판적으로 연구하고 숙고하는 학문이다.

전적으로 믿음에 의존하는 종교와 달리, 신학은 무조건적 믿음을 지양하고 이성적 이해와 함께 하나님과 인간 및 세계의 관계를 추구한다. 그러나 두 영역은 같은 점도 공유한다. 종교와 신학은 둘 다 신과 신앙에 관심을 집중하며, 인간 존재의 의미와 목적에 대한 이해를 추구한다. 이때의 종교는 신에 관한 신앙과 그 신앙에서 비롯된 교회·절·모스크 등과 같은 건물 안에서 하는 기도나 참배와 같은 활동을 가리키며, 신학은 그런 종교와 종교적 신앙에 관해 탐구하는 학문을 일컫는다. 계시종교로서 그리스도교는 기본적으로 종교학의 대상이지만, 그리스도교 신학의 주요 주제이기도 하다. 그리스도교 신학은 그리스도교의 사회적 역할에 관해서도 탐구하며, 대학교와 신학자들의 연구모임에서 수행하는 그리스도교에 대한 학문적 연구의 핵심 영역이기도 하다.

종교는 기본적으로 종교사학과 종교현상학의 연구 대상이지만, 종교인류학·종교심리학·종교사회학에서도 종교를 연구하며, 종교철학과 종교신학에서는 규범적 방법을 적용하여 연구한다. 종교신학은 특정 종교의 입장에서 타종교를 보고 그 안에서 발견되는 가치를 수용하거나 비판하며 자기 종교 안에서 재해석하여 종합하려는 시도로 정의된다. 가톨릭 신학은 제2차 바티칸 공의회를 계기로 학문적으로 더욱 체계화되었으며, 그 이후의 대표적 가톨릭 신학자로 라너, 하인츠 슐레테(Heinz Robert Schlette, 1931-) 등이 있다.

(2) 종교철학의 형성

17-18세기 계몽시대는 '이성'을 중시하면서 종교를 비판하고 종교에 대해 회의적 태도를 드러내던 시기였다. 계몽시대에는 일상생활

을 비롯하여 삶의 모든 분야에 '이성'을 관련시키고, 이성에 부합하지 않는 종교적 전통이나 권위는 그 어떤 것도 배척하였다. 계몽주의자들은 종교를 전통과 권위의 화신으로 보았으며, 그에 따라 종교를 일차적 비판의 대상으로 삼았다. 이어 19세기의 실증주의자들은 종교를 일상에는 아무짝에도 쓸모가 없는 것으로 치부하였다. 그러나 관념론을 완성한 게오르크 빌헬름 프리드리히 헤겔(Georg W. F. Hegel, 1770-1831)은 신을 철학의 대상으로 보고, 종교를 기존의 종교철학에 통합하였다.

종교철학은 종교와 더불어 생겨났다. 종교철학이 특정 종교에 관해 철학적으로 반성하면서, 종교의 이론적 토대를 마련하거나 비판하는 기능을 함으로써 종교와 그 기원을 같이한 것이다. 종교철학은 17세기에 데카르트와 로크가 조직적 체제를 마련하였다. 데카르트는 철학적 논의에서 신을 제외하였으며, 로크는 이성을 신성한 계시에만 적용한, 이전보다 더 일반적이고 이성적인 접근법을 제안하였다. 그러나 일반적 종교현상을 문제로 삼으면서 그것을 해석하고 이해하는 데 목적을 둔 종교철학은 신랄하고 근본적인 종교 비판을 겪은 19세기 이후에야 본격적으로 대두되었다. 오늘날 종교철학은 종교와 관련이 있는 진리를 직접 다룸과 동시에 종교의 본질(essence)과 그 핵심을 규명함으로써 종교적 사료의 체계화와 종교적 지식의 축적에 목적을 두고 비판적으로 탐구하는 철학의 한 분야로 자리를 잡았다.

종교철학에서도 모형의 기능을 중요시하며, 종교적 진리의 설명에 있어서 다양한 모형의 필요성을 강조한다. 종교철학에서 신학적 서술에 사용하는 모형도 과학에서 과학적 이론을 서술할 때 사용하는 모형과 마찬가지로 단순성·우아함·확장성을 추구한다. 그러나 종교철학에서는 이와 같은 특성을 지닌 모형 외에 도전적이며 통일되고 도발적이면서 도덕적으로 가치가 있는 모형도 사용된다.

종교와 철학의 관계는 종교철학적 탐구의 대상·목적·방법을 통해 확인할 수 있다. 종교철학은 종교적 전통에 함축되어 있는 주제와 개념에 관한 철학적 고찰로 정의되며, 이와 같이 정의되는 종교철학의 대상에는 종교의 본성, 신에 관한 대안적 개념 또는 궁극적 실체, 우주와 역사적 재앙의 일반적 특색의 종교적 중요성 등 종교적으로 중요한 문제에 관한 철학적 반성이 포함된다. 종교철학에서는 자연주의와 같은 종교적 세계관과 대척적 위치에 있는 세계관을 조사하고 평가하기도 한다.

종교철학의 핵심 영역 가운데 하나인 그리스도교 지식의 원천은 교회에서 믿으라고 가르치는 하나님의 본성과 하나님에 관한 절대적 진리다. 교회에서는 그리스도교 교리에 담겨 있는 영원불변한 진리를 이성·직관·경험을 통해 알 수 있는 것이 아니라 믿음을 통해 이해할 수 있는 것으로 가르친다. 종교철학에서 말하는 그리스도교 지식의 근본은 그리스도의 삶에 관한 성경의 기록으로 계시된 하나님 말씀에 대한 믿음, 하나님의 현존과 본성에 대한 개인적 체험과 확신 및 전승, 교회를 비롯한 종교 기관의 권위와 종교 및 교회 지도자들의 권위에 대한 수용이다.

가톨릭 철학의 일차적 목적은 이성과 논리적 사고를 통해 종교철학적 주제에 관한 지식을 탐구하는 데 있다. 철학을 사용하여 이성의 빛만으로 종교에 관해 연구하는 종교철학은 종교적 신앙을 보증하는 수단이 되는데, 가톨릭교와 가톨릭 신앙은 가톨릭 철학의 토대

위에 설립되었다. 그러나 가톨릭 철학은 그런 점에 비추어서 기대할 수 있을 정도의 합리적이고 이성적인 신앙을 확고하게 보증하지는 못한다. 이에 대한 가장 큰 이유는 가톨릭교가 하느님의 존재를 스스로 밝히지 못할 뿐만 아니라, 그 존재를 밝힐 수단과 자원을 과학은 물론이고 철학 외의 분야에서 찾으려 하였기 때문이다.

종교·종교철학·종교신학의 특성을 일반적인 의미로 구분하고 각 관계를 말하자면, 종교는 실천적이지만 종교철학은 이론적이다. 신앙과 이성 사이에 상호의존적 관계가 있는 것과 같이, 종교적 사고에 기반한 종교신학과 종교철학 사이에도 상보적 관계가 있다. 종교는 종교철학에 종교적 자료를 제공하며, 종교철학은 종교에 관한 설명을 통해 종교를 더 이해하기 쉬운 체제로 만든다. 종교철학자는 종교의 궁극적 진리를 찾기 위해 종교를 조사하기도 한다. 종교는 삶에 관한 신학적·철학적 설명을 모두 성취하는 수단이다. 종교의 본성을 다루는 종교신학은 탐구 방법과 탐구 영역을 각각 철학적 방법과 영역에서 차용하여 그에 따라 탐구한다.

(3) 과정철학과 과정신학의 그리스도교에 대한 도전

과정철학(process philosophy)은 원래 과학과 종교적 신앙 및 사상에 그 뿌리를 두고 과정신학(process theology)의 근원이 되었다. 화이트헤드를 과정철학과 과정신학의 주창자로 여기지만, 그 핵심 사상은 고대 그리스의 헤라클레이토스(Heraclitus, 기원전 535-475)에 의해 태동하였다. 헤라클레이토스에 따르면 생성과 변화가 실재 곧 실체다. 세계는 하나님이 창조한 것이 아니며 만물은 항상 변한다. 화이트헤드도 생성과 과정이 본성적 실체라는 가정을 전제하면서, 세상에는 영원불변하는 실체란 존재하지 않는다고 주장하였다. 화이트헤드에 의하면 자연세계는 자체의 질서와 아울러 변화, 우연, 창발이라는 본질적 특성이 있다.

영국의 수학자·논리학자·철학자인 화이트헤드는 자연세계의 시작에 관한 개념의 수용을 거부하고 전체 자연을 하나의 거대한 과정으로 이해하면서, 심지어 하나님조차도 특정할 수는 없지만 항시적 변화의 과정에 있다고 주장하였다. 그는 과학철학에 집중하는 과정에서 과정철학이라는 형이상학 체계를 설립하였다. 화이트헤드에 따르면 자연은 그 안에 무수히 많은 단위들이 서로 활동적 관계를 맺고 무한한 생성 과정을 거치면서 함께 성장한다. 자연의 역동성을 모든 가능한 형태로 약동하는 생명의 징표로 보았던 것이다. 화이트헤드는 하나님을 '과정 중의 신'으로 이해하고, 그런 신을 여러 가지 방식으로 정당화하려고 하였다. 화이트헤드의 연구에 이론적 배경이 있는 과정철학자들은 진화론적 과학에 의존하여 우주가 작용하는 과정 안에서 정신 또는 생명의 흔적을 찾고, 그 정신을 신과 동일시하거나 적어도 신과 연결시킨다. 그들은 양자역학 이론조차 그와 같은 신학적 의미로 해석한다.

유기체 철학(organismic philosophy)으로 불리기도 하는 과정철학은, 존재의 영원성과 불변성을 핵심 주제로 다루는 전통적 형이상학과 달리 형이상학적 실재의 존재와 아울러 그 변화·새로움·발전을 주제로 다룬다. 과정주의와 동일시되기도 하는 과정철학에 따르면 존재의 실체는 계속 변하는 것이라서 그 본질은 인식할 수 없다. 자연세계에 존재하는 실체는 과거의 존재로부터 생겨났으며, 앞으로도 계속 새로운 형태의 존재로 변한다. 그러므로 과거의 관점에서 사물과 현상을 바라볼 경우 그 실체를 알아볼 수 없으며, 지금 인식하고 있는 존재는 영원불변할 완성체로 형성된 것이 아니라 부단히 형성되는 과정에 있다. 과정철학적 관점에서 보면 자연세계는 계속하여 생성되고 부단히 변하기 때문에 언제나 불완전하다.

과정철학에 이론적 바탕을 둔 과정신학은 창조세계를 하나님의 창조 계획과 의지가 계속 실현되는 과정과 장소, 사건이라고 가정한다. 그러나 천지창조 이전부터 하느님의 계획 안에 있던 모든 창조를 인정하지는 않는다. 과정신학은 하나님을 새로움과 질서의 원천으로 가정하면서 무로부터의 창조(creation from nothing)는 거부한다. 하나님의 사랑의 힘은 믿으나 절대자로서 전능한 하나님을 부정하며, 창조를 불완전한 과정으로 바라본다. 과정신학에 따르면 하나님은 개체가 각자의 자기-창조를 끌어내 스스로 질서와 구조 및 자유와 새로움을 추구하게 한다. 하나님은 세상을 초월하지만 세상과 세상의 존재들, 심지어 추상적 속성들과도 상호작용하며, 사건들의 구조 안에 내재하면서 사건들 사이에 일어나는 모든 과정에 영향을 미친다. 『기원 이론』(노동래 옮김)을 보면, 하나님은 우주에 구조, 질서, 기능을 부여하였으며 과학자들은 그것들을 조사하고 찾을 의무가 있다. 하나님은 창조세계의 지속적 유지와 인도에도 관여하는데, 과학자들은 창조세계에 나타나는 하나님의 그런 매개 활동을 드러내야 하는 책임이 있다.

가톨릭 교리에 대한 도전적인 과정신학자로서 신을 향한 진화를 주장한 프랑스의 관념주의 철학자 피에르 테야르 드 샤르댕(Pierre Teilhard de Chardin, 1881-1955)은 자연과학적 인식과 신학적 사유를 조화시키고자 진화적 창조론을 주창하였다. 그는 자연세계를 점증하는 물질의 복잡성과 내면화를 통해 자기완성에 이르는 거대한 발전 과정으로 보았다. 물질의 변화 과정을 생기론(vitalism)의 입장에서 비과학적 방법으로 설명한 것이다. 샤르댕에 따르면 인간도 완전하게 완성된 존재가 아니라 지속적으로 생성되어 가는 존재다. 인간화와 발생이 완결되지 않은 존재인 것이다. 인간의 발생은 그리스도의 발생을 향해 나아가며, 그리스도의 발생은 오메가 포인트(omega point)에서의 충만(pleroma)을 향해 나아간다. 오메가 포인트는 샤르댕이 제시한 용어로서 우주의 진화가 최대한 이루어지는 궁극적 지점을 가리킨다. 우주와 인간은 보편적 우주인 그리스도 안에서 전진하고 상승하며 그 안에서 발전의 정점인 오메가 포인트에 이른다. 그러나 가톨릭교회에서뿐만 아니라 과학에서도 궁극적 도달점인 오메가 포인트 개념을 확실하게 수긍하지 못한다(『테야르 드 샤르댕의 인간현상 읽기』, 김성동 지음).

　과정신학(過程神學)은 인간과 세계를 진화적 속성으로 규정하는 유신론적 신학의 한 분파로서, 하나님도 세상과 영적 교류를 통해 언제나 변화·발전하는 과정에 있다고 설명한다. 과정신론으로 일컬어지기도 하는 과정신학은 하나님을 영원히 불변하며 어떤 세속적 영향도 받지 않는 인격적 존재로 정의하는 전통적 신학을 부정한다. 하나님의 존재와 하나님의 영원하고 불변하는 속성은 일부분 인정하지만, 본질적으로 하나님이 세속적 과정에 관여하며 그 과정에서 많은 영향을 받는다고 본다. 즉 자연과 인간뿐만 아니라 하나님도 상호 관련된 과정 안에 있으므로 그 본성도 사회적이라는 관점이다.

3) 종교와 신학 그리고 과학

종교는 참배, 기도, 도덕적 행위와 같은 실천적 신앙에 주된 관심을 두며, 신학은 종교적 경전, 믿음, 신앙의 실천에 관한 학문적 연구에 집중한다. 종교와 과학은 17세기의 자연철학에서도 볼 수 있듯이 종교에 관한 과학적 탐색이라는 공동과제 안에서 다각적으로 연결되어 있다. 종교와 과학은 현저한 대조를 이루지만 서로 배타적이지는 않고, 철학의 대상인 지식이라는 공동의 목표를 고리로 긴밀하게 연결되어 있다. 우주와 생명을 비롯한 온갖 피조물에 대해 설명할 때 종교는 창조주에 관한 주관적 신앙에 의존하며, 과학은 관찰·실험을 통해 얻어진 객관적 자료와 검증이 가능한 경험적 증거에 바탕을 둔다. 종교가 한 분야로 포함되는 신학적 탐구의 목적은 신과 도덕적 측면에 관한 진리와 그 이해이며, 피조물을 대상으로 하는 과학적 탐구의 목적은 경험적 증거에 바탕을 둔 자연세계에 관한 진리와 앎이다. 이러한 관계에 비추어볼 때 창조주와 창조세계를 충분히 이해하기 위해서는 신학과 과학이 둘 다 필요하다.

(1) 종교와 과학의 관계에 대한 인식의 변화

초창기 그리스도교 시대에는 과학과 종교가 자연철학에서 분리되지 않았기 때문에, 세상의 신비도 자연철학에서 다루어졌다. 당시의 자연철학은 세계의 신비에 관해 질문하고 의문을 던지며 호기심을 갖고 설명하려 애쓰는 행위와 태도로 종교에 맞섰다. 소크라테스 이전 학파들이 자연에 관한 설명을 추구하는 과정에서 이런 접근법을 처음으로 시도하였다. 과학은 이와 같이 자연현상의 신비를 탐구하고 이해하려는 노력에서 시작된 것이다. 과학이 시작됨에 따라 신 그 자체와 신에 관한 진리가 신의 창조를 통해 우리에게 계시되어 과학적으로 알게 되었다는 믿음도 증가하였다. 오늘날에도 특히 환원주의 입장을 받아들이는 과학주의(scientism)는 신과 신에 관한 진리조차도 과학의 대상으로 삼으려는 경향을 보인다.

아리스토텔레스의 자연철학에서는 자연세계가 주어진 것이고 그 구조도 필연적인 것이라고 본다. 아리스토텔레스는 종교적 신앙과 과학이 양립될 수 없다고 여겼다. 아퀴나스는 아리스토텔레스의 자연철학과 그리스도교 교리 사이의 충돌을 극복하고 화해를 이루고자 필연주의를 더욱 구체적으로 정식화하였는데, 아퀴나스의 필연주의는 오히려 그리스도교 교리에서 어긋나가는 것처럼 보였다. 신학과 과학의 관계 및 기원에 관한 논의에서 거론되는 신학은 본래 합리적 교리의 해설에 관한 서술로서 그리스도교에서는 13세기 이후에야 본격적으로 논의되었으며, 당시의 과학은 자연세계의 철학적 측면을 기술하는 자연철학이었다.

갈릴레이는 종교와 과학 사이의 관계에 관한 생각을 표명하기에 앞서, 자연에 관한 논의는 성경에 있는 말씀과 장소의 권위가 아닌 실용적 실험과 필요한 논증에서 시작되어야 한다고 강조하였다. 갈릴레이는 과학을 종교의 대안이 아니라 불가분의 관계에 있는 종교의 한 부분이라고 주장하기도 하였다. 칸트를 포함한 17-19세기 근대 과학자들은 갈릴레이와 마찬가지로 자연에 관한 설명의 도구에 꼭 신을 포함시켰다. 그러므로 그들이 펼치는 자연철학은 그 이름에 걸맞지 않게, 그 본성은 신학적이면서 과학적이었다.

『과학과 종교, 두 세계의 대화』(박준양·전양환 옮김)를 보면, 19세기 독일 신학자들은 사실과 가치를 분리한 칸트의 영향을 받아 종교와 과학을 진리에 따라 구분하였다. 종교적 진리나 신학적 진리는 주관적이며 실존적인 의미를 규정하는 가치 선언을, 과학적 진리는 경험적 관찰에 근거한 사실적 진리를 말한다. 초자연적 의사소통을 통해 계시되는 진리에 의거하면 종교적 신앙과 과학은 뚜렷하게 구분되며, 그럴 경우 종교와 과학의 주장은 각기 영역에서만 진리가 된다. 과학과 종교를 이렇게 구분하면, 종교와 과학 사이의 갈등이 생길 수 없다고 가정할 수도 있다. 종교와 과학은 이와 같이 진리에 있어서 차이를 드러내지만, 서로 모순되지 않고 오히려 상호보완적 관계를 맺을 수도 있다.

(2) 종교와 과학의 구분

종교와 과학은 둘 다 인간의 사고와 활동에 근본적 역할을 한다. 그러므로 종교와 과학의 차이와 둘 사이의 관계는 오늘날에도 신학과 과학의 관계와 함께 신학과 철학의 주요 공동 주제가 된다. 종교와 과학의 차이와 관계를 논의할 때마다 그에 앞서 정의하는 종교는 초자연적 세계 및 그 세계와 자연의 관계를 대상으로 하며, 과학은 자연세계를 대상으로 한다. 이와 같이 종교와 과학은 분명하게 구분되는 실체적 영역이다. 종교의 영역은 윤리성과 영성이며, 과학의 영역은 창조세계의 물질계다.

로버트 존 러셀(Robert John Russell)의 저서 『우주론: 알파에서 오메가까지』(오경환·전양환 옮김)를 보면, 종교의 기본 구조는 몇 가지 면에서 과학의 구조와 비슷하지만 중요한 몇 가지 점은 크게 다르다. 과학과 종교는 둘 다 세계에 대한 인지적 주장을 하기 위해 가설-연역적 방법을 사용할 수 있다. 또한 과학과 종교는 두 영역 다 유추적이고 확장적이며 논리 정연한 비유와 상징을 통해 표현된 관찰·경험 자료를 조직화한다.

종교와 과학은 추구하는 목적과 질문 및 그 답에도 차이가 있다. 종교는 절대자·창조주·구원자 신을 추구하며, 과학은 창조주가 만든 창조세계의 질서와 존재를 추구한다. 종교는 신에 관해 '왜'(why)라는 문제를 제기하며, 과학은 자연세계에 대해 '어떻게'(how)라는 질문을 한다. 종교적 질문과 대답은 종교적 신념을 통해 이해하기 때문에 모두가 동의하지 않지만, 과학은 어떤 질문에도 명확한 답을 제시하기 때문에 과학의 답에는 대다수가 동의한다. 과학은 진화론을 근거로 다양한 생물체의 존재와 무생물로부터의 생성에 관한 방법을 설명하지만, 생물체의 존재 자체와 그 목적이나 이유에 관한 질문에는 답하지 못한다. 과학은 또한 빅뱅으로 우주의 기원에 관해 기술하고 설명하지만, 빅뱅이 일어나는 원인과 목적 또는 그 전의 물질과 에너지에 관한 질문에는 이해될 만한 답을 제시하지 못한다. 오늘날 존재하는 생명체의 존재 목적과 이유, 빅뱅의 목적과 이유, 그 원인 물질과 에너지는 종교적·신앙적 설명의 대상이다.

종교와 과학은 궁극적으로 동일한 주제를 다른 관점에서 바라보지만, 다루는 대상의 존재론적 속성에 있어서는 차이가 난다. 자연에 무엇이 있어야 하는지에 관한 주제는 종교의 영역이며, 무엇이 있는지에 관한 주제는 과학의 대상이다. 종교는 인간의 사고와 행동의 가치를 대상으로 하지만, 과학은 자연의 객관적 사실과 사실들의 관계를 다룬다. 종교지식과 과학지식은 각각의 영역에서만 진리다. 종교와 과학 사이에 갈등이 생긴다면, 그 원인은 각자의 고유한 진리의 준거에 따라 다른 영역의 진리를 판단하기 때문이다. 종교는 하나님과 하나님에 관한 진리를 다루는데, 성경에 "너희의 하나님 여호와를 시험하지 말고"(신 6:16)라고 지적되어 있듯이 하나님의 본성과 하나님에 관한 진리의 탐구에는 과학적 실험 즉 과학적 방법을 적용할 수 없다.

종교와 과학의 대상은 각각 아퀴나스가 말하는 모든 존재의 일차원인 신과 창조주의 행위에 의존하는 이차원인 창조물이다. 종교는 궁극적·실존적인 형이상학적 문제를 다루기 때문에, 종교적 진리에는 정보가 포함되어 있지 않으며, 과학적 질문이나 과학적 연구의 결론에 개입할 정당한 근거가 없다. 그런데 신정통주의(neo-orthodoxy)를 대변하는 랭던 길키(Langdon Gilkey, 1919-2004)에 의하면, 과학 언어는 측정할 수 있고 객관적이며 공개적으로 함께할 수 있는 사실들에 관해 알 수 있게 하는 유익한 정보를 담고 있다. 그러나 과학은 종교의 대상인 초자연적 힘에 의지할 수 없고, 그 목적·의도·의미에 호소할 수도 없다.

종교적 설명은 자유로운 해석이 허용되지 않는 불변적 계시 교리를 이용하지만, 과학은 다종다양한 설명이 가능하며 새로운 증거가 제시되면 언제라도 바뀐다. 이안 바버(Ian G. Barbour, 1923-2013)의 독립 모형 즉 두 언어 이론을 가장 열렬하게 지지하는 길키에 따르면, 과학과 종교는 사실과 가치의 차이뿐만 아니라 근접적/이차 원인과 궁극적/일차 원인의 차이가 크기 때문에 어떤 방법을 적용할지라도 두 영역 사이의 소통이 어렵다. 길키는 종교와 과학의 특성에서 드러나는 차이를 〈표 3-1〉과 같이 제시한다.

<표 3-1> 종교와 과학의 다른 특성

종교	과학
세상의 질서와 아름다움, 죄의식·불안·용서·신뢰 등 내면의 삶에서의 경험에 대해 질문한다.	객관적, 공개적, 반복적 자료에 대한 설명을 추구한다.
의미와 목적, 궁극적인 기원과 운명에 대해 '왜'라는 질문을 한다.	객관적인 '어떻게'라는 질문을 한다.
종교에서 최종 권위는 계몽과 통찰을 받은 개인을 통해 이해되고 자신 안에서 입증되는 신과 계시다.	과학에서의 권위의 근거는 논리적 일관성과 실험적 적절성에 있다.
신이 초월적이기 때문에 상징과 비유적 언어를 사용해야만 한다.	실험적으로 검증될 수 있는 양적인 예측을 한다.

종교적 전통은 주관적이고 폐쇄적이며 지엽적이고 무비판적인 반면에, 과학은 객관적이고 개방적이며 보편적이며 발전적이다. 종교지식과 과학지식은 인간에 미치는 영향에도 차이를 드러낸다. 종교지식은 삶의 규범을 제공하며, 특히 종교적 진리는 순종을 요구한다. 반면 과학지식은 탐구자의 지적 요구를 충족시켜줄지언정 그의 삶에는 별다른 영향을 직접 미치지 않는다. 종교와 과학은 인간의 이해를 서로 다른 방법으로 설명한다. 종교의 핵심적 목적은 도덕적 가치와 궁극적인 의미의 제시이며, 과학의 일차적 목적은 분명하게 확인되는 관찰·측정에 의한 경험적 증거에 바탕을 둔 자연현상의 설명과 이해다.

바버가 말하는 '독립' 관계는 종교와 과학을 본질적 차이가 있는 별개의 영역으로 다룬다. 특히 인간의 사고 대상과 관련시키면 종교와 과학의 각 영역은 상호 배타적일 정도로 확연하게 구분된다. 자연신학에서도 제시하고 있듯이 과학은 오로지 창조세계에 대해서만 연구하며, 종교는 인간이 가지는 궁극적 관심 및 그와 관련된 윤리와 도덕을 다룬다. 종교와 과학이 이와 같이 명확하게 분리된 상태에서, 종교는 가치 판단 이외의 모든 합리적·이론적 표현을 부정하며 과학은 종교의 절대적이지만 관대한 관점을 거부할 수밖에 없다. 종교와 과학이 그렇게 서로 거부하면 둘 다 우주와 생물의 기원이나 진화와 같은 두 영역이 동시에 추구하는 '천지창조'에 관한 이해와 앎의 목적을 달성하지 못한다.

종교와 과학은 둘 다 믿음을 바탕으로 탐구하지만, 믿음의 대상은 본질적으로 다르다. 종교는 자연세계의 창조자 신을 믿으며, 절대자 신에 대한 믿음에 따라 종교적 신비에 대한 신앙을 이어간다. 과학은 피조물의 존재와 그 실체에 대한 가정을 전제로 자연세계를 탐구하며, 과학적 방법의 객관성과 타당성을 확신하고, 연구의 결과에 관한 의사소통 과정의 적절성과 정당성도 신뢰한다. 과학은 과학적 방법이나 의사소통 과정에 대한 신뢰와 같이 과학적 방법을 적용하여 입증할 수 없는 대상은 그 존재를 가정할 수밖에 없으며, 그 가정은 종교적 믿음과 다를 바 없다. 한편 과학적 연구에서 가정하는 것을 믿는다고 할 때, 그것들은 모두 피조물이므로 우상숭배다.

종교와 과학은 둘 다 근거가 있는 믿음을 바탕으로 설립되고 믿음에 의존하여 각각의 목적을 달성하는 공통적 특성이 있기 때문에 서로 비교할 수 있다. 종교와 과학을 비교할 때, 특히 세상의 창조를 비교할 때는, 창세기뿐만 아니라 성경 전체에 담겨 있는 의미의 창조와 과학 전체의 맥락에서 본 창조를 비교해야 한다. 현대의 신학적 이해와 과학적 관점에서 볼 때, 기존의 종교와 과학 간의 관계에 관한 논의에서와 같이 성경을 자구적으로 해석한 의미와 과학의 특정한 이론을 비교하는 방식은 합당하지 않기 때문이다.

(3) 종교와 과학의 갈등과 관계

과학과 종교의 갈등은 창조자의 간섭에 의한 것 또는 신이 부여한 특수한 법칙에 의한 것을 제외하고는, 해석하기 어렵고 불가사의한 것을 자연법칙에 따라 기술하거나 현대의 과학적 이론이라고 생각할수 있는 지식을 통해 설명하려고 시도할 때부터 시작되었다. 종교와 과학의 갈등은 두 분야의 정체성의 차이에서도 비롯된다. 종교와 과학은 둘 다 앎과 이해에 있어서 각자의 자율성을 지키고 고유성을 지닌다. 종교는 과학을 바탕으로 발전하지 않으며, 과학은 종교의 영역이 아니다. 종교와 과학은 각기 고유한 원리·방법·절차·과정에 따라 이루어지며, 각각에 독특한 양식에 따라 해석하고 결론을 도출한다. 두 영역에서 내린 결론이 다르기 때문에 한 영역의 결론으로 다른 영역의 결론을 설명해서는 안 된다.

종교적 이해의 방법인 신앙과 이성 및 지성에 기반한 과학적 방법은 극명하게 다르다. 종교는 자연에 관한 이론과 법칙을 설명하지 못하며, 과학은 선악 및 윤리적 행위를 결정짓지 못한다. 그러나 과학주의를 비롯한 일부 영역에서는 종교와 과학의 이런 관계를 무시하고, 자기 영역의 진리 준거에 따라 타자의 입장을 잘못된 것으로 단정하여 종교와 과학 사이에서 극단적 갈등을 유발한다. 창조과학을 비롯한 일부 근본주의 개신교에서는 성경에 기록된 하나님 계시를 자연세계에 관한 진리의 원천으로 받아들이면서 현대의 과학과 과학적 방법의 본질적 특성을 부정하거나 잘못 이해하여 개신교와 과학 사이에서 첨예한 대립을 유발한다.

이상적 자연과학 연구는 본질적·기능적 특성상 하나님 또는 신앙과 무관하게 수행되어야 한다. 피조물들 사이의 관계, 피조물들에 나타나는 현상 및 그 원인, 자연을 지배하는 법칙이나 원리 따위는 하나님 또는 신학적 관점과 무관하게 연구될 수 있다. 그렇게 수행한 연구로 얻어진 지식은 신비에 관한 추리에 이용되어서는 안 되며 신학적으로 해석해서도 안 된다. 과학적 관점에서 신학적 진리를 판단하거나, 과학적 성과를 신학적으로 해석하면 과학과 신학 또는 과학과 종교가 충돌하기 마련이다. 그렇다고 초자연적 대상에 관해 추론하거나 과학적 질문을 해서는 절대 안 된다거나, 피조물에 관한 신학적 의문을 던질 수 없다는 것은 아니다. 대다수의 후실증주의 과학철학자들도 과학적 인식의 영역을 초월하는 초경험적 물음을 무조건 거부하지 않고 경우에 따라서는 인정한다.

과학과 신학은 그 주제와 영역에 의해 서로 배타적으로 구분되는 측면도 있지만, 주제에 따라서는 논리에 바탕을 둔 체계적이고 이성적인 탐구를 통해 각 주제에 대한 새로운 지식을 획득하는 비슷한 특성도 지닌다. 그러나 과학과 신학은 일부의 자연현상에 관해 서로 다른 의미로 해석하고 그에 따라 상이한 결론을 내릴 수도 있는데, 그때는 반드시 갈등이 유발된다. 그리스도교 신학은 하나님의 본질과 성경의 해석이 핵심 주제다. 그러므로 과학적 결론이 성경에 절대적 진리로 제시되어 있다는 신학적 해석과 상충하는 경우에는 갈등이 생길 수밖에 없다. 실제적으로 과학과 신학의 갈등 관계는 두 영역의 본성을 뚜렷하게 구분할수록 심각해지고 빈번해진다.

한스 큉(Hans Küng, 1928-2021)은 『한스 큉, 과학을 말하다』(서명옥 옮김)에서 종교와 과학 사이의 대표적 갈등 사례로 갈릴레이 재판을 제시한다. 갈릴레이는 교황청에서 공포한 지동설 전파 금지 조치를 위반하였다는 이유로 유죄판결을 받았으며 1632년에는 로마의 종교재판에 회부되었다. 갈릴레이와 그리스도교의 갈등은 자연과학과 그리스도교 교회의 관계를 근본적으로 고사시킬 징후를 드러내는 선례였다. 갈릴레이 재판 이후 많은 자연철학자와 과학자들이 가톨릭교회를 떠났으며, 그때부터 20세기에 이르기까지 이탈리아와 스페인은 이렇다 할 과학자들을 배출해내지 못하였다.

일부의 그리스도교 신자들과 과학자들에게는 종교와 과학이 서로 갈등 관계에 있고 두 영역 사이에 본질적 차이가 있어 보이지만, 두 영역은 상호 간 긴밀한 관계도 맺고 있다. 인류의 문명화 과정에서 종교와 과학은 서로 영향을 미쳤으며 앞으로도 계속 그럴 것이다. 종교는 과학이 인류의 복지에 미치는 영향을 통해 과학을 판단한다. 종교는 의약학에 대체로 호의적이지만, 핵무기 등 대량 살상 무기의 개발에는 비난을 가한다. 종교는 또한 창조주에 의한 창조에 관한 이해를 향상시키려는 순수과학의 발전에는 적극적으로 호응한다. 종교는 이와 더불어 신학적 가치에도 탐구의 근거가 있는, 창조주의 선한 자유로운 의지로 만든 세상을 다루는 생태학 분야에도 호의적인 반응을 드러낸다.

(4) 신학과 과학의 차이와 관계

'과학자' 또는 '과학'이라는 용어가 만들어져 사용된 19세기까지 현대적 의미의 과학은 자연철학으로 일컬어졌으며, 자연철학은 당시의 자연신학과도 밀접하게 연결되어 있었다. 오늘날 자연철학에서 갈라져 나와 발전한 과학과 자연신학에서 변화되어 발전한 신학은 둘 다 인류 문화의 창달에 큰 영향을 미치는 학문적 분야의 한 자리를 차지하고 있다. 과학과 신학은 각각의 관점에 따라 그리고 각각의 고유한 방법을 적용하여, 우주와 인간의 창조 및 기원, 각 분야별 학문적 의미와 가치, 과학과 신학의 관계를 추구한다.

프란치스코 교황의 신앙에 관한 회칙 「신앙의 빛」에 따르면 신학은 하느님이 당신 자신에 관해 지닌 앎에 참여하는 신앙에 대한 학문이다. 신학은 하느님에 관한 담론이 아니라 하느님이 건네는 말씀, 하느님이 당신 자신에 관해 들려주는 말씀을 더욱 깊게 이해하기 위해 그 말씀을 받아들이고 그 의미를 추구하는 학문이다. 바람직한 신학은 이성에 알맞은 학문적 방법에 따라 신비의 헤아릴 수 없는 풍요로움을 탐구하되, 신비 앞에서 자신의 한계를 인정하고 하느님이 만져주도록 기다릴 줄 아는 겸손이 필요하다.

과학적 탐구의 원천은 창조주가 만든 피조물이며, 신학의 원천은 하나님의 계시와 말씀이 보존된 성경과 성전이다. 과학은 하느님이 관여하는 창조 과정이 일어나게 하는 물질적 수단을 이해하기 위해 탐구하며, 신학은 창조세계의 작동에 관한 하나님의 계획과 목적을 설명한다. 전체의 성경에 함의된 창조교리에 따르면, 과학적 방법은 창조주가 창조세계에서 일하는 방법과 수단의 한 가지 형태다. 바꾸어 말하면 과학적 방법은 하나님의 존재나 창조세계에서 하는 하나님의 활동과 같은 문제들을 결정하는 데 이용할 수 있는 방법이 아니다. 자연과학사를 보면 그리스도교 신학이 과학의 후원자 역할을 해왔다는 것을 쉽게 확인할 수 있다. 많은 수의 그리스도교 신학자들이 성직자로서 과학에 전념하였으며, 결과적으로 과학의 발달에 크게 공헌하였다.

신학자는 주로 특별계시/초자연계시를 대상으로 탐구하며, 과학자는 일반계시/자연계시에 주된 관심을 가지고 연구한다. 신학과 과학을 비교할 때는, 신학을 하나님께 원리를 부여받은 신학지식으로 규정하며, 과학을 관찰·실험을 통해 얻어진 자료를 바탕으로 이루어진 과학지식으로 정의하기도 한다. 또한 신학지식을 인격적 메시아, 하나님과 세 위격, 영적 공동체에 관한 지식으로, 그리고 과학지식을 인격체가 아닌 자연세계에 관한 지식으로 규정한다. 신학은 의미의 관점에서 이루어지는 이해를 위한 탐구로, 과학은 우주 안에 있는 질서의 관점에서 앎을 달성하기 위한 탐구로 구분된다. 신학과 과학은 두 영역 다 모든 것을 아우르는 관점을 지닌다. 그러므로 세상에 관해 되도록 확실하게 알고 충분히 이해하기 위해서는 신학적 지식과 과학지식이 둘 다 필요하다.

큉은 『한스 큉, 과학을 말하다』(서명옥 옮김)에서 자연과학과 신학을 상이한 관점으로 규정한다. 큉에 따르면 자연과학은 근대적 세계상은 물론이고 현대의 기술·산업·문명·예술 전반의 토대가 되었다. 앞으로 자연과학은 자연에 관한 연구를 할 때는 과학적 방법 외에 인문·사회학적·철학적 방법과 신학적 방법까지도 허용해야 한다. 과학적 방법만으로 스스로를 절대화하면 그 즉시 한계에 직면할 수 있기 때문이다. 신학도 자기비판이 필요하다. 신학에는 자료·사실·현상·작용·과정·힘 등 과학의 대상보다 가치·이상·규범·결단·태도의 문제가 더 중요하다. 그러나 신학이 불모의 독단론이 아니라 학문으로서의 정체성을 확실하게 유지하기 위해서는 구상·비판·재비판·개선 등의 상호작용이 허용되어야 한다. 과학과 논쟁할 때 비과학적 권위에 의한 논증을 끌어들여서는 안 되며, 자칫 성경, 교황, 공의회 문헌의 무류성으로 도피하는 쉬운 길을 택해서도 안 된다.

제2장에서도 기술한 바와 같이, 과학과 신학은 둘 다 비유와 상징을 사용하여 진리와 진상 그리고 실체와 본질을 표현한다. 과학에서 자연의 절대적 진리나 존재론적 실체를 비유나 상징으로 설명하듯이, 신학에서도 하나님의 본질이나 하나님에 관한 진상을 비유나 상징으로 표현한다. 하나님은 절대적 속성이기 때문에 하나님에 관한 절대적 진리는 진상이며, 하나님과 하나님의 존재론적 실체는 본질이다. 예수 그리스도는 인성의 관점에서 "예수께서 가르치심을 시작하실 때에 삼십 세쯤 되시니라. 사람들이 아는 대로는 요셉의 아들이니"(눅 3:23) 또는 "마리아에게서 그리스도라 칭하는 예수가 나시니라"(마 1:16)와 같이 직설적으로 표현할 수 있다.

그러나 예수 그리스도의 신성은 마태복음 8:16, 26-27 및 요한복음 3:13과 같이 반드시 은유·직유·상징을 사용하여 기술한다. 은유·직유·상징은 진상과 본질의 표현에 실제적인 도구지만, 진상과 본질을 정확하게 표현하지는 못한다. 그래서 폴킹혼은 『물리학, 철학 그리고 신학』(전양환 외 11인 옮김)에 실린 논문 '양자 세계'에서 존재론적 실체, 곧 본질을 존재가 아니라 이해라고 강조한다. 눈에 보이지도 않기 때문에 가시적으로 묘사할 수도 없는 물리적 본질뿐만 아니라 본질 그 자체인 '하느님'은 직접 지각하거나 인식하여 구체적으로 파악할 수 없고 기껏해야 비유나 상징을 통해 이해할 수밖에 없는 대상이라는 말이다.

에이버리 덜레스(Avery Dulles, 1918-2008)의 『과학과 종교, 두 세계의 대화』(박준양·전양환 옮김)에 따르면, 과학과 신학은 둘 다 신앙과 경험, 직관과 이성, 상상과 연역, 개인적 통찰과 공동체적 지혜의 조합을 바탕으로 연구한다. 과학과 신학은 예측과 예상 활동에 있어서도 서로 비슷한 점이 많다. 지성으로는 물질을 정확하게 예측할 수 없으며, 신앙만으로 하느님을 완벽하게 예상하거나 예언할 수 없다. 과학과 신학 각각의 통찰은 서로에 대한 이해의 깊이를 심화시키는 데 도움을 준다. 우주가 138억 년 전에 빅뱅으로 시작되었다는 우주론 지식은 창세기에 기록된 하느님에 의한 창조계시에 관한 이해에 도움이 되며, 창세기의 창조계시는 우주론 지식을 더 일반적인 의미로 이해하는 데 유용한 자료가 된다.

알베르트 아인슈타인(Albert Einstein, 1879-1955)은 "종교가 없는 과학은 절름발이며, 과학이 없는 종교는 장님이다"(science without religion is lame, religion without science is blind)라는 말을 통해 바버가 말하는 과학과 종교 사이의 '대화' 관계 입장에서 과학과 종교 또는 신학의 상호보완적 관계를 표현한다. 절름발이 과학은 독단적 편견에 치우친 과학을, 장님 종교는 맹목적 신앙을 말한다. 아인슈타인은 "과학은 무엇이 있는가를 확인할 수 있지만, 무엇이 있어야 한다는 것은 확인할 수 없다.…종교는 오직 인간 사고와 행동의 가치를 다루며, 사실과 사실들의 관계에 대해 정당하게 이야기할 수 없다"라는 말로 과학과 종교 사이의 '독립' 관계 입장을 견지하기도 한다. 과학과 종교 사이에 상호보완적 관계와 독립적 관계가 있다고 본 아인슈타인의 견해는 실증주의와 합리주의를 절대적으로 신봉하는 과학만능주의를 경계함과 동시에, 보편적 상식·가치·합리성을 무조건적으로 거부하는 맹목적 근본주의 그리스도교 신앙을 비판하는 것이다.

과학은 언제나 불완전하며 미완의 상태다. 궁극적 진리나 실체에 가까이 다가가기는 하지만 직접 다룰 수는 없다. 신학은 절대적 진리와 절대자 및 절대자에 관한 주제를 다룬다. 과학적 연구에서는 과학적 결론이, 신학적 탐구에서는 신학적 결론이 도출된다. 그럼에도 불구하고 진화주의가 그러하듯이, 과학적 연구 결과를 바탕으로 종교적·신학적 결론을 도출하는 우를 범하는 경우를 드물지 않게 본다. 창조과학에서는 철학적·신학적·종교적 전제들을 근거로 젊은 지구론 같은 전제와 일치하지 않는 과학적 결론을 도출한다.

(5) 종교와 과학의 관계에 관한 가톨릭 입장

『과학과 종교, 두 세계의 대화』(박준양·전양환)를 보면, 가톨릭 교황청에서는 종교와 과학의 상호보완적 관계를 강조한다. 교황 요한 바오로 2세는 뉴턴의 저술 『자연철학의 수학적 원리』의 발간 300주년을 기념하여 바티칸 천문대가 주관한 국제학술대회 개최 담당자에게 보낸 메시지에서, 인류 문화의 통합에 기여할 종교와 과학의 협력적 관계를 구축할 것을 촉구하였다. 종교는 과학을 반대하며 서로 떨어진 관계로 지낼 것이 아니라, 전체와 부분의 관계 안에서 통합된 통찰을 가져야 한다고 독려한 것이다. 교황 요한 바오로 2세는 바버의 주장을 지지하면서 종교와 과학의 관계에 대한 표준 유형으로, 즉 과학과 종교를 연결시키는 방식으로 갈등·독립·대화·통합을 언급하는 과정에서, 종교와 과학의 통합으로 과학에 의한 종교의 환원이 아닌 종교와 과학의 상호보완적 융합을 강조하였다.

종교와 과학의 관계에 관한 인식론적 환원주의를 거부한 요한 바오로 2세는 진리는 하나이며, 비록 서로 다른 측면이기는 하지만 진리가 신학과 과학 양쪽 모두의 목표임을 확신하면서, 신학과 과학 사이의 대화 그리고 교회와 과학사회 사이의 대화는 이제 더 이상 그리스도교 신앙을 위험에 빠뜨리지 않는다고 역설하였다. 하느님에 대해 올바르게 이야기하기 위해서는 우주에 관해 알아야 한다고 주장한 것이다. 교황 요한 바오로 2세는 종교와 과학 서로 간의 몰이해와 의심으로 얼룩진 과거의 대립에서 벗어나고자 종전을 선포한 셈이다. 과학에 관해서는 화합적 비평을 제안하면서, 신앙과 관련해서는 과감하게 고백한 것이다. 또한 이를 통해 가톨릭교회의 과학에 대한 주도권 주장도 종식시켰다고 볼 수 있다.

제2차 바티칸 공의회에서는 학문의 자유를 인정하고 과학의 합법적 자율성을 선언하였다. 교황청에서는 과학과 신뢰할 만한 신앙 사이의 오래된 갈등과 대립은 이제 더 이상 존재하지 않는다고 공표하고, 종교와 과학의 두 지식 공동체의 존재 가능한 일치를 조망하면서 "우리는 하나가 되어야 합니다. 우리는 서로가 되어야 하는 것이 아닙니다"라는 말로 종교와 과학의 융합적 관계를 강조하였다. 일치로 하나가 되는 것은 '종교과학'과 같은 단순한 합성이나 단일한 정체성이 아니라, 다양성의 통합과 아울러 대화 상대자에 대한 더 큰 성취의 달성을 뜻한다. 이는 새로운 학문의 태생이 아니라 각 영역의 한계와 능력을 존중하는 공동의 토대 위에서 각 영역의 기초·절차·방법·해석·결론을 얻는 데 근본적 목적이 있는 일치를 가리킨다. 종교와 과학이 단순히 대화하는 차원을 넘어 통합적 관점을 가져야 한다는 말은 과학과 종교가 각기 공동의 인류 문화에 대한 고유한 차원으로서 서로를 지지하여야 한다는 뜻이다.

이와 같은 가톨릭의 입장 표명은 신학을 '이해를 추구하는 신앙'(faith seeking understanding)으로 정의하는 가톨릭교회의 전통에 근거한다. 과학과 신학은 각 영역의 목표 안에서 자연스럽게 중복이 이루어지기 때문에, 영역들이 많이 유사하고 밀접하게 평행한다고 가정한 것이다. 이러한 융합적 관계에서는 종교와 과학 둘 다 각각의 고유성을 잃지 않고 서로에게 환원되지도 않는다. 오히려 각각의 대화를 통한 역동적 교화 과정에서, 상호 존중하며 서로를 풍족하게 할 수 있고 인류의 선에 함께 기여할 온전한 통합적 관계도 유지할 수 있다. 이러한 상호작용 관계에서는 두 공동체가 다양성 안에서 서로를 포용하는 실재가 될 수도 있다.

가톨릭 교황청은 과학이 철학이나 신학에서 다루는 문제와 동떨어질 수 없는 관계를 강조한다. 교황청은 '과학은 종교를 오류와 미신으로부터 정화할 수 있고, 종교는 과학을 우상과 거짓 절대성으로부터 정화할 수 있다. 과학과 종교는 둘 다 서로를 풍요롭게 하는 더 넓은 세상으로 서로를 이끌 수 있다'는 메시지를 전한다. 과학은 종교로부터 오류와 미신을 제거하고, 종교는 과학의 절대화에서 비롯하는 과학지식의 이른바 바벨탑 건축을 경고하며 피조물에 대한 맹목적 숭배를 금지한다는 말이다. 교황청의 이 논평은 종교와 과학의 상호의존적 관계에 관한 강평이기도 하다. 종교와 과학은 서로를 필요로 하기 때문에, 각각 상대의 한계를 인정해야 한다는 것을 뜻하기도 한다. 그런 상호관계 안에서는 신학이 사이비 과학을 결코 주장하지 못하며, 과학은 의식이 없는 신학이 되지 않게 하는 데 유용한 역할을 한다.

2. 그리스도교 교회와 그리스도교 신학

프란치스코 교황의 회칙 「신앙의 빛」에 따르면, 교회는 신앙의 어머니입니다. 구약성경에서는 하느님의 백성을 교회로, 신약성경에서는 예수를 따르는 사람들의 모임을 그리스도교 교회로 부른다. 신학에서는 교회를 그리스도 안에서 이루어지는 하느님과 인간 사이의 친교의 신비라고 말한다. 『가톨릭 교회 교리서』(한국천주교주교회의)에서는 눈에 보이는 성당을 교회라고 한다. 『기초신학』(통신신학교육부)에서는 그리스도교 신학을 하느님에 관한 학문, 하느님을 목적으로 하는 학문, 하느님의 은총에 의한 인간과 하느님의 통교를 연구하는 학문으로 규정한다. 이 정의들을 종합하면 그리스도교 신학은 하느님과 교회에 관한 연구로 요약된다.

1) 그리스도교 교회의 특성과 형성

그리스어 번역본 70인역 성경에서는 이스라엘 백성을 가리키는 용어 '야웨의 백성'을 '하나님의 백성'으로 번역하였다. 신약성경에서는 그리스도를 믿는 신자들의 단체를 에클레시아(ecclesia)라고 불렀으며, 교회를 그리스도의 몸(엡 1:23), 하나님의 백성(계 7장), 살아계신 하나님의 성전(고후 6:16)이라고 말한다. 그리스도교 교회는 기원후 30여 년경 예수가 부활한 지 50일째 되던 날 오순절에 성령이 사도들에게 강림하자, 베드로(Peter)가 이를 하나님으로 선포함으로써 설립되었다.

(1) 교회의 의미와 특성

프란치스코 교황이 공포한 회칙 「신앙의 빛」(한국천주교주교회의)에 따르면, 그리스도교 신앙은 교회의 친교 안에서 발생한다. 그리스도교 교회는 믿는 이들의 공동체로서 예수 그리스도가 승천하여 보낸 성령의 강림으로 생겨났다. 『알고 싶은 가톨릭 신학 II』(조한규 지음)를 보면, 제2차 바티칸 공의회는 교회를 하느님의 백성, 그리스도의 몸(롬 12:4-5; 고전 12:12-27) 또는 그리스도의 머리(골 1:18), 구원의 성사라는 세 가지 의미로 정의하고, 〈교회 헌장〉을 빌려 교회의 기원을 삼위일체의 관점을 통해 기술한다. 이에 따르면 그리스도의 성사인 교회는(1항) 성부의 사랑으로 계획되었고(2항), 성자의 파견과 활동으로 세상에 설립되었으며(3항), 거룩하게 하시는 성령을 통해 생명력을 유지한다(4항).

『알고 싶은 가톨릭 신학 II』(조한규 지음)에 의하면 교회는 삼위일체 하느님으로부터 계획되었고 시작되었으며 완성을 향하여 나아간다. 교회는 '그리스도의 몸으로 이루어진 새로운 하느님 백성'이다. 그러나 그리스도교 교회는 하느님 아들 예수 그리스도의 육화와 유사한 구조로 이루어져 있어서, 그 본질을 완전히 이해하기는 쉽지 않다. 조한규는 교회의 시작, 발달, 기능을 다음과 같이 기술한다.

- 교회는 삼위일체의 친교로부터 시작되었다: 하느님은 삼위의 일체로서 친교와 사랑을 나누는데, 이는 교회의 본래적 모습이고, 하느님이 건립의 이유와 목적임을 암시한다.
- 성자와 성령의 파견을 통해 교회의 신비가 구현되고 완성된다: 성부가 성자를 파견하였고, 성부와 성자로부터 성령이 파견되었다.

여기서 파견은 일치와 사랑과 친교로 이루어지는 선교를 말한다.

- 인간과 친교를 나누고자 하는 하느님의 인격적 친교 의지가 교회
를 통해 드러난다: 교회는 하느님을 보다 분명하고 직접적으로 만
나고 체험하고 구원의 은총을 받는 곳이다.

『가톨릭 교회 교리서』(한국천주교주교회의)에서는 그리스도교 교회의
속성을 하나인 교회, 거룩한 교회, 보편된 교회, 사도로부터 이어오
는 교회로 나눈다. 눈에 보이는 교회 건물을 일컫는 성당은 신자들이
모이는 장소일 뿐만 아니라, 지역에 살아 있는 교회, 그리스도 안에
서 하나가 된 사람들과 함께 하느님이 머물러 있는 교회를 드러낸다.
가톨릭교회는 그 기원·설립자·근본에서 하나다. 교회는 하느님의
일치이며, 그 설립자로 보아 하나이며 영혼으로도 하나다.

신약성경에서도 교회를 하나님의 백성으로 기술한다. 즉 구약
성경에서 계약으로 야웨와 맺어진 백성이 된 것과 같이, 하나님의 구
원 약속인 그리스도를 믿는 백성은 그리스도의 피(고전 11:25)와 성령
의 힘(고후 3:6)으로 새 계약을 맺은 하나님의 백성(벧전 2:9)을 가리킨
다. 그러나 교회는 그리스도의 신비체이기도 하며, 하나님의 백성이
라는 말만으로는 교회의 그 신비체를 충분히 기술하지 못한다. 교회
가 참 하나님의 백성이 되려면 세례를 받아 그리스도와 한 몸이 되며
(갈 3:26-29), 신앙으로 하나님의 자녀가 되고(갈 3:26-29), 성체와 성
혈을 영하여 한 몸이 되며(고전 10:16-17), 그리스도의 지체가 되어야
한다(고전 6:15-17).

(2) 그리스도교 교회의 형성과 변화

현대적 의미로 말하는 교회의 몸이 되는 그리스도교 신자들의 단체는 그리스도가 탄생한 이후에 출현하였지만, 인간의 구원을 위한 하나님 특히 창조주 하나님을 경배하는 교회의 기원은 우주가 창조된 시점까지 거슬러 올라간다. 『알고 싶은 신학 II』(조한규)에서는 교회를 그리스도교의 교회에 한정하여 그 의미와 기원을 기술한다. 조한규에 의하면 그리스도교는 예수 그리스도로부터 본격적으로 시작되었고, 그런 이유로 그리스도의 교회라고 부르기도 하며, 제2차 바티칸 공의회는 그리스도의 성사라고 부른다. 교회는 예수 그리스도가 공생활을 시작하였을 때 형성되었고, 예수가 사도를 세우고 베드로에게 교회를 맡길 때 시작되었다. 그리고 성령이 파견되자 교회가 설립되었다. 예수 그리스도의 탄생, 공생활, 수난, 죽음, 부활, 성령강림은 모두 그리스도교 교회의 기초이자 시작이라고 할 수 있다.

『가톨릭 교회 교리서』(한국천주교주교회의)를 보면, 그리스도교 교회는 그리스도가 성경에서 약속한 하느님 나라가 다가왔다는 기쁜 소식을 선포함으로써 그리고 그리스도가 인간의 구원을 위해 자신을 온전히 내어줌으로써 생겨났다. 그리스도교 교회의 창설과 그 안에서 이루어지는 미사/예배는 예수 그리스도의 공생활과도 연관이 있다. 최후의 만찬 가운데 성찬례를 제정하였으며, 십자가에 매달려 있을 때 창에 찔려 옆구리에서 흘러나온 피는 성체성사를 상징한다. 그리스도가 승천한 이후 오순절에는 성령이 교회를 거룩하게 하도록 파견되었다. 이런 교회를 세우기 위한 준비는 하느님이 백성을 모으기 위해 아브라함을 부름으로써 마련되었으며, 직접적인 준비는 이스라엘을 하느님의 백성으로 선택하는 순간에 시작되었다.

큉이 『가톨릭의 역사』(배국원 옮김)에서 기술한 바와 같이, 종교적 공동체로서 가톨릭교회는 예수 그리스도의 부활과 성령의 경험이 끼친 영향으로 설립되었다. 예수 그리스도가 직접 교회를 설립하지 않았다고 말할 수는 있을지라도, 그리스도교 교회의 기원은 십자가 처형을 당하고 다시 부활한 예수 그리스도에게서 찾을 수밖에 없다. 그리스도교 교회는 본래 특정한 공동체로부터 격리된 종교적 기능인들로 구성된 조직을 말하는 것이 아니라, 특정한 장소와 시간에 특별한 활동을 위해 모인 공동체를 가리키는 지역교회를 의미한다. 신약성경에 따르면 모든 지역교회가 구원을 위해 필요한 선포된 복음, 입교의식의 세례, 감사와 성만찬 집전, 목회 활동을 부여받았다. 초기 공동체에는 사도들, 예언자들, 교사들, 전도사들이 있었다. 바울은 기원후(약 5-67) 세 차례의 유럽 선교여행을 하면서 최초로 이방인들을 위한 그리스도교 교회를 세웠다.

그리스도교는 본래적으로 예수 그리스도의 가르침에 바탕을 두고 형성된 유대교에서 파생되었으며, 바울의 편지와 선교를 통해 보편 교회로 발달하였다. 그리스도교 교회는 구약시대를 거치는 동안 준비되었고, 그리스도에 의해 설립되었으며, 세상의 종말에 완성될 신비다. 주님이 약속한 대로 성령이 강림하여 사도들이 진리를 깨닫고 선포하게 하였으며, 믿는 이들은 성령의 능력을 받아 하나님의 백성이 되었다. 성령은 강림하여 교회를 창립하여 세상에 선포하고, 언제나 교회에서 함께 있으면서 교회를 인도한다. 성경에는 교회가 무엇인지 정의되어 있지 않지만, 이스라엘을 상징하는 포도원, 건축, 목자와 양 떼, 야웨의 배우자라는 표현과 하나님의 백성이라는 개념으로 교회가 묘사되어 있다. 그리스도교 교회는 예수의 수난·죽음·부활의 의미를 전하는 성체성사(그리스도의 몸)로 살아간다.

(3) 그리스도교 교회의 특성과 사명

가톨릭교리신학원의 『교회론·마리아론』(조규만 지음)을 보면, 예수 그리스도에게 속한 사람들의 모임을 가리키는 그리스도교 교회는 예수 그리스도에 대한 사도들의 부활신앙 고백에 근거한다. 교회는 특정 이념이나 사상을 따르고 실천하는 과정을 통해 신앙인들로 조직화된 단체가 아니며, 하느님의 선택과 인간의 순종 그리고 하느님의 계시와 인간의 고백에 기반한 약속과 실행의 결과다. 교회론은 이런 주제를 다루는 신학 과목이다. 덜레스는 『은총론·사목신학』(김미정·박동호)에서 교회의 모형으로, 인간사회로 조직된 제도로서의 교회, 은총과 구원의 공동체 곧 신비의 친교 공동체로서의 교회, 은총이 세상에 실재한다는 가시적 상징인 성사로서의 교회, 하느님 말씀의 선포자로서의 교회, 공동체를 치유하는 세상 봉사자로서의 교회라는 다섯 가지 교회관을 제시한다. 이 교회관에는 교회가 해야 할 일과 교회의 사명, 교회의 구성과 기능 및 역할이 포함되어 있다. 한편 큉은 『가톨릭의 역사』(배국원 옮김)에서 이와 다른 관점을 바탕으로 바람직한 교회의 특성을 다음과 같이 제시한다.

- 교회는 성직자 중심이 아니다: 모든 신앙인이 하느님 백성이다; 교회를 성직화하여서는 안 된다.
- 교회는 개개의 개인이 아니다: 모두 하느님의 부름으로써 하느님 백성이 된다; 교회를 개인화해서는 안 된다.
- 교회는 객관적 실체가 아니다: 각자 인간적 결단을 통해 하느님 백

성이 된다; 교회를 실체화해서는 안 된다.

- 교회는 이상적 존재가 아니다: 모든 신앙인은 역사상 하느님 백성이다; 교회를 이상화해서는 안 된다.
- 교회는 성령의 피조물이다: 교회는 성령이 짓는다; 교회는 성령이 아니다.
- 교회는 그리스도의 몸이다: 교회는 성찬 공동체다; 교회에는 그리스도가 현존한다.

교회는 구원의 사람들에게 복음을 전하며, 그들을 하나님의 백성으로 만들고, 그들을 통해 세상 만물을 그리스도 안에서 하나님께 영광을 드리는 사명이 있다(고전 15:18). 교회의 사명은 세상 만물과 만인을 위한 보편적 구원의 길이자 유일한 구원의 길이다. "너희는 온 천하에 다니며 만민에게 복음을 전파하라"(막 16:15)는 말씀은 교회가 구원 사업을 계속해야 한다는 뜻이 함축되어 있다. "몸이 하나요 성령도 한 분이시니…주도 한 분이시요 믿음도 하나요 세례도 하나요 하나님도 한 분이시니 곧 만유의 아버지시라"(엡 4:4-6)는 말씀과 같이 교회는 하나의 신앙과 하나의 세례와 하나의 몸이니 구원의 길도 하나일 수밖에 없다.

『가톨릭 교회 교리서』(한국천주교주교회의)에서는 교회를 어떤 정치 체제에 얽매이지 않는 인간 초월성의 표지이자 보루로 규정하고 (2245), 교회가 정치·경제·사회 문제에 관해 윤리적 판단을 내려야 한다고 권고한다(2246; 2420). 또한 인간의 기본권과 영혼의 구원이 문제가 되는 경우라면 교회는 정치 질서에 관한 일에 대해서도 윤리적 판단을 내리는 것이 정당하다. 교회는 오로지 복음에 일치하고 다양한 시대와 변하는 환경에 따라 모든 사람의 행복에 부합하는 모든 방법을 사용할 것을 강조한다. 교회는 경제와 사회 문제에 관해서도 윤리적 판단을 내리는데, 이 경우에는 교회의 궁극적 목적인 최고의 공공선과 관련된 관심을 표명해야 한다.

『가톨릭 교회 교리서』(한국천주교주교회의)에서는 교회의 사명과 임무를 다양하게 제시한다. 하느님 백성으로서 교회가 수행해야 할 여러 임무들 중 하느님께 봉사하는 임무가 가장 중요하다. 하느님 백성 전체가 사제, 예언자, 왕의 세 가지 직분, 바꾸어 말하면 선포하는 예언직, 봉헌하는 사제직, 봉사하는 왕직에 참여하며, 거기에서 나오는 사명과 봉사의 책임을 진다. 또한 회개는 끊임없이 수행해야 할 임무이며, 우리는 신앙을 고백할 뿐만 아니라 신앙의 유산을 보존하고 복음화와 교리의 교육을 이행할 임무와 역할이 있다. 그리스도와 결합된 교회는 그리스도를 통해 그리스도 안에서 하느님의 백성과 성도들을 성화시키는 도구다. 그리스도교 교회는 성령이 파견되어 설교를 통해 복음을 전파하기 시작하였다. 그리스도교 교회는 인간의 기본권과 영혼들의 구원이 요구할 때, 경제와 사회 문제에 대한 윤리적 판단을 내려야 하고 말씀과 교리를 가르치는 임무에도 충실해야 한다. 교도권의 권위는 자연법의 특정한 규정에까지 미치며, 평신도 가운데 자질과 역량을 갖춘 자는 교리 및 학문의 교육과 홍보에 협력할 수 있다.

2) 그리스도교 신앙과 믿음 그리고 이성과 과학

신앙(faith), 이성(reason), 과학은 궁극적 사실(fact) 곧 진실(truth), 하나밖에 없는 절대적 진리(truth) 곧 진상(substance), 존재론적 실체(reality) 곧 본질(essence)을 추구하는 공통적 특성이 있다. 진실·진상·본질은 어떤 가시적 형상으로도 포착되지 않으며 인지적 윤곽조차 그려지지 않기 때문에 모형·비유·상징으로 표현될 수밖에 없다. 일상적 활동에서 근원한 모형·비유·상징은 직접 확인할 수도 표현할 수도 없고 보이지도 않는 하나님을 기술하는 가시적 도구로서 하나님에 대한 믿음과 신앙으로 이끄는 데 유용한 도구다. 신앙은 믿음을 기초로 초자연적 지식을 체득하는 수단이고, 이성은 내적 사고를 통해 자연적·초자연적 지식을 추구하는 수단이며, 과학은 과학적 방법을 적용해 자연에 관한 지식을 쌓는 수단이다. 신앙으로 믿어서 얻는 것과 이성을 통해 발견한 것은 서로 양립될 수 있다. 신앙과 이성의 양립 관계는 역시 양립할 수 있는 종교와 과학의 관계 또는 신앙과 과학의 관계에 대응된다. 한편 신앙과 이성은 각각 신앙적 이해의 대상이자 이성적 앎의 대상인 진상과 본질이라는 공동의 목표를 추구한다. 이는 이성이 과학지식의 구성과 검증에 핵심적 방법이지만, 신앙적 이해에도 필수적 수단임을 암시한다.

(1) 신앙과 믿음

가톨릭교리신학원의 『기초신학』(통신신학교육부)에 따르면 그리스도교 신앙은 초자연성·자유성·합리성을 갖춘 전인적 행위지만, 특별히 초자연적 성격으로 말미암아 절대적 확실성을 띤다. 그리스도교 신앙이 정당화되기 위한 전제는, 하느님의 보편적 구원 의지와 신앙에 도달할 수 있는 인간의 존재 양상이 미리 주어져 있으며, 역사적 하느님의 자기계시와 그것을 받아들여 믿을 수 있도록 내적 신앙의 은총도 이미 베풀어져 있고, 이 계시와 신앙을 선포하는 교회의 복음 선포가 벌써 주어졌어야 한다는 사실이다. 구약성경 안에는 그리스도교 신앙이 계약의 하느님 야웨에 대한 대답으로 나타나 있다. 이와 대조적으로 신약성경에는 그리스도교 신앙이 예수의 구원적 사건에 대한 인식과 고백, 하느님 말씀에 대한 신뢰, 하느님에 대한 겸손된 복종, 전인적 헌신으로 표현되어 있다. 제1차 바티칸 공의회에서는 신앙을 '계시하시는 하느님께 지성과 이성의 완전한 순종을 드러내는 것'이라고 정의하였으며, 제2차 바티칸 공의회에서는 이 정의에 '자기를 온전히 하느님께 자유로이 맡기는 것'을 첨가하여 그리스도교 신앙의 의존적·신뢰적 측면을 한층 더 강조하였다.

『한국가톨릭대사전』(한국교회사연구소)에서는 믿음(belief)을 초자연적 절대자 창조주를 경외하고 받드는 신앙으로, 그래서 감정과 이성 그리고 지식에 의한 단편적 대응만이 아니라 하느님의 말씀에 대한 전인적 응답으로 규정한다. 하느님을 믿고 하느님 말씀을 받아들이는 이유는 영적 경험에 잘 부합하고 그 의미를 쉽게 이해하고 받아들일 수 있기 때문이다. 그러나 엄밀한 의미에서 신앙은 믿음과 다르다. 신앙은 의지와 신뢰에 바탕을 둔 종교 대상에 대한 태도이며, 믿음은 논리와 경험에 바탕을 두고 참으로 받아들이는 마음이다. 신앙은 대상에 의심이 가더라도 변하지 않지만, 믿음은 새로운 정보나 지식에 따라 바뀔 수 있다. 신앙과 믿음은 믿음이 없더라도 신앙을 가질 수 있으며, 신앙이 없더라도 믿음을 가질 수 있는 독립적 관계다.

신앙과 믿음은 둘 다 종교와 구분된다. 신앙은 대상에 대한 완전한 신뢰와 확신이며, 종교는 믿음 또는 경배의 특수한 체제다. 종교는 일련의 신앙적 태도이며, 믿음은 종교적 실천이다. 그러므로 종교적 믿음은 바로 종교로 또는 종교적 신앙으로 기능할 수 있다.

프란치스코 교황이 공포한 신앙에 관한 회칙 「신앙의 빛」에 따르면 "만일 너희가 굳게 믿지 아니하면 너희는 굳게 서지 못하리라"(사 7:9)는 말씀이 함의하는 바와 같이 그리스도교 신앙의 중심에는 믿음과 진리에 대한 앎이 있다. 다음 성경 말씀들에서도 알 수 있듯이 그리스도교 신앙은 하느님에 대한 믿음 또는 그리스도교 교리와 가르침에 대한 믿음이다. "믿음은 바라는 것들의 실상이요 보이지 않는 것들의 증거니"(히 11:1), "믿음으로 모든 세계가 하나님의 말씀으로 지어진 줄을 우리가 아나니 보이는 것은 나타난 것으로 말미암아 된 것이 아니니라"(히 11:3). 『알고 싶은 가톨릭 신학 I』(조한규)에도 기술되어 있듯이, 믿음은 '주관적으로는 확고하고 확실하나, 객관적 근거는 미약한 것, 비지성적 행위'를 의미할 때 사용하는 용어다. 그리스도인에게 믿음은 하느님을 향한 길·진리·생명인 예수 그리스도에게 순응하고 순종하는 것, 이성적으로 알 수 없는 하느님의 진리를 계시에 근거해 무조건 받아들이는 것, 머리로는 절대 이해할 수 없는 하느님을 마음 깊은 곳에 품고 평생을 사는 것이다.

과학에서는 믿음이 지식을 획득하는 수단이자 기초적 지식이다. 그래서 과학지식의 획득에는 신앙보다 믿음이 더 필수적이다. 그리스도교의 믿음은 과학적 연구의 전제조건인 가정(assumption)에 대응된다. 고대 그리스의 자연철학자들은 물질을 이루는 가장 기본적인 구성요소(primary constituent)의 존재를 가정하고(곧 믿고), 그 기본물질(primal substance)을 추구하는 과정에서 그 본질을 가리켜 물·불·공기·흙이라고 하였으며, 그 이후에는 원자라고 불렀고, 지금은 소립자라고 한다. 그리스도교는 하느님의 본성을 이해하기 위해 성경에 기록된 하느님의 계시를 신앙적 사실로 받아들이면서 그 신앙적 사실이 가리키는 진실을 믿는다. 그리스도교는 "태초에 하나님이 천지를 창조하시니라"(창 1:1)는 말씀을 하느님에 관한 신앙적 사실로 받아들이고, 그 하느님의 계시가 가리키는 "전지전능한 창조주 하느님이 세상을 창조하였다"라는 진실을 믿는다.

민음은 신뢰를 바탕으로 한 내적 신념으로서, 특정한 가치나 사실을 인정하고 받아들이는 마음의 내적 상태를 가리킨다. "하늘을 우러러 뭇별을 셀 수 있나 보라.…네 자손이 이와 같으리라"(창 15:5)에 이어 "아브람이 여호와를 믿으니 여호와께서 이를 그의 의로 여기시고"(창 15:6)라는 말씀은 하느님의 약속에 대한 신뢰를 드러내는 아브라함의 믿음을 증언한다. 아브라함의 그런 믿음은 신앙과 일치한다. 믿음과 신앙은 내적 상태라는 공통적 특성이 있다. 그러나 믿음은 가치나 사실과 관련이 있으며, 신앙은 그런 가치나 사실을 받아들이게 하는 능력이나 자질을 가리킨다. 또한 믿음이 종교에서뿐만 아니라 일상생활 상황에서도 쓰이는 말이라면, 신앙은 순전히 종교에 관한 내용을 표현할 때 사용하는 용어라는 차이가 있다.

그리스도교 신앙은 신앙인이 직접 찾아내는 것이 아니라 전적으로 하나님이 부여한 선물로서 하나님에게 진심으로 청할 때 얻을 수 있다. 그렇다고 해도 그리스도교 신앙은 무조건적인 믿음을 강요하는 것이 아니라 선택과 자유를 존중하는 믿음, 다름이 아니라 동의하며 생각하는 믿음이라는 특성이 있다. 이성은 율법을 인식하고 신앙은 복음을 인식하게 해준다는 루터의 주장과 달리, 그리스도교는 올바른 신앙을 위해 자유와 이성의 중요성을 강조한다. 특별히 가톨릭교회는 인식을 강조하는 신앙으로서, 하느님의 말씀을 이해하려는 노력과 자발적 선택 및 순종을 강조한다. 가톨릭교회는 또한 하느님을 아는 이성보다 하느님을 사랑하는 신앙을 더 중요시한다.

윤철호는 그의 저서 『기독교 신학개론』에서 믿음을 신앙 및 이성과 연관시켜 이해하도록 권고한다. 윤철호에 의하면, 특히 공관복음서에 기록된 예수 그리스도의 가르침에 나타난 믿음과 같이 신약성경에 함의된 믿음의 본질은 하나님에 대한 인격적 신뢰이며, 그 신뢰는 다름이 아닌 그리스도교 신앙의 본질이다. 신뢰에 기초한 그리스도교 신앙은 하나님의 약속에 대한 믿음, 하나님의 명령에 대한 순종, 사랑과 정의의 삶으로 구현된다. 구약성경의 믿음은 행위와 분리되지 않는다. 신명기에도 나타나 있듯이 믿음은 자신의 몸과 마음과 정신과 힘을 다하여 전인격적으로 하나님을 사랑하는 것이다. 믿음과 신뢰에 기초한 신앙은 자율적이고 중립적인 지식이 아니며, 이성적 증명을 요구하지도 않는 초이성적 속성이다. 18세기 계몽주의 시대는 이성의 시대(the age of reason)로서, 모든 외적이고 타율적인 계시적 권위에 대항하여 내적이며 자율적인 이성적 권위를 내세웠으며, 그와 아울러 주관적 신앙을 객관적 이성으로 대체하였다.

그리스도교 신학에서 사전적 의미로 정의하는 신앙은 창조주 하나님을 믿고 의지하며 그분의 계시를 그대로 받아들이는 믿음의 실천이며, 또한 인간과 하나님 사이를 특징짓는 초자연적 속성이다. 신앙의 궁극적 대상은 경험적으로는 확인할 수 없고 믿음을 통해서만 이해할 수 있는 영역, 눈으로는 볼 수 없는 하나님의 본질과 하나님의 계획에 관한 것으로서 암기하거나 고백하는 것으로는 소화할 수 없는 절대적 진리이자 성경에 암시된 하나님의 계시다. 아퀴나스는 신앙을 의지에 따라 진리에 순응하는 지적 행위로 규정하는데, 그가 말하는 신앙은 궁극적 진리에 대한 믿음으로서 어떤 증거도 요구하지 않으며, 어떠한 경험적·합리적 방법으로도 입증할 수 없다. 그리스도교 신앙은 그리스도에 관한 지식에 근거한다. 성경의 관점에서 말하는 그리스도교 신앙도 성경에 관한 지식에 기초하며 일련의 이유에 입각한다. 모세, 엘리야, 사도들은 하나님에 관한 지식이 있었기 때문에 하나님에 관한 절대적 믿음을 가지고 행동했다. 하나님에 관한 지식이 그들에게 하나님을 신뢰할 이유를 제공한 것이다.

(2) 이성의 특성

사전적 의미로 말하자면, 이성은 지식을 분석하고 전개하기 위해 사용하는 지적 능력을 뜻하며, 신학적으로는 하나님에 대해 직관적으로 인식하는 능력으로서 피조물들 사이나 피조물과 창조주 사이에서 나타나는 자연적 속성으로 규정할 수도 있다. 신학에서는 이성을 종교적 진리를 탐색하는 인간의 지성으로 간주하며, 종교와 과학에서는 이성을 방법론적 탐구의 원리로 이해하기도 한다. 이성은 논리적 과정에 따라 합리적 결론에 도달하는 정신적 능력 또는 더 일반적인 의미로 개념적 배경을 통해 사유하는 능력으로서 경험적 진리의 획득에 목적이 있다. 이성은 단순히 형식논리적 추론이나 추리가 아니며, 전통과 권위에서 나오는 지혜는 더더욱 아니다. 이성은 과학적·물질적 증거를 전제로 하는 추론이다. 지적 탐구에는 증거가 필요한데, 증거는 오직 이성에 의해서만 판단된다.

『한국가톨릭대사전』(한국교회사연구소)에 따르면, 이성은 보고 들어서 아는 감각적 인식 능력과 대비되는 개념으로서 사유 능력을 말한다. 이성은 사물을 올바르게 판단하는 힘, 참과 거짓 또는 선과 악을 식별할 수 있는, 그리고 본능·충동·욕구에 좌우되지 않고 사려 깊게 행동할 수 있는 개념적 사유 능력을 말한다. 신학에서는 이성을 오래전부터 번쩍거리는 빛으로 표현하였는데, 데카르트도 태어날 때부터 가진 이성의 능력을 자연의 빛으로 보았다. 그는 우주의 모든 것이 어둡고 혼란스런 카오스(chaos) 안에서 법칙을 가진 호화로운 우주인 질서정연한 코스모스(cosmos)가 되어 나온다고 생각하였다. 칸트는 본능과 감성적 욕망이 아니라 당위적 의식에 의해 결정되는 행위를 이성적이라고 하였다. 칸트가 말하는 이성은 판단의 일반 원칙을 구하는 아무런 제약이 없는 인식 능력이며, 지성이나 사고를 통해 다양한 감각과 그 인식을 통일하는 피제약적 인식 능력인 오성(understanding)과 구분된다. 헤겔은 특정 대상에 대한 개념작용의 능력을 가리키는 칸트의 오성을 추상적 개념의 능력으로, 이성을 구체적 개념의 능력이나 우주를 지배하는 원리의 의미로 사용한다. 인간은 자율적으로 자신의 행위를 결정하는 이성적 능력이 있기 때문에, 도덕적 행위를 할 수 있다.

이성은 성경·전승·경험과 아울러 네 가지 신학의 출처 가운데 하나이자 신앙의 한 수단이다. 이성은 아는 모든 것과 알기를 원하는 모든 것의 발견에 필수적 수단이다. 신학에서는 이성이 계시된 진리와 삶 속에서 작용하는 섭리를 추리하는 데 적용되며, 신앙인을 믿음으로 이끌어 맹목적 신앙에서 벗어나게 하는 매개체 역할을 한다. 아퀴나스는 초월적 도움 없이 자연이성만으로 하나님의 존재를 증명할 수 있으며 영원의 불멸성도 확립할 수 있다고 보았다. 파르메니데스(Parmenides, 기원전 약 510-450)는 이성을 진리의 바탕으로 보고, 이성을 통해 생각할 수 없는 것은 존재하지 않는다고 말하였다. 과학주의는 이성만으로 하나님 또는 하나님과 관련이 있는 모든 진리를 추리하거나 단정하는 경향이 있다. 무신론은 이성에 기초하여 하나님의 존재와 본질을 부정한다.

(3) 신앙과 이성

신앙과 이성은 둘 다 믿음의 바탕이 되는 권위의 출처다. 신앙으로 이해한 것과 이성으로 얻은 결론은 상충되지 않는다. 신앙과 이성은 둘 다 오류라고는 전혀 없는 하나님에게서 온 것으로서, 진리 그 자체인 하나님에게 다다르는 데 사용하는 필수적 수단이기 때문이다. 하나님이 이성을 창조하고 신앙을 주었기 때문에 신앙으로 받아들인 진리와 이성으로 발견한 진리도 서로 모순되지 않을 뿐만 아니라 서로를 지탱하고 비춘다. 『신학과 과학의 만남』(윤철호·김효석 편집)에 따르면, 프리먼 다이슨(Freeman Dyson, 1923-2020)은 신앙과 이성이 다음과 같은 지점에서 충돌한다고 말한다.

- 초기 생명체와 지성의 기원에 관한 것: 생명이 우연히 출현했다는 이론과 신의 계획으로 만들어졌다는 그리스도교 교리
- 인간의 자유의지와 과학의 인과론: 하나님이 부여한 인간의 자유의지와 물질세계가 따르는 결정론
- 목적론과 과학적 설명 방식: 목적론과 과학의 비목적론적, 기계론적 설명

- 설계 논증: 창조론 대 진화론
- 신의 목적 또는 마음: 물리적 수준과 지성적 수준에서 함께 작용하는 최대 다양성의 법칙

교황 레오 13세(Leo PP. XIII, 1810-1903)가 학자적 입장에서 과학과 종교는 서로 공존해야 한다고 말하였듯이, 자칫 이성이 없는 신앙은 인간을 미신에 이르게 하며 신앙이 없는 이성은 허무와 상대주의에 빠지게 한다. 신앙과 이성은 상호보완적 관계가 있으며 서로에게 필수적 요소이고, 둘 다 종교적 믿음을 정당화하는 원천이다. 이성을 거부하거나 멸시하는 신앙은 미신이나 광신 또는 맹신에 빠질 수 있고, 의도적으로 신앙에 얽매이는 이성은 진보할 수는 있을지언정 인식될 수 있는 절정에는 이르지 못한다. 그러므로 교황 요한 바오로 2세의 회칙 「신앙과 이성」에도 강조되어 있듯이, 이성과 신앙 그리고 더 보편적으로 과학과 종교는 "인간 정신이 진리를 바라보려고 날아오르는 두 날개"가 되어 함께 나아가야 한다. 신학은 '이해를 추구하는 신앙'에 대해 개방적이고 겸손한 태도를 보여야 하며, 과학적 측면에 있어서는 과학주의적 입장을 피해야 한다. 프란치스코 교황의 신앙에 관한 회칙 「신앙의 빛」에 따르면, 올바른 신앙은 이성이 하느님으로부터 오는 빛에 개방되도록 이끌고 진리에 대한 사랑의 인도를 받아 하느님에 대한 더 깊은 이해에 이르게 한다.

아우구스티누스는 고대 그리스의 자연 철학과 유대교의 두 전통을 통합하여 그리스도교 사상을 구축하고, 그에 따라 신앙과 이성을 뚜렷하게 구별하지 않았다. 그는 신앙에 접근하기 위해 믿음으로 이끌어주는 이성을 추구하였으며, 신앙으로 이해에 도달하고자 하

였다. 현대의 과학적 사고 안에서는 신앙과 이성의 관계가 아우구스티누스와 안셀무스의 '이해를 추구하는 신앙' 안에서 온전하게 회복되었다고 볼 수 있다. 안셀무스는 아우구스티누스의 정신에 따라 이성과 신앙의 관계를 "믿기 위해서 이해하는 것이 아니라 이해하기 위해서 믿는다"와 같이 표명하였다. 조호영은 폴킹혼과 벨커의 저서 『살아 계신 하나님에 대한 신앙』의 역자 서문에서 "이해하기 위해서 믿는다"를 모든 이성적 지식이 믿음을 토대로 이루어진다는 뜻으로 해석한다.

『한국가톨릭대사전』(한국교회사연구소)에 따르면, 신앙은 하느님의 부르심에 대한 인격적 응답, 신학 또는 교의에 관한 지식, 인간 및 인간 상호 간에 관한 지식, 인간과 하느님 사이에 성립되는 초자연적 관계다. 한편 이성은 지식을 분석하고 활용하는 데 사용하는 지성이며, 피조물 사이 또는 피조물과 조물주 사이에 존재하는 자연적 속성이다. 신앙과 이성은 서로 구별하지 않을 경우 아무런 문제가 제기되지 않지만, 둘을 관련시켜 논의할 때는 인식론적 조화, 자연과 초자연, 학문과 계시의 관계에 관한 문제가 제기된다. 또한 신앙과 이성의 관계에 대한 입장은 그 관계로부터 제기되는 문제에 대한 인식에 따라, 신앙에서 이성의 필요성을 배제한다는 신앙주의 또는 전통주의, 이성이 신앙을 망라한다는 합리주의와 과학주의, 신앙과 이성의 구별은 사고상의 한계일 뿐 실제적 상태의 표현이 아니라고 보는 자연주의 또는 초자연주의로 나뉜다.

신앙과 이성은 둘 다 신학의 대상이다. 신학적 탐구의 목적 가운데 하나는 하나님이 계시한 진리를 신앙과 이성으로 파악하는 것이다. 신앙과 이성은 둘 다 하나님이 준 선물로서 지식을 습득하는 수단이다. 다만 신앙은 지식을 초자연적으로 획득하는 수단이며, 이성은 지적으로 습득하는 수단이다. 이성에는 한계가 있고 이성이 인식하지 못하는 것도 실재할 수 있으며, 특히 칸트는 신앙이 마음과 양심의 진리라고 보았다. 신앙은 종교적 이해의 수단이자 하나님을 믿고 하나님에 관한 절대적 진리를 이해하는 수단이며, 이성은 신앙뿐만 아니라 과학적 인식에도 기본적 수단이다. 하나님의 본질과 하나님에 관한 진리와 실체는 신학적 지식을 동반한 신앙 이외에 이성이라는 인간적 방법도 적용해야 충분하게 알고 이해할 수 있다. 온전한 신앙은 이성에도 바탕을 두기 때문이다. 맹신에서 벗어나기 위해서는 무엇보다도 먼저 믿는 내용이 무엇인지 이성적으로 이해해야 한다. 신앙이 없는 순수한 이성적 사고는 형식논리적·순수수학적 사고밖에 없다. 신앙적으로 인식하는 진리는 아무리 이성적일지라도 궁극적으로는 진리의 원천인 하나님의 창조적 현존 및 그에 대한 신앙과 깊은 관련이 있다.

신앙과 이성은 목적과 그 목적을 달성하는 방법에 따라서도 구분된다. 신앙의 궁극적 목적은 신앙적 구원이며, 절대적 진리의 대상인 완전한 진상 또는 존재론적 실체인 유일무이한 본질에 대한 이해이기도 하다. 요한 바오로 2세가 지적하였듯이 진리와 진상 그리고 실체와 본질의 추구에는 신앙이 필요하다. 이성은 죄에 민감하기 때문에 그 하나만으로는 충분하지 않다. 과학적 유물론은 신앙을 비이성적 속성으로 간주하고, 신앙을 이성이 그 근간이 되는 과학적 방법을 적용할 수 있는 대상에서 제외시킨다. 그렇지만 신앙은 진리를 올바로 이해할 수 있도록 이성을 비추어주고 견고하게 하기 위한 목적에서라도 필요하다.

(4) 믿음과 이성과 과학

신앙과 이성이 둘 다 종교적 수단이라는 점에서 이성과 종교의 본성은 구분된다. 칸트는 이론적 이성의 기능을 과학의 대상인 현상계에 제한시켰고, 종교적 믿음을 실천적 이성의 작업으로 간주하였다. 이성의 목적은 경험적 진리의 탐구이며 종교의 목적은 신적 진리의 탐구다. 모든 종교적 신앙 경험은 이성을 통해 해석된다. 18세기 계몽주의 시대에 이성으로 자연종교를 추구하여 얻어진 결과가 이신론이다. 계몽주의 사상을 지배한 이신론은 신의 존재를 이성으로 파악할 수 있다고 보는 합리주의 신관의 하나로서, 그리스도교 신앙의 대상을 이성적 진리에 한정시킨 자연신론이다. 과학은 신학과도 구분된다. 과학은 이성에만 전념하지 않고, 신학의 대상인 신앙은 권위에만 전념하지 않는다.

종교와 과학은 둘 다 믿음의 바탕 위에 세워졌다. 성경에는 "보지 못하고 믿는 자들은 복되도다"(요 20:29)라고 기록되어 있다. 추기경 덜레스의 논문(『과학과 종교, 두 세계의 대화』, 박준양 · 전양환 옮김)을 보면 신앙은 믿음을 통해 과학에서도 일정한 역할을 한다. 믿음은 과학과 신학을 연결하는 고리 역할을 하며, 종교적 믿음은 어느 정도 이성에 의존한다. 종교는 신앙에 관한 믿음을 바탕으로 실천되며, 과학은 과학적 방법에 관한 믿음(정확한 말로는 '가정' 또는 '신뢰'[trust])을 바탕으로 수행된다. 종교는 절대자를 믿으며, 피조물을 경외하는 신앙은 우상숭배로서 종교에서 배척된다. 과학은 다루는 피조물의 존재와 그 실체에 대한 믿음이나 신뢰를 의미하는 가정을 전제(premise)로 탐구한다. 큉은 『한스 큉, 과학을 말하다』(서명옥 옮김)에서 종교적 신앙의 대상인 하느님에 대한 믿음을 심리학적으로 설명할 수 있다고 인정한다. 심리학적 관점에서 하느님에 대한 믿음은 늘 투사의 구조와 내용을 보여준다.

그리스도교인이 신앙에 따라 종교생활을 하듯이, 과학자도 믿음으로 행동하며 상식적 전제를 토대로 연구한다. 과학적 탐구는 지식·사물·현상을 사실로 밝히기 위해 미리 내세우는 가정 또는 믿음에 전적으로 의존한다. 과학자는 탐구할 때 자연의 균일성과 그에 대한 가정은 물론이고 그 가정을 지지하는 증거도 신뢰한다. 과학적 탐구는 사용하는 도구가 정확하고 신뢰할 만하며 탐구의 대상이 실체적으로 존재한다는 가정을 바탕으로 수행된다. 과학자들은 우주에 질서가 있고 그 질서는 인간이 파악할 수 있다는 것을 신뢰해야 한다. 논리적 증명조차도 신뢰에 근거하며, 수학적 증명도 가정에서 연역된다. 우주의 수학적 구조는 우주의 실체나 본질이라기보다 이성적 인식의 범위 안에서 재구성된 추상화일 뿐이다.

과학적 사고는 객관적 특성을 띠며 피조물에 한정되는 반면, 이성은 주관적 속성을 띠며 과학적 방법을 적용할 수 없는 영역에 관한 추리도 가능하다. 이성은 피조물을 초월하여 종교적 신비에 대한 추리도 가능하다. 이성은 이러한 기능적 특성 때문에 신앙과 과학에서 각각의 목표를 달성하는 데 기본적 수단이 된다. 측정, 실험, 자료수집, 그에 바탕을 둔 가설검증 등 탐구 활동과 그 과정에서 하는 비판적 사고는 과학적 사고이며, 이런 과학적·비판적 사고를 비롯하여 정신적 모형을 구성하고 진리를 도출하는 내적 정신 활동은 이성이다. 신앙과 이성이 상보적 관계를 통해 절대적 진리를 추구하고 있듯이, 과학과 이성도 상보적 협력을 통해 자연세계의 궁극적 실체와 절대적 진리를 탐색한다.

3) 그리스도교 신학의 의미와 속성

그리스도교 신학은 계시에서 출발한 하나님에 대한 학문으로서, 계시 진리의 깊은 이해에 일차적 목적이 있다. 그리스도교의 신학적 연구 대상은 하나님의 본성과 하나님에 관한 진리, 하나님의 은총에 의한 인간과 하나님 사이의 의사소통, 구약성경과 신약성경 및 그리스도교의 전승이다. 신학적 연구의 핵심적 방법은 성경의 읽기와 해석하기, 이성적 분석, 논리적 추론이다. 가톨릭 신학은 연구의 방법에 따라 성경신학, 조직신학, 역사신학, 실천신학으로 나뉜다.

(1) 그리스도교 신학의 의미

신학은 성경에서는 언급하지 않는 용어로서, 오리게네스(Origen, 185-253)가 하나님에 대한 인식의 의미로 이를 처음 사용하였다. 아우구스티누스는 신학을 그리스도교 교리라는 말로, 아퀴나스는 거룩한 교리라는 말로 사용하였다. 현대의 신학에서는 자체를 지칭하는 용어인 '신학'을 하나님이 계시한 진리를 신앙과 이성을 통해 탐구하려는 학문적 노력 또는 교리를 이성으로 설명하는 학문으로, 그리고 더 포괄적인 의미로는 신앙의 학문으로 규정한다. 신학적 연구의 대상은 계시된 사물 및 사물과 관련이 있는 하나님, 성경, 교도권, 전례, 교부, 교회사 등이다.

'신학'은 고대 그리스 시대의 자연철학 사상과 함께 요한 공동체의 신학이 관통하는 요한복음에 가장 두드러지게 반영되어 있다. 325년에 니케아공의회에서 삼위일체 교리로 체계화되었으며 교의에 관한 체계적이고 합리적인 해설로 인식되는 신학은 13세기부터 그리스도교 사상가들에 의해 본격적으로 사용되었다. 교부 시대부터 중세에 이르기까지 그리스도교 신학의 핵심적 주제는 그리스도교 신앙의 진리에 관한 반성과 숙고가 아니라, 성경 읽기, 영적 독서로 불리기도 하는 거룩한 독서(*Lectio Divina*), 교의적 토의의 대상이었던 실천적 가르침이었다. 당시의 자연철학과 그리스도교의 상호작용도 성경의 해석을 매개로 이루어졌다. 그 결과 스콜라학 시대와 근대 과학 시대를 거치면서 합리적 탐구 체계를 갖춘 신학이 형성되었다.

『기초신학』(통신신학교육부 엮음)에서는 신학을 주관적 의미, 객관적 의미, 종합적 의미로 정의하여 분류한다. 주관적 의미로 정의되는 신학은 하느님이 당신 자신에 대해 소유하고 있는 것, 그리고 하느님의 자기계시와 인간의 신앙으로 인식할 수 있는 대상에 관해 연구하는 학문을 가리킨다. 객관적 의미로 정의되는 신학은 하느님을 대상으로 하는 학문 또는 하느님에 대한 최종적 인식을 가리킨다. 한편 하느님에 대한 최종적 인식을 가리키는 신학에서는 하느님에게 도달하는 방법 세 가지를 제시한다. 창조의 업적을 통해 이성의 자연적 빛으로 하느님에게 도달하는 자연신학, 하느님의 말씀과 증거를 통해 신앙으로 비추어진 이성의 빛으로 하느님에게 도달하는 본연의 의미로서 신학, 그리고 하느님의 본성을 영광의 빛으로 직관하게 하는 신비신학으로 구분한다. 종합적 의미에 의해 정의되는 신학은 계시에서 출발한 하느님에 대한 학문으로서, 초자연적 신학 또는 본연의 의미의 신학으로 일컬어지기도 한다. 종합적 의미로 정의되는 신학은 신앙의 대상에 대한 학문, 즉 하느님으로부터 계시되고 인간이 믿는 것에 대한 학문으로 일컬어지기도 한다.

그리스도교 신학의 핵심 주제인 하나님은 뚜렷하게 구분되면서도 서로의 관계 안에서만 존재하는 세 위격이 있다. 아버지 하나님은 창조주이고, 아들 하나님은 구세주이며, 성령 하나님은 거룩하게 하는 분이다. 아들은 아버지로부터 태어나고 성령은 아버지와 아들로부터 나온다. 세 위격이지만 한 분인 하나님은 무한하고 완전하며 영원히 존재하고, 스스로를 인간의 근본적 목적으로 계시한다. 그러므로 하나님은 하나님의 자기계시를 바탕으로 이성을 통해 인식된다. 『기초신학』(통신신학교육부 엮음)에서는 이를 근거로 그리스도교 신학을 하느님에 대한 최종적 인식으로 규정한다.

(2) 그리스도교 신학의 대상

그리스도교 신학의 궁극적 대상은 하나님이지만, 하나님과 관련이 있는 사물도 모두 그 대상에 포함된다. 신의 본질과 그 존재를 이성적으로 추구하는 철학과 달리, 그리스도교 신학은 창조주이자 계시자이며 강생구속하는 하나님 또는 구원의 경륜을 펴는 신성으로서의 하나님을 신앙과 탐구의 대상으로 한다. 그리스도교 신학의 주체는 하나님이지만, 신학적 방법은 예수 그리스도 중심적이다. 하나님의 자기계시의 주된 수단이 예수 그리스도이며, 예수 그리스도에 관한 앎을 통해 하나님과 그에 관한 진리를 깨달을 수 있기 때문이다.

개신교 신학자 윤철호는 그의 저서 『기독교 신학개론』을 통해 신학을 '하나님에 관한 학문'으로 정의하면서 '신이 인간과 세계에 대해 맺고 있는 관계와 신을 연구하며, 기독교 교리와 신앙생활의 윤리를 연구하는 학문'이라는 사전적 의미로 풀이한다. 윤철호에 따르면 신학은 하나님의 주체성과 주도성 그리고 선행적인 하나님의 은총에 의한 계시, 또는 하나님의 은총에 대해 순종적으로 응답하는 신앙을 전제한다. 윤철호는 또한 이성적으로 이해하려고 하기보다 무조건적으로 믿는 것이 잘 믿는 것이라는 오해가 아직도 많이 남아 있는 상황에서 이를 바로 잡기 위해서라도 '이해를 추구하는 신앙'이 필요하다고 주장하고, 그런 신앙을 추구해야 할 이유를 다음과 같이 제시한다.

- 이해를 넘어서는 하나님의 신비, 불가해성 때문이다.
- 신앙 안에는 이해를 추구하는 본성이 있기 때문이다.
- 신앙 안에는 언제나 모호성과 미성숙성이 존재하기 때문이다.
- 신앙을 언제나 새로운 상황과 현실과 연결시켜야 하기 때문이다.
- 신학은 신앙을 가진 사람이 아닌 신앙을 갖지 않은 사람을 향해서도 신앙의 진리를 가능한 한 하나의 방식으로 설명할 수 있어야 하기 때문이다.

『기독교 신학개론』(윤철호 지음)에 따르면 신학은 고대 교회 안에서 거짓 교사들의 가르침으로부터 그리스도교의 진리를 보호하고, 교회를 중심으로 신앙의 순수성과 일치성을 수호하며, 성경의 말씀을 올바르게 이해하게 할 목적으로 형성되었다. 윤철호는 신학을 이론신학과 실천신학으로 구분하는 통상적 분류체계보다 신학의 이론적 측면과 실천적 측면에 따라 기초신학과 응용신학으로 나눌 것을 권장한다. 그에 따르면 신학은 실존성과 합리성, 전통성과 창조성이라는 두 가지 양극적 요소 사이의 긴장 관계 안에서 수행된다. 신학은 실존성과 합리성의 측면에서 각각 실존적·교회적 성격과 합리적·학문적 성격을 지닌다. 또한 신학은 전통성과 창조성의 측면에서는 각각 계승적·전통적 성격과 생산적·창조적 성격을 갖는다.

『과학과 종교, 두 세계의 대화』(박준양·전양환 옮김)에 실려 있는 교황 요한 바오로 2세의 메시지 10항에도 언급되어 있듯이, 가톨릭 교회에서는 '이성과 신앙의 조화'를 추구한 스콜라 철학의 아버지 안셀무스의 사상을 기반으로 신학을 '이해를 추구하는 신앙'으로 정의한다. 이런 의미의 신학은 그 정체성의 확립을 위해서라도 과학과의 생생한 상호적 교환이 필수적이다. 그리스도교 신학은 인격체로서 인간, 자유의 범위들, 그리스도교 공동체의 가능성, 믿음의 본질, 자연과 역사의 이해 가능성에 가장 우선적인 관심을 두며, 이것들과 아울러 과학의 발견들이 필요하다. 그렇지만 신학을 철학이나 과학적 이론과 무분별하게 통합하려 해서는 안 된다. 신학자들은 과학적 발견을 이해하고 그 가치를 검증해야 한다.

이해를 추구하는 신앙으로서의 신학은 신학자만이 아니라 모든 믿는 이에게도 해당되며, 그런 신학의 구성 원리는 이성에 비추어 자명한 자연의 진리가 아니라 신앙으로 받아들인 초자연적 진리다. 신학의 근본 목적은 그런 진리의 근원인 하나님의 전지한 인식에 신앙으로 참여하여, 이성이 허용하는 범위 안에서 하나님의 계시를 이해하고 정리하는 데 있다. 하나님은 역사와 함께하면서 모세, 예언자들과 같은 특정 인물이나 기적과 이적을 비롯한 특정 사건을 통해 자신을 계시함으로써 그 계시를 후대에 전할 공동체인 교회를 만들게 하였다. 특별히 가톨릭 신학은 하느님의 자기계시가 전달되는 거룩한 전통 즉 성전과 관련된 연구에도 그 목적을 두고 수행된다.

『한국가톨릭대사전』(한국교회사연구소)에 따르면 그리스도교 신학은 학문의 한 분야로서 성경, 교도권, 전례, 교부, 교회사의 흐름을 소재로 이용하여 그리스도교 교회가 가르치는 하느님의 본성과 하느님에 관한 궁극적 진리에 관해 연구한다.『한국가톨릭대사전』(한국교회사연구소)에서는 이 소재들을 연구하는 신학을 실증신학이라고 말한다. 실증신학의 연구 결과를 바탕으로 하여 계시의 내용을 개념·판단·추리 등 인식에 이용하는 수단에 맞게 이해하고 설명할 수 있으며 체계적으로 진술할 수 있는 이론과 진리를 탐구하고 그에 관해 사유하는 신학을 사변신학이라고 한다.

(3) 그리스도교 신학의 유형

현대의 신학 시기(19-20세기)에 가톨릭의 제1, 2차 바티칸 공의회가 개최되었으며, 교회의 일치 운동과 선교 운동이 활발하게 일어났다. 그러나 정작 그리스도교 신학에서는 어떤 획기적인 변화도 일어나지 않았다. 다만 신학의 분야는 세분화되었다. 윤철호의 저서『기독교 신학개론』에 따르면 20세기 이후 신학은 조직신학, 성서학, 역사신학, 기독교윤리, 예배학, 설교학, 목회상담학, 기독교교육학, 선교학으로 구분된다. 그리고『천주교 용어사전』(한국천주교주교회의)에서는 신학을 원리에 따라 기초신학, 윤리신학, 교의신학, 성경신학, 조직신학, 실천신학으로 나눈다. 한편 가톨릭신학원의『기초신학』(통신신학교육부 엮음)에 따르면 가톨릭 신학은 〈표 3-2〉와 같이 탐구의 방법에 따라 크게 성경신학, 역사신학, 조직신학, 실천신학으로 분류된다.

분야	방법	핵심 내용
성경신학	글 해석, 역사 비평	신앙의 원천성: 신앙 증거로서의 성경 문헌 원래의 의미와 현대적 의미
역사신학	역사학적 방법	신앙의 전통성: 세대를 이어가며 신앙이 전달되는 과정에서의 신학과 교회의 역사
조직신학	논증	신앙의 합리성: 교회의 사고 형식, 생활 형식, 구조 형식으로서의 신앙에 대한 현재라는 시간 안에서의 해명 가능성
실천신학	경험적 연구	신앙의 실천 가능성: 교회와 사회가 같은 시대를 함께 살면서 오늘 주어지는 구원을 믿음으로 수용할 수 있는 가능성

신학은 머리로 생각하는 신앙 또는 학문적 상태에 있는 신앙이지 현대의 과학과 같은 누적된 자료를 바탕으로 진보하는 학문이 아니다. 창조세계의 사실·진리·실체를 추구하는 과학과 달리 신학은 절대적 진리와 존재론적 실체의 추구에 목적이 있는 학문이기 때문에, 절대적 진리와 존재론적 실체를 추구하는 과정에서 지식을 쌓아 둘 필요가 없다. 신학적 탐구 과정에서 얻어진 지식은 절대적 진리나 존재론적 실체의 여부 또는 그 유의미성을 판단하는 기준으로 이용될 뿐이지 어떤 신학적 문제를 해결하거나 질문에 대답하기 위해 적용되지 않는다. 신학적 탐구는 경험에서 이해로 나아갈 뿐이다.

4) 그리스도교 신학의 역사

『기초신학』(통신신학교육부 엮음)을 보면 신학적 연구의 기원은 '교회에 대한 신앙의 삶'에 있다. 신학적 숙고는 개인 또는 공동체의 신앙을 확인하는 데서 비롯되었다. 우리는 공동체 안에 스며 있고 개인의 삶과 교회의 종교적 신앙을 규정하는 내용을 생각하면서 '왜' 믿는지 질문하게 된다. 이러한 신학적 숙고와 질문 행위에는 꼭 하느님이 개입되어 있다.

그리스도교 신학은 처음 고대 그리스의 자연철학이 종교에 도전하는 과정에서 생겨났다. 『그리스도교 신학의 역사』(윤주현 지음)에 따르면 그리스도교 신학은 로마 제국의 사회적·정치적 배경 아래에서 시작되었으며, 히브리적 모체, 그리스적 모체, 로마적 모체, 그리스도교적 모체라는 네 가지 문화적 바탕의 영향을 받아 성장하였다. 히브리적 모체는 이스라엘 민족을 통해 전수된 그리스도교 신학의 요체가 되었다. 그리스적 모체는 플라톤 철학과 신플라톤 철학을 바탕으로 교부들이 발달시킨 신학이다. 로마적 모체는 로마 제국의 행정 체계에 맞추어 그 구조적 틀을 만든 신학이며, 그리스도교적 모체는 그리스도가 완성한 계시를 통해 완성된 신학이다. 신학의 역사는 시기 구분에 맞추어 〈표 3-3〉과 같이 요약할 수 있다.

<표 3-3> 그리스도교 신학의 시기별 구분

시기/시대	일반적 특성
고대: 교부 시대	교부들이 성경에 집중하고, 플라톤 철학을 방편으로 신학 전개
중세: 스콜라학 시대	스콜라 철학자들이 아리스토텔레스 철학을 도구로 이용하여 신학 체계의 확립에 집중
근대: 종교개혁과 반종교개혁 시대	루터 등에 의한 종교개혁과 가톨릭개혁의 대립과 논쟁
현대: 대화의 시대	신앙고백과 종교의 경계를 넘어 신학을 세우려는 노력

'신학'은 하나님이 자신의 뜻을 계시하였다는 사실 곧 하나님의 계시가 성경에 명시된 사실에서 출발하였다. 하나님의 계시가 비록 신비일지라도 인간은 언제나 그 내용을 알려고 하는 지성적 관심을 가지고 있어서 한편으로는 믿으면서도 가지고 있는 지력의 힘으로 더 정확하게, 더 많이, 더 충만하게 파악하려 한다. 이러한 지성적 탐구의 결과는 '신학'의 근간이 된다.

(1) 교부 시대 신학

그리스도교 신학은 로마 제국이 확장되는 과정에서 시작·발달하였다. 마지막 사도로 받아들여지는 요한이 죽고 신약성경이 완성되어 계시 시대가 끝나자마자 신학의 시대가 시작되었다. 교회 역사상 첫 번째 신학인 교부신학(patristic theology)은 성경과 교부들의 가르침을 핵심 주제로 다루었으며, 교회의 전승과 전통의 토대가 되었다. 초기 교회 시대였던 교부 시대의 신학은 교부들이 성경에 의존하는 성경적 특징, 그리스도에 초점이 맞추어져 있는 그리스도중심적 특징, 성경에 대한 주석을 통해 이루어진 주석적 특징, 플라톤 철학을 해석적 도구로 이용하여 성경을 해석한 플라톤적 특징을 지닌다.

로마의 클레멘스(Clemens Romanus, 30?~101?)와 안티오키아의 이그나티오스(Ignatius Antioch?~107) 등 사도 교부들은 성경과 사도들의 설교를 이론적 분석이 없이 되풀이할 뿐 신학을 학문적으로 성립하지 못했다. 그러나 2-3세기 교부 시대 교부들의 신학은 하나님의 말씀을 바탕으로 그리스도교 신앙에 대해 성찰하며 신학 역사상 가장 중요하고 원천적인 내용을 담고 있다. 교부 시대의 교부신학은 초기 교회 당시의 그리스도교 신앙을 정당화하고 신앙에 대한 모든 왜곡으로부터 정통 신앙을 수호하였다. 교부 시대 신학은 하나님에 대한 참된 진리를 추구한 관상적 경향을 띠었으며, 이단자들의 공격에 맞서 그리스도교 진리를 수호한 호교론적 특징도 있었다. 교부 시대 신학은 교회의 기능을 수행한 교회적 의미를 지녔으며, 그리스도교의 계시 진리를 적절하게 토착화하는 기능도 하였다.

교부들의 신학은 최초의 신학답게 교회의 전승과 이론의 발전에 결정적 역할을 하였다. 교부들의 신학은 그리스도교 진리에 대한 심오하고 광범위한 성찰을 담고 있는 영적 유산이기도 하다. 교부들의 신학은 그 이후 모든 신학이 참고해야 할 근본적인 기초이자 그리로 되돌아가야 할 기준이 되었다. 교부들은 후대 신학자들에게 신앙의 스승이자 모범이 되었다. 교부들이 남긴 영적·학문적 유산은 모든 시대의 신앙인들에게 성경 다음으로 진정한 그리스도인으로 살도록 인도하는 기본적 규범을 제공하였다. 7세기에 걸친 교부 시대의 교부신학은 1-4세기 박해 시대의 신학과 4-8세기 제국 교회 시대 신학으로 구분된다.

(2) 스콜라학 시대 신학

8세기 전후 신학을 각각 교부 신학과 스콜라 신학이라고 한다. 이 시기는 그리스-로마 문화로부터 중세 그리스도교 문화로 넘어가기 시작한 때이기도 하다. 그리스도교 신학을 중세기 학문의 여왕으로 자리매김한 스콜라 신학이 8세기에 형성되기 시작하였지만, 일반적으로 스콜라 신학/철학이 융성한 시기는 9-15세기의 700여 년을 가리킨다. 또한 스콜라학(scholasticism)은 시대별로 9-13세기의 초기 스콜라학, 13-15세기의 전성기 스콜라학, 15세기 이후의 후기 스콜라학으로 구별한다. 스콜라 신학의 고유한 특성은 신학적 탐구의 중심지가 수도원 외의 여러 곳에서 생겨나기 시작한 10세기 이후에야 드러나기 시작하였다.

철학적 사변으로 출발하여 그리스도교 신학 또는 신앙을 중심으로 형성되어 스콜라 철학으로 일컬어지기도 하는 스콜라학은 중세 유럽의 화려한 문명의 기틀이 되었다. 이른바 '중세 문화'에는 그리스도교 가치에 고대 그리스-로마 세계의 가치와 독일 및 슬라브족의 가치가 조화롭게 융합되었으며, 그리스도교 신학의 주도로 이러한 융합이 이루어진 결과 그리스도교에 기원을 둔 문화적 전통이 더욱 풍요로워졌다. 또한 그리스도교 신앙도 그 표현 양식이 다양해지고 더욱 심도 있게 이해되는 계기가 되었다.

스콜라 신학은 스콜라 철학과 더불어 중세 전(全) 시대를 가리키는 말로 사용될 정도로 중세 전 기간에 걸쳐 유지된 유일무이한 학문이었다. 스콜라 신학은 전반적으로 하나님에 바탕을 둔 구조, 즉 하나님→천사→사도→예언자→교부→박사/교수의 순서로 된 위계적 체계로 이루어져 있다. 개신교에서는 흔히 이런 중세를 야만적·미신적·교화주의적 시대로 평가하고, 계몽주의를 대체로 미신과 비합리성이 가득한 시대라고 규정한다. 그러나 오늘날 서양 문명의 기초가 된 이른바 '중세 문화'가 융성하게 이루어질 수 있었던 배경에는 이런 그리스도교 신학의 역할이 결정적이었다.

(3) 근대 신학

르네상스 또는 인문주의로 특징지어지는 15-18세기의 신학을 근대 신학이라고 한다. 역사학자에 따라서는 이 시기를 문화적·신학적 차원에서 15세기의 인문주의 시기, 16세기의 종교개혁 및 반종교개혁 또는 가톨릭개혁 시기, 17-18세기의 이성주의와 세속화 시기로 나눈다. 근대 신학은 그리스도교 신앙이 이성적 체계로부터 해체되는 과정에서 형성되었다. 근대 신학은 인간의 신비에 관심을 가진 인간중심주의가 두드러지게 반영된 신학이다. 근대 신학은 또한 플라톤주의와 신플라톤주의(neoplatonism)를 선호한 신학으로서, 아리스토텔레스나 아퀴나스의 노선보다는 더 도드라진 플라톤과 아우구스티누스의 신념으로 특징지어진다.

근대 신학의 첫 번째 형태의 신학으로서 15세기 인문주의 시대에 시작된 인문주의 신학은 그리스도교적 플라톤주의가 부활한 흔적이었으며, 플라톤, 아리스토텔레스, 아퀴나스, 오컴에 이르러서는 네 사상을 중심으로 네 가지 신학적 노선이 형성되었다. 16세기의 종교개혁 또는 가톨릭개혁 시대의 신학에는 특히 루터에 의해 의화·믿음·은총·죄·구원과 같은 근본적 교리의 해석에 관한 물음이 제기되었다. 17-18세기의 합리주의와 세속화 시대의 그리스도교 신학은 과학과 수학의 급격한 발달로 고립되는 상황에 처해지기도 하였다. 계몽주의와 그리스도교의 세속화로 점철된 세속화 시대에는 그리스도교 신앙 자체가 단절되기 시작하였으며, 그러한 단절로 인해 철학과 신학이 분리되고 자연신학이 그 자리를 대신하였다. 당시 자연신학은 성경에 전혀 의존하지 않고 합리적 개념과 절차를 통해서만 하나님을 다루었다. 그러한 과정을 통하여 합리주의자들의 교조주의가 경험주의의 회의론 그리고 칸트주의의 불가지론으로 바뀌었다. 또한 그러한 배경을 바탕으로 루트비히 포이어바흐(Ludwig Feuerbach, 1804-1872)와 칼 마르크스(Karl Marx, 1818-1883)의 무신론이 등장하였다.

공식적인 그리스도교 신학은 12세기에 형성되기 시작하였다. 프랑스 철학자 피에르 아벨라르(Pierre Abelard, 1079-1142)는 그리스도교 교리에 대한 사고에 변증법적 추리를 도입하여 기존의 그리스도교 신학을 새로운 내용의 신학으로 변형시켰다. 신학의 주제가 성경의 해석과 일치, 교부들의 실천적 가르침을 넘어 신의 본성에 대한 합리적 사고에 집중되었다. 당시 변증법적 신학에서는 교부들이 가르친 삼위일체, 창조, 육화, 성사를 비롯한 구체적인 주제를 탐구하였다. 아우구스티누스는 예외적으로 신학을 신에 관한 이교도적 사고라고 주장하였으며, 아퀴나스는 신학보다 '신성한 가르침'이라는 용어를 더 선호하였다.

(4) 현대 신학

『그리스도교 신학의 역사』(윤주현)에서는 19-20세기를, 더 정확하게는 프랑스 혁명이 일어난 1789년에서 구소련이 해체된 1989년 사이 200여 년의 기간을 현대 신학 시기라고 부른다. 이 기간에 나치즘·파시즘·공산주의 등 이데올로기들로 인해 도덕적 가치와 보편적 원리가 깨진 상황에서 종교적 신앙과 신학적 활동이 원만하게 이루어질 수 없었다. 종교적으로는 제1, 2차 바티칸 공의회가 개최되었고, 교회의 일치운동과 선교운동이 이어진 시기였다. 현대 신학 시기에 실증주의와 그에 수반한 과학주의가 과학적 전통과 신학적 전통을 지배하였으며, 독일에서 발전한 낭만주의 시대에는 칸트가 『순수 이성 비판』을 통해 철학적 신학의 가능성과 교의 신학의 가능성을 부정함으로써 독일 신학자들에게 도전적 입장을 드러냈다.

『과학, 철학, 신학의 아우름』(오기환 지음)에 따르면, 교황 비오 9세(Pius IX, 1792-1878)가 1864년 가톨릭교회의 교리와 어긋나는 80개 항목의 오류 목록을 포함한 회칙을 선언하고 그것을 1868-1870년 제1차 바티칸 공의회에서 종교적으로 단죄하였는데, 이를 계기로 철학과 신학의 상호교류가 단절되고 철학과 과학의 상호 의존적 구도도 사라졌다. 또한 19세기 후반기에 융성한 개신교 신학은 자유주의 신학의 아버지로 불리는 프리드리히 슐라이어마허(Friedrich D. Schleiermacher, 1768-1834)와 헤겔이 함께 설계한 노선에 따라 움직였다. 당시 개신교 신학은 보편적이며 합리적인 진리를 추구하는 자유주의 신학과 복음을 문화로부터 고립시킬 위험을 무릅쓰고 복음을 종적 특성 안에서 자율적 출발점으로 삼은 중재의 신학으로 분파되었다. 자유주의 신학은 영감설에 따라 성경의 원의를 파악하는 정통주의 신학과 달리 경험을 바탕으로 직관 또는 감정을 통한 신학적 방법론을 구축하였다. 같은 시기에 프랑스의 가톨릭 신학도 전통을 비호하는 노선, 근대주의와 함께 개신교와 대화를 모색하는 노선, 신학의 철학적 기초에 대한 혁신을 추구하는 노선으로 발전한 쇄신이 있었다. 이탈리아에서도 과학 및 철학과 대화하고 스콜라 철학 특히 아퀴나스의 사상으로 되돌아가서 가톨릭 전통을 복원하려는 시도가 있었다. 그리스도교 신학이 신토마스주의(neo-thomism)로 불리기도 하는 신스콜라 신학(neo-scholasticism)으로부터 전성기의 신스콜라 신학/신토마스주의로 넘어가는 과도기적 국면을 맞이하게 된 것이다.

19세기 말에서 20세기 말 이후부터는 그리스도교 신학이 신스콜라학 조류와 근대주의 조류로 나뉘었다. 1915-1965년 동안 가톨릭교회는 아퀴나스에 대한 재발견과 교부들의 재발견을 통해 신학적 쇄신의 결실을 수확하기 시작하였다. 그러나 그렇게 출발하여 발전된 신스콜라 철학은 철학을 신학으로부터 분리시켰다는 역사학자들의 비판을 받았다. 그렇지만 철학과 신학의 그러한 분리는 각 분야가 더욱 전문화되는 계기가 되었다. 신스콜라 철학은 신앙과 이성 사이의 경계를 분명하게 긋고 초자연적 질서를 위한 신앙의 필요성을 강조하면서 과학과 형이상학에서도 이성의 가치와 기능적 역량이 중요하다고 선포하였다.

이와 대조적으로 개신교 신학은 루터로 회귀해 신교의 순수한 신앙적 원천을 회복하거나, 실존주의나 인격주의와 같은 새로운 철학적 도구를 사용하여 자유주의 개신교를 극복하였다. 이 기간에 개신교 신학은 활동하는 하나님을 강조한 신정통주의 신학을 선도한 칼 바르트(Karl Barth, 1886-1968), 실존주의 신학에 기반을 두고 비신화화를 주도적으로 선도한 루돌프 불트만(Rudolf Karl Bultmann, 1884-1976), 세속화를 이끈 디트리히 본회퍼(Dietrich Bonhoeffer, 1906-1945), 그리고 그들에 이어서 그리스도교 신비에 대한 존재화를 선도한 폴 틸리히(Paul J. Tillich, 1886-1965)를 중심으로 발전하였다. 그러나 자연신학의 비판자인 바르트와 불트만은 각각 계시와 실존의 개념에 집착하고 창조와 진화가 신학과 무관하다고 주장하면서 자연신학을 비판함과 동시에 계시신학을 강조함으로써 신학과 과학의 관계를 멀어지게 하는 빌미를 제공하였다는 비판을 받기도 하였다.

제2차 바티칸 공의회가 끝난 1965년은 현대 가톨릭 신학을 그 전과 후로 가르는 해이자 개신교 신학에서도 결정적 전환점이 된 시기였다. 특히 1965-1995년에는 그리스도교 신학의 토착화가 실현되었다. 이 기간의 그리스도교 신학에는 미국의 급진주의 신학, 유럽의 희망의 신학, 유럽의 정치 신학, 남미의 해방 신학의 네 조류가 나타났다. 급진주의 신학은 실증주의를 하나님 말씀을 해석하기 위한 열쇠로 받아들이고 하나님을 경험적으로 검증할 수 없기 때문에 신학이 이론적 정보를 제시하지 못한다고 주장하였다. 희망의 신학은 역사적 또는 변증법적 마르크스주의를 기반으로 종말론 주제의 재발견을 기회로 형성되었으며, 희망과 종말론은 신학에 얹혀 있는 것이 아니라 그 혼과 같은 것이라고 지적하였다. 실천 신학의 하나로서 기초 신학으로 이해되는 정치 신학은 전통적 해석학적 도구인 철학을 버리고, 정치와 노동의 활동을 계시된 진리를 이해하고 표현하기 위한 해석학적 도구로 받아들였다. 해방 신학은 사목적 노선, 정치적 노선, 평화주의적 노선으로 소분화되며 모두 '가난의 신비'와 관련이 있다. 이 기간에는 요제프 라칭거(Josep A. Ratzinger[Papa Benedetto XVI], 1927-2022), 큉 등 당시의 주류 가톨릭 신학으로부터 벗어난 신학자들도 여럿 나왔다.

1970년대 후반부터 후실증주의의 영향을 받아 형성된 후실증주의 신학은 그보다 먼저 자연주의와 실증주의의 영향을 받아 형성된 실증주의 신학과 그 내용 및 과학과의 관계에 있어서 확연히 구분된다. 후실증주의 신학은 과학과 명확하게 구분되었던 종교나 실증주의 신학에 비해 과학과 공통적 영역이 더 많았고 그 결과 더 넓은 영역에 걸쳐 융합되었다. 오늘날 후실증주의 사상을 지지하는 신학자와 그리스도인들은 객관적이고 실증적인 과학과 주관적이고 규범적인 종교라는 전통적 견해를 거부하는 경향이 있다. 그들은 과학적 탐구와 종교적 신앙 또는 신학적 탐구는 정직, 협력, 보편성을 전제로 수행된다고 보고, 과학의 방법과 종교의 방법에서 믿음이 하는 역할을 바탕으로 과학과 종교를 통합할 수 있다고 생각한다.

3. 성경과 창조론과 계시 및 섭리

『한국가톨릭대사전』(한국교회사연구소)에서는 성경을 '하느님이 자기 자신과 인류에 대한 자신의 의지에 관해 계시한 바를 하느님의 영감을 받은 기록자가 작성한 책들의 집합체로서, 교회에서 경전이라 인정한 것들'이라고 정의한다. 하느님이 인류의 구원을 인간에게 약속한 '계약'이라는 의미에서 '성서'로 불리기도 한다. 성서는 하느님이 이스라엘 백성과 맺은 '옛 계약'을 뜻하는 '구약성서'와 예수 그리스도를 통해 완전히 새로워진 '새 계약'인 '신약성서'로 구분된다. 구약성서와 신약성서를 통틀어 성서라고 한다. 2005년 한국천주교 주교회의가 펴낸 한국 천주교 공식 성서의 제목을 『성경』이라고 하였는데, 가톨릭교회에서는 그 이후부터 성서와 성경을 혼용한다.

1) 성경의 일반적 특성

『주석 성경』(한국천주교주교회의)에 따르면, 성경은 하느님에 대해 말하는 작품일 뿐만 아니라 영적·도덕적 진리가 담겨 있는 인간의 삶을 위한 기본적 책이다. 성경은 신앙과 실천을 위한 하나님의 말씀이자 영감을 받은 계시다. 성경은 전체적으로 천지창조에서 시작된 구약성경의 구세사가 신약성경을 통해 완성되어 세상의 종말에 하늘나라로 나아가는 과정을 말한다. 구약성경은 천지창조에서 그리스도의 탄생 이전에 이르는 동안 하나님이 이스라엘 백성에게 계시한 바가 집대성되어 있다. 구약성경은 인류의 기원, 죄로 인한 인류의 타락, 타락한 인류의 구원을 위한 계획과 더불어 이스라엘 백성의 선택, 출애굽, 모세의 율법, 가나안 정착, 이스라엘 왕국의 흥망을 통한 구원 사업을 예시한다. 신약성경은 예수 그리스도의 탄생·공생활·가르침·죽음·부활을 포함하여, 세례자 요한, 사도들의 활동, 세상의 종말에 관한 내용이 기록되어 있다.

(1) 성경의 저자와 구성

1545년 트리엔트 공의회는 성경의 저자가 신이라는 칙령을 선포하였다. 『가톨릭 교회 교리서』(한국천주교주교회의)도 "성경 전체는 하느님이 참 저자인 단 하나의 책이며, 그 하나의 책은 바로 그리스도다"라고 기술한다. 성경이 그리스도에 대해 말하고 있으며, 성경 전체가 그리스도 안에서 완성되기 때문이다. 성경은 하느님의 계획의 단일성 때문에 하나이기도 하다. 그리스도인들은 죽은 다음 사흘 만에 부활한 예수 그리스도에 비추어 구약성경을 읽고 해석하며, 신약성경역시 구약성경을 유념하여 읽고 해석한다. 신약성경이 구약성경에 은밀하게 숨겨져 있으며, 구약성경은 신약성경 안에서 드러나 있기 때문이다.

김혜윤은 자신의 저서 『성경 여행 스케치』에서 성경을 하느님에 대한 체험을 서술한 책이며 하느님의 자기소개서라고 규정한다. 성경은 인간의 말로 기록된 하느님의 말씀이고, 이 말씀은 인간 저자에 의해 기록되었으며, 인간 저자는 '하느님의 영'에 의한 영감을 받아 그 내용을 기록하였다. 성경은 그 자체로 계시가 아니라 계시에 대한 인간의 증언이다. 그러므로 성경에 기록된 그대로의 계시에는 결점과 모순, 은폐와 혼란, 한계와 오류가 없을 수 없다. 구약성경이 율법을 준수하여 계약의 결과를 소유할 수 있음을 보여주었다면, 신약성경은 복음서에 제시된 가르침대로 살아야 하느님 나라를 유지할 수 있음을 가르친다. 『천주교 용어 자료집』(주교회의매스컴위원회)에서는 성경을 계시된 교의의 근원이자 신앙을 가르치는 원천으로 인정하며, 『가톨릭 교회 교리서』(한국천주교주교회의)에서는 성경을 살아 있는 하느님의 말씀으로 제시한다.

『과학과 종교, 두 세계의 대화』(박준양·전양환 옮김)에서도 지적하듯이, 성경은 전반적으로 당대의 문화적·역사적·정치적 상황, 과학의 발달 수준, 철학적 사상 및 세계관을 계시의 관점에서 비판적으로 정화하고 통합한 내용을 담고 있다. 성경은 또한 당대의 실존적 정황에 대한 지식과 이해를 바탕으로 기록한 하느님 말씀으로서 신앙의 진리를 담고 있다. 예컨대 창세기 1장은 고대 근동 세계에서 보편적으로 인식되던 우주론이 일련의 정화 과정을 거쳐 당시 상황에 동화된 내용을 담고 있다. 성경에는 또한 당대의 종교와 철학을 필요에 따라 적절하게 활용한 창조의 구원에 관한 하느님의 자기소개와 하느님 계시의 역사가 기록되어 있다. 하늘에 있는 하느님은 아버지로서 성경 안에서 사랑으로 자신의 자녀들과 만나며 그들과 함께 말씀을 나눈다. 교회는 성경을 거룩한 말씀의 모음이자 정경으로 여기고, 성경 말씀을 사실 그대로 받아들여 그로부터 양식과 힘을 얻는다 (가톨릭 교회 교리서 104).

성경은 역사적 사실을 말하는 창조세계의 사실적 기록도 자연세계의 과학적 사실을 기술하는 과학책도 아닌 영원한 진리를 담고 있는 신학적 보고서다. 창세기 5:1과 25장의 족보는 정확한 연대순에 따라 작성한 것이 아니기 때문에, 그 족보를 근거로 연도를 계산해 창조 시점을 산출하는 것은 신앙적으로는 물론이고 역사적으로

나 과학적으로도 무의미하다. 성경은 역사적·과학적 사실의 진술이 아니라 하나님의 메시지를 전달하는 데 역점이 있기 때문이다. 창세기의 창조 이야기는 하나님이 세상을 창조할 때 사용한 물리적 도구나 과학적 방법을 묘사한 것도 아니다. 그러므로 성경의 사실적·서술적 내용을 문자적으로 해석하여, 창조가 언제, 어떻게, 무엇을 이용하여 이루어졌는지에 관한 진실을 밝히려고 한다면, 그런 노력은 성경의 작성 의의에 어긋난다.

성경의 창조 이야기는 실제 사건의 연대기적 기록이나 과학적 사실이 아니라, 창조물에 드러난 하나님의 무상적 사랑의 의도와 만물에 미치는 하나님의 권위적 능력을 드러낸다. 성경은 이와 더불어 성경이 무엇인지 그 일반적 특성도 나타낸다. 성경은 하나님의 말씀을 기록으로 담은 하나님의 책이며(사 34:16), 그 안에는 영원한 생명이 있고(요 5:39), 하나님의 영감으로 쓰인 책으로서(딤후 3:16-17) 사람들이 성령에 이끌려 받아 전한 기록이기 때문에, 성경의 어떠한 예언(預言)도 임의적으로 해석해서는 안 된다(벧후 1:20-21).

성경은 하나님의 말씀을 효과적으로 기술하기 위해 당대의 상식을 매개로 그리고 당시의 종교 및 자연철학을 적절하게 활용하여, 하나님의 계시를 신학적으로 정리하여 선포한 하나님 말씀의 보고서다. 개신교에서는 종교개혁을 정당화하기 위해 성경 말씀을 문자적으로 해석하기 시작하였으나, 성경 말씀의 문자적 해석은 올바른 신앙이 아니다. 여호수아 10:12-13의 "태양아, 너는 기브온 위에 머무르라. 달아, 너도 아얄론 골짜기에서 그리할지어다.' 태양이 머물고 달이 멈추기를 백성이 그 대적에게 원수를 갚기까지 하였느니라"는 말씀을 근거로 천동설을 지지하고 갈릴레이를 심판한 것도 그릇된 신앙의 한 사례다.

(2) 성경의 읽기와 해석

성경은 하나님과 인간이라는 두 주체의 작품이기 때문에 하나님의
의도와 인간 저자의 의도 파악이 성경을 이해하는 데 가장 중요하다.
하나님의 의도 파악에는 거룩한 독서(Lectio divina)가, 인간 저자의 의
도 파악에는 비평적 독서가 적절하다. 김혜윤의 저술『성경 여행 스
케치』를 보면, 초기 교회 시대의 알렉산드리아 교부들은 우의적(寓意
的)/알레고리(allegory) 방법과 예형론(豫型論, typology)을 적용하여 진
리에 접근하였다. 되찾은 아들의 비유(눅 15:11-32)와 같이 알레고리
방법은 분명한 준거도 없이 다른 사물에 빗대는 은유적 설명으로 진
리에 접근하는 방법이다. 예형론은 신약의 사건들이 구약에 이미 예
시되어 있다는 설명이다. 아담을 예수의 예형으로, 광야의 바윗물과
만나를 각각 성체의 예형으로 설명하는 것이 예형론이다. 한편『구
약 1: 모세오경』(가톨릭신학연구실 지음)을 보면, 교부 시대의 알렉산드
리아 학파가 성경을 예표적-우의적으로 해석한 반면, 안티오키아 학
파는 역사적-자구적 의미로 해석하였다.

　　중세에는 교부들이 이와 같이 해석한 성경의 두 가지 의미를 자
구적-역사적 의미, 우의적 의미, 윤리적 의미, 관상적 의미로 세분화
하였다. 김혜윤의 저술『성경 여행 스케치』를 보면 중세에는 높은 문
맹률 때문에 성경에 대한 실제적인 비평적 접근이 불가능하였다. 인
간의 이성이 매우 부정적으로 이해되고 무조건적 신앙이 중요한 미
덕으로 강조되던 시대라서, 성경을 해석할 권한은 사제들에게만 유
보되었다. 14-16세기 르네상스 시기에는 교회의 권위로 제시되는

교의와 성경 내용을 무조건적 신앙으로 받아들이기보다 이성을 인식과 식별의 절대적 매체로 강조함으로써 기존의 무조건적 신앙과 충돌하기도 하였다. 로테르담의 에라스무스(Erasmus von Rotterdam, 1466-1536)는 성경을 해석하는 권한을 가지고 있던 교도권의 권위를 벗어나 성경을 독립적으로 연구할 것을 권고하였고, 루터는 성경해석에 있어서 교황의 권위보다 하나님 말씀의 권위를 존중하는, 즉 교도권에서 독립한 독자적 성경해석을 강조하였다.

『기원 이론』(노동래 옮김)에 따르면, 중세에는 초기 교회의 해석 관행을 바탕으로 역사적/문자적 해석, 교훈적 또는 훈계적 해석, 풍유적 해석, 유비적 해석의 네 가지의 해석을 위한 도식을 개발하였다. 문자적 해석은 16세기에 시작되었으며, 종교개혁과 가톨릭개혁 과정을 거치면서 개신교 접근법과 가톨릭 접근법으로 구분되었다. 종교개혁에 대한 트리엔트 공의회의 대응은 현대의 문자적 해석이 발흥하는 촉매제 역할을 하였다. 17세기 인문주의 저작의 영향을 받아 시작된 역사적-문법적 접근법에 따라, 주석가들은 성경을 신앙과 실천에 관한 저술뿐만 아니라 역사·지리·자연철학의 원천으로 다루기 시작하였다. 18세기에는 계몽주의 사고의 영향을 받은 문자주의가 지배적인 해석 방법으로 굳어졌다. 이와 더불어 성경을 하나님에게서 비롯한 계시로 읽던 경향이, 하나님의 진리를 계몽주의 기준에 부합하며 확인이 가능한 정보로 보는 방향으로 전환되었다.

근대 이후 19세기 말부터 20세기를 주도한 성경해석 방법은 계몽주의 사고의 영향을 받아 대두된 역사비평적 방법(historical-critical method)이다. 역사비평적 방법은 이성을 이용하여 성경에 기록된 역사적·문화적 배경과 맥락에 따른 저자의 의도를 오늘의 상황에 맞추어 재해석하는 방법으로서 통시적(diachronic) 방법과 공시적 (synchronic) 방법으로 나뉜다. 통시적 방법은 역사적·비평적 관점을 위주로 이성을 사용하여 시대적 배경, 저자, 제작 장소, 편집 과정 등 성경 본문의 역사적 내용을 밝혀내는 방법이다. 공시적 방법은 본문의 역사성보다 특정한 시대의 문학적이고 언어학적인 측면을 중시하며, 내적 구조에서 그 의미를 찾아내어 문장·말·사건을 이해하기 위해 탐구하는 방법을 가리킨다. 공시적 방법의 한 유형인 정경비평은 성경을 정경의 위상을 가진 책으로 보고 그것을 믿음의 눈으로 바라보게 함으로써, 역사비평적 방법이 간과한 신학적 부분을 다시 부각시켜 성경의 위상을 회복시키려 하였다.

『가톨릭 교회 교리서』(한국천주교주교회의)에서는 성경을 읽어야 할 필요성과 그 방법을 제시한다. 성경 읽기는 회개와 참회의 정신을 되살리고 죄의 용서를 받는 데 도움이 된다(1437). 교회는 성경을 자주 읽어 "그리스도 예수를 아는 가장 고상한 지식"(빌 3:8)을 얻도록 강력하게 권고한다. 성경의 저자들이 진술한 의도를 잘 알아내려면, 그 시대의 문학 유형과 이해·표현·서술 방식을 유념해야 한다. 본문에서 말씀의 진리는 역사적·예언적·시적 양식, 다른 화법 등 여러 양식으로 제시되기 때문이다(110). 어떤 방법으로 읽든 성령을 통해 쓰인 성경은 성령의 도우심으로 읽고 해석해야 한다. 성령에서 오는 것은 성령의 작용을 통해서만 완전히 이해될 수 있기(111, 137) 때문이다. 성경해석자들의 임무는 성경에 함축되어 있는 뜻을 더 깊이 이해하고 해석하게 하는 데 있다. 가톨릭교회의 경우 성경의 최종적 해석은 하느님의 말씀을 보존하고 해석하라는 하느님의 명령과 그 직무를 수행하는 교회의 판단에 속한다(119). 계시헌장(10항)에서도

"성경과 성전을 올바로 해석하는 직무는 교회의 교도권에만 맡겨져 있다"고 가르친다.

가톨릭교회에서 권장하는 성경해석 방법은 신앙의 이해를 위해 이성을 활용하고 이성을 통해 성경을 읽고 해석하는 과정에서 이성이 제기하는 질문에 대한 최종적 답을 그 신앙 안에서 찾는 데 적용하면 효과적이다. 아우구스티누스가 신플라톤주의의 개념을 활용하여 성경과 교의를 해석한 것이 그 한 예다. 아퀴나스는 아우구스티누스와 비슷하게 아리스토텔레스의 사상을 배경으로 이성적 논증을 전개하고 신앙 안에서 최종적 답변을 구하는 사상적 체제를 구축하였다. 아우구스티누스 사상과 토마스주의(thomism)로 불리는 아퀴나스의 사상은 후세의 성경 읽는 방법의 개발에 큰 영향을 미쳤다. 한편 큉은『한스 큉, 과학을 말하다』(서명옥 옮김)에서 성경은 과학적 사실이 아니라 은유적 상징어로 말한다고 설명하면서, 다음과 같이 성서적 언어로 읽기를 권고한다.

- 상징을 문자 그대로 받아들이지 마라: 그러면 신앙은 미신이 된다.
- 상징을 상징이라는 이유만으로 거부하지 마라: 그러면 이성이 합리주의로 격하된다.
- 상징을 배제하거나 추상적 개념으로 환원하지 말고 올바르게 이해하라: 상징은 고유의 이성을 지니고 고유의 논리로 실재를 기술하며 실재의 심층적 차원과 연관을 밝힌다. 따라서 상징이 당시의 이해와 상상의 범주에서 의미한 사건들을 오늘날의 그것으로 새롭게 해석하는 것이 중요하다.

『기원 이론』(노동래 옮김)에 따르면 생명의 기원에 관한 과학적 설명과 성경의 해석 사이의 긴장은 성경 말씀의 문화적-역사적 맥락을 이해하고, 창조의 포괄적 삼위일체 교리를 적용하며, 과학과 신학의 본성 및 한계를 규정하고 논의하면 해소된다. 한편 제2차 바티칸 공의회에서는 성경에 영감을 준 성령을 따라 성경을 해석하기 위한 세 가지 기준(계시 헌장 12항)을 제시하였다. 『가톨릭 교회 교리서』(한국천주교주교회의)에서는 성령의 도우심으로 그리고 다음과 같은 세 가지 기준에 따라 성경을 읽고 해석할 것을 강조한다(112-118).

- '성경 전체의 내용과 단일성'에 특히 유의할 것: 성경은 하느님 계획의 단일성 때문에 하나다.
- '전체 교회의 살아 있는 성전'에 따라 성경을 읽을 것: 성경은 교회의 마음 안에 적혀 있고, 교회는 성전 안에 하느님 말씀의 생생한 기억을 간직하고 있으며, 교회에 성경의 영적 해석을 내려 준 분은 성령이다.
- '신앙의 유비'에 유의할 것: 신앙의 유비는 신앙 진리들 서로의 일관성과 계시의 전체 계획 안에 있는 신앙 진리의 일관성을 말한다.

『가톨릭 교회 교리서』(한국천주교주교회의)에 기술되어 있듯이, 성경의 본문은 저자가 의도한 전통적인 자구적 의미(116항)와 그리스도교 신앙으로 이해되는 영성적 의미(117-118항) 두 가지로 대별된다. "성경의 모든 의미는 자구적 의미에 근거한다"라는 아퀴나스의 말대로, 자구적 의미는 성경의 말씀으로 나타내고 올바른 해석 원칙에 따른 주석으로 밝혀낸다. 영성적 의미는 하느님 계획의 단일성 때문에 성경의 본문뿐만 아니라 그 본문이 함의하는 실체와 사건들도 표징이 될 수 있으며, 우의적 의미, 도덕적 의미, 신비적 의미로 세분된다. 우의적 의미는 사건의 의미를 그리스도 안에서 깨달음으로써 더욱 깊은 이해를 얻을 수 있다. 도덕적 의미는 성경이 전하는 사건들을 올바른 행동으로 이끌며, 우리에게 본보기가 되도록 기록된 것이다. 신비적 의미는 우리를 본향으로 인도하는 영원의 의미에서 실재와 사건들을 바라볼 수도 있다. 지상 교회는 천상에 있는 예루살렘의 표징이다.

(3) 성경의 무오성

그리스도교 교회와 신학에서는 무류성(無謬性, infallibility)과 무오성(無誤性, inerrancy)이 혼동되거나 혼용되고 있는데, 무류성이 무오성보다 더 포괄적이며, 무오성이 무류성보다 세부적인 것과 더 깊은 연관이 있다. 사전적 의미의 무류성은 '실수할 수 없는' 것을, 무오성은 '오류가 없는' 것을 가리킨다. 무류성은 의지할 수 있거나 신뢰할 수 있다는 말과 더 밀접한 관련이 있으며, 무오성은 사실적 진술의 오류와 더 긴밀한 관련이 있다. 한마디로 무류성은 성경을 기록하는 과정에서 생길 수 있는 실수와 관련이 있으며, 무오성은 기록된 내용의 진실성과 관련이 있다.

김혜윤 수녀는 저서 『성경 여행 스케치』에서 무류성은—위 구절의 정의에 따르면 '무오성'이어야 하지만—성경에 제시된 모든 말씀이 진리이며 "오류가 없다"는 개념이라고 설명한다. 하느님이 인간을 사랑하는 마음에서 성경을 썼고 늘 인간과 함께하면서 구원으로 인도하는 살아 계신 분이라는 관점에서 말하면, 성경은 한치의 오류도 없는 본문으로 이루어져 있다. 곧 성경은 무오하다. 성경의 주인공은 하느님이기 때문에, 본문은 하느님의 관점에서 읽고 해석해야 한다. 그러나 성경은 무류하지 않을 수도 있다. 성경의 저자가 하느님의 말씀을 실수로 잘못 옮겨 적었을 경우 무류성에 어긋나고 무오하지 않을 수 있다. 그러나 성경을 해석할 때는 무류하고 무오하다고 믿고 읽어야 한다.

성경의 역사적·과학적·문학적·문화적 함의와 성경의 메시지는 구분된다. 성경은 계시 사건을 목격한 인간에 의한 다양한 해석이 반영되어 있다. 1962년에 열린 제2차 바티칸 공의회의 문서 '하느님의 계시에 관한 교의'에서도 성경은 하느님의 계시가 아니라 그 계시에 대한 인간의 증언이라고 강조한다. 하느님은 성경을 통해 인간의 방식으로 말씀하였기 때문에, 성경은 하느님이 인간에게 전달하고자 한 것 또는 성경의 인간 저자들이 정말로 뜻하고자 한 것, 성경의 신학적 함의가 무엇인지를 세심하게 살펴야 한다. 하느님의 계시를 담고 있는 성경은 하느님 말씀의 무류성을 나타내며 언제나 절대적 진리로서 무오성을 지닌다. 성경에 기록된 계시적 진리가 역사적 사실이나 과학적 진리와 어긋난다고 해서 성경의 무류성/무오성에 꼭 문제가 되는 것은 아니다. 역사적·과학적 표현이 성경에 함축된 계시의 진리나 실체를 가리키지 않기 때문이다.

성경에 기록된 하나님 말씀의 본뜻은 절대적 진리이기 때문에 무류하고 무오하다. 하느님의 말씀이 가리키는 실체는 절대적 속성인 본질이기 때문에, 어떤 시각이나 맥락에서 읽고 해석할지라도 본질적 의미는 일관성이 있다. 그러므로 지금 성경이 작성된다고 할지라도, 성경의 계시적 함의와 성경에 담겨 있는 신앙의 진리는 결코 변하지 않는다. 성경 말씀의 이런 특성 때문에 창조과학자들을 비롯한 근본주의 신학자들이 성경의 계보를 근거로 창조 시점을 계산하는 노력, 아담과 하와의 탄생 시기를 확인하려는 시도 등은 성경의 역사적 기록과 과학적 묘사도 무오하다고 보고 성경 말씀의 무류성을 잘못 이해하거나 부정하는 데서 오는 비신앙적 행위다.

2) 성경의 창조론

과학과 종교 사이에서 가장 빈번하게 충돌을 일으키는 주제는 '창조'다. 창조는 창세기 1장에서뿐만 아니라 성경의 나머지 전체 본문에도 함의되어 있다. 구약성경에는 창조주로서의 하나님, 하나님이 창조한 것, 하나님의 창조 목적과 창조 계획, 하나님에 의한 창조 방법, 창조물에 나타난 의미가 함축되어 있다. 그리고 신약성경에는 그리스도 안에서 이루어진 새 창조가 표현되거나 암시되어 있다. 성경에는 전반적으로 창조론이 구원론적·그리스도론적 견지에서 기술되어 있다. 성서학자들과 진화론자들 사이에 가장 빈번하게 일어나는 갈등은 성경에 기록된 창조에 관한 이야기를 성경 전체 내용의 맥락과 정합성의 관점에서 헤아리지 않고 단편적으로 받아들이거나 잘못 이해한 데서 기인하였다. 오늘날 신학자들과 과학자들 간에 순조로운 대화가 잘 이루어지지 않는 이유의 적지 않은 부분은 성경의 창조에 관한 자료를 잘못 다루는 데서 비롯된다. 신학자나 과학자마다 무로부터의 창조뿐만 아니라 지속적 창조를 각자의 관점에 따라 구분하고 이해한다.

　큉의 『한스 큉, 과학을 말하다』(서명옥 옮김)에 따르면 과학은 창세기의 두 창조 이야기의 참뜻을 검증을 통해 확증하거나 입증할 수도 없고 반증할 수도 없다. 천지창조 이전에 관해서는 더욱 그렇게 할 수 없다. 무로부터의 창조를 믿은 아우구스티누스는 『고백록』 11장에서 '천지창조' 이전에 관해서는 물을 필요가 없다고 주장한다. 우주의 창조 이전에는 창조주만 있었으며 시간 이전에는 영원만 있었다고 생각하고, 세상이 시간 안에 창조된 것이 아니라 시간과 함께 창조되었다고 주장한 것이다. 아우구스티누스에 따르면 하나님은 무시간적 영원성의 초월을 통해 모든 시간에 앞서 있고 미래의 모든 시간도 초월해 있다. 신학적 관점에서 보면 하나님의 창조 행위는 시간을 초월한 행위다. 시간도 창조 행위를 통해 생겨났기 때문이다. 그리스도교 신학은 세상의 생성을 시간 안에서 지속되는 과정으로 이해해야 한다고 가정하고, 그에 따라 지속적 창조를 정당화한다. 그리고 그 시간에 제약된 '지속적 창조'를 시간을 초월한 '무에서의 창조'와 하나의 창조로 볼 것을 강조한다.

전체 성경으로부터 도출한 창조의 의미와 창조론(doctrine of creation)이 지향하는 바는 다음과 같이 요약할 수 있다. 그리스도교 사상은 무로부터의 창조, 지속적 창조, 새 창조를 뚜렷하게 구분하지 않는다. 창조는 부단히 진행되는 시간적 과정을 거치면서 무엇이든지 생겨나는 것으로 여겨진다. 창조는 한처음/태초에 창조된 세계를 보존할 뿐만 아니라 혁신과 진화를 위해 부단하게 지속되며 종말에 끝나는 창조의 완성을 지향한다. 창조가 완성되는 종말은 창조의 끝이 아니라 새 창조의 하늘나라를 말한다. 창조는 과거의 어느 시점에서 끝난 것이 아니며, 하나님이 계속 관여하는 만물의 새 창조로서 우주의 완성을 향하여 진행된다. 인간을 포함한 모든 창조물은 하나님이 의도적으로 목적을 가지고 즉 우발적 합리성과 기능상 완전성이 실현되도록 만들었다. 과학적 탐구는 창조계시의 한 가지 유형으로서, 과학과 과학의 발전이 하나님께 적대적이거나 성경 말씀에 대한 정통적 해석에 반하지 않는다는 것을 이해하는 데 이용할 수 있는 유용한 수단이기도 하다.

(1) 창조의 정의와 특성

『한국가톨릭대사전』(한국교회사연구소)에서는 창조를 그 자체로든 종속적이로든 존재하지 않았던 것을 존재하도록 하는 것으로 정의한다. 기존의 물질을 사용하지 않고 처음으로 만든 무(無)에서의 창조를 제1창조라고 하며, 무형의 물질에 형체 그리고 그에 생명과 활동이 부여되는 것을 제2창조라고 한다. 이런 의미로 정의되는 창조는 하느님의 행위에 속한다. 창세기 1-2장에도 암시되어 있듯이 하느님이 제1창조와 제2창조 둘 다를 이루어냈기 때문이다.

가톨릭 교리에서는 창조가 본질적으로 오로지 하느님의 구원 행위 및 예수 그리스도의 구원 사업과 관련이 있다고 설명한다. 성경의 창조론은 구원론적 또는 그리스도론적 견지에서 기술되어 있다는 설명인데, 이는 신학적으로 창조론이 이성의 대상만이 아니라 신앙 안에서 인식되어야 하는 이론이라는 뜻을 암시한다. 박영식도 그의 저서 『창조의 신학』에서 창조와 구원을 동근원적 사건으로 이해하고자 한다. 그리스도의 구원 사건이 하나님 창조의 절정이라면, 그 창조는 구약과 신약의 핵심적인 공동 주제가 된다고 생각하기 때문이다. 이사야 40:12, 44:21, 45:7-19에는 하나님의 통치와 다스림 즉 구원과 창조가 분리되지 않고 결합되어 있으며, 이사야 41:20, 48:7,

55:10에는 구원으로서의 새 창조가 언급되어 있다. 여기서 구원은 새로운 현실의 창조와 새 출발을 의미하며, 이런 의미에서 하나님의 창조는 혼돈과 공허로부터 구원의 시작을 뜻한다.

일부 신학에서는 하나님의 창조를 본성적 필연에 따른 본질적 창조로 가정한다. 그러나 『한국가톨릭대사전』(한국교회사연구소)에서는 영원한 생명이 있는 유일신 하느님이 무로부터 세계와 그 안의 물질 및 영혼을 완전한 자유의 입장에서 창조하였다고 주장한다. 가톨릭 교리에서는 세계를 창조한 하느님의 내적 필연성을 인정하지 않는다. 하느님은 자신이 창조한 세계 없이도 존재 자체가 완전하며 지복(至福)하다. 세계는 하느님과 그 본질이 전혀 다른 것이며, 하느님을 보충할 수 있는 것도 아니다. 세계는 하느님의 의지와 계획에 따라 창조되었고, 창조된 영혼은 하느님의 모습을 본떠 만들어졌다. 이와 같은 가톨릭교회의 창조론은 1870년에 열린 제1차 바티칸 공의회에서 이미 상세하게 밝힌 것이다.

창조는 신학자나 과학자마다 다르게 해석하고 인식하는 개념이다. 아퀴나스는 후대에 언급된 지속적 창조에 버금가는 개념을 '변화'로 표현하고, 만물의 궁극적 시간의 시작과 그 개념을 연속적 변화와 구분하면서 '창조'를 사용하였다. 김정형은 그의 저서 『창조론』에서 창조의 차원을 주제에 따라 세계를 창조하고 섭리하는 하나님의 존재, 창조세계의 기원·역사·형태, 창조주 하나님과 창조세계의 상호관계의 세 가지 유형으로 분류한다. 바버는 무로부터의 창조와 지속적 창조를 구분하지 않고 지속적 창조를 이미 있는 물질로부터 생명이 있게 하는 과정으로 정의한다. 프레드 호일(Fred Hoyle, 1915-2001)은 지속적 창조를 새로움이 계속 생성되는 과정이라고 설명한다. 길키는 지속적 창조에 창조라는 용어뿐만 아니라 섭리라는 용어도 결합시킨다. 아서 피콕(Arthur Peacocke, 1924-2006)은 바버 · 호일 · 길키와 마찬가지로 지속적 창조를 이미 존재하는 창조물 안에서의 변화 과정을 언급할 때 사용한다. 이들이 말하는 무로부터의 창조와 지속적 창조는 그 주제에 큰 차이가 있다. 무로부터의 창조는 세상에 대한 신의 초월성을 강조하며, 지속적 창조는 자연의 중심에 있는 신의 현존과 인간 역사에 내재하는 신의 기능을 두드러지게 드러낸다. 『한스 큉, 과학을 말하다』(서명옥 옮김)에 따르면 성경적 좁은 의미에서 창조는 한 분인 하느님이 세계와 우주를 포함한 모든 존재자를 만들었다는 뜻이며, 넓은 의미의 비유적 의미로는 세계와 세계의 발전에 관한 모든 표상을 나타낸다.

성경의 창조 이야기는 구원과 함께한 이스라엘의 경험을 근거로 기술되어 있다. 하나님 말씀 "태초에 하나님이 천지를 창조하시니라"(창 1:1)와 "영원하신 하나님 여호와, 땅 끝까지 창조하신 이"(사 40:28)에서도 알 수 있듯이, 성경은 하나님을 창조주로 기술한다. 창세기 1:1은 하나님이 당신 외의 모든 것을 존재하게 하였으며, 당신 홀로 창조주라는 사실을 계시한다. 신약성경의 "태초에 말씀이 계시니라.…이 말씀은 곧 하나님이시니라.…만물이 그로 말미암아 지은 바 되었으니 지은 것이 하나도 그가 없이는 된 것이 없느니라"(요 1:1-3)는 하나님이 영원한 말씀인 당신의 사랑하는 아들을 통해 만물을 창조하였다는 것을 계시한다. "이 모든 날 마지막에는 아들을 통하여…또 그로 말미암아 모든 세계를 지으셨느니라"(히 1:2), "또한 그가 만물보다 먼저 계시고 만물이 그 안에 함께 섰느니라"(골 1:17)는 말씀은 창조 이전에 하나님만 존재하였음을 시사한다. 골로

새서 1:16-17은 무로부터의 창조인 천지창조의 강력한 증거로 하나님에 의한 창조의 비우연성, 계획성을 암시한다. 한편 이와 같이 전체 성경을 관통하는 무로부터의 창조는 시간적 시초보다 존재론적 태초와 더 가까운 관련이 있다.

러셀의 저서 『우주론: 알파에서 오메가까지』(오경환·전양환 옮김)를 보면, 교부 시대 때부터 언급된 창조에 관한 견해의 전통은 무로부터의 창조와 지속적 창조였다. 무로부터의 창조가 지속적 창조보다 더 우위적이고 지배적인 관점이었지만, 교부들은 무로부터의 창조로 플라톤과 신플라톤주의의 우주론을 배격할 수 있을 것으로 생각하였다. 무로부터의 창조에 의거한 주장은 신만이 모든 것의 원천이며 신의 창조 행위는 자유롭고 무조건적이라는 확언이다. 신은 필연성을 띠는 규칙의 지배를 받지 않고 자유롭게 창조하였기 때문에 세상은 근본적으로 우발적인 것으로서, 존재할 필요도 없고 현재의 형태로 존재할 이유도 없었다는 것이다. 지속적 창조는 하느님이 세계에 계속 관여하며, 창조물 전체뿐만 아니라 세상의 각 부분도 창조하였고, 그렇게 창조된 세계 안에서 모든 순간에 관여함을 뜻한다.

폴킹혼은 『신학과 과학의 만남』(윤철호·김효석 편집)에서 태초의 창조에 관해 신학은 존재론적 기원에만 관심을 두고 시간적 시작에는 관심을 멀리 해야 할 것을 강조한다. 폴킹혼은 지속적 창조에 관한 하나님의 매개설(interventionism)을 부정함으로써 지속적 창조와 그에 대한 하나님의 개입을 대다수 신학 및 이신론과 다르게 설명한다. 그에 의하면 현대의 과학적 통찰은 하나님이 창조세계 안에서 그리고 지속적 창조 과정 안에서 인식되는 것을 도와준다. 하나님은 창조세계와 상호작용하기는 하지만 모든 창조 과정을 전체적으로 통제하지는 않는다. 피조물들은 하나님에 의해 부여된 자율성과 법칙에 따라 스스로 창조를 지속한다.

『기원 이론』(노동래 옮김)에서는 전체 성경에 함의된 태초의 창조, 지속적 창조, 창조의 완성을 모두 포함한 포괄적 창조 교리를 강조하면서 그 세 가지 요소를 기술한다. 첫째, 포괄적 창조 교리는 창조주와 창조물을 구분하며, 창조세계의 우발적 합리성(contingent rationality)과 상호의존성을 가정한다. 우발성은 하나님이 창조한 만물의 자유로운 속성을 반영한다. 하나님은 어떤 필요나 강요가 아니라 자유로운 의도에 따라 삼위일체의 사랑으로 자신의 영광과 창조세계의 유익을 위해 우주를 창조하였다. 둘째, 창조세계는 기능의 완전성을 갖고 있다. 창조세계는 스스로 자연스럽게 작용하지 않고, 하나님이 태초의 창조 때 부여한 구조·질서·기능의 완전성에 따라 창조세계 자체가 되어 그 구성요소를 만드는 인과관계상의 역량을 갖고 있으며, 질서와 일관성을 지니고 독특하게 기능하는 창조물이다. 셋째, 창조세계는 유한한 존재로 유도되었다. 포괄적 창조 교리는 스스로 존재하고 무한하며 전능한 하나님이 창조세계를 유한하며 의존적이고 한정된 능력의 존재로 의도한 것이며, 자연은 하나님의 인도를 필요로 한다고 묘사한다. 또한 하나님은 창조세계를 이용하여 자신의 목적을 달성하고 계획을 완수한다고 가르친다.

시간을 상대론적 개념으로 정리한 아우구스티누스는 무로부터의 창조를 세상의 모든 것이 만들어지는 질료와 형상뿐만 아니라 빅뱅의 의미와 비슷한 시간과 공간의 특이한 시작으로 본다. 세계는 시간 안에서가 아니라 시간 및 공간과 함께 생겨났다. 시간은 피조물의 조건 중 하나로서 사물의 움직임에 의해 결정되기 때문에, 절대 시작을 포함하여 특이점에 관해 이해될 만하고 설득력이 있는 질문은 불가능하다. 창조주는 시간의 밖에 있으며 과거·현재·미래를 하나의 활동으로 있게 한다. 테드 피터스(Ted Peters, 1941 -)는 『물리학, 철학 그리고 신학』(전양환 외 11인 옮김)에서 영원과 시간의 관계에 관해 아우구스티누스와 비슷한 입장을 취하면서 무로부터의 창조에서 창조 사건은 시간적 특성이 아닌 영원으로부터 시간으로의 전이를 나타낸다고 말한다. 또한 영원은 끊임없이 지속되는 것으로 단정하지 않아야 하며, 신의 창조 능력과 함께하는 영원은 초시간적·초공간적인 것으로 규정해야 한다고 권고한다. 큉은 『한스 큉, 과학을 말하다』(서명옥 옮김)에서 이와 같이 규정한 시간과 공간을 융합한 '시공간 연속체'라는 새로운 물리적 단위량을 제시한다.

창조된 세계는 예수 그리스도 안에서 이루어지는 새 창조에서 만물의 창조를 완성하는 하나님의 약속이 펼쳐지도록 의도된 대로 작동한다. 세상의 창조는 그리스도 안에서 완성되어 종말에 새 창조에 이른다. 『가톨릭 교회 교리서』(한국천주교주교회의)에 따르면 그리스도는 우주의 주님이며 역사의 주님이다. 인간 역사와 모든 피조물은 그리스도를 머리로 한데 모여 그리스도 안에서 초월적 절정에 이른다(668). 하느님은 세계와 그 안의 만물 및 인간의 창조 과정을 통해 그리스도 안에서 새로운 창조를 목표로 하는 자비로운 계획에 대한 첫 번째 예고를 안배해두었다(315). 첫 번째 인간은 그리스도 안에서 실현될 새로운 창조의 영광만이 능가할 수 있다(374). 첫째 창조의 완성을 표현하던 안식일은 그리스도의 부활로 시작된 새로운 창조를 상기시키는 주일 곧 주님의 날로 대치되었다(2189).

(2) 성경의 창조적 함의

『한국가톨릭대사전』(한국교회사연구소)에 따르면 성경에서 말하는 창조는 신학적 입장에서 볼 때 이론적인 이성의 대상이 아니라 의지적인 신앙 안에서 인식할 수 있다. 창조자는 삼위일체 하느님이고, 하느님에 의한 창조의 행위는 언어적 행위이며, 하느님이 바로 이 언어적 행위를 통해 세계의 존재와 사물을 규정하였다. 철학적 입장에서는 창조를 두 가지 방법으로 증명할 수 있다. 첫째, 창조가 사물의 존재적 의존성, 법칙적 질서, 목적성에 의해 드러나는데, 이 세 가지의 특성을 통한 하느님의 존재를 확인하는 직접적 증명 방법이다. 둘째, 하느님과 창조된 세계에 대한 가정을 전제로 창조된 세계의 존재를 창조론을 통해 풀어가는 간접적 증명 방법이다.

구약성경에 바탕을 두고 형성된 그리스도교의 창조론은 창조주 하나님이 의지를 통해 계획과 목적에 따라 우주와 그 안의 만물을 창조하였다고 설명한다. 또한 태초의 창조로 모두 끝난 것이 아니라 하나님이 창조세계에 계속 개입하여 일어나는 지속적 창조와 종말에 완성될 새 창조를 모두 포함하는 포괄적 창조론을 통해 창조를 설명한다. 김정형도 그의 저서 『창조론』에서 지적하듯이 그리스도교의 창조 신앙과 창조 교리는 단순히 태초의 세계 기원에 대한 믿음에 그치지 않고 종말에 완성될 하나님 나라에 대한 희망까지 포함하고 있다. 바버는 『물리학, 철학 그리고 신학』(전양환 외 11인 옮김)에서 성경의 창조이야기에는 전반적으로 다음과 같이 세 가지의 신학적 의미가 담겨 있다고 말한다.

- 세계는 하느님의 선한 의지로 창조되었기 때문에, 본질적으로 선하

고, 질서정연하며, 일관성이 있고, 지성적 이해가 가능하다.

- 자연세계는 스스로 완전하지도 않으며 자족적, 독립적으로 존재하는 실체가 아니라 전적으로 하느님에게 의존적이다.
- 하느님은 전능하고, 자유로우며, 초월적이고, 자신의 목적과 의지를 가지고 세계를 이끌어간다.

신약성경에 함의된 하나님은 태초의 창조주이자 새 창조를 통해 구원하는 구원자다. 신약성경의 '평화'(눅 1:79; 요 20:19-26)의 말씀과 "숨을 내쉬며 이르시되 '성령을 받으라'"(요 20:22)는 말씀은 '새 창조주'로서의 하나님을 나타낸다. 『전례사전』(박요한 번역)에서 지적한 바와 같이 신약성경의 '평화'는 정의·진리·사랑과 함께 하느님 나라의 가치 가운데 하나다. 또한 『주석 성경』에 주석된 대로 생명이 충만함을 나타내며, 메시아 시대에 베풀어지는 은혜 그 자체다. 세 번 반복되는 "너희에게 평강이 있을지어다"(요 20:19, 21, 26)에서 평강(가톨릭에서 말하는 평화)은 천지창조 때의 무죄로 완전하고 충만한 상태를 가리킨다. "숨을 내쉬며 이르시되"(요 20:22)는 첫 사람이 창조(창 2:7)되는 상황을 상기시키면서 예수의 부활이 우리를 하나의 '새로운 창조'로 이끈다는 희망을 시사한다.

그리스도교 신학에서는 창조를 무로부터의 창조와 지속적 창조로 구분하고, 하나님은 무로부터의 창조를 통해 자신의 존재를 알리며 지속적 창조를 통해 자신의 존립을 보존한다고 설명한다. 피조물들 사이의 무(실제로는 공간)에 의한 구획을 무로부터의 창조의 증거로 제시하기도 한다. 창조를 한꺼번에 일어나는 사건이 아니라 지속적 과정으로 설명하기 위해서는, 창조의 의미와 창조론을 성경 전체로부터 도출해야 한다. 전체 성경을 보면 하나님의 창조는 단순하게 창조의 개시, 창조의 지속, 창조의 완성으로 구분할 수도 있는데, 각각 천지창조, 진화, 하늘나라를 가리킨다. 가톨릭교회에서는 이를 근거로 하느님의 창조를 일회적 사건이 아니라 처음부터 지금까지 지속적으로 이루어져왔고 앞으로도 계속 진행될 과정에 있는 신비로 본다. 하느님은 우주와 그 안의 만물을 완결된 상태가 아니라 미리 계획한 궁극적 완성을 향하여 부단히 진행되는 상태로 창조하였다는 관점이다.

창세기의 첫째 창조 이야기(창 1:2-2:4)는 하나님의 초월성, 인간의 존엄성, 창조의 질서와 통일성을 강조한다. 첫째 창조 이야기에서 하나님은 세계를 말씀만으로 창조하였고 세계를 초월해 있으며, 인간은 하나님의 종이 아닌 모상/형상으로 창조되었다. 또한 하나님이 상호의존적으로 잘 정돈되고 조직되고 조화로운 존재 자체인 우주를 창조했다고 강조한다. 곧 '무에서의 창조'가 아니라 혼돈에서 창조된 질서를 말함으로써 우주의 질서를 혼돈과 구별한다. 둘째 창조 이야기(창 2:4-25)는 인류의 첫 번째 남녀의 창조를 중요시한다. 남자와 여자를 어떻게 창조하였는지가 아니라 남자와 여자가 무엇인지를 강조한다. 그러나 두 창조 이야기 어디에도 '무로부터의 창조'가 명시적으로나 직설적으로 언급되지 않는다. 창조는 창세기 이외에 여러 시편, 제2 이사야서, 제3 이사야서, 잠언과 욥기와 같은 '지혜 문학'에서도 중요하게 다루는 주제다.

『기원 이론』(노동래 옮김)에 따르면 "창조세계가 무로부터 만들어졌다"는 말은 삼위일체가 어떤 원재료도 없이 공간·시간·법칙·물질을 창조하였다는 사실을 의미한다. 고대 그리스 시대의 영원한 우주 개념과 대조되는 무로부터의 창조 개념은 창세기와 더불어 마카베오하 7:28, 지혜서 11:17, 요한복음 1:1-3, 로마서 4:17, 고린도전서 8:6, 골로새서 1:16, 히브리서 11:3, 요한계시록 4:11로부터도 추론해낼 수 있다. "당신의 전능하신 손이 무형의 물질로 세상을 창조하셨다"(지혜서 11:17) 또는 "하나님께서 이미 있는 것으로부터 그것들을 만들지 않았다"(마카베오하 7:28)는 말씀에서도 추정할 수 있듯이, 성경에 함의된 무로부터의 창조에서 '무'는 선재하는 물질이 전혀 없는 순수한 무 또는 창조과정에서 어떤 물질적 원인도 없는 절대무를 뜻한다. 절대무로부터의 창조는 우주·인간·시간·공간이 어떤 원인이 아니라 하나님에게만 원인이 있는 창조라는 철학적·신학적 표현이다. 큉(『한스 큉, 과학을 말하다』, 서명옥 옮김)에 따르면 하느님은 원인 없는 영원하고 완전한 실재다. 그러나 성경의 '무로부터의 창조'와 표준 우주모형에서 전제하는 '절대무'는 다중 우주론에서 전제하는 '무'와 그 의미가 다르다. 다중 우주론의 입장에서 생각하면 빅뱅 이전에 우리 우주의 것과 같지 않은 에너지 및 물질, 공간, 시간, 물리학 법칙이 있었을 수 있으며 다른 다중 우주가 있었을 수도 있다.

전체 성경의 관점에서 보면 창조는 이미 완성된 것의 시작이 아니라 지속적 과정이다(욥 9:8; 37:18; 사 42:5; 44:24). 하나님은 138억 년 전에 창조주였듯이 오늘도 창조주가 되신다. 땅과 바다는 지금도 생물들을 생성한다(시 148: 5-6; 벧전 3:5-7; 히 1:3; 렘 5:24). 지속적 창조 과정에는 창조물들이 자유롭게 반응할 수 있는 공간이 있다. 그렇기 때문에 자연이 과학적 법칙의 작용에 따라 부단히 변하는 과정에서 수많은 '우연'(contingency)이 작용한다. 그런 우연은 무목적과 무의미가 아니라 자유로운 의지의 상징적 표현으로 과학적 탐구의 대상이자 수학적·통계적 분석이 가능한 대상이다. 하나님은 피조물을 계속 존재하게 하고 행동하게 하며 완성으로 이끈다. 다윈의 진화론도 지속적 창조의 과정을 설명하는 과학적 이론이다. 별들이 폭발하면 공간에 퍼지는 철보다 무거운 원소들도 궁극적으로 행성들이 형성되는 원재료가 되는데, 이것도 하나님이 창조세계 안에서 창조세계가 창조세계에 기여하도록 관여하는 지속적 창조 과정의 한 예다. 창세기 1:12-17도 하느님이 지속적 창조 과정에서 섭리를 통해 인간세계에 개입하는 것을 상징한다.

『물리학, 철학 그리고 신학』(전양환 외 11인 옮김)에 실린 바버의 주장에 의하면 창조교리는 시간의 시작에 대한 것이 아니라 세상과 하느님의 관계에 대한 신앙체계다. 그 관계는 절대 기원의 시작인 무로부터의 창조가 아니라 지속적 창조다. 지속적 창조는 무로부터의 창조와 아울러 창조세계에 작용하는 하느님의 섭리가 통합된 개념이다. 지속적 창조는 피조물을 매개로 또는 이미 존재하는 물질로부터 생명이 있게 하는 과정이다. "하나님이 이르시되 '땅은 풀과 씨 맺는 채소와 각기 종류대로 씨 가진 열매 맺는 나무를 내라' 하시니 그대로 되어"(창 1:11)와 "하나님이 이르시되 '땅은 생물을 그 종류대로…내라' 하시니 그대로 되니라"(창 1:24)가 그 예다. 이와 같은 유에서 유의 창조는 다윈의 진화론이 신학적 창조론에 어긋나지 않으며 그렇기 때문에 신학적으로 수용할 수 있는 근거가 된다. 그런데 "여호와 하나님이 땅의 흙으로 사람을 지으시고 생기를 그 코에 불어넣으시니 사람이 생령이 되니라"(창 2:7)와 "여호와 하나님이 아담에게서 취하신 그 갈빗대로 여자를 만드시고"(창 2:22)는 하나님이 개입한 유에서 유의 창조이지만 신비이기 때문에 신학의 대상이다.

러셀의 『우주론: 알파에서 오메가까지』(오경환·전양환 옮김)에 기술되어 있듯이 유한한 세계가 신에 의존하는 특성에 관한 철학적 의미는 우발성이라는 개념에서도 찾을 수 있다. 사건이나 사물의 상태가 자명하지도 않고 필연적이거나 필수적이지도 않을 때 우발적이라고 한다. 우발성은 신학적 개념에서 창조되는 것에 대칭하는 철학적 개념이다. 무로부터의 창조 신학에서는 우발성의 개념이 유한성과 목적을 보여주며, 지속적 창조의 전통에서는 새로운 피조물이 창발적으로 나타나는 우발성과 방향성에 초점이 있다. 러셀에 따르면 유한한 세계는 존재하기 위해 그리고 매 순간의 존재를 위해 신에 의존한다. 오늘날 창조 신학의 무로부터의 창조 및 지속적 창조교리와 자연과학의 빅뱅·우주론의 중심에는 우발성의 철학적 의미가 있다.

김정형의 『창조론』에 따르면 성경과 그리스도교 전승에서는 창조에 관해 세계가 정확히 언제, 어떻게, 왜 창조되었는지는 그렇게 중요한 관심사가 아니었다. 성경과 그리스도교 창조 교리에 충실한 정통 창조론에서 묻는 중요하고 핵심적 질문은 세상 만물을 창조하고 섭리하는 하나님이 누구이고 하나님이 왜 세상을 창조하였는지를 포함한 창조주로서의 하나님의 성품과 창조의 목적이다. 창세기의 창조 이야기도 하나님과 창조세계의 근본적 관계에 대한 신학적 선포로 보아야 한다. 즉 성경에 기술된 창조 이야기가 당대의 과학적 이론이나 역사적 사실을 제시한 것이기보다는 당시의 일반적 상식과 문화적 배경을 매개로 유일한 창조주 하나님의 성품과 섭리에 대한 이해의 선포였음을 받아들여야 한다.

(3) 창조의 목적과 방법

제1차 바티칸 공의회는 교의 헌장을 통해 세상이 하느님의 영광을 위해 창조되었다고 선포하였다. 한편 『가톨릭 교회 교리서』(한국천주교주교회의)에 따르면 하느님은 모든 것을 인간을 위해 창조하였다 (358). 하느님은 피조물마다 하느님이 부여한 속성을 스스로 완수할 수 있도록 창조하였으며, 특별히 인간은 하느님을 섬기고 사랑하며 하느님에게 모든 피조물을 봉헌하도록 창조하였다. 창조는 '구원을 위한 하느님의 모든 계획'의 기초이며 "아들을 통하여…모든 세계를 지으셨느니라"(히 1:2)는 말씀과 같이, 그리스도는 창조와 구속의 근원이며 그리스도 안에서 절정에 이르는 '구원 역사의 시작'이다.

조한규의 『알고 싶은 가톨릭 신학 I』에 따르면, 창세기는 창조의 과정과 방법을 객관적으로 기술하거나 창조를 과학적으로 증명하기 위해 저술한 책이 아니라 하느님이 세상과 인간을 창조한 이유와 그 목적을 전달하기 위해 기록한 책이다. 창세기를 보면 하느님은 인간을 구원하기 위해 인간이 살아갈 땅과 세상을 마련하였다. 우리나라 그리스도교에서는 하느님의 창조의 목적으로 널리 인식되고 있는 "하느님께서 인간을 구원하기 위해 세상을 창조하였다" 대신에 "삼위일체 하느님과 모든 피조물이 함께 만드는 공동체에 있다"를 제시한다. 또한 하느님은 자유로운 의지의 은총으로 인간을 창조하기로 결정하였고, 다른 온갖 피조물과 더불어 인간도 하느님이 안식하는 그날 당신과 함께 복된 삶에 참여하도록 창조하였다.

프란치스코 교황은 그의 두 번째 회칙 「찬미받으소서」에서 모든 피조물은 저마다 고유한 선과 완전함을 지니고 있다(69항)고 가르친다. 모든 피조물이 창조주로서 하느님의 사랑스러운 계획에 따라 창조되었고 각각에 고유한 선함과 완전함이 부여되었기 때문이다. 이는 하느님에 의해 창조된 우리 인간을 포함한 모든 피조물이 하느님과 친밀하게 연결되어 있다는 것을 반영한다. 바꾸어 말하면 눈에 뜨이지 않게 생겨났다가 사라지는 하찮게 여겼던 생명과 사물을 포함한 모든 피조물은 하느님 사랑과 자비와 선함을 드러내는 존재로, 그리하여 하느님의 지극한 사랑을 받을 대상으로 창조되었다.

『한스 큉, 과학을 말하다』(서명옥 옮김)에서도 말하고 있듯이, 성경에 기록된 창조의 근본 목적은 인간의 삶이 우주의 질서 안에 제대로 자리매김하도록 도와주고 인간이 진정한 삶을 영위하도록 세상과 조화를 이루게 하는 데 있다. 창조의 목적과 방법은 구약성경과 신약성경에도 여러 말씀으로 기록되어 있다. 구약성경에는 하느님의 영광을 위해(사 43:7), 하느님을 찬양하기 위해(사 43:21) 창조한 것으로 기록되어 있다. 신약성경에는 그리스도를 위해(골 1:16), 주님의 뜻에 의해(계 4:10-11), 예수님을 증언하기 위해(요 5:39), 새 생명을 얻게 하고(요 20:39), 가르치려고(롬 15:4), 신비를 알리기 위해(롬 16:25-26), 그리고 구원을 얻는 지혜를 주려고(딤후 3:15) 창조한 것으로 기록되어 있다. 창조의 방법은 성자를 통해(히 1:2), 말씀을 통해(요 1:1-3; 히 11:3) 창조한 것으로 기록되어 있다.

『기원 이론』(노동래 옮김)도 하나님의 창조 목적을 제시한다. 하나님은 로마서 1:20 및 시편 19:1에서 말하듯이 신적 영광을 나타내기 위해 세상을 창조하였다. 하나님이 창조세계에 영광을 주고 스스로 찬양을 받기 위해 창조한 것이다. 시편 78:69과 이사야 66:1을 통해서도 알 수 있듯이, 하나님은 또 성전으로 기능할 수 있게 하기 위해 창조세계를 창조하였다. 하나님이 사랑으로 창조세계 자체를 위해 창조하였으며 창조세계에 생명이 거주할 수 있도록 창조하였다. 이처럼 창조세계는 참으로 하나님 사랑의 산물이자 그 결과인 것이다. 또 다른 목적은 창조세계에 생명이 존재하게 하는 것이며(사 45:12, 18), 모든 창조세계가 완전한 구속의 영역이 되기를(롬 8:20-21; 엡 1:9-10) 의도한 것이다.

『기원 이론』(노동래 옮김)에 따르면 창조는 하나님의 사랑을 토대로 하나님의 목적에 따라, 신적 명령, 성자와 성령의 관여, 창조세계 자체의 봉사라는 세 가지 매개된 신적 행동을 통해 이루어진다. 창세기 1장의 창조는 신적 명령에 따른 것이다. 이레나이우스(Irenaeus, 140?-202)가 말하는 하나님의 '두 손' 즉 성자(골 1:16-17; 요 1:1-3)와 성령(창 1:1-2; 시 104:30)이 창조에 관여한다. 창조세계의 각 부분은 다른 부분에 대한 매개자 또는 봉사자의 소명과 능력을 부여받아 그 역할(창 1:11, 20, 24)을 한다. 세 가지 신적 행동은 서로 양립하거나 경쟁하지 않고 협동하여 창조세계에서 지속적으로 작동한다.

3) 하나님의 계시와 섭리

하느님은 신비로서 인간이 찾아낼 수 없으며(욥 7), 누구도 뵌 일이 없고 뵐 수도 없는 분이다(딤전 6:16). 계시(revelation)는 가장 거룩한 존재자인 인격신이 자유롭게 자신과 자신에 관한 진리를 드러내는 신적 행위를 말한다. 성경의 내용 그 자체가 하나님의 계시다. 그러나 계시에 관한 구약성경과 신약성경의 함의는 다르다.

섭리(providence)는 하나님이 우주의 모든 피조물을 통해 그의 뜻을 이루고 창조세계의 존재와 질서를 유지하며 창조세계 안의 모든 창조물을 지배하는 활동이다. 하나님 체험은 일상생활 가운데서 참되고 선하고 아름답고 거룩함을 느낄 때, 그것을 하나님의 은총으로 느끼고 받아들이는 것이다.

(1) 하나님에 대한 인식

『가톨릭 교회 교리서』(한국천주교주교회의)(32-48)에 따르면 운동의 변화, 우연, 세상의 질서와 아름다움을 통해 우주의 시작이자 마침인 하느님을 알 수 있다. 세계는 최초 원인과 최종 목적도 없으며, 시작도 마침도 없이 스스로 존재하는 하느님의 '존재'를 드러낸다. 여러 가지 '길'(way)을 통해 제1원인이며 최종적 목적인 하느님이 존재한다는 인식에 도달한다. 그러나 하느님의 존재에 관한 인식에는 한계가 있다. 하느님에 관해 피조물을 통해 말할 수는 있지만, 그것은 인식과 사고의 한계를 가진 인간적 방식으로만 가능하다. 피조물은 모두 하느님과 유사성을 지니고 있으며, 피조물들의 다양한 완전성(진·선·미)은 하느님의 무한한 완전성을 반영한다. 그러므로 피조물의 완전성을 근거로 하느님에 관해 추리하여 말할 수 있다.

그리스도교 신학과 교회도 인간이 타고난 이성의 빛의 도움으로, 창조주 하나님의 업적을 통해, 그리고 무한히 완전한 하나님에 대한 유사성을 지닌 피조물의 다양한 완전성에 근거하여 하나님을 확실하게 알 수 있다고 가르친다. 『하느님과 과학에 대한 101가지 질문』(김도현 옮김)에 따르면 하느님을 안다는 것은 하느님이 누구이고 어떤 일을 하는지 알고, 하느님을 신뢰하고 사랑하고 섬기면서 인격적으로 인식한다는 뜻이다. 그러나 하나님은 모든 피조물을 초월한다. 하나님은 피조물을 통해 직접 인식할 수 없으며, 그런 이유로 인간의 어떤 말로도 하나님의 신비에 미칠 수 없다. 그리스도인은 기도나 미사참례를 통해 하느님의 존재를 가늠하고 체험하려 하지만, 하나님의 현존은 인간의 원의(原意)를 따르지 않으며 하나님이 원할 때 드러난다. 그래서 하나님의 현존을 체험하기 위해서는 하나님의 뜻을 충실하게 따라야 한다.

하나님은 계시를 통하지 않고서는 인식할 수 없고, 하나님이 나타나더라도 하나님의 얼굴은 직접 볼 수 없다. "또 이르시되 '네가 내 얼굴을 보지 못하리니 나를 보고 살 자가 없음이니라'"(출 33:20)는 말씀과 같이 하나님의 얼굴을 보는 자는 모두 죽기 때문이다(창 32:31; 출 3:6; 삿 13:22; 왕상 18:28; 대상 21:26). 성경은 하나님에 관한 절대적 진리와 하나님의 본체(identity)에 관한 인식에 필요한 정보와 자료 및 그 방법의 출처다. 성경에 담겨 있는 하나님의 본성(nature)의 실체·역할·기능과 본체는 다음과 같이 직접 계시와 간접 계시 중 하나에 해당되는 세 가지 경로를 통해 인식할 수 있다.

- 자연과 그 안의 창조물에 관한 숙고를 통한 하나님에 관한 인식—간접 계시: "피조물의 웅대함과 아름다움으로 미루어 보아 그 창조주를 알 수 있다"(지혜서 13:5)와 같이 자연계시 또는 창조계시를 통한 하나님에게 간접적 접근
- 성경의 하나님 말씀을 통한 하나님에 관한 인식—간접 계시: 알레고리(눅 15:11-32의 돌아온 탕자), 비유(직유, 은유[마 13장의 씨 뿌리는 사람의 비유, 가라지의 비유, 겨자씨의 비유 등]), 상징(표지. 표징[4대 복음서를 상징하는 고유한 그림; JHSU를 나타내는 JHS])

- 하나님의 현시를 통한 하나님에 관한 인식-직접 계시

- 표징과 기적을 통한 인식: "내가 바로의 마음을 완악하게 하고 내 표징과 내 이적을 애굽 땅에서 많이 행할 것이나"(출 7:3)와 같이 하나님 권능의 표징과 그분의 행위를 암시하는 기적을 통한 인식

- 환시와 꿈을 통한 인식: 요셉의 꿈(창 37:5-11); "이 후에 여호와의 말씀이 환상 중에 아브람에게 임하여 이르시되 '아브람아, 두려워 하지 말라. 나는 네 방패요 너의 지극히 큰 상급이니라'"(창 15:1); "꿈에 본즉 사닥다리가 땅 위에 서 있는데 그 꼭대기가 하늘에 닿았고 또 본즉 하나님의 사자들이 그 위에서 오르락내리락 하고 또 본즉 여호와께서 그 위에 서서 이르시되…"(창 28:12-13); "이르시되 '내 말을 들으라. 너희 중에 선지자가 있으면 나 여호와가 환상으로 나를 그에게 알리기도 하고 꿈으로 그와 말하기도 하거니와'"(민 12:6).

- 예언자를 통한 인식: "여호와께서 내게 이르시되 '그들의 말이 옳도다. 내가 그들의 형제 중에서 너와 같은 선지자 하나를 그들을 위해 일으키고 내 말을 그 입에 두리니 내가 그에게 명령하는 것을 그가 무리에게 다 말하리라'"(신 18:17-18); "옛적에 선지자들을 통해 여러 부분과 여러 모양으로 우리 조상들에게 말씀하신 하나님이"(히 1:1).

- 그리스도의 육화를 통한 자기 계시: "본래 하나님을 본 사람이 없으되 아버지 품 속에 있는 독생하신 하나님이 나타내셨느니라"(요 1:18); "옛적에 선지자들을 통하여 여러 부분과 여러 모양으로 우리 조상들에게 말씀하신 하나님이 이 모든 날 마지막에는 아들을 통해 우리에게 말씀하셨으니…"(히 1:1-2).

"예수께서 이러한 많은 비유로 그들이 알아들을 수 있는 대로 말씀을 가르치시되 비유가 아니면 말씀하지 아니하시고…"(막 4:33-34)라는 말씀을 통해서도 알 수 있듯이 비유는 예수 그리스도가 가르치는 전형적인 형식이다. 예수는 비유를 통해 하나님 나라에 관해 알아듣게 하고, 비유를 통해 사람들을 하나님 나라로 부른다. 주석성경 민수기 12:8의 주석에서는 다르게 해석하지만, "사람이 자기의 친구와 이야기함 같이 여호와께서는 모세와 대면하여 말씀하시며…"(출 33:11), "그와는 내가 대면하여 명백히 말하고 은밀한 말로 하지 아니하며 그는 또 여호와의 형상을 보거늘…"(민 12:8)과 같이 모세는 하나님을 직접 대면하여 인식하였다.

아퀴나스는 『기초신학』(통신신학교육부 엮음)에서 신적 속성을 인식하려고 할 때 적용할 수 있는 세 가지 방법을 주장한다. 첫째, 인간은 이성이라는 자연적 빛으로 창조세계를 통해 하느님을 인식할 수 있다. 둘째, 인간의 지식을 초월하는 신적 진리는 계시의 방법으로 인간에게 통교되며, 그것은 논증해야 할 말씀이 아니라 믿어야 할 말씀으로 통교된다. 셋째, 인간의 영혼 또는 정신은 하느님이 계시한 것을 완전히 볼 수 있도록 승화될 것이다. 아우구스티누스도 자연세계는 하느님이 당신의 목적을 반영한 당신의 작품이기 때문에, 자연세계와 그 안의 모든 피조물은 하느님의 표징이며, 하느님은 그 표징을 통해 드러날 수 있다고 언급하였다. 하느님은 우주 안에서가 아니라 우주를 통해 드러난다는 것이다.

(2) 하나님의 계시

절대자 하나님이 자신을 드러내는 가르침을 계시라고 한다. 그리스
도교는 계시종교다. 『가톨릭 교회 교리서』(한국천주교주교회의)에 따
르면 그리스도교 신앙은 그리스도의 계시를 벗어나거나 수정하려
시도하는 이단들 또는 신흥종교들이 거론하는 계시를 받아들이지
못한다(67항). 계시는 하느님이 자신과 당신의 뜻을 드러내기 위해
인간의 역사 안에서 개입한 가장 기본적이고 원초적인 사건이다. 그
리스도교 신앙의 대상인 절대자 하느님은 시공간을 초월한 무한의
공간과 영원한 시간 안에서 존재하기 때문에, 인간은 스스로의 힘만
으로는 절대자 하느님과 직접 소통할 수 없다. 인간은 절대자 하느님
이 자신을 스스로 그리고 직접 드러내는 경우에만, 그것도 인간이 이
해할 수 있는 수단과 방법을 통해 보여줄 때만, 절대자 하느님의 존
재와 실체를 인식할 수 있다. 그리스도교 신학에서는 이와 같이 하느
님이 인간에게 당신 자신을 다양한 방법으로 직접 드러내어 보여주
는 것을 모두 계시라고 한다.

김혜윤의 저서 『성경 여행 스케치』를 보면 계시는 가려지고 감
추어져 인간의 감각으로는 도저히 그 존재 여부를 확인할 수 없는
하느님의 자기소개다. 하느님의 자기소개를 위한 계시는 성경과 성
전―교회 전승―을 통해 이루어진다. 하느님의 계시는 시대와 문화
적 상황에 맞추어 여러 가지 방법으로 전달되었다. 고대인들에게는
법조문과 신화, 설화의 형식으로 전달되었다. 고대의 왕국 시대에는
신탁으로 전달되었으며, 이를 계기로 성경에도 신탁 문형이 대거 사
용되었다. 시가 유행할 때는 시로(시편), 잠언이 유행할 때는 잠언과
속담으로(지혜문학 작품) 전해졌다. 신약에서는 풍유·비유(은유와 직유

포함)·상징의 형식으로 전달되었다. 계시의 전달에는 이 밖에도 예언, 족보, 기도, 노래, 연설, 꿈, 환시가 활용되었다.

『가톨릭 교회 교리서』(한국천주교주교회의)에 따르면 뭐니 뭐니 해도 결정적 계시는 바로 '예수 그리스도의 육화'다. 예수 그리스도는 계시의 완성이다(67항). 하느님께서 예수 그리스도를 통해 온전하게 당신 자신을 알려준 것이다. 하느님의 계시는 어떤 것이든 이해될 수 있어야 한다. 하느님을 안다는 것은 계시를 통해서 안다는 것이다. 과학지식과 마찬가지로 종교적 앎의 실재론적 해석도 풍유·비유·상징을 사용하여 표현된다. 또한 하느님의 계시 말씀은 대부분 풍유·비유·상징을 사용하여 계시된다. 풍유·비유·상징을 사용하지 않고서는 예수 그리스도에 대해서도 말할 수 없다.

『가톨릭 교회 교리서』(한국천주교주교회의)에 따르면 자연적 이성을 통해 하느님의 업적으로부터 확실하게 하느님을 인식할 수 있다. 그러나 인간의 힘만으로는 결코 도달할 수 없는 인식의 질서 곧 신적 계시의 질서가 있다. 하느님은 예수 그리스도와 성령을 파견하여 당신의 계획을 계시한다. 하느님은 당신의 선성(善性)과 지혜로 자신을 계시하고 당신 뜻의 신비를 알려 주었으며, 사람들이 그리스도를 통해 성령 안에서 성부께 다가가고 하느님의 본성에 참여하도록 하였다. 하느님이 원조(元祖)들에게는 처음부터 자신을 드러내 보였다. 하느님이 타락한 인류의 교만을 통제하기 위해 노아와 계약을 맺고, 흩어진 인류를 하나로 모으고자 아브라함을 선택함으로써 많은 민족들의 아버지로 삼았으며, 자신만이 살아 있는 참 하느님이요 섭리의 아버지임을 알도록 하기 위해 이스라엘을 당신 백성으로 만들었다. 그리고 모든 계시의 중개자이며 충만인 예수 그리스도를 보내어 자신을 온전히 계시하였으며, 예수 그리스도 안에서 영원한 계약을 세웠다. 예수 그리스도 이후에는 더 이상 다른 계시가 없다.

『가톨릭 교회 교리서』(한국천주교주교회의)에 따르면 하느님은 예수 그리스도를 통해 온전히 당신을 알려 주었으며, 누구나 예수 그리스도를 알기 바랐다. 그리하여 예수 그리스도는 모든 민족, 모든 사람에게 사도전승(75-79항), 후계자로 세운 주교들(77항), 교회(78-79), 성경과 성전 전승(81-82항)을 통해 하느님의 계시를 전달하게 하였다. 제2차 바티칸 공의회는 "성전과 성경은 교회에 맡겨진 하느님 말씀의 유일한 성스러운 유산을 형성한다"(계시헌장, 10항)라고 선언하였다. 또한 성령의 감도로 기록되어 하느님 말씀 자체인 성경과 사도들과 그 후계자들을 통해 온전히 전달되는 말씀인 성전(聖傳)은 서로 긴밀하게 연결되어 동일한 신적 원천에서 솟아 나와 하나를 이루며 같은 목적을 지향한다(80항). 이런 성경과 성전은 믿어야 할 것을 모두 얻고 해석하고 전달하는 유일한 '신앙의 유산'이다.

계시는 하나님이 인간에게 하나님 자신에 관한 지식을 제공하기 위해 쓰는 어떤 수단이나 방법이 아니다. 계시를 통해 인간에게 통교되는 것은 진리가 아니라 하나님 자신이다. 하나님은 기본적으로 말씀과 업적을 통해 당신의 본성을 드러낸다. 하나님은 창조된 질서에 따라서 창조물을 이용하여 자신을 계시한다. 하나님은 창조와 더불어 이스라엘의 선택, 이집트로부터의 해방, 예언, 예약, 기적, 그리스도의 죽음과 부활 등 인간의 역사 속에서 개입한 구원적 행위를 통해서도 자신을 드러냈다.

『기초신학』(통신신학교육부)에서는 계시를 자연계시와 초자연계시로 나눈다. 창조계시로 불리기도 하는 자연계시는 하느님이 스스로 창조한 세계를 통해, 그리고 인간의 이성을 이용하여 드러내는 계시다. 한편 초자연계시는 하느님이 자신을 통해 알려주는, 구약성경의 성조(聖祖)들과 예언자들 그리고 신약성경의 예수 그리스도와 사도들을 통해 드러내는 계시를 가리킨다. 자연계시는 과학자들이 자연에 관한 연구를 통해 발견한 물리적 영역에서 작용하는 지식을 말하며, 초자연계시는 자연을 통해 드러나는 하느님의 능력이나 신성에 관한 지식을 가리킨다. 구속·예수·메시아 등 하느님에 관한 구체적인 지식은 주어지는 것으로서 이성이나 경험이 아닌 믿음으로만 받아들여지는 초자연적 계시다. 초자연적 계시는 계시의 내용과 그 수혜자에 따라 모든 인류를 위한 공적 계시와 특정 공동체 또는 개인을 위한 사적 계시로 소분화된다. 계시는 또한 중계되는 방법에 따라 직접 계시와 간접 계시로 구분된다. 하느님이 사자(使者)에게 직접적으로 내리는 계시를 직접 계시, 사자를 통해 인류에게 중계되는 계시를 간접 계시라고 한다.

자연계시/창조계시는 성경에도 기록되어 있다. 하느님은 당신홀로 "하늘과 땅을 만드신"(시 115:15; 124:8; 134:3) 분이라는 것을 알려준다. 창세기 15:5과 예레미야 33:19-26의 창조에 관한 말씀은 전능한 하느님의 사랑에 대한 첫 번째 보편적 증거로 계시된 것이다. 자연계시는 과학자들이 연구에서 발견한 지식과 일치하기도 하는데, 시편 104편은 창조세계에 대한 관찰·측정·경험을 통해 발견하거나 배운 지식으로 충만하다. "창세로부터 그의 보이지 아니하는 것들 곧 그의 영원하신 능력과 신성이 그가 만드신 만물에 분명히 보여 알려졌나니…"(롬 1:2)라는 말씀과 같이, 하나님은 자연적 방법, 우주질서의 조화 및 생명과 자연의 신비를 통해 자신의 모습을 계시한다.

창조물은 구름 기둥과 불 기둥(출 13:21), 타오르는 불꽃(창 15:17; 출 3:2), 천둥, 번개(출 19:16)로 하나님의 현존과 능력을 나타낸다. 이와 같이 하나님은 자신이 창조한 만물을 통해 자신을 인간에게 계시하기 때문에, 인간은 창조된 만물에서 하나님의 현존을 지각할 수 있으며, 하나님의 손길을 보거나 느낄 수 있다. 인간은 이성을 올바로 이용하기만 하면, 창조물에 대한 지각과 느낌을 통해 하나님의 본성을 간접적으로나마 인식할 수 있는 것이다.

그러나 자연계시만을 통해서는 하나님에 대한 완전한 인식에 도달할 수 없다. 자연계시는 하나님과 인간이 통교하거나 내적인 긴밀한 일치를 이루도록 이끌어주지 못하기 때문이다. 자연계시는 인간 존재의 의미와 구원, 인간의 고통, 죽음의 신비와 같은 근본적 문제에 대해서도 아무런 해답을 주지 못한다. 자연계시는 신비의 경계 영역까지는 이끌어 가지만 그 신비 안으로 인도하지는 못한다. 초자연계시는 과학적 분석을 통해 파악할 수 없으며 논리적 추론으로 실증적 설명이 불가능한, 자연진리를 초월하는 신비에 관한 하나님의 말씀이다. 하나님은 세상의 만물을 창조한 이래 인간을 향하여 왔고 인간의 역사 안에서 자신을 직접 보여주었는데, 이런 초자연계시를 통해 아버지로서의 자신을 드러낸다.

공적 계시인 기초적 계시는 모든 인류의 구원을 위한 하나님의 공적 가르침을 가리키는데, 교회에서는 제2차 바티칸 공의회 교의헌장 25항 "새로운 공적 계시를 신앙의 유산으로 받아들이는 일은 없다"는 지적에 따라 공적 계시가 신약시대의 신도들에게는 끝난 것으로 가르친다. 그리스도가 하나님의 공적 계시의 절정이고 종결이며, 그리스도 안에서 하나님의 계시가 모두 끝났기 때문이다. 교회는 유일한 기초적 계시가 그리스도의 마지막 가시적 현존으로 끝났다고 보고, 이제 공적 계시를 더 이상 인정하지 않고, 성경과 성전에 기록된 공적 계시로 인류 구원의 길이 밝혀졌다고 가르친다.

『가톨릭 교회 교리서』(한국천주교주교회의))에 따르면 사적 계시는 하나님이 선택한 영혼에게 자신의 영광을 드러내기 위해 개별적으로 밝히는 내용으로서, 성모 마리아나 성인성녀들을 통해 영혼들에게 하느님 나라의 신비와 하느님의 은총을 보여 주는 계시를 말한다. 프랑스의 루르드(Lourdes), 포르투갈의 파티마(Fatima), 멕시코의 과달루페(Guadalupe) 성모 마리아가 전한 메시지도 사적 계시다. 사적 계시는 신앙의 유산에 포함되지 않는다(67항). 사적 계시는 구원을 위해서가 아니라 영성적 유익을 위해 주어지며, 그래서 구원을 받는 데는 문제가 되지 않기 때문에 꼭 믿어야 할 의무도 없다.

개신교 신학에서는 계시를 일반계시와 특별계시로 대별한다. 일반계시와 특별계시는 각각 로마서 1:20과 창세기 15:4에도 나타나 있다. 노동래가 옮긴『기원 이론』에 따르면 자연계시로 불리기도 하는 일반계시는 자연을 통해 드러난 하나님의 능력과 신성에 관한 일반적 계시다. 특수계시로도 알려진 특별계시는 하나님에 관한 구속, 예수, 메시아에 관한 구체적이고 상세한 지식으로 인식되는 계시다. 이 책에서는 셋째 계시로 일반계시의 하위 범주인 창조계시를 소개한다. 창조계시는 성경 전체에 대한 해석과 창조세계에 관해 경험하고 숙고한 바를 바탕으로 이루어진 즉 과학자에 의해 발견되거나 자연을 통해 계시된 창조세계에 관한 지식이다. 일반적으로 특별계시가 믿음을 통해 받아들여지는 반면, 과학지식은 이성과 경험을 통해 획득된다. 과학적 탐구를 통해 창조계시를 찾고 알기 위해서는 성경의 두 책을 이해할 수 있는 능력을 주는 성령의 도움이 필요하다.

(3) 하나님의 섭리

『한국가톨릭대사전』(한국교회사연구소)에서는 제1차 바티칸 공의회의 "하느님은 자신이 만든 모든 것을 섭리를 가지고 지켜보며 지배하신다"를 인용하면서, 섭리를 '하느님이 우주의 모든 피조물에 대한 배려와 애정으로 그의 뜻을 이루는 활동, 맹목적 세계관에 대해 일정한 하느님의 자유로운 의지를 전제하는 세계관'으로 정의한다. 이 정의에는 인간의 개인적 결단을 포함해서 자연에서 일어나는 모든 일이 하느님의 영원한 계획의 일부분이며 하느님의 섭리는 보편적이라는 의미가 함축되어 있다. 하느님의 섭리는 하느님이 우주에 대해 갖고 있는 궁극적 목적을 반드시 이룬다는 뜻에서 그릇되지 않고, 하느님이 변하지 않는 존재이기 때문에 결코 변하지 않는다. 그런데 계몽시대 이후 근대 자연신학 안에서 섭리 신학이 이신론의 형태를 갖춤에 따라 자연스럽게 자연신학이 섭리신학을 대신하였다. 19세기 후반에는 역사신학으로 불리기도 하는 역사주의 신학이 인간중심 섭리론으로 변하기도 하였다.

『가톨릭 교회 교리서』(한국천주교주교회의)에 따르면 만물은 고유의 선과 완전성을 가지고 있기는 하지만, 하느님이 정한 것으로서 아직도 다다라야 할 궁극적 완성을 향한 진행의 상태로 창조되었다. 하느님이 지혜와 사랑으로 모든 피조물을 목적과 완전성으로 이끄는 하느님의 배려를 하느님의 섭리라고 한다. 하느님은 자신이 창조한 모든 것을 자신의 섭리로 보호하고 다스리며, 예수 그리스도는 하느님 아버지의 섭리에 자녀답게 의탁할 것을 요구한다. 하느님은 자신의 계획을 실현하기 위해 인간의 협력도 이용하며, 인간으로 하여금 자유롭게 창조 계획에 협력하게 한다. 피조물은 스스로 행동하고, 서로가 서로에게 원인과 근원이 되며, 하느님 계획의 실현에 협력하는 품위도 지녔기 때문이다. 이 점에서도 하느님은 이차 원인들 안에서 그것들을 통해 작용하는 일차 원인으로 볼 수 있다.

『가톨릭 교회 교리서』(한국천주교주교회의)는 하느님의 창조와 관련된 섭리도 가르친다. 하느님의 진리는 창조한 세계를 질서 있게 다스리는 지혜다. 홀로 하늘과 땅을 만든 하느님만이 자신과 피조물의 관계에 비추어 모든 것에 관한 참된 깨달음을 줄 수 있다(216항). 하느님은 창조한 뒤에도 피조물을 그대로 버려두지 않고, 피조물을 매 순간 그리고 지속적으로 존재하게 도와주고 합당하게 행동하도록 안내하면서 완성으로 이끌어간다(301항). 그러나 인간은 종종 하느님의 섭리의 길을 알 수가 없고, 종말에 하느님의 얼굴을 마주 보게 될 때 비로소 그 길을 깨닫게 될 것으로 보인다.

『말씀의 네트워크』(차동엽·홍승모 엮음)에서는 성경에 기술된 하느님 섭리의 특성·목적·불가지성을 소개한다. 하느님은 세상에 계절을 주고(창 8:21-22), 인간의 악행을 선으로 바꾸어주며(창 50:19-20), 만물을 창조하였으며(느 9:6), 의인을 보호하고(시 69:14-15), 악인들을 멸망하게 하고(시 73:18-20), 인간의 삶과(시 104:27-30) 모든 생명을(마 10:29-30) 주관하며, 자연의 질서를 세우고(시 114:5-8), 모든 일을 결정하고(잠 16:33), 모든 것을 제때에 아름답도록 만든다(전 3:11). 섭리의 목적은 선을 이루고(롬 8:28), 만방을 다스리고 보존하는 데(시 22:28-29; 103:19) 있다. 하느님의 신비를 알 수 없고(욥 11:7-9; 37:14-16), 사람의 발걸음은 하느님께 달려 있으며(잠 20:24), 하느님의 섭리를 알 수 없고(전 3:11), 하느님의 일은 예견할 수 없기 때문에(전 7:14), 하느님의 섭리는 불가지성이 있다.

『창조의 신학』(박영식 지음)에 따르면 하나님 섭리는 그 역사성과 창조성이 자연세계에 반사되고 있으나, 그 자체는 물리적으로 관찰되거나 객관적으로 실증될 수 없다. 또한 하나님의 섭리는 구원과 함께 창조의 완성을 향해 진행되는 창조의 과정으로서 보존·협동·통치를 포괄한다. 바꾸어 말하면 섭리의 하느님은 만유를 보존하시며, 피조물과 협동하고, 만물을 영광의 나라로 이끄시는 분이다. 하느님의 섭리는 그 대상에 따라 자연법칙을 통한 일반섭리와 출애굽이나 그리스도 탄생과 같은 특별섭리로 구분된다.

『창조론』(김정형 지음)에 의하면 창조세계와 그 안의 모든 피조물은 창조주 하나님의 주권적 은총으로 존재하고 은혜 안에서 자율성과 독립성을 지닌다. 창조주 하나님은 "하나님이 보시기에 좋았다"(창 1:10, 21, 25)는 말과 같이 선한 의지로 세계의 역사를 섭리하고, 세계는 창조주 하나님의 섭리에 자율적으로 응답한다. 그리스도교 전통은 하나님이 세상을 수동적 존재로 만들지 않았으며, 모든 피조물을 유출과 같은 방식을 통해 자신의 분신으로 만들지 않았다는 것을 보인다. 하나님은 피조물에게 당신의 섭리 안에서 자율성과 독립성을 부여하였으며, 스스로 조직하고 새로운 것을 창조할 수 있는 능력도 허용하였다. 피조물의 자율성과 독립성이 하나님의 섭리 안에서 작용하도록 주어졌기 때문에, 하나님의 주권적 자유의지와 피조물에게 부여된 자유의지는 충돌하지 않는다.

윤철호는 그의 저서 『기독교 신학개론』에서 기독교 신학에서 말하는 하나님의 섭리를 구약성서의 하나님의 섭리와 신약성서의 하나님의 섭리 그리고 교회의 역사 속에서의 하나님의 섭리로 나누어 소개한다. 윤철호가 말하는 구약성경의 하나님은 모든 피조물을 돌보며 그것들의 생사를 주관하고, 하나님의 자녀를 보호하고 인도하며, 아브라함과 이삭과 야곱에게 복을 약속하고 그 약속을 지키는 하나님이다. 신약성경의 하나님은, 예수의 말에 따르면 모든 피조물과 인간을 공평한 사랑으로 돌본다. 교회의 하나님은 온 우주와 그 안의 만물을 창조하고 세계와 인간의 삶을 섭리하는 하나님이다. 특히 그리스도교의 하나님은 온 우주를 창조한 이후 줄곧 지속적으로 세계를 섭리하고 다스리는 창조주 하나님이다. 한편 인도자 하나님은 자연세계를 섭리할 뿐만 아니라 인간의 역사를 주관하고 개인의 삶을 인도하기도 한다. 하나님의 섭리는 피조물에게 자유의지를 부여하였기 때문에 숙명론적인 것은 아니다.

(4) 하나님에 대한 체험

진선미는 무한하고 변하지 않으며, 진선미의 원천인 하나님도 그러하다. 그런 의미에서 참되고 선하고 아름다운 것에 관한 일상생활 경험도 하나님 체험이라고 말할 수 있다. 또한 하나님은 아들 예수를 인간으로 보냈듯이 신적·영적 신비가 아닌 인적·일상적 상황에서 자연의 위대함, 오묘함, 그 안의 질서가 드러나게 하기 때문에, 일상생활에서 그런 것들을 경험하는 것도 하나님 체험으로 간주할 수 있다. 신앙인은 신앙생활에서 하나님 체험을 갈망한다. 하나님 체험은 하나님을 더욱 믿고 의지하게 하며, 그로 인해 사람들은 자신의 신앙이 그만큼 더 돈독해진다고 믿기 때문이다.

첫째 지은이의 하느님 체험을 언급함으로써 자연세계의 진리와 성경의 진리에 대한 인식을 통한 하나님의 계시와 섭리의 본 뜻에 대하여 이해한 것을 보여주고자 한다. 지은이는 산티아고 순례길(El Camino de Santiago)을 걷다가 메세타(Meseta) 평원의 한 밀밭 돌담 아래에 피어 있는 소소한 제비꽃을 내려다보면서 하느님의 계시와 섭리에 관해 묵상하며 하느님을 찬미하는 기도를 바치고 있었다. 그때 밀밭 위에서 종달새가 지저귀는 청량한 소리가 들렸다. 그 순간에 "공중의 새를 보라. 심지도 않고 거두지도 않고 창고에 모아들이지도 아니하되 너희 하늘 아버지께서 기르시나니⋯들의 백합화가 어떻게 자라는가 생각하여 보라. 수고도 아니하고 길쌈도 아니하느니라.⋯솔로몬의 모든 영광으로도 입은 것이 이 꽃 하나만 같지 못하였느니라.⋯그러므로 염려하여 이르기를 '무엇을 먹을까? 무엇을 마실까? 무엇을 입을까?' 하지 말라.⋯너희 하늘 아버지께서 이 모든 것이 너희에게 있어야 할 줄을 아시느니라"(마 6:26-32)라는 성경 말씀이 느닷없이 다가와 맑음, 진실함, 선함, 아름다움, 신성함이 마음을 한가득 채웠다. 아주 짧은 시간이었지만, 제비꽃과 종달새 소리 그리고 성경 말씀이 함께 다가와 맑고 깨끗한 진실함, 한 티도 없이 순수한 선함, 정갈하고 소박한 아름다움, 단순하지만 신성한 거룩함, 없는 곳이 없으며(무소부재하며) 영원한 하느님, 이 모든 것이 한꺼번에 마음속을 가득 채웠다. 그동안 살아온 여정의 무상함과 그 과정에서 품었던 욕망의 하찮음도 함께 깨달아졌다. 빅뱅으로 우주가 한 순간에 생겨난 것처럼 이 모든 것이 한꺼번에 느껴진 것이다. 그런 깨달음과 느낌은 어떤 과학적 활동이나 이성적 생활 그리고 20-30여 년의 신앙생활을 통해서도 가져보지 못한 것으로서, 그것을 하느님에 대한 체험으로 받아들일 수밖에 없었다. 성경을 보면 예언자들의 하느님 체험은 신비적이고 몽환적인 개인적 경험이다. 그러나 지은이는 창조세계의 순수하고 완전한 진선미에 대한 경험을 통해 하느님이 인간으로 보낸 성자 예수 그리스도를 나의 일상생활 과정에서 만나는 것도 하느님 체험이라는 것을 알게 되었다. 자연의 신비에 대한 과학적 연구나 탐구를 통해 얻어진 자료를 이용하여 자연과 창조물의 웅대함과 아름다움에 감동하고 심미적으로 표현하는 것은 창조주 하느님에 대한 찬양이거나 하느님 존재를 추론하는 자료가 될 수는 있을지언정 하느님에 대한 신앙적 체험은 아니라는 생각이 들었다.

하나님 체험은 신앙생활에서 절실하게 추구하는 것 중 하나다. 구약성경에는 하나님을 만났을 경우에 일어날 일과 하나님을 직접 체험한 경험이 기록되어 있다. 구약성경에는 하나님이 모세에게 "나를 보고 살 자가 없음이니라"(출 33:20), "네가 내 등을 볼 것이요 얼굴은 보지 못하리라"(창 33:23)고 한 말이 기록되어 있다. 아브라함은 하나님에게 "내가 여기 있나이다"(창 22:1; 22:11), 야곱은 천사에게 "내가 대답하기를 여기 있나이다"(창 31:11; 46:2), 모세는 주님에게 "내가 여기 있나이다"(출 3:4), 사무엘은 주님에게 "내가 여기 있나이다"(삼상 3:4), 이사야는 주님에게 "나를 보내소서"(사 6:8)라고 하였는데, 이들은 모두 하나님을 체험한 것이다. 모세는 "사람이 자기의 친구와 이야기함 같이 여호와께서는 모세와 대면하여 말씀하시며"(출 33:11)와 같이 하나님의 물음에 대답하였다. 이와 같이 구약성경에 기술된 하나님 체험은 직접적인 대면이 아니라 대화다.

아나니아는 주님께 "주여, 내가 있나이다"(행 9:10)라고 대답하였는데, 이는 신약성경에서 하나님을 체험한 유일한 예의 기록이다.

한편 베드로·야고보·요한은 예수가 영광스러운 모습으로 변모하는 광경을 보았다. "그들 앞에서 변형되사 그 얼굴이 해같이 빛나며 옷이 빛과 같이 희어졌더라"(마 17:2-3; 막 9:2-4; 눅 9:29). 또한 세례자 요한은 하나님의 영이 비둘기처럼 예수 그리스도 위로 내려오는 것을 보고, 하늘에서 이렇게 말하는 소리를 들었다. "이는 내 사랑하는 아들이요 내 기뻐하는 자라"(마 3:15-17; 막 1:9-11; 눅 3:21-22). 구약성경과 달리 신약성경에서는 예수님을 통해 하나님을 직접 대면하였지만, 구약성경에서와 같이 하나님을 너무 신비스럽게만 여기면서 예수님은 지나치게 인간적으로만 만난 결과 인격적 하나님에 대한 신앙적 체험은 할 수 없었다.

신학적 관점에서는 영혼이나 마음이 갑자기 밝고 맑아지는 경험, 이성과 지성이 아닌 영성의 체험, 이성적·지성적 지각이 아니라 영적·직관적 인지, 영성적 인식을 하나님 체험으로 인정한다. 즉 하나님 체험을 유물론적·과학적 지각과 지적 인식과는 무관한 경험으로 규정한다. 진정한 하나님 체험은 관상과 더불어 천국에서 하나님을 직접 마주 보는 지복직관의 은총(고전 13:12)을 미리 맛보는 축복이다. 따라서 기도 안에서 또는 신앙생활에서뿐만 아니라 일상생활 과정과 피조물을 통해 느끼는 하나님 창조의 손길과 은혜는 모두 하나님 체험으로 볼 수 있다.

제4장

과학 및 과학기술과 그리스도교 신앙의 화해

찰스 다윈은 죽어 기독교 의식으로 웨스트민스터 사원에 묻혔다.

- 영화 「찰스 다윈: 종의 기원」에서

종교에 대한 과학의 도전 또는 종교와 과학의 충돌에 관한 논의에서
는 '종교 대(對) 과학', '신학 대 과학', '신앙 대 과학', '종교 대 이성',
'신앙 대 이성'의 틀에 따라 비교하였다. 그러나 종교·과학·신학·신
앙·이성의 의미와 본성에 비추어볼 때, '종교 대 과학' 또는 '신학 대
과학'의 틀이 비교적 가장 타당하다. '종교 대 과학'의 틀이 '신학 대
과학'의 틀보다 더 일반적이며, '신학 대 과학'의 틀이 '종교 대 과학'
의 틀보다 더 전문적이고 학문적이다. 오늘날의 과학과 종교의 관계
에 관한 논의에서는 '신앙 대 과학기술'의 틀도 바람직하다. '신학 대
과학' 또는 '신앙 대 과학기술'의 틀에서는 현대의 과학의 발전과 과
학기술의 발달 수준이 반영되기 마련이다.

　　종교·신학·신앙 대 과학·과학기술·이성을 제대로 비교하기 위
해서는 우선 현대의 종교·신학·신앙과 과학·과학기술·이성의 본
성을 확고하게 규정한 다음, 종교·신학·신앙과 현대의 과학·과학기
술·이성을 비교해야 한다. 그러나 지금까지는 대부분의 경우 교부시
대 이후의 전통적 종교학·신학·신앙과 절대적 가치 기준으로 인식
되는 전통적 과학을 비교하였다. 이를테면 창세기를 자구적으로 해
석한 창조와 절대화한 과학지식으로 이해한 진화론을 비교하였다.
이제는 성경 전체를 관통하는 창조와 잠정적 가설의 하나인 현대의

진화론을 비교해야 한다. 그러나 한스 큉(Hans Küng, 1928-2021, 『한스 큉, 과학을 말하다』, 서명옥 옮김)에 따르면 대다수 자연과학자는 21세기의 과학지식과 과학적 시각을 기반으로 19-20세기의 무신론적 종교 비판에 얽매여 있다.

'신앙 대 과학기술'의 틀을 따를 경우 종교와 과학의 충돌 문제와 더불어 "하나님이 보시기에 좋았다"(창 1:4-31)라고 한 만큼 하나님이 만족스럽게 창조한 지구를 오염시키고 파괴한 문제, 인간의 존엄성을 해치는 문제 등 과학기술과 인간의 부정적 관계도 다룰 수 있다. 제1장에서는 '그리스도교 대 과학'의 틀을 적용하여 과학의 종교에 대한 도전 과정을 다루었으나, 제4장에서는 '과학 대 성경'의 틀에 따라 현대 과학과 그리스도교 신학의 상충관계와 상호의존적 관계에 관해 살펴보고, '과학기술 대 신앙'의 틀에 따라 과학기술과 그리스도교 신앙의 부정적 관계와 호혜적 관계도 알아본다.

1. 하나님의 작품 자연과 성경

하나님은 진리이고(렘 10:10; 요 14:6), 그 진리의 출처는 하나님의 창조물 자연과 하나님의 말씀 성경이다. 아우렐리우스 아우구스티누스(Aurelius Augustinus, 354-430)는 하나님 자신이 누구인지 알리고 자신에 관한 진리를 계시하기 위해 자연과 성경이라는 두 책을 주었다고 말하였다. 아우구스티누스에 따르면 자연의 책(book of nature)과 성경의 책(book of scripture)은 서로 보완적이며, 궁극적으로는 서로 일치하는 유일하고 절대적인 하나님의 진리를 담고 있다. 그렇다면 자연에서 발견되는 진리와 성경을 통해 이해한 진리의 궁극적 대상은 하나님의 말씀에 함축된 절대적 진리로서 하나의 대상에 관한 두 진리가 모순되거나 충돌할 수 없으며, 그 내용과 특성 그리고 표현 양식은 차이가 날 수 있다. 그런 차이가 나게 된 이유는 하나님의 책으로서 자연과 성경의 저술 목적이 다를 뿐만 아니라 우주·시간·공간·원인 등 자연의 진리를 진술할 때 사용하는 단어들이 과학·철학·신학에서 각기 다른 의미를 가지고 있기 때문이기도 하다.

하나님에 관한 진리의 출처인 자연세계의 진리와 성경의 진리의 같은 점과 다른 점 때문에, 자연세계에 관한 과학적 연구와 성경에 관한 신학적 탐구를 병행하면 자연세계에 대한 진리뿐만 아니라 하나님과 그 진리에 관해서도 더욱 포괄적이고 심층적인 통찰을 가질 수 있다. 『기원 이론』(노동래 옮김)에도 기술되어 있듯이 그리스도인들은 과학적 조사를 통해 창조세계에 대한 인식의 폭과 깊이가 신장되었으며, 그에 상응하여 성경에 대한 해석과 이해 및 그 내용과 방식도 변하였다. 그리스도교 교부들과 아우구스티누스를 비롯한 신학자들도 모든 진리를 하나님의 진리로 믿고, 창조세계에 대한 과학적 인식과 신학적 이해에 맞추어 성경을 읽고 이해하는 방식을 제안하였다. 창조세계에 대한 진리를 터득하면 창조세계와 인간의 관계에 관한 이해 및 하나님에 대한 지식·경외감·경탄도 향상된다는 제안이었다.

1) 자연의 진리와 성경의 진리

자연과 성경은 둘 다 계시의 원천이다. 자연은 자연계시의 원천이며, 성경은 초자연계시의 원천이다. 자연은 하나님과 신성에 관한 일반적 지식의 출처이며, 성경은 하나님의 본성, 메시아로서 예수 그리스도에 관한 특별한 지식의 근원이다. 하나님에 관해 자연에서 드러나는 진리나 성경에 함의된 진리는 하나님이 제공한 계시이기 때문에 절대적 참이다. '과학적 법칙'의 하나인 "은행나무는 매년 가을이 되면 단풍이 든다"는 창조 때 주어진 '자연의 법칙'에 따라 일어나는 현상이다. 이 현상은 여러 번의 관찰로 수집한 자료를 일반화한 명제로서, '과학적으로 타당한 진리'이며 신학적으로는 하나님이 창조한 세계를 지배하는 하나님의 섭리다. 이 법칙 명제는 하나님의 말씀 곧 "하나님이 이르시되 '하늘의 궁창에 광명체들이 있어 낮과 밤을 나뉘게 하고 그것들로 징조와 계절과 날과 해를 이루게 하라'…하시니 그대로 되니라"[창 1:14-16]와 마찬가지로 '신학적으로 믿을 만한 절대적 진리'다.

자연과 성경의 두 책 은유는 아우구스티누스가 하나님의 계시와 하나님의 존재 그리고 하나님에 관한 지식을 묘사할 때도 사용하였다. 자연의 책과 성경의 책은 각 영역의 목적을 위해 쓰였으며, 서로 다른 지식의 출처가 된다. 그러므로 책으로서 자연의 진리와 성경의 진리는 주제와 영역에 있어서도 다르다. 자연의 진리는 피조물에 관한 진리이며, 성경의 진리는 피조물에 관한 창조주 하나님의 말씀 그 자체다. 자연에 관한 지식은 경험과 이성을 적용하여 얻어진 자료를 그 타당성에 따라 받아들인 것이며, 성경의 신학적 지식 가운데서도 특별계시 곧 초자연적 계시는 경험이나 이성과는 무관하게 믿음으로 받아들이고 이해한 것이다. 자연의 진리는 관찰·측정·실험을 통해 과학적 사실을 밝히고 그 사실들을 바탕으로 추리할 수 있으나, 성경의 진리는 오로지 신앙을 통해서만 이해할 수 있고 주어진 계시를 통해 알고 믿을 수 있다. 창세기 1장에 기술된 창조 이야기는 자연세계와 같이 과학적 사실을 드러내지 않으며 하나님과 세상 및 인간에 대한 관계를 말한다. 창세기는 누가, 언제, 어떻게, 어디서 세상을 창조하였는지에 관한 과학적 사실을 말하는 것이 아니라 천지창조에 관한 사실·진리·실체를 진술할 뿐이다. 눈으로 관찰·측정한 현상은 사실(fact)이라고 말할 수 있으며, 그 사실적 현상이 일어나게 한 궁극적 원인은 진실(truth)이다. 창세기의 창조 이야기에 담겨 있는 절대적 진리(truth)는 진상(substance)이며, 존재론적 실체(reality)는 본질(essence)이다. 성경 말씀이 가리키는 진실·진상·본질은 본체(identity)이자 신비다. 그러므로 그것들은 과학적으로 확인할 수 없으며 개념적으로 기술할 수도 없고, 철학적으로 추론하거나 신앙의 눈으로 보고 해석할 때 그리고 신비적 의미를 통해서나 이해할 수 있다.

아서 피콕(Arthur R. Peacocke, 1924-2006, 『우주론: 알파에서 오메가까

지』, 오경환·전양환 옮김)이 말하는 인식론적 전체론에 따르면 성경의 진리는 자연의 진리보다 상위 수준에 속한다. 성경의 진리는 자연의 진리로 환원되지 않으며 모순되지도 않는다. 자연의 진리는 성경의 진리를 충분히 설명하지 못하지만, 성경의 진리는 자연의 법칙들을 창발하여 자연의 진리를 설명할 수 있다. 성경의 진리는 자연의 진리의 필요조건이다. 그리하여 성경 전체를 아우르는 창조론은 진화론이 말하는 새로운 종의 탄생과 진화를 설명할 수 있지만, 진화론으로는 성경에 함축된 창조의 본질을 설득력 있게 설명하지 못한다.

　　자연의 진리와 성경의 진리는 진화론과 창조론을 비교해도 그 속성과 차이를 확인할 수 있다. 우주와 세상의 만물이 우연히 생겨나 자연적으로 진화해왔다고 설명하는 진화론은 과학 중심의 무신론적 이론이며, 창조론은 우주와 그 안의 만물이 창조주 하나님의 의지와 계획에 따라 창조되었다고 설명하는 유신론적 이론이다. 진화론은 과학적 이론으로서 궁극적 진리가 아니며, 창조론은 하나님의 신비로서 절대적 진리다. 성경에 기록되어 있는 말씀 "하나님은 죽은 자를 살리시며 없는 것을 있는 것으로 부르시는 이시니라"(롬 4:17) 또는 "하느님께서, 이미 있는 것에서 그것들을 만들지 않으셨음을 깨달아라"(마카베오하 7:28)에 암시되어 있는 '무로부터의 창조'(creation from nothing)는 절대적 진리이며, 그렇게 때문에 바로 그리스도교 신앙의 대상이 된다. 이와 같은 관계 때문에 과학과 종교 또는 과학과 신학은 각자 다른 영역의 진리까지 독점하려 하지 않는 한 충돌할 수 없다.

　　자연에 관한 모든 진술이 과학적 사실이나 진리 또는 실체는 아니다. 반드시 관찰·실험을 거쳐 수집한 자료에 함의되어 있거나 그 자료로부터 드러나는 하나님의 계시와 섭리만이 과학적 진리 또는 실체의 조건을 충족한다. "피조물의 웅대함과 아름다움으로 미루어 보아 그 창조자를 알 수 있다"(지혜서 13:5)는 말씀과 같이, 자연은 하나님 계시의 매개 수단에 불과하다. 그러므로 자연을 탐구할 때 피조물의 이면(裏面)에서 웅대함과 아름다움을 지배하고 통제하는 계시와 섭리를 깨닫기보다 그 웅대함과 아름다움을 신성시하고 숭배하는 것은 우상숭배이며, 심미적으로 표현하는 것도 진정한 신앙이 아니다. 성경에 묘사된 하나님의 본성과 그에 관한 절대적 진리 및 궁극적 실체는 믿음을 통해 확증되며, 신앙을 통해 이해된다. 그래서 우리는 성령의 도움을 받아 그리고 하나님의 계시를 통해 이를 깨달을 수 있다.

성경에 기록된 말씀 가운데 문자적으로 해석한 말씀의 의미는 비록 하나님의 계시일지라도 '과학적 사실 또는 진리'로 받아들일 수 없을뿐더러 '신학적 진리'로 믿기도 어렵다. 아우구스티누스도 하나님이 넷째 날에 큰 빛물체라고 하는 해를 만들었다는 기록을 근거로, 성경에서 말하는 날이 실제 하루를 뜻하지 않는다고 하였다. 성경에 함의된 신학적 진리는 주관적·실존적 의미를 규정하는 가치 선언이며, 과학적 진리는 경험적 관찰에 근거한 사실적 진리다. 성경의 하나님 말씀은 하나님이 예수 그리스도를 보내어 자신을 직접 보인 것 외에는 기록 당시의 문화적·사회적 상황에서 선택한 비유(마 13장; 요한 1:6), 알레고리(allegory, 눅 15:11-32; 잠 5:15-18; 엡 6:11-17)를 이용하여 기술한 말씀이며, 환시(창 15:1)나 꿈(창 28장)을 본 예언자를 통해 전달된 예언(預言)에 관한 기록이다. 성경의 기록에 암시되어 있는 하나님의 본질과 창조 활동을 과학적으로 판단하려는 행위는, 성경에서도 "질그릇 조각 중 한 조각 같은 자가 자기를 지으신 이와 더불어 다툴진대 화 있을진저. 진흙이 토기장이에게 '너는 무엇을 만드느냐?' 또는 '네가 만든 것이 그는 손이 없다' 말할 수 있겠느냐?"(사 45:9)라고 지적하듯이, 마치 바티칸 베드로 성당의 피에타(Pieta) 상이 그 조각자 미켈란젤로(Michelangelo, 1475-1564)에게 "왜 우리를 이렇게 만들었습니까?"라고 퉁명스레 묻는 것과 같은 억지 행위에 비유할 수 있다.

과학자들은 자연현상들 사이의 인과관계에 관심을 갖고 있지만, 성경에는 그런 인과관계가 기술되어 있지 않다. 자연에 관한 사실 및 진실 그리고 성경에 함축된 하나님의 섭리와 계시를 탐구하는 목적이나 방법은 다르며 탐구를 통해 답하려는 질문도 다르다. 자연은 과학적 방법을 적용하여 탐구하고, 그 결과를 논리적 추론과 이성적 사고를 통해 해석하고 설명한다. 우리는 성경을 듣고 읽고 해석하며, 그 결과에 대한 믿음을 통해 입증하고, 또는 이성을 통해 인식한 그대로 믿고 이해한다. 창조세계의 과정과 그 과정에 관여하는 신적 활동은 과학적 방법을 적용할 만큼 가시적으로 드러나지 않기 때문에 신학적 방법으로 탐구해야 한다.

자연의 진실·진상·본질은 성경 말씀이 암시하는 하나님의 본성(nature)과 마찬가지로, 논리적 추리 또는 이성이 주축인 사고 경험을 통해서는 실재적으로 인식할 수 없고, 그것들을 기술한 말은 기껏해야 사변적(思辨的) 표현에 지나지 않는다. "춘천호는 기온이 $-10℃$ 이하가 3일 이상 지속되면 언다"는 진술은 반복적 규칙성을 표현하는 과학적 법칙으로서 과학적 사실일 수 있다. 그러나 이 법칙은 왜, 어떻게 어는지를 그 본성 차원에서 말하지 않기 때문에, 자연의 진리가 아니며 그 진실은 더더욱 아니다. 성경 말씀의 자연에 대한 함의도 경험과 이성에 의해서가 아니라 그저 믿거나 하나님 체험을 통해 이해할 수밖에 없다. 자연의 진상과 만물의 본질을 알고 확실하게 이해하기 위해서는 자연에 대한 과학적 탐구와 성경 말씀에 따른 신앙으로 얻어진 통찰을 통합하고, 자연을 매개로 성경을 통해 그런 통합적 관점을 전달하려는 하나님의 본뜻을 먼저 제대로 파악하여야 한다.

하나님에 관한 진리의 원천은 예수 그리스도, 성령, 성경과 전승에 있다. 성경에 "은혜와 진리는 예수 그리스도로 말미암아 온 것이라"(요 1:17), "그는 진리의 영이라"(요 14:17)와 같이 기록된 대로, 하나님에 관한 진리는 이 외에도 성경에 몇 군데 더 기술되어 있다. "진리를 알지니 진리가 너희를 자유롭게 하리라"(요 8:32)와 "내가 곧 길이요 진리요 생명이니"(요 14:6)도 하나님과 관련된 진리다. 이 말씀들을 포함한 전체 성경의 함의를 종합하면, 하나님은 진리이니 성경의 진리를 아는 것은 하나님을 아는 것이다. 하나님에 관한 또는 하나님과 관련된 진리는 성경에 기록된 하나님의 말씀과 예수 그리스도뿐만 아니라 자연세계를 통해서도 계시된다. 자연계시를 통한 하나님의 진리를 탐구하는 목적은 자연의 심오함을 파헤쳐 자연의 미와 신비를 표현하며, 자연 속에 새겨진 창조주이자 절대적 지배자인 하나님의 본질을 계속 추구하는 데 있다.

2) 자연의 신앙적 이해

자연은 태초에 하나님이 창조한 피조물로 채워진 창조세계다. 『기원 이론』(노동래 옮김)에 따르면, 자연은 완전한 의존성으로 특징지어지는 우발적 합리성 곧 자체의 고유한 질서·구조·기능을 갖고 있다. 창조주가 자연에 그것이 만들어진 목적을 달성할 기능의 완전성을 부여하였기 때문이다. 우주가 안고 있는 생명은 창조세계를 생명으로 가득 채우려는 하나님의 목적(창 1:22, 28; 9:1; 출 1:7)과 하나님이 창조세계에 부여한 질서·구조·기능의 완전성을 예시할 뿐만 아니라, 하나님의 창조 목적과 자연에 부여한 완전성의 관계도 암시한다. 생물들은 성장 과정에서 특정 기관이나 조직만 발달하는 것이 아니라 그것들이 통합된 전체로서 효율적 기능을 다할 수 있도록 변하는데, 이것 또한 하나님이 생물에 부여한 질서·구조·기능의 완전성이 실현되는 사례다. 생물의 계속적 존재를 위한 창조세계에 내재된 질서·구조·기능의 완전성은 유전자 차원의 유전과 진화를 앎으로써 더욱 명확하게 이해할 수 있다.

『기원 이론』(노동래 옮김)에 따르면 과학자는 연구를 통해 창조세계에 나타난 하나님의 매개된 활동을 밝혀내고, 그 결과에 따라 창조주 하나님을 찬양한다. 과학자가 별과 초신성의 형태, 지구의 형성, 생물의 생태적 역할을 확인하는 것은 창조세계에 개입한 과거와 현재의 하나님의 창조 활동을 찬양하는 예다. 창조 교리는 과학자가 연구하는 보편적 규칙성이 진짜인데, 과학자의 연구와 자연의 규칙성은 하나님이 창조세계 안에서 창조세계를 통해 행동하는 통상적 방법이라는 것을 확인시켜 준다. 자연과학자들은 창조세계의 규칙성에 관한 연구를 통해 창조세계의 질서와 진선미를 드러내는데, 이 또한 창조주 삼위일체(trinity) 하나님에게 감사하고 찬양하기 위한 행위다. 스코틀랜드의 개신교 신학자 토머스 토런스(Thomas F. Torrance, 1913-2007)도 하나님이 창조세계에 우발적 합리성과 상대적 자유를 부여하였는데, 그것도 과학적 탐구의 이유와 그 대상이 되며 그것을 연구하고 찬미하는 것이 과학자의 의무적 임무라고 주장하였다.

김정형이 그의 저서 『창조론』에서 지적하듯이, 자연과 성경의 두 책 은유에서는 성경을 하나님의 성품과 경륜에 관해 권위 있게 증언하는 책으로, 자연을 하나님이 창조한 세계에 대해 권위 있게 증언하는 책으로 규정한다. 신학자는 성경이라는 책을 해석하는 전문가이며, 과학자는 자연이라는 책을 해석하는 전문가다. 과학은 자연에 대한 탐구를 통해 하나님의 존재나 부재에 관한 결론을 도출하지 못하지만 탐구의 결과를 받아들여 신앙의 눈으로 창조세계를 해석하고 창조주 하나님을 찬양할 수는 있다. 일부 과학자와 무신론자들은 창조세계의 모습과 과정에 관한 탐구의 결과로는 창조세계를 드러낼 수 없다고 강변한다. 그러나 하나님이기 때문에 그렇게 할 수 있다고 주장한다. 그리스도교는 과학이 밝혀낸 창조세계의 아름다움, 광대함, 오묘함, 조화로움을 보고 창조주 하나님을 찬미할 의무가 있다.

『물리학, 철학 그리고 신학』(전양환 외 11인 옮김)에 따르면 창조세계는 창조주 하느님의 합리적 계획이 현실화된 것이다. 그런데 하느님의 계획과 그 계획을 실현하려는 의향은 인간이 탐색할 수 있는 범주를 벗어나며, 신학적 방법을 적용해야 해독할 수 있다. 『말씀의 네트워크』(차동엽·홍승모 엮음)를 보면, 창조세계는 하느님의 영광(시 19:2), 하느님의 사랑(시 33:5; 136:5-9), 하느님의 슬기(시 104:24), 하느님의 권능(사 40:26), 하느님의 영원한 힘과 신성(롬 1:20), 하느님의 절대 주권(롬 11:36)을 드러낸다. 이 말씀의 진리 또는 실체에 관한 함의는 과학적 방법으로 얻은 결과를 하나님이 창조한 것들에 관한 신앙적 관점을 통해 보고 신학적으로 해석하여 이해할 수 있다. 자연현상을 이용한 하느님의 속성을 기술한 시편 104편을 보아도 알 수 있듯이, 창조세계에 관한 과학적 연구의 결과를 신앙적으로 받아들이면 하느님에 관한 더욱 깊은 통찰과 넓은 시각을 가질 수 있다.

창조주 하나님은 종말론적 미래로 이어지는 창조의 목적과 창조세계에 부여한 질서와 기능을 통해 창조세계의 창조에 개입한다. 자연세계에 드러나는 규칙성은 하나님이 의도대로 기능하는 피조물 기능의 완전성으로서 자연세계의 기원과 기능하는 방법과 절차를 이해하는 통로가 된다. 그러나 창조세계는 창조에 매개한 하나님의 신적 활동이나 창조주 하나님 존재의 여부를 판단할 직접적 증거는 드러내지 않는다. 그러므로 자연의 창조에 매개하는 신적 활동과 창조주의 존재는 과학적 방법을 통해 증명할 수 없으며, 신학적 접근법을 통해서만 인식하고 이해할 수 있다. 자연과 과학적 방법의 그런 특성에도 불구하고 자연에 과학적 방법을 적용하여 탐구하는 목적은 하나님이 부여한 창조세계의 우발적 합리성 곧 창조세계 기능의 완전성과 그 구조 및 질서에 관해 조사함으로써 하나님의 창조활동을 합리적으로 추리하는 데 있다. 과학자들이 창조세계를 연구하는 또 다른 이유는 그런 과정을 통해 삼위일체 창조주에 관한 좀 더 많은 통찰을 가질 수 있으며, 피조물이 피조물의 창조와 생성에 영향을 미치는 정도와 범위를 확인할 수 있기 때문이다.

지적설계론(intelligent design theory)은 이론을 검증하기 위해 아무런 과학적 근거도 없이 '과학적 유물론'에 따라 가설을 제시한다. 그러나 지적설계 이론은 검증할 수 없기 때문에, 칼 포퍼(Karl R. Popper, 1902-1994)의 주장대로 과학적 이론이 아니다. 창조주의 존재를 추정하는 과학적 방법은 신학적 방법도 아니기 때문에 신학적으로도 부당하다. 세상에는 창조주에 의한 설계보다 그의 신실함을 가리키는 신학적 표식으로 이해할 수 있는, 그리고 시계처럼 정확하게 규칙적으로 돌아가는 영역도 많다. 우주가 생명체에 적절한 환경에 맞도록 정확하고 세밀하게 조율된 것처럼 보인다고 해서, 그런 미세조정 또는 인류/우주 원리가 꼭 창조주에 의해 설계된 것이라고 말할 수는 없다. 또한 일부 무신론 과학자들은 미세조정을 다중 우주가 형성된 무수한 과정의 한 결과일 수 있다고 말하지만, 하나님이 창조할 때 부여한 자연법칙과 질서에 따른 산물로 인식하는 것이 이해하기 더 쉽고 편하다.

이안 바버(Ian G. Barbour, 1923-2013, 『물리학, 철학 그리고 신학』, 전양환 외 11인 옮김)에 따르면, 아우구스티누스는 성경을 문자 그대로 읽고 해석한 신학적 진리와 자연에 대한 과학적 방법을 통해 확실하게 검증한 과학적 진리가 충돌할 경우 두 진리 사이의 갈등이 성경에 기록된 하느님 말씀을 은유적으로 해석한 데서 비롯한 것이라고 주장하였다. 하느님은 자연세계와 성경의 두 책을 통해 계시하기 때문에 두 책에 담긴 진리는 모순될 수 없다고 주장한 것이다. 이와 같은 해석은 자연이 성경의 진정한 의미를 결정하는 역할을 한다는 일종의 원리를 예시하며, 자연과학이 성경을 해석하는 데 있어 특별한 의미가 있다고 할 정도로 자연과학에 견고함을 허용한다. 이와 같은 해석의 원리에 따르면, 하느님은 모든 것을 함께 만들었고 모든 것과 함께 시간도 시작되었다. 하느님과 자연의 이와 같은 관계는 자연을 통해서도 하느님을 체험하고 구원받을 수 있음을 암시한다.

3) 성경의 과학적 접근

신학과 과학이 상호 접근하는 방법은 전통적으로 철학과 신학의 공통 주제였으며 지금도 그렇다. 그 방법은 종교·신앙·성경·신학에 과학적으로 접근하는 17세기부터 본격적으로 적용되기 시작하였다. 그 후 계속 연구되고 논의되어온 주제는 과학 분야에서 우주론과 진화론이었으며, 신학에서는 창조론이었다. 창조론의 핵심 주제는 네 가지다. ① 하나님이 세상을 창조하였다. ② 창조주 하나님과 창조된 세계는 별개다. ③ 창조물은 선하다. ④ 하나님은 세상의 종말을 준비하였다. 이 네 주제는 신비로서의 성경 말씀을 근거로 진리임을 증명할 수 있으나, 과학적 방법으로는 그 진실성을 입증할 수 없다.

오기환은 그의 저서 『과학, 철학, 신학의 아우름』에서 우주 만물의 태초 시원이자 그 현존의 근원으로서 시간과 공간이 소멸하고 생기는 무의 세계를 신의 세계로 규정한다. 태초로 시작되는 창세기의 창조 이야기가 전하는 하나님 말씀의 본뜻은 과학적으로 입증할 수 없는 신학의 대상이기 때문에 과학적으로 해석해서는 안 된다. "태초에 하나님이 있었다. 태초에는 말씀이 있었다. 빛이 생기고 에너지·물질·시간·공간이 생겼다"는 과학적으로 검증할 수 없으며, 과학적 사실과도 무관하다. 그러므로 "태초에 세계를 창조하기 이전에는 무엇이 있었는가?"도 "우주 밖에는 무엇이 있는가?"와 마찬가지로 시간과 공간이 만들어지기 전인 데다 과학의 한계를 벗어나 관측이 불가능한 대상이기 때문에, 과학적으로는 무의미한 질문이다. 그러나 신학적으로는 태초 창조 이전에는 원인을 갖고 있지 않으며 시작·계속·끝이 없고 무시간적·비공간적이며 절대불변하고 전지전능하며 영원불멸하는 창조주 하나님이 영원과 함께 있었다고 대답할 수 있다. 아우구스티누스는 『고백록』에서 "모든 시간은 당신이 내신 것, 영겁 이전에 당신이 계시오니 시간이 없던 적에 어느 시간도 아니 있었나이다"(11,13)라고 말하였다. 시간은 세계가 있게 하는 행위 안에서 창조되어야 하며, 창조주는 시간 밖에 있어야 한다는 말이다. 창조주 하나님은 과거·현재·미래를 단일한 행위로 있게 하며, 시간에 앞서 존재하되 시간적 선재성이 아니라 시간과 무관한 존재론적 선재성을 시사하기도 한다.

성경에 함의된 하나님의 계획은 인간이 탐색할 수 있는 범주를 초월한다. 성경 말씀의 참뜻도 이성과 경험을 통한 인식의 능력을 넘어선다. 하나님의 계시는 하나님이 스스로 준 것을 받아들이고 믿어야 이해할 수 있다. 그러므로 성경을 읽고 해석하여 과학지식에 합당한 결론을 도출하려는 시도는 성경과 자연의 해석에 관한 일치주의 입장을 드러내는 것이며, 과학적 방법을 통해 이루어진 과학지식만을 전적으로 신뢰하는 과학주의(scientism) 견해를 표명하는 것이다. 성경의 의미를 명확하게 밝히기 위해 과학에만 의존하는 것은 '과학적' 의미만을 중요시하는 과학만능주의다. 과학지식으로 성경을 어떻게 읽고 해석해야 할 것인지를 결정해서는 안 된다. 과학적 관점을 통해서 또는 과학지식의 본성을 준거로 비교할 때 어긋나는 성경의 말씀이 있다면, 그 말씀의 진실성을 의심하기보다는 표현 양식과 문헌적 출처를 다시 조사해야 한다.

성경은 초자연적 관념의 시대에 집필되었다. 당시에는 성경을 자연철학적 관점에서 해석하였으나, 오늘날에는 과학적 관점에서 해석하고 과학기술적 시각에서 설명한다. 그러나 성경의 말씀은 절대적 진리다. 성경 말씀의 절대적 진리를 과학의 본성 또는 과학적 진리에 비추어 그리고 과학지식을 통해 설명하는 것은 부당하며, 그렇게 읽고 해석하고 이해할 경우 성경의 진리와 과학적 진리는 충돌하기 십상이다. 아우구스티누스는 성경의 문자적 해석과 과학지식 사이에 갈등이 있을 경우, 성경 말씀을 은유적으로 해석해야 한다고 주장하였다. 그러나 성경의 전체 내용에 함축된 신학적 의미는 과학의 발전과 과학기술의 발달, 그에 수반되는 인류의 문명과 생존에 위협적인 부정적 상황에 맞추어 다시 해석해야 한다.

"하나님이 지으신 그 모든 것을 보시니 보시기에 심히 좋았더라"(창 1:31)는 하나님이 창조한 세계를 강복하고 모든 창조물의 현재와 미래의 가치를 긍정하는 원초적 복음의 선포다. 창세기 1장에 기록된 하나님에 의한 창조는 이와 같이 하나님에 의한 선포이기 때문에 과학적 방법을 통해 증명할 수 있는 것이 아니라 믿음을 통해서만 알고 이해할 수 있는 것이다. 성경에 기록된 창조 이야기는 이스라엘의 시대적 상황과 문화적 조건에 맞추어 표현한 것이며, 말씀으로 전하는 계시는 당대의 문화적·역사적 맥락을 반영한 것이다. 그러므로 성경은 천문학이나 생명과학의 교과서와 같은 기능을 할 수 없으며, 따라서 과학 교과서를 읽듯 해서는 안 된다.

2. 그리스도교에 영향을 미치는 과학과 환경생태학

외국에서는 과학과 종교의 관계에 대한 체계적 연구가 1960년대에 활발하게 시작되었다. 초기에는 과학과 종교에 각각 고유한 방법과 이론을 비교하는 것으로 출발하였으며, 1980-2000년대에는 과학과 종교 관계의 역사적 변화가 연구 주제에 포함되었다. 2000년대에는 19-20세기 때부터 논의되어온 그리스도교 신학과 진화론의 통합에 관한 논의를 시작으로, 과학의 분야별 주제를 중심으로 과학과 신학의 관계에 대한 신학적·과학적 연구가 본격적으로 수행되었다. 과학자 위주의 무신론자들과 대다수의 그리스도교 신학자들이 대립하고 있는 현재 상황에서, 가톨릭교회는 가톨릭 신학과 과학의 화해를 추구한다.

오늘날의 그리스도교와 신학은 과학기술의 도전도 받고 있다. 종교 또는 신학에 대한 과학의 도전이 과학의 본성에 대한 과학주의적 오해에서 비롯된다면, 과학기술의 도전은 과학과 과학기술의 과학만능주의적 남용에 수반된다. 과학과 종교의 관계에 대한 논의에서 과학의 주제로 우주의 기원과 진화 그리고 생명의 기원과 생물의 진화가, 신학의 주제로는 창조론이 주로 거론된다. 진화는 빅뱅을 비롯한 우주의 기원과 진화, 생명의 기원과 생물의 진화, 인류의 진화, 그리고 문화와 문명의 맥락에서 지식과 인간능력의 발전 영역으로 나뉘어 연구되어왔다. 이 주제들은 모두 비필연성·우연성·불안정성·상대성을 드러낸다.

한편 과학기술의 주제로는 과학기술과 기술과학이 발달함에 따라 생겨난 문제들로서 하나님의 창조 의지에 어긋나는 환경의 파괴와 오염 및 기후위기 그리고 그것들에 수반되는 인류의 존재에 위협적인 문제들이 다루어진다. 4차 산업혁명을 이끌 최첨단 기술과학은 "여호와 하나님이 그 사람을 이끌어…그것을 경작하며 지키게"(창 2:15) 하신 인류 공동의 집 곧 에덴동산을 가꾸고 보호하기는커녕 개발이라는 이름으로 파괴함으로써 그리스도교와 인간에게 도전한다. 그런데 환경생태학 문제는 과학기술 관련 문제로 다뤄지기보다 정치적·경제적·사회적 논란거리가 되고 있다. 가톨릭교회에서는 우주와 생물의 진화 및 지구의 변화에 하느님의 직접적 개입을 불인정하는 입장을 유지한다.

지금도 과학과 신학의 관계에 대한 논의는 각 분야에서 정해진 주제와 소재를 중심으로 이루어진다.『물리학, 철학 그리고 신학』(전양환 외 11인 옮김)에서는 우주론과 양자물리학을 다루며,『과학과 신앙 사이』(김도현)에서는 우주론과 진화론을 논의한다. 큉은 그의 저서『한스 큉, 과학을 말하다』(서명옥 옮김)에서 우주론, 생명의 기원, 인류의 기원을 논의하며,『기원 이론』(노동래 옮김)에서는 우주의 기원, 지구의 기원과 지질학의 역사, 지구상의 생명의 기원, 종과 생물 다양성의 기원, 인간의 기원을 활용한다.「찬미받으소서」(프란치스코 교황 회칙)와『생태신학 첫걸음』(홍태희 옮김)에서는 환경오염과 생태신학적 주제를 다룬다.

이 절에서는 종교·신학과 과학·과학기술의 관계에 대한 주제로 우주의 기원과 진화, 생명의 기원과 생물의 진화, 환경생태학을 요약한 후 과학기술의 그리스도교 신학과 인간에 대한 도전 그리고 과학·과학기술과 그리스도교 신앙의 화해를 알아본다. 우주의 기원과 진화는 우주론의 역사를 간단히 기술한 다음 현대 우주론의 표준 우주모형인 ΛCDM을 중심으로 논의하며, 생명의 기원과 생물의 진화에 관한 논의에 인류의 기원과 진화도 포함한다. 환경생태학에서는 기술과학의 발달과 그에 수반되는 지구의 파괴와 환경오염 문제를 중심으로 다루되, 과학기술의 그리스도교 신학과 인간에 대한 도전과 아울러 그리스도교 신앙과의 화해도 함께 기술한다.

1) 우주의 기원과 진화

우주론은 우주의 기원, 진화, 구조, 원리와 법칙, 운동과 물질 따위와 같이 어떤 분야에서보다 근원적 대상에 관해 연구하는 학문이다. 우주론의 핵심 주제 가운데 특별히 세상의 시작 또는 종말에 관한 생각과 이론은 고대로부터 현대에까지 계속 제시되고 있다. 이런 실태는 과학적 이론의 속성에 비추어볼 때, 우주에 관한 관찰·측정을 통해 수집한 자료를 바탕으로 우주의 실체를 모형이나 비유로 기술할 수는 있을지언정 그 본체는 결코 정확하게 설명하지 못할 것이라는 추론을 가능하게 한다.

　　우주는 『가톨릭 교회 교리서』(한국천주교주교회의)에도 언급되어 있다. 하느님은 우주의 시작이자 마침이며(32, 269, 279, 317, 325), 우주의 아름다움은 창조주의 무한한 아름다움을 반영하고(341, 1147), 우주는 마지막 날의 세상이다(1047, 1060). 하느님께서는 온 우주의 주님이시고 우주에 질서를 부여하셨으니, 이 우주는 그분의 처분에 달려 있다(269). 사도신경은 창세기 1:1을 인용하여 하느님이 "천지의 창조주"임을 고백하며, 니케아-콘스탄티노플리스 신경은 "유형무형한 만물의 창조주"임을 천명한다(279; 325). 하느님은 홀로 자유로이 직접적으로 어떤 도움도 없이 세계를 창조하였다(317). 종말에는 우주도 최초의 상태로 복원되어 의인들이 누릴 영광에 참여하게 될 것이다(1047; 1060).

하느님의 우주 창조는 성경에도 기록되어 있다. "너희는 눈을 높이 들어 누가 이 모든 것을 창조하였나 보라. 주께서는 수효대로 만상을 이끌어내시고 그들의 모든 이름을 부르시나니 그의 권세가 크고 그의 능력이 강하므로 하나도 빠짐이 없느니라"(사 40:26)는 말씀과 같이, 우주는 하나님이 창조한 것이다. 창조주 하나님이 "하늘을 향하여 눈을 들어 해와 달과 별들, 하늘 위의 모든 천체 곧 너희의 하나님 여호와께서 천하 만민을 위해 배정하신 것을 보고 미혹하여 그것에 경배하며 섬기지 말라"(신 4:19)는 말씀을 통해 경고한 것처럼, 성경에서 말하는 우주는 피조물이라서 그것을 경배하는 것은 우상숭배다. 한편 『가톨릭 교회 교리서』(한국천주교주교회의)와 성경에서 말하는 우주의 궁극적 본질은 과학적으로 증명할 수 있는 것이 아니라 신앙과 믿음을 통해 신학적으로 이해해야 할 대상이다.

창조세계의 궁극적인 물리적 사실·진리·실체는 불가해하다. 우리는 창조된 우주도 개념적으로 명확하게 표현하지 못하고, 상징·비유·모형·수학공식으로 표현한다. "우주 밖에는 무엇이 있는가?", "빅뱅(big bang) 이전에는 무엇이 존재하였는가?"와 같은 우주에 관한 생각이나 관념은 과학적 방법으로는 해결할 수 없으며, 그 자체로 논란거리가 될 뿐만 아니라 단순히 이성적 인식상의 공백을 채우기 위해 던져지는 근원적 질문의 가장 흔한 출처가 된다. 우주론은 신학 또는 종교와 쉽고 빈번하게 충돌하는 분야다.

(1) 우주론의 발달

고대에는 우주도 과학·철학·종교가 통합된 자연철학의 가장 보편적이고 핵심적인 주제였다. 고대 그리스 시대에는 우주를 완전하고 영원한 존재로, 유한한 또는 무한한 존재로 보았다. 소크라테스 이전의 고대 그리스의 자연철학자들은 지구가 둥글다는 것을 알았으며, 천체가 일정하고 완전하며 불멸한다고 생각하였다. 그들은 천체가 강력한 힘을 가진 인격적 존재가 아니라 고형 물질로 구성되어 있다고 가정하면서 자연세계로부터 신을 제거하였다. 원자론자들은 과거·현재·미래의 모든 것이 필연에 의해 미리 정해져 있다는 가정을 전제로 기계론적 우주론을 주장하였다. 피타고라스(Pythagoras, 기원전 570-495) 학파는 구형의 지구 개념을 도입하고, 천체의 운동이 자연법칙의 조화에 의해 지배된다고 가정하였다.

플라톤(Plato, 기원전 약 428-348)은 그의 저서 대화편(Timaeus)에서 '무로부터의 창조'와 다른 우주론을 기록하였다. 플라톤은 태초의 우주를 자존하는 혼돈(uncreated chaos)으로 생각하고, 그런 혼돈에 초월적 존재에 의해 질서가 부여되었으며 지적설계에 따라 모든 천체의 순서와 위치가 정해졌다고 보았다. 플라톤은 피타고라스의 우주론을 이어받아 천체를 완전한 원운동을 하는 성스러운 존재로 여겼으며, 지구를 우주의 중심으로 보고, 별들은 매일 지구 주위를 규칙적으로 도는 하나의 천구에 고정되어 있다고 생각하였다. 플라톤의 제자인 에우독소스(Eudoxus, 기원전 409-356)는 지구에 중심이 있는 27개의 천구를 이용하여 태양·달·별의 완전한 원을 도는 천체운동 모형을 제시하였다.

아리스토텔레스(Aristotle, 기원전 384-322)도 무한히 존재하였고 영원히 존재할 것이라고 생각한 지구중심의 우주관을 펼쳤으며, 관찰 결과를 정확하게 설명하기 위해 별들이 고정되어 있는 55개의 투명한 천구를 상정하였다. 아리스토텔레스가 물리적 실체로 생각한 천구는 선(善)에 의해 움직이고, 맨 바깥에 있는 천구는 최고의 선으로서 부동의 동자인 하나님이 움직인다고 가정하였다. 그는 우주가 영원히 존재하고 시간적으로 무한한 과거가 있으며 그 크기는 유한하다고 주장하였지만, 그의 우주론은 전반적으로 종교 및 철학과 통합된 이론이었다. 큉은 『한스 큉, 과학을 말하다』(서명옥 옮김)에서 무한한 우주는 신의 무한성을 확증한다고 보는데, 고대 그리스 시대의 무한한 우주 개념은 하느님의 무소부재성을 함의하며, 아울러 절대무의 존재를 부정하는 뜻도 담고 있다. 프톨레마이오스의 이 우주 모형은 수백 년 동안 서양의 우주관을 지배하였다.

히파르쿠스(Hipparchus, 기원전 190-120)는 주전원(epicycle)과 이심원(eccentric)으로 구성된 천동설을 제시하였다. 클라우디오스 프톨레마이오스(Claudius Ptolemaeus, 85-165)는 일부 행성이 지구 주위를 정확한 원 궤도를 따라 돌지 않는 것을 관측하고 그것을 설명하기 위해 전통적 천동설에 히파르쿠스가 제안한 주전원 또는 대원(deferent)과 이심원을 도입하여 천동설의 정점을 이루었다. 프톨레마이오스는 천체의 운동을 중심이 다른 80여 개의 완전한 원을 따라 움직이는 천구들의 회전으로 설명하였는데, 제일 끝에 있는 열 번째 천구를 하나님이 거주하고 관장하는 영원한 하늘나라로 지정하였다.

니콜라우스 코페르니쿠스(Nicolaus Copernicus, 1473-1543)는 지구가 태양 주위를 돈다고 설명하는 태양중심적 지동설을 제시하였다. 갈릴레오 갈릴레이(Galileo Galilei, 1564-1642)도 코페르니쿠스의 지동설을 적극 지지하였는데, 그는 그런 행위로 인해 가톨릭교회로부터 종교재판을 받았다. 케플러는 티코 브라헤(Tycho Brahe, 1546-1601)가 맨눈 관측을 통해 수집한 자료를 물려받아 계속 연구하는 과정에서 행성의 타원형 공전 궤도를 발견하였다. 케플러가 발견한 행성들의 타원형 궤도는 천상계의 운동을 완전한 원운동으로 가정한 고대의 세계관 가운데서도 특히 플라톤과 아리스토텔레스의 자연철학을 무너뜨리는 결정적 증거가 되었다.

하나님이 지구와 지구 외의 모든 우주를 다르지만 거의 같은 시점에 창조하였다고 설명한 우주관은 17세기 르네 데카르트(René Descates, 1596-1650), 고트프리트 빌헬름 라이프니츠(Gottfried Wilhelm Leibniz, 1646-1716), 아이작 뉴턴(Isaac Newton, 1642-1727) 등을 거치면서 세 가지 지구 기원설로 발달하였다. 첫째의 기원설은 데카르트가 제시한 것이었다. 데카르트는 지구가 원시 혼돈 상태에서 자연적으로 그리고 점차적으로 진화되었다고 주장하였다. 둘째의 기원설은 지구가 원래는 기름지고 질병과 죽음이 없는 완전한 조건을 갖춘 상태로 창조되었으나 늙음 또는 노아의 대홍수와 같은 벌을 받아 타락했다고 설명한다. 셋째의 기원설은 지구가 처음부터 지금과 같은 상태와 조건으로 탄생되었다는 설이다.

요하네스 케플러(Johannes Kepler, 1671-1630)는 고대 그리스의 플라톤과 에우독소스의 우주론에서 영감을 받았으며 브라헤의 자료를 바탕으로 세 가지 행성운동 법칙을 설명하는 우주 모형을 구성하였다. 아이작 뉴턴(Isaac Newton, 1642-1727)은 케플러가 제시한 지구의 타원형 공전 궤도를 만유인력 법칙으로 설명함으로써 지동설을 이론적으로 확증하였다. 뉴턴은 운동 법칙과 만유인력 법칙을 제시하여 무한한 세계를 주장하는 고전적 이론물리학의 창시자가 되었다. 뉴턴은 만유인력 법칙의 발견으로 하나님의 기적이 증명되었다고 확신하였다. 태양계의 깔끔한 설계가 하나님의 지성과 권능 그리고 행성들이 특정 궤도에 따라 운동하는 방식을 보여준다는 확신이었다. 그러나 그의 즉물적 실재론에 바탕을 둔 결정론적이고 환원주의적이며 기계론적인 우주론은 전통적 우주론과 종교의 관계를 깨뜨리는 결과를 초래하였다. 라이프니츠는 뉴턴 때문에 영국의 자연종교가 많이 쇠퇴하였다고 주장하였다. 당시 뉴턴의 우주관에 나타나는 섭동(攝動, perturbation)은 하나님이 창조에 지속적으로 개입한다는 것을 보여주는 증거라고 생각되었는데, 이 생각 또한 목성과 토성의 중력에 의한 것이라는 프랑스의 피에르 시몽 라플라스(Pierre-Simon Laplace, 1749-1827)의 발견으로 사라지게 되었다. 이로써 진리의 준거를 종교보다 과학을 통해 찾으려는 경향이 높아졌다.

오늘날 다양한 우주 모형이 제시되어 있는데, 소련의 수학자이자 물리학자인 알렉산드르 프리드만(Alexander Friedmann, 1888-1925)은 팽창의 여부와 정도를 준거로 평탄 우주 모형, 닫힌 우주 모형, 열린 우주 모형으로 분류한다. 평탄/평평 우주 모형은 중력과 팽창률이 균형을 이룬 임계팽창률을 유지하는 팽창 우주를 표현한다. 원래의 빅뱅 우주론이었던 평탄 우주 모형은 시간과 공간의 시작이 있고 그 시간과 공간은 무한으로 팽창하지만 곡률이 없는 우주를 기술한다. 닫힌 우주 모형은 팽창을 시작한 시공간이 우주의 평균 밀도가 임계밀도보다 커질 때까지 팽창하면, 다시 특이점(singularity)으로 수축하여 빅크런치(big crunch)로 끝나는 우주를 묘사한다. 열린 우주 모형은 팽창률이 감속하기는 하지만 운동에너지가 중력에너지를 초과하기 때문에 팽창 속도가 평탄 우주보다 크며, 무한히 팽창하는 우주를 기술한다.

　알베르트 아인슈타인(Albert Einstein, 1879-1955)은 아인슈타인 방정식의 해를 근거로 우주가 시간적으로 영원하고 공간적으로 유한하며 팽창하거나 축소하지도 않는다고 보고, 균질적(homogeneous)이며 등방적인(isotropic) 정적 우주(static universe) 모형을 제시하였다. 정적 우주 모형은 일반상대성 이론을 우주론적으로 해석하는 토대를 마련하였으며 우주상수를 도입하였다. 아인슈타인은 우주의 팽창 이론을 부정하였지만, 에드윈 허블(Edwin Hubble, 1889-1953)이 "은하는 서로 떨어지는 거리에 비례하여 멀어진다"는 허블의 법칙(현재는 허블-르메트르 법칙이라고 부른다)을 발표하자 정적 우주론을 포기하였다. 아인슈타인은 정적 우주론을 포기하면서 절대정지 관점의 사고방식을 거부하고, 우주는 유한하지만 경계가 없다고 가정하였다.

　무신론자인 프레드 호일(Fred Hoyle, 1915-2001)은 빅뱅 우주론이 무로부터의 창조를 인정하고 그 태초의 창조에 창조주 개입을 전제한다고 생각하여 빅뱅 우주론을 거부하고, 무로부터의 창조를 전제하지 않는 정상상태 우주론(steady-state theory)을 제시하였다. 정상상태 우주론은 우주의 창조에 창조주 하나님이 필요하지 않으며, 우주는 시간적 시작과 끝이 없이 확장하는 정상상태 곧 평형상태로 영원히 존재한다고 설명하는 지속적 창조 이론이다. 정상상태 우주론은 공간이 무한한 우주의 공간 물질의 밀도가 일정하게 유지되기 위해서는 공간이 늘어남에 따라 물질이 계속 만들어져야 한다고 가정하는 지속적 창조를 강조한다. 호일이 말하는 지속적 창조는 이미 존재하는 물질로부터 생명이 있게 하는 과정이 아니라 새로운 창조를 가리킨다. 빅뱅과 절대시작에 관한 어떠한 개념도 극구 반대하던 정상상태 우주론은 빅뱅 우주론의 확실한 증거가 되는 우주배경복사가 발견됨으로써 폐기되었다.

빅뱅 우주론은 벨기에의 조르주 르메트르(Georges Lemaitre, 1894-1966)가 공간의 균질성과 등방성을 가정하고 아인슈타인의 중력장 방정식의 수학적 해를 근거로 우주가 팽창해야 한다고 주장한 것이다. 르메트르의 빅뱅 우주론은 초기의 물질과 복사에너지로 응축된 한 점(특이점)이 대폭발한 이후 계속 팽창하여 현재의 우주가 되었다고 설명한다. 오늘날 빅뱅 우주론의 확실한 증거로 허블-르메트르 법칙 외에 우주배경복사, 우주에 존재하는 수소와 헬륨의 일정한 비 등이 제시된다. 우주배경복사는 빅뱅 이후 38만여 년에 온도가 3,000K로 낮아지면서 전자와 원자핵이 결합하여 원자가 만들어질 때 나온 흑체복사다. 현재 우주에서 발견되는 수소와 헬륨의 비가 빅뱅 이후 핵융합으로 생겨난 수소:헬륨=3:1과 일치한다.

(2) 표준 우주모형

천문학에서는 지금까지 제시된 여러 우주론 가운데 '람다 차가운 암흑물질'(ΛCDM: Lamda cold dark matter) 모형을 표준 우주모형으로 받아들인다. ΛCDM은 표준 대폭발/빅뱅 우주모형으로 불리며, 람다(Λ)로 표시되는 암흑에너지와 관련된 아인슈타인의 우주상수, 차가운 암흑물질, 보통물질의 세 요소로 구성되어 있다. 이 모형은 빅뱅에 의한 우주의 탄생과 팽창, 거시적 차원에서 등방성과 균질성을 나타내는 우주원리, 곡률 0인 평탄 우주를 가정한다. ΛCDM 모형은 우주의 마이크로파 배경복사의 존재와 구조, 수소 및 헬륨과 리

튬의 풍부함, 우주의 가속 팽창을 지지하며 그것들을 잘 설명한다. ΛCDM 모형은 우주의 탄생뿐만 아니라 그 진화와 종말도 가장 적절하게 설명한다. 가톨릭교회는 우주가 시작과 끝이 없이 영원하다고 설명하는 정상상태 우주론 대신에 ΛCDM 모형을 수용한다.

『천문학: 한눈에 보는 우주』(최승언 외 17인 옮김)에 따르면 우주에는 약 1,000억 개의 은하가 있고, 각 은하마다 평균 1,000억 개의 별이 있다. 현재 우주는 우주 평균 밀도에 기여하고 우주 팽창의 핵심적 요인인 암흑에너지가 우주의 약 70%, 우주 팽창을 막는 데 일조하는 암흑물질이 약 25%, 표준 입자모형으로 설명할 수 있는 보통물질은 약 5%를 차지한다. 암흑에너지는 우주의 가속 팽창을 일으키는 에너지로서, 다른 우주의 구성성분과 달리 음의 압력을 가져서 마치 반중력과 같은 효과를 준다. 암흑에너지의 이런 효과는 아인슈타인의 상대성 이론으로 제시하는 장방정식을 수정해야 할 필요성을 암시하기도 한다. 은하가 차지하는 대부분의 질량을 지금까지 알려진 기본물질이 아닌 즉 표준모형(standard model)으로 설명되지 않는 형태의 암흑물질이 차지한다. 암흑물질은 볼 수도 들을 수도 없는 엄청난 질량의 소립자(WIMP: Weakly Interesting Massive Patricles)로 추정되지만, 전자기복사와 상호작용하지 않기 때문에 전파로부터 감마선까지 모든 전자기파로 관측할 수 없고 빛을 내보내지도 흡수하지도 않기 때문에 중력에 의한 상호작용 형태 이외의 그 어떤 성질도 확인되지 않는 물질이다. 보통물질 가운데서도 지구·행성·별들을 이루고 있는 보통물질은 전체 우주 구성물질의 0.4%에 불과하며, 나머지는 은하와 은하 사이의 공간에 기체 형태로 존재한다. 에너지 보존의 법칙은 우주가 빅뱅에 의해 시작될 때나 지금이나 동일하게 유지된다. 아인슈타인이 제시한 에너지-물질 등가 관계에 따라 빅뱅 때 별과 은하를 이루는 물질은 모두 에너지가 바뀐 것이며, 위에서 말한 에너지·암흑물질·보통물질의 비율도 별이나 은하의 생성과 소멸에 따라서, 그리고 에너지-물질의 등가 관계의 범위 안에서 계속 변한다.

ΛCDM 모형에 따르면 우주는 시간과 공간이 0이고 밀도와 온도가 무한정한 특이점으로부터 대폭발 곧 빅뱅을 기점으로 시간과 공간이 창조되고 그 직후부터 계속 팽창되고 있다. 현재 우주의 나이는 138억 년 정도로 추정되지만, 우주의 팽창 때문에 관측이 가능한 우주의 크기는 대략 465억 광년으로 계산된다. 만일 우주가 한 곳에서 폭발하였다면 시작된 곳을 천구상에 표시할 수 있어야 하는데, 그렇게 할 수 있다면 우주원리가 성립되지 않는다. 우주원리는 거시적 차원에서 볼 때 우주가 등방적이고 균질적이라는 우주론의 기본적 원리이자 가정으로서, 표준 우주모형의 필수 요소다. 우주원리는 뉴턴이 자신의 운동 법칙 및 만유인력 법칙을 적용하기 위한 전제조건으로 처음 제시한 개념이다. 등방성은 충분히 큰 범위, 이를테면 한 변이 10억 광년 정도 되는 정입방체 안의 은하의 수가 모든 방향에서 같아 보인다는 가정을 가리킨다. 균질성은 그 정입방체를 어디에 놓든 그 안의 우주의 밀도와 구성이 같다는 가정, 즉 수소와 헬륨의 평균 밀도, 별의 분포, 은하수의 분포, 물질의 평균 밀도가 우주의 모든 영역에 걸쳐서 동일하기 때문에 우주에 특별한 장소를 지정할 수 없다는 가정을 말한다. 라디오파로서 빅뱅의 전자기 흔적인 우주배경복사는 우주의 등방성의 특징 가운데 하나이며, 정상상태 우주론이 폐기될 수 있게 한 결정적인 증거의 하나가 되었다. 우주원리는

자연법칙을 우주 어디에서나 똑같이 적용할 수 있다는 것을 보여주며, 우주원리를 구성하는 균질성과 등방성의 가정이 실효적 바탕이되기 위해서는 우주에 가장자리가 없고 중심도 없어야 한다.

『천문학: 한눈에 보는 우주』(최승언 외 17인 옮김)에 따르면, 우주의 대폭발이 언제, 어디서, 어떻게, 왜 일어났는지 정확하게 말할 수있는 이론이나 모형은 아직까지는 없다. 대폭발은 모든 곳에서 한꺼번에, 우주 전체에서 동시에 발생하였다. 특이점 자체가 우주라는 말이다. 대폭발은 단순히 물질을 기존의 공간으로 뿜어내는 폭발이 아니라 시공간의 팽창을 가리킨다. 1964년에 발견된 우주배경복사는우주 대폭발을 지지하는 또 하나의 증거로서 우주의 균질성과 등방성을 보여준다. 인플레이션 우주론으로 불리기도 하는 급팽창 우주론은 빅뱅 우주론이 안고 있는 균질성과 등방성을 가정하는 우주원리와 관련된 문제를 이론적으로 해결하였다. 현재 정설로 받아들여지는 빅뱅 우주론은 결과적으로 우주배경복사의 발견과 더불어 인플레이션 우주론의 편입으로 그 신빙성이 한층 더 높아졌다.

빅뱅 모형은 특이점이 대폭발하기 이전에 무엇이 있었고 무슨일이 있었는지에 관해서는 물론이고 특이점 자체에 대해서도 말하지 않는다. 과학의 본질적 특성에 비추어보더라도, 특이점까지는 소급하여 추리 또는 외삽할 수 있으나 그 이전 곧 무의 상태는 이성적생각으로도 미칠 수 없다. 『한스 큉, 과학을 말하다』(서명옥 옮김)에 따르면 빅뱅 이전의 존재나 상태에 관해 추리할 수는 있지만, 그것은사변적 관념에 불과하며 철학적·신학적 성찰의 결과도 마찬가지다. 이런 이성적 사고는 태초의 창조 이전에 하나님의 존재를 암시하는'무로부터의 창조'에 관한 이해와 차이를 드러낸다.

그리스도교 신학에서는 빅뱅 모형을 성경의 무로부터의 창조의 증거로 보기보다 우주의 기원에 관한 두 설명의 일치 또한 병행으로 받아들인다. 그런데 표준 우주모형 ΛCDM 우주론은 몇 가지 해결해야 할 문제도 안고 있다. 표준 입자모형의 범주를 벗어나는 우주 초기조건이 규명되어야 하며, 보이지 않는 암흑물질이 검출되어야 하고, 우주상수 모형에 기반한 아인슈타인의 중력이론으로 설명할 수 없는 암흑에너지의 정체가 규명되어야 한다. 뉴턴의 역학은 블랙홀의 안쪽이나 주위의 물리 조건에는 적용되지 않는다. 아인슈타인의 상대성 이론도 특이점 이전의 상태와 조건에는 적용할 수 없고, 1998년에 발견된 우주의 가속팽창 현상은 우주상수를 도입하여 설명하지만, 암흑에너지의 본성이 밝혀지면 수정될 수도 있다. 현재 과학의 범위를 벗어난 시작점 너머와 블랙홀의 사건지평선 너머에 대한 보다 설득력 있는 설명도 추구할 필요가 있다.

(3) 우주의 형성과 진화

현대의 우주론에 따르면 대폭발 직전에는 전체 우주가 특이점이었다. 천문학 및 우주론과 대중적인 논의를 모아보면, 특이점은 밀도와 중력장이 무한대가 되는 한 점, 우주의 절대 시작점, 모든 물리법칙이 무용지물이 되는 부분, 다른 우주로의 통로, 자유로운 시간 여행이 가능한 통로, 새로운 물질 탄생의 출처 등으로 묘사된다. 모든 존재는 시공간의 최초 시작점인 특이점의 초기조건에 따라 생성된 결과다. 특이점은 물리적으로 선례나 원인이 없으며, 과학이 미치지 못하는 영역이다. 이 소절에서는 시간의 흐름에 따라 우주 안에서 벌어지는 여러 사건을 기술한다. 구체적으로 빅뱅 직후에 원자의 원소와 수소·헬륨 같은 가벼운 원소들이 형성되는 과정, 처음 별이 형성되는 과정, 별의 생애 가운데 탄소·산소·철이 만들어지는 과정, 별이 소멸되는, 특히 초신성 폭발을 거쳐 별이 소멸하는 과정과 그때 철보다 더 무거운 원소들이 만들어지는 과정, 별의 재탄생 과정, 지구의 탄생에 관해 살펴본다.

빅뱅 직후 10^{-35}-10^{-33}초에 일어난 급팽창 시대(inflation epoch)를 설명하는 인플레이션 이론(inflation theory)에 따르면, 빅뱅 직후 양성자보다 더 작은 우주에 시간과 공간이 에너지와 함께 생성되고, 그 안에 힘이 작용하기 시작하여 물리법칙이 유의미하게 적용될 수 있는 상태에 도달된다. 시간·공간·에너지가 형성된 직후 아주 짧은 시간에 중력·전자기력·강력·약력의 네 가지 기본 힘이 분리되며, 극도의 고에너지 열복사(매우 짧은 파장의 감마선)가 존재한다. 네 가지 기본 힘이 분리된 직후에는 그 전에 이미 에너지가 변하여 만들어진 쿼크(quark)들이 서로 결합하여 양성자와 중성자의 두 핵자(nucleon)가 형성된다. 대폭발 이후 1분 안에 복사를 이루는 광자들이 기본입자 형태의 물질을 창조할 수 있을 만큼 온도가 충분히 높으면, 양성자, 중성자, 전자와 같은 보통물질과 은하의 암흑물질을 구성하는 특이입자도 구성된다. 대폭발 이후 2분 정도 지나 온도가 10억 K로 떨어지면, 양성자와 중성자가 융합하여 중수소가 생겨나고, 우주배경복사로부터 살아남은 중수소는 융합하여 헬륨이 된다. 대폭발 이후 3분 안에 우주에는 수소와 헬륨을 주성분으로 하고 약간의 중수소가 포함된 보통물질이 생겨난다. 빅뱅 이후 3분-38만 년 사이의 기간에는 온도가 너무 높아 광자들이 자유로이 날아다니지 못하고 입자들의 혼합물 안에 갇혀 있다. 한편 아주 초기의 우주 급팽창도 우주의 빅뱅과 마찬가지로 공간 자체의 급팽창으로 알려져 있다. 이 말은 빅뱅 이후 팽창하는 우주 저 너머에도, 우리 우주의 공간과 같은 어떤 것이 거의 무한하게 있으며 우리 우주는 아주 조그만 일부분에 지나지 않을 것이라는 추론을 가능하게 한다.

빅뱅 이후 38만여 년이 지난 무렵에는 원자핵과 전자가 중성 원자로 결합하면서 나온 빛이 우주배경복사를 이루며, 수소와 헬륨 원자가 중력의 영향을 받아 뭉치면서 별과 은하가 생성된다. 그렇게 생성된 별의 생애는 그 내부의 핵융합 과정을 중심으로 진행되며, 그 죽음의 길은 그 총질량에 의해 결정된다. 헬륨보다 더 무거운 원소들은 이렇게 형성된 별에서 핵융합에 의해 만들어진다. 질량이 태양 정도보다 조금 더 큰 별에서는 핵융합으로 탄소가 만들어지며, 태양 질량의 4배 정도의 별에서는 탄소와 산소가, 그리고 태양보다 8배 이상 무거운 별에서는 철보다 더 가벼운 원소들과 아울러 철이 생성된다. 철은 안정된 원소로서 별에서 더 무거운 원소로 융합되지 않고 별의 소멸 단계에서 전자·중성자·광자로 붕괴되며, 별의 중심부가 폭발할 때 핵융합으로 생성된 다른 물질과 함께 우주 공간으로 방출된다. 철보다 더 무거운 원소들은 초신성이 폭발할 때 중성자를 포획함으로써 생성되어 행성을 구성하는 원자료가 된다.

최초의 별은 빅뱅이 일어난 지 약 4억 년 이후에 형성되었다. 별과 은하를 구성하는 기체와 먼지는 지금의 성간 물질로서 수소 74%, 헬륨 24% 정도였으며, 이보다 더 무거운 원소가 2% 정도였다. 별은 이와 같은 원소와 기체로 구성된 성간 구름이, 밀도가 높고 온도가 낮은 곳에서부터 자체의 중력에 의해 수축하기 시작한 이후 대략 4-5천만 년 동안 계속 수축되어 정역학적 평형상태를 이룬다. 『천문

학: 한눈에 보는 우주』(최승언 외 17인 옮김)에 따르면 성간구름에서 별이 태어나는 데에는 무수히 많은 원자가 필요한데, 태양과 같은 질량의 별을 만들 덩어리로 묶어둘 수 있는 원자는 10^{57}개가 필요하다. 그렇게 중심 지역에 형성된 원시별은 수소이온 가스 덩어리다. 이와 같은 과정을 통해 형성된 주계열 단계에 속하는 별은 수소를 태워 헬륨을 만든다. 질량이 작은 별은 수소의 핵융합으로 중심에 헬륨이 쌓여 중심핵이 수축하고, 그로 인해 핵 바깥 껍질에서는 수소가 맹렬하게 타서 별의 바깥 부분이 부풀어 오르게 된다. 질량이 작은 별은 중심이 쪼그라들고 바깥 껍질은 팽창하여 결국에는 붕괴한다.

질량이 태양과 같은 별은 태어난 이후 100억 년 동안 머문 주계열을 떠나 적색거성열에 진입한다. 적색거성열에 든 별은 중심핵이 수축하고 외피는 팽창한다. 주계열 단계를 벗어난 지 몇 억 년이 지난 후, 중심핵의 온도가 헬륨핵의 융합이 가능한 1억 K로 올라가면 탄소가 만들어진다. 적색거성열에 들어간 별은 불안정해져서 외곽 부분이 대부분 성간 공간으로 퍼져나가 행성상성운이 된다. 행성상성운의 외피부가 사라져 감에 따라 탄소로 이루어진 중심부 핵은 핵융합이 아니라 축적된 열에 의해서만 빛을 내는 백색왜성으로 진화되어 종국에는 차갑고 밀도가 높은 흑색왜성으로, 또는 드물지만 뜨거운 백색왜성의 표면에 동반성으로부터 물질이 유입되어 핵융합이 폭발적으로 일어나는 현상을 보여주는 신성이 된다. 질량이 태양보다 4배 되는 별은 주계열 단계에서 태양 정도의 별보다 더 일찍 벗어나 종국에는 탄소와 산소로 구성된 백색왜성이 되며, 태양의 10배 정도 되는 별은 그보다 더 일찍 주계열 단계를 벗어나 수소·헬륨·탄소뿐만 아니라 산소·네온·마그네슘·규소 그리고 철을 포함한 더 무거운 원소들로 이루어진 적색초거성이 된다. 질량이 태양보다 4-5배 이하인 별들은 백색왜성으로 생이 끝나며, 그보다 더 큰 별들은 적색초거성으로 부풀어 오른다. 그렇게 커진 적색초거성은 중심핵이 수축하면서 온도가 급격히 상승하여 격렬한 폭발이 유발되는 초신성이 되는데 이때 철보다 무거운 원소들을 만들며 그 중심에 중성자별을 남기기도 하면서 생을 마감한다. 태양보다 15배 이상 무거운 별은 초신성 폭발 이후 중심에 있는 천체가 중성자별보다 블랙홀이 되어 질량에 의한 중력장만 남기고 영원히 사라진다.

『천문학: 한눈에 보는 우주』(최승언 외 17인 옮김)에 따르면, 행성 과학자들은 태양계의 나이를 46억 년으로 추측하며 지구를 포함한 행성을 별의 탄생 과정의 부산물로 설명한다. 성운이라고 일컬어지는 1광년 정도의 성간 먼지와 가스로 구성된 큰 성간 구름이 다른 성간 구름과 충돌하거나, 성운이 부근의 별의 팽창과 같은 외부의 영향으로 자체 중력으로 수축하여 밀도가 커지고 온도가 뜨거워져서 마침내 그 중심에 태양과 같은 별이 탄생한다. 이렇게 태양계가 만들어진 지 약 3천만 년 후에 성운이 원반처럼 편평해진 태양계 성운으로부터 원시지구가 만들어졌다. 반지름이 현재의 반 정도인 원시지구가 매년 1,000개 이상의 미행성체와 충돌하여 중력이 커짐에 따라 그 크기와 밀도도 점점 더 커져 현재와 같은 지구가 형성되었다.

이 소절에서 논의한 대로 아인슈타인의 일반상대성 이론은 우주에 대한 기원과 진화, 우주의 구조와 종말에 대한 함의를 가장 잘 설명한다. 우주는 시간과 공간이 창조되는 빅뱅에서 시작되고 우주 안의 모든 물질의 붕괴(decay)로 끝난다. 중력에 거스를 힘이 없는 무거운 별의 핵은 밀도, 중력장, 온도가 무한대가 되는 특이점으로 붕괴(collapse)한다. 이러한 블랙홀은 우리 은하를 포함한 대부분의 은하의 중심부에서 초고밀도의 질량이 뭉치면서 생긴다. 또한 매우 무거운 별이 폭발하여 붕괴하면 자체 중력을 거스르지 못하고 초고밀도의 물질 덩어리로 뭉쳐진다. 그런데 우주의 종말에는 이러한 블랙홀까지도 붕괴한다. 모든 것이 붕괴하여 남는 것이 복사(radiation)다. 즉 블랙홀은 화이트홀과 일맥상통할지도 모른다. 블랙홀의 사건지평선까지는 일반상대성 이론과 양자역학이 통합된 양자중력 이론을 적용할 수 있으나, 특이점과 그것이 형성되기 이전의 상황은 그 어떤 물리학적 이론도 설명하지 못한다.

(4) 우주의 기원과 진화에 관한 신학적 해석

그리스도교 신학에서는 표준 우주모형인 ΛCDM 모형이 설명하는 우주의 기원과 진화가 성경의 창세기에 기록된 세상의 창조 이야기를 확증하는 증거로는 생각하지 않고 그 창조 이야기와 병행한다고 보는 경향이 있다. 성경에 기록된 태초의 창조와 ΛCDM 모형이 설명하는 빅뱅에 의한 우주의 기원과 진화가 각각 전체 성경의 창조에 관한 함의와 과학적 증거에 합당하다고 인정하는 것이다. 이는 또한 ΛCDM 모형을 이용한 우주의 기원에 관한 설명이 전체 성경의 맥락에 따른 창조의 의미에 어긋나지 않는다는 생각이다.

큉은『한스 큉, 과학을 말하다』에서 무한한 우주에 대한 가정조차 무한한 신을 우주로부터 몰아내지 못한다고 주장하였다. 무한한 우주는 공백을 메우는 신이 아닌 모든 것을 포괄하고 관통하는 순수한 영인 신의 무한성을 제한하는 것이 아니라 확증한다는 것이다. 이는 신에 대한 믿음이 다양한 세계 모형과 결합할 수 있다는 것을 뜻한다. 또한 신이 가설이나 관념이 아니라 실재로 존재한다면 만물의 시초에 대한 핵심 질문인 "왜 무엇인가는 존재하고 무는 존재하지 않은가" 또는 태초부터 우주의 진화를 결정한 우주 기본상수에 대한 질문에 답할 수 있다는 것을 뜻한다. 큉은 이어 실재에 대한 근본 문제는 순수한 이론적 토대가 아닌 체험적·반성적 실천의 길을 통해 찾아야 한다고 말하였다. 의심이 들더라도 합리적으로 책임질 수 있는 근본적 결단에 근거하고 신뢰의 자세만 취한다면, 신의 실존을 비롯한 존재자의 정체성과 가치와 의미를 긍정할 수 있다는 가정을 전제로 하는 말이다.

바버가 『우주론: 알파에서 오메가까지』(오경환·전양환 옮김)의 서문에서 언급한 바와 같이, 우주가 빅뱅에서 팽창하기 시작하였다는 주장은 '무로부터의 창조'에 관한 교리적 해석에 부합하면서 과거 시간의 유한성을 암시한다. 일부 우주론자들은 시간의 무한성을 주장하는 반면, 스티븐 호킹(Stephen Hawking, 1942-2018)의 양자우주론은 시간이 유한하기는 하지만 그 시작은 없다고 설명한다. 로버트 존 러셀(Robert J. Russell)은 그의 저술 『우주론: 알파에서 오메가까지』(전양환 외 11인 옮김)에서 우주론과 신학적 시간 및 영원의 개념을 비교한다. 러셀에 따르면 유한한 시간에 관한 신학적 의미는 우주가 존재하기 위해 창조주 하느님에게 의존해야 한다는 것을 시사한다. 신학에서 종말은 죽음 이후의 새로운 생명에 대한 신학적 믿음이다. 이런 의미에 비추어볼 때 그리스도의 죽음과 부활이 최소한 그리스도교 공동체에게는 하느님에 의한 우주의 새로운 창조에 관한 희망의 근거가 된다.

러셀은 『우주론: 알파에서 오메가까지』(오경환·전양환 옮김)를 통해 "시작은 무엇인가? 우주는 유한한가? 우주는 필연적인가?"라는 세 가지 질문을 제기하면서 빅뱅 우주론의 창조신학적 함의를 이끌어낸다. 천체물리학은 t=0이며 중력·온도·밀도가 무한한 특이점 이전에 무엇이 있었는지에 대해 과학적으로 추측할 여지를 주지 못하지만, 교황 비오 12세는 특이점의 대폭발을 신의 창조에 대한 신학적 확신과 일치하는 천문학적 근거로 받아들였다. 그러나 가톨릭 우주론자인 르메트르 신부는 빅뱅 우주론의 신학적 의미에 대한 교황의 지지를 거부하였으며, 호일은 대안적 모형으로 정상상태 우주론을 제안하였다. 오늘날 그리스도교는 빅뱅 우주론이 존재론적으로 하나님에게 의존한다는 그리스도교 창조 전통에 어긋나지 않고 오히려 그 핵심에 부합한다는 입장을 지지한다.

프랑스의 예수회 출신 신부 피에르 테야르 드 샤르댕(Pierre Teilhard de Chardin, 1881-1955)은 과학의 목적을 관찰·측정 가능한 자연현상에 관한 서술로, 그리고 철학과 신학의 목적을 과학적 서술에 바탕을 둔 그 자연현상에 대한 설명으로 보고, 우주와 생명의 진화를 과학적 통찰과 종교적 신앙 및 신학적 직관을 통합한 융합적 모형에 따라 서술한다. 이를테면 빅뱅 이론을 수용하고 그에 따라 빅뱅으로부터 시작된 우주는 궁극적으로 도달해야 하는 정신세계 곧 형이상학적 개념 오메가 포인트(Omega Point)를 향하여 진화한다고 설명한다. 그는 또한 과학을 신학과 철학의 기초 학문으로 보고, 그런 관점에서 자신의 저술 『인간현상』을 신학적 서적이나 철학적 책이 아닌 과학적 책으로 규정하였다. 그러나 샤르댕의 과학적·신학적·철학적 진화 개념은 가톨릭교회의 교리뿐만 아니라 현대의 과학적 인식에도 어긋난다.

『기원 이론』(노동래 옮김)에 따르면 성경(요 1:1-3; 고전 8:6; 골 1:16; 히 11:3; 계 4:11)을 통해 우주가 무로부터의 창조로 시작되었다고 인식한 초기 그리스도교 신학자들의 우주관은 중세를 거쳐 19세기 후반까지 우주가 고정된 크기로 창조되어 어떤 변화도 일어나지 않는다는 정적 우주관으로 형성되었으며, 중세와 르네상스 시대의 중심 사상이 되었다. 중세와 과학혁명 기간의 우주관 가운데서는 아퀴나스가 아리스토텔레스의 지구중심 우주관을 기독교 신학에 통합한 신학적 우주론이 맨 먼저 제기되었다. 한편 우주에는 각각 특별한 장소도 특별한 방향도 없다는 개념을 진술하는 균질성과 등방성으로 구성된 우주 원리는 자연의 균일성 또는 획일성(uniformity)이라는 일반적 개념을 말하며, 신학적으로는 창조교리 및 존재론적 동질성과 관련되어 있다. 바꾸어 말하면 자연의 균일성은 동일한 자연법칙이 우주 어느 곳에서나 또는 어느 때나 성립하며, 천상의 창조물과 지상의 창조물의 질서는 똑같은 창조세계의 우발적 합리성의 일부라고 설명한다.

별들의 생애와 소멸에 관한 우주론적 설명도 성경에 함의된 지속적 창조와 종말에 관한 의미의 병행을 인정한다. 빅뱅 이후 소립자들이 생성되고 소립자들이 중성자·양성자를 만들고 그것들이 원자를 구성하는 가운데 원자들이 별을 구성하고 별들이 폭발하여 철보다 무거운 원자들이 만들어지면서 새로운 별로 다시 태어나는 과정과 그 과정의 미세조정 및 인류 원리는 하나님이 창조세계에 부여한 기능의 완전성을 반영한다. 또한 생물의 진화와 마찬가지로 유에서 유의 생성을 보여준다. 별의 폭발로 죽음을 맞이하는 과학적 종말을 신학적 관점에서는 새 창조로 해석한다.

2) 생명의 기원과 진화

인류를 포함한 생물은 우주 진화의 산물이다. 생명은 38억 년 전에
출현하였다. 최초의 인류인 호모 직립원인 에렉투스는 160만 년 전
에 출현하였고, 현생인류인 호모사피엔스는 20만 년 전에 출현하였
으며, 지금의 인류는 20만 년 동안 이루어진 생물학적 진화의 자연
적 산물이다. 생명의 기원은 성경에도 묘사되어 있다. "하나님이 이
르시되 '땅은 풀과 씨 맺는 채소와 각기 종류대로 씨 가진 열매 맺는
나무를 내라 하시니' 그대로 되어"(창 1:11), "하나님이 이르시되 '물
들은 생물을 번성하게 하라. 땅 위 하늘의 궁창에는 새가 날으라' 하
시고"(창 1:20), "하나님이 이르시되 '땅은 생물을 그 종류대로 내되
가축과 기는 것과 땅의 짐승을 종류대로 내라' 하시니 그대로 되니
라"(창 1:24)와 같이 기록되어 있다. 창세기 1:11과 1:20은 하나님의
직접 명령에 따라 말씀으로부터 창조된 것이 아니라, 하나님의 매개
에 의한 간접적 창조 곧 유에서 유의 창조 또는 무기물로부터 유기물
의 생성을 암시한다.

『한스 큉, 과학을 말하다』(서명옥 옮김)에 따르면 생물학적 과정
은 필연적이며 법칙의 지배를 받는다. 생물학적 진화를 이렇게 설명
할 때 불확적성, 불명료성, 개별적 과정에서의 우연성으로 특징지어
지는 양자역학적 문제에 유의해야 한다. 생물학적 진화에는 필연과
우연이 동시에 존재한다고 볼 수 있기 때문이다. 분자생물학자 자크
모노(Jacques Monod, 1910-1976)는 무신론적 입장에서 진화의 근본으
로 절대적·맹목적 자유를 강조하면서 모든 것을 우연으로 보며 필연
보다 우연의 우위를 인정한다. 그러나 독일 물리화학자 만프레트 아

이겐(Manfred Eigen, 1927-2019)은 모노에 반대하는 명제 "자연법칙은 우연을 통제한다"를 정립하였다. 진화가 우연에 기인한다고 할지라도, 선택과 진화의 과정은 필연이라는 것이다. 그런데 카오스 이론에서는 카오스 안에서도 인과관계와 질서가 존재한다고 설명한다.

『기원 이론』(노동래 옮김)에 따르면 무신론자들은 과학을 통하여 하나님의 존재와 창조세계 활동을 부인하는 증거를 찾고자 한다. 그러나 생물의 진화 과정에서도 볼 수 있는 창조세계의 봉사적 기능과 같은 하나님의 매개 활동은 과학이 아니라 신학적 방법으로 인식된다. 자연에서 일어나는 모든 사건이 완전히 자연적이고 완전한 신적 과정의 산물이기 때문이다. 하나님은 창조세계의 모든 것이 그 기능의 완전성에 따라 일어나 완전히 자연적이고 신적인 것이 되도록 창조세계와 함께 창조세계를 통하여 활동한다. 하나님은 창조세계에 나타나는 규칙성을 활용하여 일한다. 자연법칙과 창조세계에서 일어나는 하나님에 의한 매개 과정을 결코 위반하거나 정지시키지 않는다. 그러므로 그리스도인은 신앙을 통하여 과학적 연구의 결과에 드러나는 하나님의 그런 활동과 그 목적을 인식할 수 있다.

(1) 생명의 기원과 진화와 신학적 해석

과학과 종교의 관계에 대한 전통적 논의의 핵심적 주제는 생명의 기원이었다. 생명의 기원에 관한 가설로 자연발생설(theory of spontaneous generation), 화학진화 모형, 범종설(panspermia)이 있다. 자연발생설은 생물이 무생물에서 저절로 생겨난다고 설명한다. 자연발생설에 대한 믿음은 고대 그리스 시대에 생겨난 이후 19세기까지 창조론을 기반으로 계속 깊어졌다. 아리스토텔레스는 무생물로부터 제5원소와 관련된 생명의 숨(pneuma)에 의해 유지되는 생명의 출현에 관해 거론하였다. 아리스토텔레스는 진흙에서 특정한 곤충이나 해충들이 생기는 것을 자연발생의 예로 제시하였다.

아우구스티누스는 과학을 창조주 하나님에 대한 신앙적 믿음의 맥락에서 해석하였다. 『기독교, 과학적 무신론, 그리고 항일 독립운동』(허정윤)에 따르면, 아우구스티누스는 창세기 1:24에 의거하여 자연발생이 창조주를 통해 만들어진 씨앗 원리를 통해 가능해졌다고 믿었다. 생물은 자연에서 언제라도 자연발생적으로 생긴다는 믿음이다. 토마스 아퀴나스(Thomas Aquinas, 1225-1274)도 인간에게 해를 끼치는 해충들이 부패한 물질과 인간의 죄에서 자연적으로 발생한다고 주장하였다. 이들이 제시한 물활론적 자연발생설은 나중에 그리스도교에서도 인정하는 창조 교리의 일부분으로 통합되었다.

데카르트는 자연발생설을 믿었지만, 그것을 기계론적 관점에서 설명하였다. 프란시스 베이컨(Francis Bacon, 1561-1626)도 자연발생을 믿었으나, 합목적적 원인이 없는 자연적 결과로 보았다. 데카르트와 베이컨은 아우구스티누스나 아퀴나스의 주장과 달리, 자연은 창조주의 자극이 없이 물질 자체가 생명의 형태를 갖추는 역량을 갖고 있는 것으로 가정하였다. 한편 프란체스코 레디(Francesco Redi, 1626-1697)는 고운 천으로 고기를 덮으면 고기에는 구더기가 생기지 않고 천 위에 파리가 생기는 것을 관찰하였다. 그는 그 실험에서 생물이 자연적으로 발생하지 않는다는 사실을 알았지만 그것을 근거로 자연발생설을 부정하지는 않았다. 자연발생설은 이탈리아의 라차로 스팔란차니(Lazzaro Spallanzani, 1729-1799)와 프랑스의 루이 파스퇴르(Louis Pasteur, 1822-1895)를 거쳐 확실하게 부정되었다. 스팔란차니는 고기 수프에서 어떤 미생물도 생겨나지 않았다고 주장하였으며, 파스퇴르는 1861년에 생물체는 반드시 생명체로부터 나온다는 사실을 증명하여 생물속생설(biogenesis)을 확립하였다.

화학진화설(chemical evolution)은 생명의 기원과 유기물 합성의 관계를 가정하는 가설로서, 생물이 무생물로부터 발생할 수 있다는 알렉산드르 오파린(Alekesandr Oparin, 1894-1980)과 존 홀데인(John Haldane, 1892-1964)이 제시한 오파린-홀데인 가설을 기반으로 발달하였다. 오파린-홀데인은 메탄·암모니아·수소·물 등의 무기물로부터 유기물 단량체가 생성되며 그 단량체가 모여 유기물 종합체를 이루고, 콜로이드(colloid) 입자 형태의 종합체 몇 개가 모여 막으로 둘러싸인 코아세르베이트(coacervate)라는 원시생명체가 생긴다는 가설을 제시하였다. 스탠리 밀러(Stanley Miller, 1930-2007)와 해럴드 유리(Harold Urey, 1893-1981)는 1953년에 홀데인이 제안한 메탄·암모니아·수소·수증기로 조성한 38억 년 전 초기 지구의 가상적 대기 및 환경과 밀러가 고안한 실험 장치를 사용하여 몇 종류의 아미노산이 함유된 유기화합물을 만들었다. 1959년에는 시드니 월터 폭스(Sidney Walter Fox, 1912-1998)가 원시지구의 조건에서 단순한 유기물로부터 고분자 유기물 프로테노이드(protenoid)를 합성하고 그것으로부터 마이크로스피어(microsphere)를 합성하였다. 샤르댕은 『테야르 드 샤르댕의 인간현상 읽기』(김성동 지음)에서 이런 거대분자와 미생물 사이의 어떤 시공상에서 생명이 출현하였을 것으로 가정한다. 그러나 이런 거대분자들도 생명체 탄생에 직접적 기반이 되는 물질은 아닌 것으로 확인되었다. 현재까지 무기물이나 무생물로부터 생명체의 탄생을 확실하게 설명하는 이론은 제시되지 않고 있다.

범종설은 세균과 같은 생명체가 혜성 등에 의해 지구 밖 우주에서 지구로 옮겨졌다고 설명한다. 고대 그리스의 아낙사고라스(Anaxagoras, 기원전 약 500-428년)는 조합되어 새로운 생명이 탄생되는 씨앗이 우주에 무수히 많다고 주장하였다. 스웨덴의 화학자·물리학자 스반테 아레니우스(Svante Arrhenius, 1859-1927)는 우주에 존재하던 미생물이 지구에 떨어져 번성하였다고 주장하였으며, 프란시스 크릭(Francis Crick, 1916-2004)은 생명의 기원이 외계에서 시작되었다고 설명하는 정향범종설을 제안하였다. 그러나 이들이 주장한 범종설은 모두 아직까지 검증되지 않은 가설에 지나지 않는다.

　　『기원 이론』(노동래 옮김)에 따르면 생명의 기원과 진화에 관한 과학적 연구를 통해 하나님이 창조세계에 부여한 기능의 완전성과 우발적 합리성을 드러낼 수 있다. 즉 생명의 기원설과 진화론으로 하나님이 창조세계의 창조에 지속적으로 관여하고 있다는 것을 보여줄 수 있다. 신학적 관점에서 보면, 생명의 기원을 연구하는 과학자와 생명의 진화를 연구하는 진화론자는 하나님이 생명을 생겨나게 하고, 자신들은 생명이 창조세계에서 계속 존재하게 한 이유와 방법을 연구하는 과학자라고 잘못 생각할 수 있다. 또한 신학적으로는 생명의 기원에 관한 과학적 연구를 하나님이 생명을 창조하고 유지하기 위해 한 일에 관한 탐색으로 볼 수 있다.

(2) 인류의 유래와 성경의 해석

아우구스티누스와 아퀴나스는 사람의 영혼이 부모의 생식으로부터 생긴 것이 아니라 출생할 때 하나님이 직접 무에서 창조한 것이라고 가정하였다. 성경에는 사람의 기원에 관해 "여호와 하나님이 땅의 흙으로 사람을 지으시고 생기를 그 코에 불어넣으시니 사람이 생령이 되니라"(창 2:7), "여호와 하나님이 아담에게서 취하신 그 갈빗대로 여자를 만드시고"(창 2:22)와 같이 기록되어 있다. 『가톨릭 교회 교리서』(한국천주교주교회의)(358)에 따르면 하느님은 모든 것을 인간을 위해 창조하였으며, 인간은 하느님을 섬기고 사랑하며, 하느님에게 모든 피조물을 봉헌하도록 창조되었다.

오늘날에는 사람이 동물계에서 유래된 것으로 설명한다. 최초의 현생인류 크로마뇽인(Cro-magnons) 곧 사람인 호모 사피엔스 사피엔스는, 영장류에서 유인원 사람상과 호미노이드가 생겨나고 호미노이드가 오스트랄로피테쿠스, 호모 하빌리스, 호모 에렉투스, 호모 네안데르탈렌시스, 호모 사피엔스를 거쳐 진화한 것으로 추정한다. 대략 500만 년 전에 출현한 아프리카의 오스트랄로피테쿠스는 직립 보행은 하였으나 도구 문화는 발달시키지 못하였다. 호모 하빌리스는 250만 년 전 홍적세에 석기를 만들어 사용하였다. 200-150만 년 전에 등장한 호모 에렉투스는 현생인류와 체형이 비슷하며, 50만여 년 전부터 무리를 지어 살면서 불도 사용하였다. 20만-35,000년 전 빙하기에 살았던 네안데르탈렌시스는 호모 사피엔스의 직계 조상은 아니지만, 언어를 매개로 가족들 사이에서 의사소통을 하였다. 해부학적 현생인류라는 호모 사피엔스는 10만 년 전 신석기 시대 이전부터 무리를 지어 살았으며, 기원전 4-3만 년 전까지 유럽에서 네안데르탈인을 몰아냈다. 호모 사피엔스는 상징적 개념을 구사하였으며, 1만 년 전쯤에는 농경문화의 확산과 더불어 문화를 세부적으로 발달시켰고, 5,000년 전에는 메소포타미아 지방에서 문자를 사용했다.

창세기 1:26-28과 2:7, 21-22을 문자적으로 듣고 해석하면, 아담과 하와를 최초의 인간으로 생각할 수도 있다. 그러나 성경에서는 아담과 하와를 인류의 시조, 즉 생물학적·유전적 조상으로 명시하지 않는다. 생물학적·유전적 조상 개념은 성경이 작성될 때 알려져 있지도 않았다. 그러기에 성경에 기록된 계보들은 생물학적·유전적 조상에 관한 계보로 볼 수 없다. 성경의 사람 창조 이야기의 의도는 아담과 하와를 모든 인간의 생물학적·유전적 조상으로 보여주려는 것이 아니라, 하나님이 우리를 창조하였고 아담과 하와가 인류를 대표하는 상징적 인물임을 알려주려는 것이었다. 그러나 가톨릭 신학에서는 교황 비오 12세의 이러한 '인류 일원설'을 더 이상 고수하지 않고, 아담과 하와의 탄생 이야기를 태초에 주어진 인간의 근본적 상황에 대한 종교적 해석으로 받아들인다.

아담과 하와라는 이름은 고유명사가 아니다. 아담은 남자, 하와는 생명이라는 뜻이다. 창세기의 아담과 하와 이야기는 아담과 하와가 인류의 조상이라는 것을 사실적으로 진술하는 것이 아니라 최초의 인간이 어떻게 탄생했는지에 대한 설명이며, 오늘날의 모든 인간들에 관한 이야기일 뿐이다. 아담과 하와처럼 인간은 하나님의 생명나무를 추구하기보다는 선악과를 추구한다. 아담과 하와가 선악과를 따먹었다는 것은 자기들 스스로 선악의 기준이 되어 하나님처럼 다른 사람을 판단하는 죄를 짓는 것을 의미한다. 다시 말해 아담과 하와의 이야기는 인간의 출현에 대한 과학적·유전학적 설명이 아니라 모든 인간의 영적인 죄가 무엇인지를 알려주는 말씀이다.

(3) 생물의 진화설과 신학적 해석

진화에 의한 종의 다양성은 성경의 문자적 해석에 기반한 종의 불변성에 상반되는 개념으로서 자연신학에도 영향을 미쳤다. 종의 불변성은 분류학의 기본 전제다. 플라톤과 아리스토텔레스에게서 유래한 존재의 대사슬(great chain of being)은 맨 위의 신, 천사, 인간, 동물, 식물, 무기물이 이어진 존재의 위계적 구조이다. 플라톤과 아리스토텔레스는 종의 영원한 불변성을 전제로 생물을 포함한 만물은 중요성에 따라 각자의 위치가 있으며, 인간은 가장 높은 위치에 있다고 설명하는 자연의 사다리(scala naturae)를 제시하였다. 17세기에 영국의 박물학자 존 레이(John Ray, 1627-1705)는 생물의 종을 생물 분류의 기본 단위로 설정하고, 그 단위를 준거로 식물과 동물을 분류하여 생물의 이런 특성을 통하여 하나님을 이해하려는 자연신학의 발달에 공헌하였다. 한편 스웨덴의 칼 폰 린네(Carl von Linne, 1707-1778)는 레이의 영향을 받아 그리고 자연신학의 원리를 적용하여 현대 분류학의 확립에 공헌하였다.

대표적인 생물 진화론으로 프랑스 자연철학자 장바티스트 라마르크(Jean-Baptiste Lamarck, 1744-1829)의 진화설과 영국의 찰스 다윈(Charles Darwin, 1809-1882)의 진화설을 들 수 있다. 라마르크는 1809년에 다분히 목적론적인 용불용설을 발표하였다. 라마르크의 용불용설에 의하면 생물이 환경에 적응하기 위해 잘 사용하는 기관은 계속 발달하고 쓰지 않는 기관은 퇴화한다. 환경에서 자주 사용함으로써 발달된 즉 획득된 형질은 다음 세대에 유전된다. 라마르크의 진화설은 조르주 퀴비에(Georges Cuvier, 1769-1832)가 새로운 종은 천재지변으로 멸종한 이후 나타난 종이라고 설명하는 천변지이설인 종의 고정설에 맞선 진화설이다. 『기원 이론』(노동래 옮김)에도 기술되어 있듯이 획득형질의 유전설은 창조교리에 표현된 기능의 완전성과 일치하며 하느님에 의한 지속적 창조를 위한 하느님의 창조 목적과도 잘 부합한다. 한편 라마르크의 이론은 획득된 형질은 유전되지 않는다는 유전학적 사실이 밝혀짐에 따라 진화론으로 받아들여지지 않았다. 후성유전학(epigenetics) 연구에서 후천적으로 획득된 형질이 다음 대에 유전되는 사례가 발견되고 있는데, 그런 증거가 많이 쌓여 법칙으로 확립되면 라마르크의 획득형질 유전설이 재생될 수도 있다.

영국의 생물학자이자 지질학자인 다윈은 1859년에 자연선택 개념에 바탕을 둔 『종의 기원』을 발표하였다. 다윈은 케임브리지 대학교 신학과에 입학하여 종의 불변성을 믿은 계몽주의 자연신학자 윌리엄 페일리(William Paley, 1743-1805)의 영향을 받았다. 페일리는 생물이 환경에 적응하는 것은 자연의 설계자인 하느님이 존재한다는 증거라고 주장하였는데, 다윈의 진화설은 페일리가 주장한 종의 불변성에 관한 문제를 제기한 것이다. 다윈이 그의 다른 저서 『인간의 유래』를 통해 그의 진화설을 인간에게 적용하자 그의 이론은 더욱 폭발적으로 파급되었다. 다윈의 진화설은 원천적으로 창조주의 개입이 필요하지 않은, 각각 진화의 사실과 방법에 해당되는 변이와 선택이라는 두 가지 요인에 관한 통찰에 근거한다.

- 변이: 종은 변할 수 있다. 종은 대부분 멸종되었지만, 일부 화석 증거로 남아 있는 다른 종에서 유래하였다. 유전자 재조합과 유전자 복제 과정에서 생기는 돌연변이가 생명체의 변이를 초래한다.

- 선택: 생존경쟁으로 야기된 자연선택에 의해, 변화된 환경에 가장 잘 적응하는 종만 살아남고 자손을 퍼뜨린다. 변이는 유전되며, 대를 거치면서 누적되어 마침내 서로 교배가 불가능한 새로운 종으로 갈라진다.

다윈은 앨프리드 러셀 월리스(Alfred R. Wallace, 1823-1913)와의 공동논문에서 생물 종은 공통조상으로부터 나온다고 주장하면서, 그 기작으로 자연선택을 소개하였다. 다윈의 진화설은 기계론적·통계학적 이론이다. 그는 자연이 애초에 정해진 특정 목적이나 방향이 아니라 인과율에 따라 변하며, 단순 형태에서 복잡한 형태로, 그리고 그 구조·크기·생존력을 달리하며 발전한다고 설명한다. 다윈의 진화설은 창세기의 창조 이야기를 부정한다는 이유로 그리스도교의 반발을 샀지만, 사람들은 과학적으로 확실한 근거에 의해 합리적으로 진화설을 반박할 수 없었다. 다윈의 진화설은 혼합유전(blending inheritance)을 특히 잘 설명하는 범생설(pangenesis)이라는 사변적 유전 기구를 제안하였으며, 라마르크가 말한 획득형질의 유전을 배제하지 않았다. 그러나 다윈의 그런 진화설은 목적론적 세계관을 부정하고 기계론적 세계관을 강조하는 근거가 되었으며, 자연주의 세계관의 이해에 필요한 정보의 출처가 되었다. 다윈의 진화설은 인간중심주의적 세계관조차 무너뜨림으로써 과학적 이론과 성경의 가르침을 동일시하는 결과를 초래하였다. 큉(『한스 큉, 과학을 말하다』, 서명옥 옮김)에 따르면 다윈의 진화론은 창조의 탈신성화로 인해 창조를 목적·목표·의미가 상실된 하나의 자연과학 과정으로 전락시켰다.

다윈 진화설은 집단유전학과 분자생물학이 통합되어, 획득형질의 유전과 혼합유전 및 범생설을 반대하며 자연선택을 적극 지지하는, 그리고 종의 다양성 원인을 더욱 심도 있고 일반적으로 설명하는 신다윈주의로 발전하였다. 신다윈주의는 다윈 진화설의 기본 단위 변이와 선택에 개체군(population)을 더하여 진화의 기본 요소로 변이·선택·개체군을 제시하고, 그에 따라 진화를 소진화와 대진화로 나누어 설명한다. 소진화는 몇 달 또는 몇 주 사이에 새로운 종으로 변종된 코로나-19 바이러스와 같이 한 종 안에서 짧은 기간에 일어나는 진화를 말하며, 대진화는 공통조상으로부터 새로운 종이 분화되는 긴 기간에 걸친 진화를 가리킨다. 소진화는 분자생물학적 측면에서 분명하게 설명되고 있으나, 대진화는 화석에만 기반을 두기 때문에 종의 분화 과정을 명쾌히 설명하지 못한다. 가톨릭 신학에서는 신다윈주의가 이렇게 설명하는 진화도 지속적 창조의 한 과정으로 보고, 진화 과정에 있는 모든 피조물을 다른 어떤 피조물에 종속되거나 소유되는 존재가 아니라 하느님의 창조 질서 안에 자유롭게 존재하는 고유한 객체로 간주한다.

『기원 이론』(노동래 옮김)에도 묘사되어 있듯이 라마르크와 다윈은 자연신학적 맥락에서 각자의 진화론을 형성하였다. 당시의 자연신학에서는 하나님 보시기에 좋게 만든 창조세계로부터 하나님의 지혜와 권능 그리고 창조의 계획과 목적을 드러낼 수 있다고 보았다. 그러나 라마르크의 진화설과 다윈의 진화설은 자연신학 및 성경과 전승에 어긋나 보였다. 그리하여 일부 사람들은 성경에 대한 굳은 신앙으로 진화주의 또는 자연주의에 대항하면서 성경과 전승에 부합하는 종의 고정주의를 옹호하였다. 교황 비오 10세 때는 다윈의 진화설 지지자들을 이단자로 규정하여 근대주의자로 차별하고, 심지어 파문하기도 하였다. 라마르크의 진화설과 다윈의 진화설은 과학의 본성에 비추어볼 때 합당한 과학적 이론이지만 둘 다 절대적 진리가 아니다. 생명체의 진화 과정과 방법을 비유적으로 기술하는 임시적·가변적 설명체계일 뿐이다. 그러므로 신라마르크의 진화설 또는 다윈의 진화설을 신학적 관점에서 해석하는 것이나, 그 진화설을 근거로 성경의 창조 이야기를 해석하려는 시도는 합리적이지 않다.

생명의 기원과 진화에 관한 이론은 대부분 과학적 관점에서는 나름대로 정당하지만, 신학적으로는 해석이 달라질 수 있다. 퀴비에는 성경의 창조론에 근거를 두고, 생물체는 창조된 이후 변화되지 않은 채 그대로 전해져 왔다고 설명하는 종의 고정설을 제시한 다음 그 이론에 따라 라마르크의 진화설을 거부하였다. 창조론을 근거로 과학적 이론을 거부한 것이다. 일부 신학자들은 생명체의 진화를 과학적 사실로 받아들이고, 유신론적 진화론을 통해 성경에 기록된 하나님의 창조를 해석하고 이해하며, 그 결과를 바탕으로 그리스도교 교리를 재해석하고 수정·보완하였다. 아우구스티누스가 확립한 '무로부터의 창조'와 아울러 지속적 창조를 교리로 인정하여 다윈의 진화설도 하나님에 의한 지속적 창조의 근거로 받아들인다.

『기원 이론』(노동래 옮김)에서도 생물 다양성의 기원 즉 종들의 기원을 설명하는 데 이용하는 진화설은 하나님이 진화 과정을 이용하여 창조에 계속 개입하는 과정에 대한 설명일 수도 있다고 기술한다. 즉 진화를 창조세계에서 생명체가 생겨나는, 유에서 유가 생기는 창조로 보고, 그것을 다양한 생명체가 생겨나는 원인으로 볼 수 있다는 주장이다. 헨더슨과 브라이언트의 『하느님과 과학에 대한 101가지 질문』에 따르면 진화는 하느님이 인간을 창조할 때 적용한 방식으로서 하느님이 생물을 어떻게 만들었으며 인간이 다른 생물과 어떻게 연관되어 있는지를 알려준다. 진화는 또한 하느님의 계획에 따른 변화를 적용하여 창조세계를 더욱 아름답고 다양한 생물로 채우는 과정이다.

다윈의 진화설을 이용하여 신학과 그리스도교를 반대하는 무신론자들은 생물학적 진화에 우연적인 것이 만연하다고 보는 입장을 바탕으로 진화에 하나님이 활동한다는 어떠한 주장도 받아들이려 하지 않는다. 그러나 일부 신학자들은 진화를 창세기 1장에서 말하는 창조와 다른, 하나님이 생명을 창조하는 또 하나의 방식으로 인식한다. 또한 신학과 과학의 상호관계를 추구하는 신학자들은 하나님을 우주와 생명체의 지속적 창조주라고 가정하는 유신론적 진화론을 지지하면서, 진화가 우주와 그 안의 모든 생명의 창조주는 하나님이라는 신념과 부합한다고 주장한다. 『물리학, 철학 그리고 신학』(전양환 외 11인 옮김)에 따르면, 아우구스티누스는 하느님이 지금도 창조활동으로 수고하고 있으며, 그런 활동을 멈춘다면 피조물이 즉각 소멸되어 갈 것이라고 말하였다.

과학의 본성에 비추어볼 때 라마르크의 진화설과 다윈의 진화설은 잠정적 특성을 지닌 과학적 이론 또는 가설이다. 또한 전통적인 신학적 관점에서 보면 두 진화설은 창조의 방법과 과정은 물론이고 창조주의 존재조차 부정하는 무신론적 과학 이론이다. 그러나 현대의 가톨릭과 진보적 개신교 신학에서는 유신론적 진화론을 통해 신다윈주의 진화설을 과학적 사실로 수용한다. 전체 성경의 창조에 대한 함의에 비추어볼 때 다윈의 진화설이 설명하는 생물체의 진화는 삼위일체 창조주가 피조물에 부여한 기능의 완전성이 현실화되는 과정의 한 예로서 전체 성경에서 말하는 창조와 어긋나지 않는다. 신다윈주의 이론은 오히려 태초의 창조뿐만 아니라 지속적 창조와도 일치하며, 새 창조 곧 창조의 완성을 향한 창조를 잘 설명해준다. 창세기 1장은 유에서 유의 창조도 말하는데(창 1:11), 다윈의 진화설이 말하는 종의 분화는 기능의 완전성의 실현으로서 유로부터 유의 창조 곧 지속적 창조를 가리키며, 새 창조로 완성되어 가는 하나님 창조를 반영한다.

3) 생태적 위기와 생태신학

지금 지구는 몸살을 앓고 있다. 탄소 과다 배출에 의한 지구의 온난화와 그로 인한 기후위기, 물·공기·땅의 오염에서 비롯된 환경파괴와 생물 다양성의 급감, 자원고갈, 핵무기와 같은 대량살상 무기의 생산은 하나님이 보기에 좋게 창조한 피조물에 대한 학대이며 문명과 인류의 생존에 대한 위협이다. 이런 문제는 과학과 과학기술에 의한 해결이 바람직하지만, 그리스도인도 그런 문제가 발생하기 전에 창조 질서를 보존하고 환경을 가꾸는 일에 소홀해서는 안 된다. 환경은 창조된 피조물로서 성령을 통해 하나님의 생명에 참여하게 하며, 인간을 포함한 온갖 생명과 얽혀 있기 때문이다.

프란치스코 교황의 권고 「하느님을 찬미하여라」에서도 기술되어 있듯이, 기후위기의 표징들이 갈수록 위태로워지고 있다. 이례적으로 가속되는 온난화와 그에 수반되는 잦은 이상고온, 가뭄과 호수의 메마름, 홍수와 강과 하수의 범람, 해일이 그 예다. 이는 하느님이 선한 마음으로 창조한 계시의 수단이 급속히 망가지는 징표다. 이 소절에서는 환경생태학과 생태신학의 대두, 프란치스코 교황 회칙 「찬미받으소서」와 8년 후인 2023년에 그 후속편으로 출판된 「하느님을 찬미하여라」에 소개된 생태적 위기의 유형과 근원, 지구의 오염과 파괴, 그리스도교 신학에서 도출한 몇 가지 원칙에 관해 기술한다.

(1) 생태신학의 대두

생태신학자 홍태희는 『생태신학 첫걸음』(홍태희 옮김)의 '옮긴이의 말'에서 "우주의 역사를 통해 세계의 모든 피조물 안에 살아계시는 하느님의 신비를 관상하며 실마리를 잡았던 생태신학(ecotheology)은 성경 연구를 통해 모든 피조물의 가치와 인간 역할에 관한 성찰로 나아갔습니다"라는 말로 생태신학의 대두 배경을 기술한다. 『생태신학 첫걸음』(홍태희 옮김)의 원저자 실리아 딘 드러몬드(Celia Deane-Drummond, 1956-)는 '머리말'에서 생태신학의 핵심 주제로 생태적 각성의 맥락에서 생태적 관점을 가지고 성경을 해석하는 방법을 제시한다. 그녀가 제시한 생태적 관점을 통한 성경의 해석 방법은 생태론적 성경 해석학의 기본 구조가 되었다. 많은 신학자들이 하나님에 의한 세상의 창조와 우주의 탄생 그리고 생명의 기원에 관한 과학적 사실에 지대한 관심을 가지고 있는 오늘날, 생태신학자들은 기후과학에 관해서는 어느 정도 언급하지만 기후변화의 원인이 되는 과학과 과학기술의 영역에 관해서는 깊게 숙고하지 않는 경향이 있다. 이는 환경과 생태적 문제에 관한 과학과 과학기술의 태만한 역할에 대한 생태신학자들의 불만의 표현일 수 있다.

생태신학은 구성신학(constructive theology)으로서, 환경과 생태에 관한 과학적 연구 방법과 하나님의 본성, 신앙에 관한 신학적 연구 방법을 융합적으로 활용하여 하나님·자연·인간에 대해 종합적으로 연구하는 생태학과 신학의 간학문이다. 이런 본성적 특성을 지닌 생태신학은 종교와 자연의 상호관련성 특히 환경과 관련이 있는 주제에 초점을 두고 연구하는 신학의 한 분야가 되었다. 신학이라는 학문의 한 분야로서의 생태신학은 신학 또는 과학과는 다른 관점에서 세계를 보는 수단을 제공한다. 이를테면 인간으로 하여금 자연을 돌봄으로써 새로운 하늘나라와 땅을 만들게 한다.

『생태신학 첫걸음』(홍태희 옮김)에 따르면 생태신학은 1970-80년대에 등장하였다. 당시에는 생태신학이 이른바 "녹색"신학에 가까웠으며, 가톨릭보다 창조 질서에 관한 신학적 논의에 불만을 품고 있던 개신교 쪽에서 먼저 생겨났다. 개신교 학자들이 환경문제에 관한 성찰을 통해 얻은 자료와 결론은 더욱 체계적이고 정교화되어 가톨릭 사회교리를 통해 로마 가톨릭의 담론으로 스며들었다. 그렇게 형성된 생태신학의 토론을 위한 핵심 주제는 초기에 있었던 토론의 초점이 일부나마 유지된 채 다음과 같이 전환되었다. 『생태신학 첫걸음』(홍태희 옮김)에서는 이와 더불어 생태적/농본적 성경읽기의 다섯 가지 측면을 제시하고, 환경주의자이며 그리스도교 복음주의 신학자인 캘빈 드윗(Calvin B. DeWitt, 1935-)이 제시한 성경의 일곱 가지 청지기 원리를 관련이 있는 성경 말씀과 함께 소개한다.

<생태신학 분야의 변화>

- 인간중심주의로부터 생태/생명중심주의로 그리고 하느님중심주의(theocentricism)로
- 남성중심주의로부터 생태여성주의로

- 위대한 창조 이야기의 등장
- 평형상태의 생태계로부터 유동적 생태계로
- 창조신학으로부터 새로운 해석으로 그리고 새로운 구성신학으로
- 환경윤리로부터 피조물에 대한 윤리로
- 정치적 지지로부터 공공신학으로

<생태적/농본적 성경 읽기의 다섯 가지 측면>

- 단지 인간의 역사에만 초점을 맞추지 않고, 하느님과 인간 그리고 피조물 사이의 관계에 관한 성경 이야기에 더 주목한다.
- 창조에 관한 통합적 측면에서 인간보다 피조물을 고려한다.
- 독창적 창조신학을 전개하는 잠언, 시편, 지혜서와 욥기와 같은 지혜문학에 특별히 주목한다.
- 예수가 자신 주변의 자연세계와 맺는 관계 방식에 주의를 기울임으로써 예수의 사목을 다시 이해한다.
- 때로는 자연세계를 거부하는 것으로 잘못 이해되어 온 묵시문학의 진정한 의미를 회복한다.

<성경의 일곱 가지 청지기 원리>

- 하느님이 우리를 지키듯이 우리도 자연을 지켜야 한다: 지구를 일구고 돌보는(창 2:15) 것은 인간을 지켜주는(민 6:24-26) 하느님의 섭리가 반영되어 있다; 지배는 그리스도의 모습을 따라야 하기에 인간은 창조주와 협력하여 땅을 돌보아야 한다(신 11:11-12, 18-20).
- 우리는 첫 번째 아담이 아니라 마지막 아담의 제자가 되어야 한다:

그리스도 안에서 모든 것이 화해하듯이(골 1:19-20), 인간의 소명은 모든 것의 화해와 회복에 참여하는 것이다.

- 피조물을 혹사시켜서는 안되며 안식일을 주어야 한다: 안식일은 땅뿐만 아니라 동물과 인간에게도 주어져야 한다(출 20:8-11; 23:10-12).

- 하느님의 선한 피조물을 향유할 수는 있지만 파괴해서는 안 된다: 땅의 풍요로움을 파괴하는 탐욕스런 인간의 모습은 성경(겔 34:18; 신 20:19; 22:6)에도 인간의 행동으로 제시되어 있다.

- 자신에게 흥미로운 것이 아니라, 먼저 하느님 나라를 찾아라: 이 명령은 마태복음 6:33에도 있다.

- 우리에게 큰 유익함이 되는 것으로 찾아야 할 것은 행복이다: 항상 더 많이 얻을 것을 구하기보다, 피조물이 가져다주는 은총에 만족한다; 창조 안에서 인간의 역할에 한계가 있기에 히브리서 13:5과 디모데서 6:6-21에서도 용기를 얻는다.

- 우리는 우리가 옳다고 알고 있는 것을 실천해야 한다; 믿음과 행동의 연결이 필요하다(겔 33:30-32).

자연은 인간의 능력, 인간과 창조세계의 관계, 그리고 인간의 능력을 어떻게 사용해서 하나님이 선한 의지로 창조한 창조세계를 오남용하지 않고 살뜰하게 보호하고 돌볼 수 있는지에 관한 통찰을 제공한다. 50여 년 전부터 가톨릭 교황들은 창조세계의 파괴와 오염에 심대한 관심을 가지게 되었다. 교황 바오로 6세는 1971년 회칙 「지상의 평화」를 통해, 생태적 문제를 무절제한 인간 행위의 비극적 결과로 선언하고 "인간 행위의 근본적 변화가 긴급하게 필요하다"는 점을 강조하였다. 교황 요한 바오로 2세는 회칙 「생명의 복음」(1995)을 통해 인간이 "자연환경을 놓고서, 즉각적 이용과 소비에 유익한 것 말고는 다른 의미를 발견하지 못하는 듯" 보인다고 경고하였다. 교황 베네딕토 16세는 기후변화에 큰 관심을 갖고 무책임한 행동으로 자연환경을 심각하게 훼손시킨 사실을 모두가 인정할 것을 요청하였다. 현 교황 프란치스코는 회칙을 통해 하느님이 지구에 선사한 재화들이 인간의 무책임한 이용과 남용으로 심각한 손상을 입었으며, 인간은 지구를 마음대로 약탈할 권리가 부여된 주인과 소유주를 자처하는 지경에 이르렀다고 한탄하였다.

(2) 생태적 위기의 유형

프란치스코 교황이 그의 회칙 「찬미받으소서」에서도 지적하듯이, 역대 교황들의 생태신학에 관한 선언은 과학자·철학자·신학자뿐만 아니라 시민 단체의 성찰도 반영하였다. 자연에 저지르는 죄는 인간 자신과 하느님을 거슬러 짓는 죄이기 때문에, 인간이 하느님의 피조물인 생물의 다양성을 파괴하고 기후에 변화를 일으켜 지구의 본디 모습을 손상시키고, 삼림과 습지를 훼손하며, 물·흙·공기·생명을 오염시키는 것은 모두 죄가 된다. 그래서 교황 프란치스코는 신음하는 지구의 미래를 어떻게 건설할 것인지에 관해 대화를 나눌 것을 긴급하게 호소하면서, 저마다 자신의 문화·경험·계획·재능으로 하느님의 도구가 되어 피조물을 보호하는 데 협력할 것을 촉구한다. 인간이 하느님의 피조물에게 입힌 피해를 복구하려면 모든 이의 재능과 참여가 필요하다고 절실하게 호소한다.

　　프란치스코 교황 회칙 「찬미받으소서」에서는 생태적 위기에 관한 교황의 호소에 이어, 생태적 위기를 다섯 가지로 나누어 제시한다. 첫 번째 측면은 오염과 기후변화 및 그에 의한 지구와 인간의 위협이다. 지구의 오염은 재활용되지 않는 쓰레기 투기와 너무 많이 버리는 문화에서 비롯된다. 대기가 교통, 매연, 토양과 물의 산성화 물질, 비료, 살충제 및 살균제, 제초제, 농업용 독극물을 통해 오염되고 있다. 쓰레기와 더불어 의료·전자·산업에서 나오는 유해한 폐기물에 의해서도 지구가 황폐화되고 있다. 재활용하지 못하고 쓰레기로 버려지는 종이와 같이 재생 가능한 자원이 늘어나는 것도 황폐화에 한몫한다. 지구의 온난화가 심각하며 기상 이변이 날이 갈수록 더 악화될 조짐도 보인다. 지구의 온난화와 그에 따른 기상 이변으로 해수면이 상승하고 있는데, 지구 온난화의 주된 원인으로 온실가스 곧 이산화탄소, 메탄, 산화질소 농도의 증가를 들고 있으나 가장 큰 직접적 원인은 엄청난 양의 화석연료의 소비이며, 토지 사용 변화와 삼림 파괴도 그런 영향을 미치는 요인이다.

두 번째 측면은 물의 문제와 관련이 있다. 천연자원의 고갈 및 지구 착취와 관련된 문제 가운데서도 깨끗한 식수의 부족이 가장 중요한 문제다. 지구의 많은 지역에서 오래전부터 수요가 지속 가능한 공급을 초과하였으며, 그에 따라 중단기적으로 심각한 결과가 초래될 것으로 예상된다. 특별히 심각한 문제는 가난한 사람들이 이용할 물의 질이다. 지금도 많은 가난한 이들이 비위생적인 물 때문에 죽어가고 있다. 일부 나라에서는 특정한 광업·농업·산업 활동의 결과로 배출되는 오염물질로 인해 지하수가 심하게 오염되고 있다. 세제와 화학제품이 계속 강·호수·바다로 흘러들어 많은 곳을 오염시키고 있다.

세 번째 문제는 생물 다양성의 감소에 관한 문제다. 지구 자원의 착취와 숲 및 삼림 지대의 손실로 생물종이 많이 감소되고 있다. 해마다 수천 종의 동식물이 사라지는 실정이다. 생태계가 제대로 기능하려면 균류·해조류·벌레·파충류와 더불어 수많은 미생물이 필요하다. 지구의 허파인 아마존과 콩고 분지나 대수층과 빙하는 다양한 생물로 가득 차 있다. 이런 지역의 종을 유지하기 위해서는 압력 수단을 동원해서라도 그 생태계를 보호해야 한다. 대양은 엄청난 수의 다양한 생명체를 품고 있다. 무절제한 포획을 금지하여 특정 어류의 급격한 감소를 방지해야 한다. 백만 종에 달하는 물고기·갑각류·연체동물·해면동물·조류를 보호하는 열대와 아열대 바다의 산호초도 보호해야 한다.

네 번째 문제는 인간 삶의 질 저하와 사회 붕괴에 관한 것이다. 세계의 적지 않은 수의 도시가 유독가스에 의해 오염되었고, 혼잡하고 열악한 교통, 시각적 공해, 소음 때문에 건강하게 살 수 없는 곳이 되고 있다. 또한 시멘트·아스팔트·유리·금속으로 넘쳐나는 세상에서 자연과 물리적 접촉이 차단되고 있다. 이런 세계적 변화는 고용에 영향을 미치는 혁신, 사회적 소외, 에너지를 비롯한 공공 서비스의 불평등 분배와 소비, 사회적 붕괴, 마약 밀매 등에 심각한 영향을 미치는 요인이 되고 있다. 대중매체와 디지털의 보편화로 인해 사람들이 현명한 삶의 방식을 체득하거나 깊이 생각하고 넉넉히 사랑하는 방법을 배우지 못한 결과 인간관계에 우울한 불만을 느끼거나 외로움에 처하기도 한다.

다섯 번째 문제는 세계적 불평등과 관련이 있다. 어느 나라를 막론하고, 인간환경과 자연환경이 함께 나날이 악화되고 있으며, 취약한 계층의 사람들일수록 더 큰 영향을 받는다. 물고기 개체 수는 영세 어민들에게, 수질 오염은 특히 생수를 살 수 없는 가난한 사람들에게, 해수면 상승은 해안 주변의 가난한 이들에게 특히 큰 영향을 미친다. 지나친 선택적 소비 형태의 결과로 전 세계적으로 생산되고 있는 식량의 3분의 1이 버려지고 있다. 전반적인 소비 증가로 환경의 오염, 쓰레기 처리, 자원의 손실, 삶의 질과 관련된 문제들이 점점 더 심각해지고 있다.

　　지구 환경이 이와 같이 절박하고 위태로운 상태에 처해 있지만, 그런 문제에 대한 인식조차 미약한 실정이다. 생태적 위기에 맞서려는 문화가 태부족인 것이다. 하나님이 창조할 때 바란 그대로 존재하고 평화와 아름다움과 충만함으로 가득해야 할 공동의 집인 '에덴동산'이 아파하고 있다. 환경에 관한 세계 정상들의 회담은 번번이 실패로 끝나버리고, 기술과 금융 논리 및 경제적 이익 단체들에 의해 휘둘리고 있다. 이러한 상황 및 가능한 해결책과 관련하여 발전에 대한 신화를 맹신하면서 생태적 문제는 새로운 기술을 적용하면 저절로 해결될 것이라는 의견과 인간의 개입이 생태계를 오히려 위협할 것이라는 주장이 양극단에 자리하고 있다. 현실성이 있는 중립적 해결책을 위해서는 대화가 필요하지만, 그런 대화가 이루어지지 않고 있는 것 또한 큰 문제다.

(3) 생태적 위기의 근원

「하느님을 찬미하여라」(프란치스코 교황 회칙)에 따르면 기후변화, 쓰레기 문제, 환경파괴 등의 생태적 위기가 더 이상 외면할 수 없을 정도로 심각해지고 있어 전 인류적 대응이 시급하다. 린 화이트(Lynn

White, Jr., 1907-1987)는 이와 같은 생태적 위기의 직접적 원인이 현대의 과학과 기술과학에 있지만, 그 과학과 기술과학의 정신적 뿌리는 창세기에 있다고 주장하였다. 이는 창세기 1:26-28이 자연과 사람을 엄격하게 구분하면서 지배-피지배 관계를 설정한 인간중심주의적인 이원론적 관념을 강조한다는 주장이다. 화이트는 인간중심주의적 이원론이 현대 과학과 기술과학의 정신적 뿌리가 되었다고 강조한 것이다.

프란치스코 교황은 생태적 위기에 관해 그의 회칙 「찬미받으소서」를 통해, 인간이 초래한 생태적 위기를 제대로 인식하지 않은 채 그 증상을 설명하고 해결책을 제시하는 것은 바람직하지 않다고 경고한다. 프란치스코 교황은 인간의 삶과 활동을 이해하는 방식을 왜곡함으로써 현실이 파괴되었다고 보고, 그 원인을 차근차근 성찰해 볼 것을 간곡하게 권고한다. 교황은 이어 그 근원을 다음과 같이 기술-창의력과 힘, 기술 지배 패러다임의 세계화, 현대 인간중심주의의 위기와 영향이라는 세 영역으로 나누어 제시한다.

첫째로 기술-창의력과 힘을 보면, 지난 두어 세기 동안, 전신, 전기, 자동차, 비행기, 화학산업, 의학, 컴퓨터 공학, 디지털 혁명, 로봇공학, 생명공학, 나노공학, 인공지능 등 과학기술의 혁신으로 새로운 시대에 도달하였다. 이런 과학기술의 발전과 혁신은 그것을 활용할 수 있는 재원을 확보한 이들만이 지배한다. 그러나 과학기술의 혁신으로 펼쳐지는 엄청난 가능성과 그것들이 가져다주는 거대한 힘에 흥분한 나머지, 인간이 져야 할 책임과 가치관 및 양심이 함께 발전하지 못하였다. 그리하여 시대의 한계를 인식하지 못하고 당면한 도전의 심각성도 파악하지 못한 채, 인간은 아무런 통제 방법이나 수단도 없이 무방비로 노출되어 있다.

둘째로 기술 지배 패러다임의 세계화를 살펴보면, 과학기술의 발전을 획일적이고 일차원적 패러다임에 따라 받아들이는 데 심각한 문제가 있다. 무한 성장 또는 제약 없는 성장 개념에 따라 지구를 그 한계를 넘어 최대한 '쥐어짜고' 개발이라는 명목으로 환경을 파괴하는 데 이르렀다. 과학과 기술의 방법론과 목적, 그리고 개인의 삶과 사회의 기능을 인식의 패러다임에 따라 설정한 결과 환경이 악화되었다. 과학기술의 산물이 특정 권력 집단의 이해관계에 따라 생활 양식을 좌지우지하였으며, 그것 때문에 개인의 결단력, 온전한 자유, 고유한 창조성을 위한 자리가 줄어들었다. 과학기술 지배 패러다임은 경제와 정치를 지배하기도 한다. 경제적 이익만을 목적으로 과학기술을 받아들이고, 잠재적 악영향에는 관심을 기울이지 않는다. 무엇보다도 과학기술의 전문화로 인해 환경과 가난한 이들에 관한 문제의 적절한 해결책의 제시가 어려워졌다.

셋째로 현대의 인간중심주의의 위기와 영향에 관해 언급하자면, 현대의 인간중심주의는 실재보다 기술적 사고의 입장을 지지하면서 자연을 타당한 규범이나 살아가는 거처로 여기지 않는다. 오히려 역설적으로 세상의 고유한 가치를 떨어뜨리며 스스로 모순된 행동을 한다. 근대의 지나친 인간중심주의는 공동의 이해와 사회적 결속을 강화하기 위한 온갖 노력을 저해하는 요인이 된다. 인간이 자연에 끼친 해악과 인간의 결정이 환경에 미치는 영향을 평가하는 데 태만한 경향이 생겼으며, 이런 상황은 인간을 정신분열로 이끈다.

프란치스코 교황에 따르면, 하느님이 존재하지 않는 것처럼 행동하는 실천적 상대주의는 복음화 사명을 수행하지 않는 교리적 상대주의보다 훨씬 더 위험하다. 인간이 자신을 중심으로 삼으면 당장의 유익을 가장 우선으로 여기게 됨으로써 나머지 모든 것은 상대적인 것이 되어 버린다. 다른 사람을 이용하고 단순한 대상으로만 취급하며 강제노동을 시키거나 어떤 약점을 잡아 노예로 부리는 것, 아동의 성적 착취와 노인의 유기, 경제의 시장 논리도 상대주의 문화의 진상이다. 이와 같이 문화가 부패하고 객관적 진리와 보편적 원칙이 무너져 야기된 환경문제를 해결하려면 정치적인 조치나 법적 힘만으로는 충분하지 않다.

환경생태학적 접근 방법과 과정에는 반드시 인간이 포함되어야 하며, 노동의 가치도 필수적으로 포함되어야 한다. 생태신학적 접근 방법과 과정에서는 더욱 그러하다. 창세기 2:15에서도 하나님이 직접 창조한 인간을 당신이 마련한 에덴동산에 데리고 가 '그곳을 일구고 돌보게' 하였기 때문이다. 환경생태학과 생태신학에서는 노동 가치의 보호와 노동 개념에 대한 바른 이해가 필수 대상이어야 한다. 노동은 특히 개인의 다양한 성장을 위한 자리가 되어야 한다. 인간의 노동은 창조 때부터 받은 소명이므로(창 3:17-19), 인간의 노동을 현대의 과학기술로 대체해서는 안 된다. 노동은 언제 어디에서나 반드시 필요하다. 노동은 살아가는 의미에 속하며(잠 14:23; 16:26) 성장과 인간 발전과 개인적 성취의 필수적 길이다. 그러므로 산업 현장에서는 지속적인 고용보장을 위한 다각적 조치가 필요하다.

프란치스코 교황의 인간과 피조물에 대한 철학적·신학적 전망에서는 이성과 지성을 부여받은 인간에 의한 모든 동물 및 식물의 이용과 실험에 있어 피조물 전체에 대한 세심한 배려가 요구된다는 것을 강조한다. 생태계의 한 영역에 개입할 때 다른 영역에 미치는 결과와 미래 세대의 행복에 대해 마땅한 관심을 기울여야 한다는 말이다. 분자생물학의 연구와 생명공학의 응용이 무분별한 유전자 조작으로 이어져서는 안 된다. 의학이나 농·축·어업 분야에서 이루어지는 생물의 유전자 변형과 같이 동물계와 식물계에 인간이 개입할 때는 과학/생명윤리적 측면을 포함하여 가능한 한 모든 성찰이 이루어져야 한다.

(4) 지구의 오염과 환경의 붕괴

과학과 과학기술의 발달에 따른 땅과 하늘의 오염, 탄소의 과도한 배출로 인한 오존층의 고갈, 수질 오염, 산성비의 지나친 발생, 날로 심각해지는 지구 및 환경의 파괴, 그리고 이런 요인들로 인한 기후변화와 생물종 다양성의 감소가 생태적 위기로 다가온다. 특히 생물 다양성의 축소는 식량안보와 인류의 생존에 위협이 되고 있다. 2006-2007년 이후 세계적 꿀벌군집붕괴(colony collapse disorder; CCD) 현상이 심각해지자 세계의 여러 환경·농업 관련 단체에서는 아인슈타인의 명성에 기대어 지어낸 "지구상에서 꿀벌이 사라지면, 4년 안에 인류도 사라질 것이다"라는 구호문을 내세워 생물종 다양성의 축소로 야기될 문제를 경고하였다.

생명은 창조주 하나님께 속한다. 생명을 손상하거나 파멸하는 행위는, 죄는 처벌하되 생명은 보호하는 하나님 권리의(창 1:11-15) 침해이며, 환경을 오염시키고 훼손하는 것은 "일구고 돌보게"(창 2:15) 한 성경 말씀의 권위에 대한 도전이다. 이런 문제들이 과학자들에게는 경각심을 갖게 하고, 신학자들에게는 "생육하고 번성하여 땅에 충만하라, 땅을 정복하라, 바다의 물고기와 하늘의 새와 땅에 움직이는 모든 생물을 다스리라"(창 1:28)는 피조물의 관리에 관한 성경 말씀의 재해석을 요구한다. 이는 이 말씀이 인류 공동의 집인 에덴동산으로 주어진 지구의 오염과 생태적 위기의 뿌리가 된 인간중심주의를 낳았다는 일부 무신론적 비판에 따른 것이다. 오늘날 가톨릭 신학자와 진보적 개신교 신학자 대다수는 이 말씀을 인간중심주의의 근원으로 보지 않는다.

물리학·천문학·생명과학 등 과학은 학문적·인식론적 관점을 통해 종교 및 신학과의 갈등을 유발하였으며, 현대의 첨단 과학기술 또는 기술과학은 전문적인 도구와 기술을 사용하여 지구를 파괴하고 오염시킴으로써 창조주의 선한 의지와 권위를 훼손함과 동시에 인간성마저 파괴한다. 그런 과학의 갈등은 과학주의적/과학만능주의적 오만과 과학의 본성에 대한 오해에서 비롯하였으며, 과학기술/기술과학에 의한 폐해는 인간에게 한계가 없다는 기술과학주의적/과학기술관료주의적 발상과 과학기술 및 기술과학의 남용과 오용에 기인하고 있다. 과학의 발전과 과학기술의 발달이 초래한 부정적 영향은 과학과 과학기술을 절대화하는 과학·과학기술 맹신주의·맹목주의에서 비롯한 것이다. 이런 상황에서 교황 요한 바오로 2세는 1987년 메시지를 통해 세상의 창조에 관한 문제로 갈등을 빚고 있는 과학계에 인류 문화를 통합하는 데 기여할 종교와 과학의 협력 관계를 구축할 것을 간곡하게 촉구하였다.

교황청에서는 2023년 교황의 연설문을 통해 세계의 지도자들에게 지구의 오염과 환경파괴 문제를 해결하기 위한 공동 행동을 촉구하였다. 프란치스코 교황은 2023년 12월 2일 아랍에미리트 두바이에서 열린 제28차 유엔기후변화협약 당사국총회(COP28)에서

2015년 회칙 「찬미받으소서」를 통해 밝힌 '공동의 집을 돌보는 것에 관한' 입장을 다시 강조하였다. 프란치스코 교황은 총회에 참석한 190개국 정상 및 정부 수반을 비롯한 세계 지도자들에게 연설문으로 기후변화에 대한 규탄과 아울러 희망의 메시지를 전하면서, "분열"과 "추종 집단주의"를 극복하고 "정치적 변화"를 통해 환경파괴의 어두운 밤과 "하느님을 거스르는 죄"에 맞서 공동 행동에 나서라고 촉구했다. 환경파괴와 그로 인한 기후위기 문제는 비록 과학과 과학기술의 발전으로 야기된 것이기는 하지만, 정치적 변화와 정책적 수단으로 해결할 수 있는 문제이기 때문에 특별히 세계의 정치 지도자들에게 호소한 것이다.

지구의 오염, 환경의 파괴, 기후위기와 관련된 문제는 인류의 미래를 위협하고 있다. 가톨릭 교황청에서는 특히 심하게 앓고 있는 지구와 생존의 위협을 받고 있는 인류의 미래를 위해 눈을 크게 뜨고, 기후위기에 책임이 없는 가난한 피해자들의 "부르짖음"에 귀를 기울일 것을 간절하게 촉구하였다. "환경을 무분별한 착취의 대상으로 삼는 과도한 탐욕"에 맞서고 기후변화 부정론과 재앙론의 "추종 집단주의"에서 벗어나 "생명의 문화"를 증진하는 사업 개발에 집중하는 마음가짐이 절실하게 필요하다는 호소였다. 아울러 대량살상 무기와 군비에 사용되던 돈으로 기아와 빈곤의 퇴치를 위한 세계 기금을 조성할 것도 세계 정상들에게 제안하였다.

(5) 그리스도교 전통에서 도출한 원칙과 접근법

일부의 정치·철학 분야에서는 창조주를 단호히 부인하거나 믿는 것이 타당하지 않다고 여긴다. 그들은 종교가 환경·경제·사회·문화·일상생활의 생태론 모두와 공동선의 원리로 구성한 통합생태론의 발전과 온전한 인류의 발달에 이바지할 수 있다는 사실을 비합리적인 것이라고 치부한다. 이들과 달리 유경춘 주교는 그의 저서『우리는 주님의 생태 사도입니다』에서 생태적 위기에 대한 그리스도교 책임론에 관해 논의하고 창조 이야기에 대한 새로운 해석의 필요성과 생태신학의 등장에 관해 기술한다. 유경춘 주교의 설명에 따르면, 생태위기에 대한 그리스도교 책임론의 대두로 생태적 위기의 원인과 그리스도교와 관계가 더욱 자세하게 규명되었으며 창세기의 창조 이야기를 새롭게 해석하는 동기가 되었다. 또한 생태 이야기를 신학적 의미로 해석하는 과정에서 생태신학이라는 새로운 신학이 태동하였다. 한편 프란치스코 교황 회칙「찬미받으소서」는 환경위기 해결에 빛을 비추는 신앙적 확신을 신앙이 주는 빛, 성경 이야기의 지혜, 세상의 신비, 창조의 조화 안에서 모든 피조물이 전하는 메시지, 보편적 친교, 재화의 공통적 목적, 예수님의 눈길의 일곱 주제로 나누어 기술한다.

- 신앙이 주는 빛: 생태적 위기의 해결은 예술과 시 등 다양한 문화적 풍요, 그들의 내적 삶과 영성에 의지해야 한다. 생태론을 바로잡아 발전시키기 위해서는 어떤 학문 분야나 지혜도 배제할 수는 없다.
- 성경 이야기의 지혜: 인간이 하느님과 닮은 모습으로 창조되었다는 성경 말씀은 모든 인간의 저마다 지닌 존엄을 전제한다. 인간의 삶은 하느님·이웃·지구의 관계에 기초하고 있기 때문에, 우리는 세상이라는 정원을 일구고 돌보아야 하며, 자연법과 피조물의 고유한 선을 존중하여 무질서한 다른 피조물의 이용을 피해야 한다.

- 세상의 신비: 가장 하찮은 것의 덧없는 생명조차도 하느님 사랑의 대상이다. 유대-그리스도교의 사유는 자연을 탈신화하여 자연에 대한 인간의 책임을 더욱 강조하였다. 교회는 자연보호의 의무를 상기시켜 인류가 자멸하지 않도록 보호해야 한다. 생명체들을 인간의 자의적 지배 아래에 놓이는 단순한 대상으로 여겨서는 안 된다. 인간은 그리스도의 충만으로 이끌려 모든 피조물을 창조주께 인도하라는 부르심을 받는다.

- 창조의 조화 안에서 모든 피조물이 전하는 메시지: 모든 피조물은 각기 기능이 있고 어느 것도 필요 없지 않다. 하느님은 흙·물·산, 이 모든 것으로 우리를 어루만진다. 모든 것을 통해 하느님의 가르침을 발견할 수 있다. 모든 피조물 안에는 생명을 주는 성령이 살아 있으며, 우리가 하느님과 관계를 맺도록 초대한다.

- 보편적 친교: "주님, 모든 것이 당신의 것입니다"(지혜서 11:26)와 같이 환경 보호는 인간에 대한 참된 사랑과 사회문제 해결을 위한 끊임없는 노력과 연결되어야 한다. 하느님 사랑은 우리를 형제인 태양, 자매인 달, 형제인 강, 어머니인 대지와 온유한 애정으로 하나가 되게 해준다.

- 재화의 공통적 목적: 지구는 공동 유산이므로 그 열매는 모든 이에게 유익이 되어야 한다. 부유한 이와 가난한 이는 동등한 존엄을 지닌다. 자연환경은 모든 인류의 유산이며 모든 사람이 책임져야 하는 공공재다.

- 예수의 눈길: 하느님은 모든 피조물의 아버지다. 주님은 언제나 자연과 관계를 이루면서 큰 사랑과 경탄으로 자연에 관심을 기울인다. 예수는 피조물과 완전한 조화를 이루며 살았다. 한처음부터 있

었던 그리스도의 신비에 모든 피조물의 운명이 밀접하게 관련되어 있다.

프란치스코 교황은 자신이 선포한 회칙 「찬미받으소서」에서 생태적 위기의 증상과 근원, 환경 위기의 해결에 빛을 비추어주는 신앙적 확신에 이어, 생태적 위기의 극복을 위한 대화와 행동을 위한 다섯 가지 접근법과 행동 양식도 내놓는다. 신학적 비전을 갖고 어떻게 행동할 것인지를 구체적으로 제안한 것이다. 첫째로 환경에 관한 국제적 정치 안에서 대화의 필요성을 강조하면서, 엄청난 오염을 유발하는 화석연료인 석탄·석유·가스를 기반으로 하는 기술의 점진적 대체를 시작할 것을 제안하고, 재생이 가능한 에너지의 광범위한 개발과 해양의 관리 체계에 대한 국제적 합의도 촉구한다. 둘째로 새로운 국가적·지역적 정책을 위한 대화의 필요성을 강조한다. 국가들 사이에서뿐만 아니라 특히 가난한 나라 안에서도 승자와 패자가 존재하기 때문에 차등적 정책에 대한 관심과 주의가 필요하다는 주장이다. 셋째로 정책 결정 과정의 대화와 투명성을 강조한다. 특히 환경 영향평가의 투명성을 강조한다. 넷째로 인간의 충만함을 위한 정치와 경제의 공동선을 추구하는 대화의 필요성을 제안한다. 다섯째로 환경문제에 관한 한 소홀했던 과학과 종교 사이의 대화를 촉구한다.

3. 과학과 과학기술 시대의 그리스도교 신앙

토마스주의(Thomism)는 17세기 근대 과학의 주창자들에 의해 거부당한 아리스토텔레스의 자연철학과 불가분의 관계로 엮인 이래, 오늘날의 그리스도교 신학에까지 계속 영향을 끼치고 있다. 한편 현대의 과학과 과학기술은 13세기 유럽에 아리스토텔레스의 자연철학 사상이 도입된 당시보다 훨씬 더 깊고 광범위하게 그리스도교 교리에 도전하고 있다. 더욱이 토마스주의는 현대의 문화 및 현대의 과학과 과학기술을 이해하기에는 적합하지 않다. 그러므로 그리스도교 교리는 토마스주의와 그에 바탕을 둔 전통적 그리스도교 교리의 속성과 역할을 비판적으로 다시 검증하고, 오늘날의 그리스도교적 믿음과 현대의 과학 및 과학기술 사이에서 실행이 가능한 형태로 개정해야 한다. 그리스도교 교리는 그리스도교 신앙의 근본으로서 시대에 바람직한 신앙을 제시하기 때문이다.

1) 그리스도교 신학과 현대 과학의 관계 및 영향

자연적 계시는 과학의 대상이며, 초자연적 계시는 신학의 대상이다. 그러나 지금은 전통적으로 종교에서 묻던 질문을 과학에서도 묻고, 과거 과학에서 주로 제기하던 문제를 신학에서도 탐색한다. 또한 그리스도교의 핵심 주제인 '무로부터의 창조'를 자연과학에서도 다루며, 과학의 대상인 우주의 기원과 진화를 신학에서도 살핀다. 이제는 어느 때보다도 신학과 과학의 조화가 필요하다. 교황 요한 바오로 2세도 "진정한 과학과 신뢰할 만한 신앙의 오래된 대립은 이제 더 이상 존재하지 않는다"라고 선언한 바 있다.

러셀의 저서 『우주론: 알파에서 오메가까지』(오경환·전양환 옮김)에 따르면 과학과 신학은 서로에게 큰 영향을 미친다. 확실하고 객관적인 과학적 이론의 본성에 비추어볼 때, 과학은 자연의 현상과 사물에 관한 신학적 해석과 전통적 신앙의 재정식화에 영향을 끼친다. 신학은 자연의 기저가 되는 철학적 가정의 설정, 과학적 연구 문제의 선정, 새로운 과학적 이론을 구성하기 위한 창조적 착상, 당대의 이용 가능한 자료의 수집에 있어 합치하지만 서로 경쟁적 관계에 있는 이론의 선택을 비롯한 과학의 여러 측면에 영향을 미친다.

『물리학, 철학 그리고 신학』(전양환 외 11인 옮김)에 의하면 현대의 과학에서도 이론 선택의 기준에 미적·종교적 가치를 포함하는 반면, 신학도 철학과 과학을 기반으로 변화·발전한다. 『과학과 종교, 두 세계의 대화』(박준양·전양환 옮김)에 따르면, 과학의 토대를 이루는 기본 요소들이 그리스도교 신학에서 유래하였기 때문에 과학에서 신학으로 이동한 개념들 못지않게 신학에서 과학으로도 개념들이 많이 이동하였다. 이러한 관계에 비추어보면 과학과 신학 사이의 쌍방향 통행과 두 영역의 공동 상호작용을 구체적으로 예상할 수 있다.

과학과 신학은 방법론적으로 서로 구별되지만 동일한 실재를 지향하고 있다는 점에서는 비슷하다. 과학과 신학은 둘 다 창조의 현실에 관한 바른 인식에 도움이 되는 학문이다. 그러나 하나의 현실 곧 하나의 실재를 과학의 언어나 신학의 언어 중 어느 언어로나 설명하고 진술하고 표현할 수는 있지만, 어느 한 언어로 설명하고 표현한 결론만이 타당하며 옳다고 말할 수는 없다. 물론 과학과 신학을 서로 다른 언어로 설명하고, 각 영역에서 표현한 결론을 배타적으로 다루기보다 서로에 의해 서로를 보완할 여지도 많다.

(1) 현대 과학이 그리스도교 신학에 미치는 영향

과학은 성경을 읽고 해석하는 방식과 이해에도 영향을 미친다. 창세기 1:11에는 "땅은 풀과 씨 맺는 채소와 각기 종류대로 씨 가진 열매 맺는 나무를 내라"고 기록되어 있다. 또한 1:14-18은 하나님이 빛물체들을 창조한 이야기다. 이 두 기록은 각각 하나님이 셋째날에 풀과 과일나무를, 나흘날에 해와 달과 별을 만들었다는 이야기다. 하나님 말씀은 절대적 진리라는 믿음의 마음으로 생각하면, 이 두 창조 이야기를 문자적 해석 그대로 받아들이고 신앙의 눈으로 바라봄으로써 하나님이 식물과 천체를 이틀에 걸쳐 만들었다는 사실을 그대로 이해할 수 있다. 그러나 과학적 관점을 통해 보면 하나님이 빛이 필요한 식물을 광원보다 먼저 만들었다. 성경을 지금 쓴다면 빛물체를 셋째 날에 만들었고, 풀과 과일나무를 넷째 날에 창조한 것으로 기록할 것이다. 과학은 또한 창세기 1:11을 성경에 함의된 지속적 창조로서 유에서 유의 창조 또는 우주와 생명체의 지속적 창조의 한 형태인 생물의 진화로 이해할 수 있다.

교황 요한 바오로 2세의 메시지 「찬미받으소서」에서도 지적하고 있듯이, 과학은 종교를 오류와 미신으로부터 정화할 수 있다. 또한 『가톨릭 교회 교리서』(한국천주교주교회의) 2111항에는 "미신은 종교심과 종교심이 요구하는 실천에서 빗나가는 이탈이다"라고 기술되어 있다. 종교적 행위에 마술적 중요성을 부여하는 경우처럼 미신은 참 하느님께 바치는 경배의 형태로 치장할 수 있다. 교황의 그 메시지에 따르면 기도할 때 또는 성사에서 갖추길 요구하는 태도나 마음가짐을 경시하면서 그 외적 요소들에만 효력을 부여하는 일도 미신이다. 십계명의 첫째 계명 '한 분이신 하나님을 흠숭하여라'를 통해서도 알 수 있듯이, 미신은 정도를 벗어난 경신(敬神)을 가리킨다. 미신은 참 하나님께 드려야 할 예배에서 한껏 벗어나는 우상숭배, 점이나 마술을 비롯한 여러 가지 거짓 경배 형태에서 두드러지게 나타난다. 미신이나 점은 과학적 검증이 안 되는데, 과학은 검증 가능성에 비추어 미신과 점을 밝힐 수 있을 뿐만 아니라, 과학적 가치와 기준을 준거로 우상숭배와 종교를 순화하고 정화할 수도 있다.

윌리엄 스테거(William R. Stoeger, 1943-2014, 『물리학, 철학 그리고 신학』, 전양환 외 11인 옮김)에 의하면, 과학은 적어도 세 가지 방법으로 종교와 신학에 영향을 미친다. 첫째, 과학적 방법과 절차가 신학에 정면으로 맞서고 신학의 결론, 그 결론에 도달한 방식, 결론을 표현한 용어들을 변화시킨다. 빅뱅의 '시간의 시작'과 창조 교리의 '시간의 시작'을 함의한 무로부터의 창조 사이의 공명을 찾기 어려우면, 무로부터의 창조 개념의 의미와 특성을 과학적 관점에서 다시 생각해볼 수 있다. 둘째, 과학은 철학을 통하는 길로서 신학적 성찰과 표현에 사용한 형이상학을 변형시킨다. 종교와 과학의 대화에서는 철학과 과학 사이의 중간 대화가 필요하다. 과학적 이론인 우주론은 우주의 본질에 관한 철학적 사고와 추론을 기반으로 한 상호작용을 통해 신학과 종교에 영향을 미칠 수 있다. 셋째, 과학은 공동 문화의 장을 풍요롭게 하는 새로운 이미지·전망·상징·이야기를 종교에 제공한다. 과학에서 사용하는 이미지·전망·상징·이야기에 대한 이해는 신학적 성찰을 풍요롭게 한다. 이런 영향으로 의식적이고 비판적으로 신학적 질문을 떠올리게 하거나 종교와 과학의 관계를 추구할 수 있다.

특히 경험적 근거를 초월하는 영역에 대한 이해에는 철학과 신학의 통합적 이해가 필수적이다.

과학은 합리성을 추구하는 학문이며, 신학은 종교에 융합되어 있는 비합리적 특성들을 가려내는 학문이다. 과학이 발달함에 따라 종교와 종교가 그 한 대상인 신학은 그 정체성이 뚜렷하게 정립될 뿐만 아니라 그 내용도 풍요로워지고 그에 따라 종교적·신학적 시각이 넓어진다. 창세기 1장은 고대 근동에서 널리 받아들여졌던 우주론이 나름대로 정화·정리되어 성경의 전체적인 맥락에 맞추어 동화된 것이다. 그러므로 창세기 1장의 문자적 해석은 현대의 우주론에 어긋날 수밖에 없다. 현대의 우주론은 창세기 1장은 물론이고 종말에 이루어질 새 창조의 의미와 바른 해석 방법을 제시한다. 종교적 진리는 절대적이지만 그것을 표현하는 방식은 얼마든지 달라질 수 있다. 과학의 발달에 따라 종교적 진리를 표현하는 방식이 계속 수정·보완되며, 그에 맞추어 신학도 발달한다. 즉 과학의 발달에 따라 종교와 신학도 변화·발달한다.

고대 근동의 우주에 관한 자연철학 사상이 정화의 과정을 거쳐 창세기 1장에 동화되었듯이, 현대의 과학지식 역시 신학적 성찰에 필요한 여러 가지 지식을 제공한다. 우주·생명·지구에 대한 과학지식이 발달함에 따라 생기는 우주와 그 안의 물질·에너지·생명·시공간, 지구환경에 관한 새로운 인식과 관점은 세상과의 관계 안에서 하나님에 관한 새로운 전망을 갖게 한다. 새로운 전망은 두 독립적 영역이 화학적으로 결합되어 그리스도교적 상상력과 추리와 함께 통합적 체제를 이루어 새로운 관점이 된다. 그리고 그 새로운 관점에 따라 하나님의 섭리와 계시, 그리스도교의 교의에 대한 인식도 달라지며, 그것들을 주된 대상으로 하는 그리스도교 신학도 새로운 내용으로 보강되어 한층 더 심화되고 광범위하게 발전한다. 그와 아울러 그리스도교 교리도 우주의 창조와 진화에 관한 새로운 관점에 맞추어 보강될 수 있다.

과학적 연구는 신학적 이론의 구성과 표현에 필요한 자료를 제공한다. 또한 과학적 연구에서 발견한 현상과 그에 관한 과학지식은 신학지식의 구성에 필요한 자료를 제공한다. 아우구스티누스는 심리학·생명과학·인류학 지식을 이용하여 인간 행동의 죄악을 묘사하고 설명하였다. 과학적 이론과 마찬가지로 신학적 이론도 당시의 과학적·문화적 상황에서 선정한 개념이나 소재로 표현한다. 아우구스티누스도 당시의 문화로부터 원초적 타락이라는 개념을 적용하여 악을 의지에 대한 반역으로 규정하였다. 『기원 이론』(노동래 옮김)에도 지적되어 있듯이, 천동설을 부정하는 지동설이 제기되었을 때와 같이 성경에 함의된 신학적 지식과 모순되는 과학적 발견은 성경을 제대로 해석하였는지 재고하고 재평가해야 할 필요성을 제기한다.

「교황 요한 바오로 2세의 메시지」에서도 알 수 있듯이 과학지식을 통해서 성경을 읽고 그에 합당한 의미로 해석하기 위해서는 과학과 과학지식의 본성을 충분히 숙지해야 한다. 또한 신학자들은 진화론, 우주의 기원에 관한 과학지식을 무비판적으로 받아들여 호교론적 목적으로 사용해서는 안 된다(M12). 성경이 고대, 중세, 근세를 거치면서 당대의 최신 과학지식에 따라 읽히고 해석되었듯이, 그런 과학지식에 의해 전통적인 신학적 탐구에서 이루어진 잘못된 이해를 더욱 심화시킬 수도 있기 때문이다. 현대의 물리학과 천문학이 이룬 과학지식에 의해 신학적 상상력이 엄청나게 확장되었다. 신학자들은 이제 더 이상 고대의 신화와 철학이 제시한 인식론적 틀 안에서 창조와 섭리에 대한 교리를 논하지 않는다. 성경의 창조는 과학적 개념인 무한 공간의 관점에서 이해할 때 그 의미가 더욱 확장된다.

존 폴킹혼(John Polkinghorne, 1930-2021)이 자신의 저서 『쿼크, 카오스, 그리스도교』(우종학 옮김)에서 지적한 바와 같이, 과학적 발견은 하나님에 관한 이해 및 하나님과 세상의 관계에 대한 이해를 가능하게 한다. 우주의 기원에 관한 과학적 관점은 창조주로서의 하나님에 관한 개념의 형성에 영향을 미치며, 진화론은 하나님을 닮은 인간에 관한 개념의 인식을 변화시킨다. 우주론이나 진화론에 따라 하나님에 관한 이해도 달라진다. 우주가 존재하는 이유, 우주를 움직이는 힘에 대한 관점은 세상과의 관계성 안에 있는 하나님에 대한 새로운 전망을 갖게 한다. 과학은 하나님과 하나님의 활동에 대한 그리스도교적 상상력을 촉진하기도 한다. 과학은 전능함과 같은 하나님의 속성 및 섭리에 관한 전통적 견해들을 새로운 형태와 내용으로 바꾼다.

폴킹혼에 따르면 신학자들은 과학을 비롯하여 문화로부터 개념들을 가져와 활용한다. 특히 과학적 방법은 신학적 탐구에도 적용되는데, 귀추법(abduction)이 가장 유용하다. 과학은 성경을 어떻게 읽고 해석해야 하는지를 자세하게 말해주지는 못하지만, 최신의 과학적 발견과 모순되거나 상충되는 성경 말씀을 지적하고 그에 따라 다시 해석하게 한다. 과학만능주의는 과학적 질문만이 의미가 있다고 생각하며, 무신론자들은 과학을 하나님의 존재와 창조세계에서 하나님이 하는 활동을 부인하는 증거의 원천으로 사용하는데, 이때 과학은 과학만능주의와 무신론적 설명의 한계를 확인하는 준거가 된다. 과학은 하나님이 자연법칙과 그에 따른 창조세계의 과정을 위반하거나 정지시키지 않고 그것들을 통해 일한다는 것을 보여주기도 한다. 즉 폴킹혼과 벨커가 『살아 계신 하나님에 대한 신앙』(조호영 옮김)에서 지적한 바와 같이, 과학은 하나님 자신이 제정하여 창조세계에 부여한 자연법칙의 작용에는 직접 간섭하지 않는다는 짐작을 가능하게 한다.

제1장에서도 기술한 바와 같이 과학의 궁극적 질문은 '어떻게'(how)이며 종교의 주된 질문은 '왜'(why)이다. 과학의 '어떻게'라는 질문에 답하는 방식이 종교에서 '왜'를 묻는 질문을 촉발하기도 한다. 호킹은 그의 저서 『시간의 역사』에서 "우주가 (공간의) 경계와 변두리 없이 정말로 완벽하게 자기충족적이라면, 우주에는 (시간의) 시작과 끝도 없어야 한다. 그저 그래야 한다. 이 말대로 그래야 한다면, 창조주가 설 자리는 어디인가?"라고 묻는다. 신학자는 이 물음에 "하나님은 시공간을 초월하시는 분으로서 모든 것을 명령하시고 유지하고 관리하는 분이시기에 모든 곳이 하나님의 자리이다"와 같은 답을 제시할 수 있다. 하나님은 우주의 시작에만 관여하고 가장자리에만 있는 존재가 아니며, 우주의 전체 역사와 구조를 관장하는 분이다. 자연법칙에는 창조주의 섭리가 반영되어 있어서, 자연의 현상과 인간의 행위가 어떻게 일어나는지를 이해하는 것은 하나님의 활동을 이해하는 단서가 된다.

(2) 그리스도교 신학이 현대 과학에 미치는 영향

교황 요한 바오로 2세가 바티칸 천문대장 조지 코인(George V. Coyne) 신부에게 보내는 메시지를 통해 말하였듯이, 그리스도교는 종교적 기능을 통해 과학을 우상과 거짓 절대성으로부터 정화할 수 있다.

『가톨릭 교회 교리서』(한국천주교주교회의)에서 지적하듯이, "너는 나 외에는 다른 신들을 네게 두지 말라"(출 20:3)는 말씀은 십계명의 첫째 계명인 "한 분이신 하나님을 흠숭하여라"의 근거로서 다신교를 단죄하며, 하느님 외의 다른 신을 믿지 말 것과 아울러 오직 한 분인 하느님 외의 다른 신을 공경하지 말 것을 요구한다. 성경에서도 우상을 숭배하지 말고 단호하게 거부할 것을 수차례에 걸쳐 요구한다. "그들의 우상들은 은과 금이요 사람이 손으로 만든 것이라"(시 115:4) 또는 "우상들을 만드는 자들과 그것을 의지하는 자들이 다 그와 같으리로다"(시 115:8)와 같은 말씀이 암시하듯이, 숭배의 대상이 되는 신 이외의 우상은 인간을 공허한 존재로 전락시키기 때문이다.

쿵(『한스 쿵, 과학을 말하다』[서명옥 옮김])에 따르면 그리스도교 창조 신앙은 과학지식에 어떤 과학적 정보도 제공하지 않는다. 그러나 급격히 혁신적으로 발달한 과학 및 과학기술이 그 근원과 방향을 상실한 시대에 창조 신앙은 그리스도인이 나아갈 방향의 설정에 필요한 지식을 제공한다. 예컨대 삶과 진화 과정의 의미를 발견하게 하고 자유로운 행위의 가치와 기준을 설정해준다. 신앙은 또한 경험의 영역을 벗어나기 때문에 증명할 수 없는 영역 특히 하느님에 관한 주제를 이성적으로 생각하고 신앙적으로 받아들이도록 이끈다. 세상이 빅뱅에서만 나온 것이 아니라 최초의 창조적 원인인 하느님한테서 나왔다는 것을 받아들이게 유도한다.

지난 2,500여 년의 과학사를 살펴보면 종교와 신학이 과학의 발전에 이바지한 바가 결코 적지 않다. 신학에서는 과학자가 연구의 대상으로 삼는 우주와 만물을 하나님이 창조한 것임을 강조한다. 갈릴레이와 뉴턴을 포함한 근대 과학의 선구자들은 대부분 종교적인 사람들이었다. 갈릴레이는 하느님을 우주의 창조주로 믿었으며, 뉴턴은 자신이 발견한 만유인력 법칙이 창조주 하느님의 존재를 가리킨다고 주장하였다. 그들은 이와 같이 그리스도교 신앙의 관점에서 근대 과학이 꽃피는 데 필요하였지만 부족했던 부분을 채워주었다. 그리스도교의 창조에 관한 함의에는 다음과 같은 네 가지 사유가 뒤따르는데, 각 사유는 과학적 연구의 필요성과 가능성을 암시한다.

- 우리는 세계의 질서가 정연할 것으로 기대한다.
- 창조주는 자유로운 분이므로 자신이 원하는 방식으로 어떤 우주든 자유롭게 만들어낼 수 있다.
- 세계는 하나님의 피조물이기 때문에 연구할 가치가 있다.
- 창조세계 자체는 하나님이 아니므로, 이를 살펴 연구할 수 있다.

첫째 사유는 창조주가 합리적이고 일관된 분이라고 고백한다. 둘째 사유는 자연의 질서는 앉아서 골똘하게 생각하는 것만으로는 알아낼 수 없고, 직접 보고 확인해야 한다고 말한다. 고대 그리스인들은 이 점을 놓치고 자연의 질서를 숙고하기만 하면 곧바로 이해할 수 있으리라 생각했었다. 셋째 사유는 자연세계를 깊이 이해해야 한다는 것을 가리킨다. 넷째 사유는 그리스도교에서는 그렇게 하는 것이 불경의 행위가 아니라고 말한다. 과학은 적어도 이 네 가지의 종합적 사유를 지적 토대로 하여 발전한다. 세상에서 일어나는 일을 제대로 이해하려면 자연과 성경을 둘 다 제대로 해독할 수 있어야 하는 이유가 바로 여기에도 있다.

개신교 신학자 토런스는 『과학과 종교, 두 세계의 대화』(박준양·전양환 옮김)에서 스코틀랜드 물리학자 제임스 맥스웰(James C. Maxwell, 1831-1879), 아인슈타인, 마이클 폴라니(Michael Polanyi, 1891-1976)를 언급하면서 신학이 과학에 미치는 영향을 소개한다. 토런스에 따르면, 맥스웰은 과학적 사고와 관련이 있는 그리스도교 사상, 예컨대 세 위격으로 구성된 삼위일체 교리에 대한 인식과 이해를 통해 연속적인 역동적 장 개념을 찾아냈다. 아인슈타인은 맥스웰에 의해 알려진 역동적 사고방식을 받아들이면서 절대정지 관점에 기반한 사고방식을 거부하고, 과학은 이제 "왜, 자연세계가 그렇게 존재하게 되었는가?"라는 신학적 또는 종교적 질문을 하도록 압박해야 한다고 주장하였다. 폴라니는 과학적 사고 안에서 신앙과 이성의 관계를 다시 생각하고, 그 관계에 따라 제대로 이해한다면 자연에 대한 앎이 초자연에 관한 지식으로 확장된다고 주장하였다. 그는 과학으로부터 인문학으로, 자연법칙에 대한 앎으로부터 하느님의 위격에 관한 앎으로 향하는 진정한 이행이 있다고 주장하였다.

조지 엘리스(George F. R. Ellis, 1939-)가 『과학과 종교, 두 세계의 대화』(박준양·전양환 옮김)에서 주장한 바에 의하면, 종교는 과학자들이 살아가는 과정에도 도움을 주어 과학에 간접적 영향을 미친다. 과학자들은 자신의 삶과 생활의 궁극적 의미와 가치에 관해 결단해야 하거나, 자신의 삶이나 인류의 복지 및 생존에 관해 도덕적 판단을 내려야 하는 상황을 많이 만난다. 과학자들은 신학적 도움을 받아 그런 상황에 관한 성찰의 범위와 깊이를 더할 수 있다. 종교와 신학은 과학자들이 윤리적이고 건전하며 인류에 보편적 가치관을 형성하고 그에 맞추어 살아가는 궁극적 목적과 방식 그리고 그들이 과학을 수행하는 목적과 방식을 정립하는 데 영향을 끼칠 수 있다.

신학은 과학의 주제와 범위 또는 종교와 과학 사이의 경계를 결정할 수 있다. 과학은 형이상학적 문제도 다루지 않을 수 없다. 그러나 이성에 기반한 과학적 사고는 과학적 방법을 적용할 수 있는 경계를 초월한 영역 곧 관찰·측정·실험을 통해서는 결코 해결할 수 없는 형이상학적 문제에 관해 추리하거나 상상할 수는 있지만 그 경계 너머의 상태나 존재를 실체적으로 정확하게 연구할 수 없으며, 설명할 수도 없다. 우주 창조 이전에 관한 질문이나 우주 밖에 관한 질문은 그 자체가 우주관과 함께 변화·발달해왔다. 그 질문에 대해 신학적으로는 늘 일치되면서 설득력 있는 반응을 하였지만, 표준 우주모형에서는 질문 자체가 무의미하다고 말하였으며 다중 우주모형에서는 다른 우주가 있다고 말할 수 있었다. 신학적으로는 성경이나 교리에 명시된 하나님·시간·공간에 관한 지식을 근거로 반응할 수 있었지만, 잠정적 특성을 지닌 과학지식은 그런 근거가 될 수 없었다.

(3) 그리스도교 신학과 현대 과학의 조화

『과학과 종교, 두 세계의 대화』(박준양·전양환 옮김)에 실린 조지 엘리스(George F. R. Ellis)의 논문에도 기술되어 있듯이 종교와 과학은 서로 영향을 끼치고 받는 관계에 있다. 종교와 과학은 지적 활동이면서 동시에 윤리적 교류가 이루어지는 관계다. 종교는 인류의 복지에 미치는 영향의 관점에서 과학을 판단한다. 종교는 과학적 활동의 결과에 관해 윤리적으로 판단할 근거를 제공하며, 과학은 윤리적으로 평가될 수 있는 행동의 결과에 대한 이해를 돕는다. 종교는 인구증가, 환경오염, 기후위기와 같은 과학기술로 인한 문제를 윤리적 문제로 부각시키며, 과학은 종교와 관련된 윤리적 입장을 깨닫게 해준다. 과학의 결과는 궁극적으로 종교에 근거한 윤리적 토대에서 판단되며, 인간 개개인의 활동과 교회 활동의 결과 또한 과학에 의해 정화되고 조명된다.

성경은 당대의 세계관 또는 토머스 쿤(Thomas S. Kuhn, 1922-1996)이 말하는 패러다임(paradigm)을 통해 읽히고 해석되었다. 오늘날의 그리스도교인들도 현대 과학의 패러다임을 통해 성경을 읽고 해석한다. 그러므로 과학 시대에 걸맞은 그리스도교 신앙을 위해서는 신학과 과학의 본성에 관한 지식은 물론이고 과학지식과 신학지식의 관계 그리고 과학과 신학의 관계에 관한 적절하고 충분한 지식을 가져야 한다. 그런 지식을 통해 성경을 읽고 해석하면 과학과 신학이 서로 상충되지 않으며, 기존의 충돌에 대한 갈등도 해소될 수 있다. 그러므로 과학기술 시대의 그리스도교 신앙은 현대 과학의 본성에 관한 관점에 바탕을 두어야 한다.

그리스도교 신학과 과학이 조화를 이루기 위해서는 통합적 관점을 가지고 상대 영역에 관한 통찰과 이해를 가져야 한다. 김정형이 그의 저서 『창조론』에서 강조하듯이, 신학자는 과학이 탐구하는 자연과 창조된 세계가 다르지 않다는 인식에 따라 신학과 과학 사이의 대화 가능성을 열어둠과 동시에 과학이 제공하는 지식을 창조주 하나님에 관한 대체적·간접적 지식으로 활용할 방안을 모색할 필요도 있다. 신학자는 창조세계의 신비를 밝혀주는 과학의 발견과 이론을 자신의 신학적 작업에 통합시키고, 그렇게 통합된 관점으로 과거의 전통에 따른 그릇된 세계관을 수정할 뿐만 아니라 하나님의 창조와 구원을 더욱 온전하게 이해할 수도 있다.

하나님은 "우리의 형상을 따라 우리의 모양대로 우리가 사람을 만들고"(창 1:26)라고 말한 그대로 하였다. 『기원 이론』(노동래 옮김)에서는 합리성과 자유를 신적 형상(image)의 본질적 속성으로 파악하는 존재론적 견해를 거부한다. 그 대신에 하나님의 형상을 인간의 원형이자 하나님의 형상이 충만한 예수 그리스도의 성육신에 비유하여, 성부로부터 성령을 통해 부여받아 계속 유지되는 특별한 종류의 관계 즉 지향성·자유의지·창의성의 기능과 목적을 수반하는 관계로 규정한다. 이어 모양/비슷함(likeness)을 하나님과의 관계 안에서 세상에 봉사하도록 이성·책임·거룩 등을 강조하기 위해 사용되는, 그런 기능과 목적의 수행에 필요한 능력의 물리적 표현으로 규정한다. 인간은 일상적 삶에서도 삼위일체, 다른 사람들, 창조세계에 대한 관계에서 그런 능력을 발휘하여 하나님을 모방할 수 있는데, 이 과정에는 신학과 과학의 융합적 접근이 필요하다.

과학과 신학은 서로 긍정적 대화와 상호 교류를 통해 자연관과 아울러 윤리적 측면에서 인류의 미래를 위한 통합적 세계관을 추구할 필요가 있다. 통합할 때 발견될 수 있는 신학과 과학의 일치는 합성이나 단일한 정체성을 의미하지 않는다. 이는 새로운 학문의 창조가 아니라 각 학문의 한계와 능력을 존중하는 공동의 토대를 탐구하고, 각 영역의 자율성과 고유성을 나타내며, 각각의 입장에 고유한 방법과 분석·해석하는 절차에 따라 각각의 결론을 얻을 수 있는 융합을 말한다. 중세의 신학자들은 아리스토텔레스 자연철학의 질료(matter)와 형상(form)의 본성 및 그 결합을 설명하는 질료형상론(hylomorphism)을 통해 성사의 본질 및 신성과 인성의 합체, 곧 위격적 결합을 의미 있게 설명할 수 있었다.

과학의 발달은 중요한 정보와 자원을 신학에 제공하며, 신학은 과학의 궁극적 물음에 관한 답을 제시할 수 있다. 아리스토텔레스의 자연철학이 토마스 아퀴나스와 같은 위대한 신학자들의 직무를 통해 결국에는 몇몇 신학적 교리의 가장 심오한 표현들을 구성하게 된 것이 그 한 예다. 오늘날의 과학은 자연과 인간 그리고 하나님의 관계에 관해 설명하고자 하는 신학적 기획을 더욱 분명하고 활기차게 만들 수 있다. 창세기 1장을 바탕으로 해서는 우주가 138억 년 전에 빅뱅으로 시작되었다는 현대 물리학의 지식을 추정할 수 없다. 그러나 우주에 시작이 있다면 우주가 왜 천문학자들이 말한 그대로 시작했는지에 대해 초월적이며 합리적 질문을 던질 수 있고, 창세기는 이 질문에 대한 답과 그 답의 증거로 하나님의 계획과 선한 의지에 따른 창조라는 계시 진리를 말해줄 수 있다.

러셀(『물리학, 철학 그리고 신학』[전양환 외 11인 옮김])에 따르면 과학적 상상력은 종교적 통찰과 많이 닮았다. 과학과 신학은 둘 다 우주의 기원과 인간 실존의 신비에 대한 진리를 서로 다른 길을 통해 탐구할 수 있다. 『기원 이론』(노동래 옮김)에서도 알 수 있듯이 자연세계의 진리와 성경의 진리는 겹치는 영역에서 조화를 기대할 수 있다. 성경에 기록된 말씀과 자연세계에 관한 과학지식의 충돌은 해석의 차이로 인해 발생하는데, 과학과 신학은 그런 충돌을 피하면서 서로에 관해 그리고 서로에게서 배움으로써 서로의 발달과 성장에 기여할 수 있다. 과학과 신학은 자체의 발전 경로를 따르면서도 서로 협력하고 대화하며 서로를 도울 수 있다. 자연이라는 책과 성경이라는 책에 대한 연구는 둘 다 지식에 이르는 수단으로서, 각각의 책은 사고와 경험의 적절한 토대를 공유하고 있기 때문이다.

과학기술이 고도로 발달되어 오용되거나 남용될 가능성이 높은 오늘날 과학과 신학 사이의 대화와 교화는 과거 어느 때보다도 절실하다. 또한 핵무기 개발, 기후변화, 생태계 파괴, 지구의 오염을 비롯한 문명파괴와 관련된 문제는 과학이나 종교적 신앙만으로 해결할 수 없으며, 그 해결에는 과학과 종교의 공동 노력이 요구된다. 과학의 객관적 사실과 종교와 신학의 주관적 가치를 배타적으로 다루면, 과학은 가치 문제를 무시하게 되고 종교는 육신의 부활과 같은 신앙의 핵심적 신념을 부차적으로 생각하게 된다. 아우슈비츠의 유대인 학살, 히로시마의 원폭, 지구의 오염, 환경의 파괴에서도 볼 수 있듯이, 과학과 종교 및 신학의 독립적·자율적 활동은 인류의 생존까지 위협하는 문제를 초래한다. 이는 곧 과학에서는 가치 문제를, 종교에서는 과학지식과 그 사용을 고려한 연구가 필요한 이유다.

2) 과학과 그리스도교의 관계 모형

과학과 종교의 관계를 설명할 때 사용하는 모형은 과학과 종교의 본성뿐만 아니라 과학과 종교의 관계에 대해 해석하는 틀이자 그 이해에 긴요한 도구다. 바버는 과학과 종교의 관계를 나타내는 갈등·독립·대화·통합의 네 가지 모형을 제시한다. 큉은 바버가 제시한 대립 모형과 통합 모형을 지양하고 과학과 종교가 비판적·건설적으로 상호작용하는 상보 모형을 지향한다. 폴킹혼은 동화 모형이 과학과 종교의 관계를 심화시켜 신학을 과학에 종속시킬 위험이 있다고 보고, 그런 문제를 극복할 수 있는 공명 원리를 대화 모형의 대안으로 제시한다. 피터스는 과학과 종교의 대화 모형 가운데 하나인 두 언어 모형, 즉 바버의 독립 모형이 안고 있는 과도한 부분을 바로잡고자 대화 모형의 한 유형인 가설적 공명 모형을 제시한다.

(1) 바버의 네 가지 모형

바버는 『물리학, 철학 그리고 신학』(전양환 외 11인 옮김)에 기술된 대로, 비판적 실재론의 입장에서 과학과 종교의 관계를 설명하는 방식이 다양하다고 보고, 그 관계 모형을 갈등, 독립, 대화, 통합의 네 가지 모형으로 분류한다. 갈등 모형의 예로 과학적 유물론과 성경적 문자주의를, 독립 모형의 예로 신정통주의, 실존주의, 언어분석철학을 제시한다. 또한 대화 모형의 예로 토런스, 볼프하르트 판넨베르크(Wolfhart Pannenberg, 1928-2014), 어넌 맥멀린(Ernan McMullin, 1924-2011), 칼 라너(Karl Rahner, 1904-1984), 데이비드 트레이시(David Tracy, 1939-)의 설명을, 통합 모형의 예로 자연신학(natural theology), 자연의 신학(theology of nature), 조직적 종합으로 일컬어지는 과정철학(process philosophy)을 든다. 대화 모형은 모두 영역 및 방법과 관련이 있으며, 통합 모형은 각 모형에 해당되는 학문의 내용과 연관이 있다.

바버가 과학과 신학을 관련짓는 방식을 나누는 분류체계는 두 학문 사이의 어떤 관계도 네 유형의 하나에 포함될 정도로 포괄적이면서 구체적이다. 바버는 자신이 제시한 네 가지 모형 가운데서 간접적 상호작용으로 간주되는 대화 유형을 적극적으로 지지하며, 직접적 상호작용으로 받아들여지는 통합 유형을 부분적으로 수용한다. 바버는 자연의 신학을 지지하는 한편 자연신학에는 흔쾌히 동의하지 않으며, 과정철학을 대체로 인정은 하면서도 과정철학이 안고 있는 문제와 일정한 거리를 유지한다. 바버는 자연신학과 과정철학이 둘 다 과학에 과도하게 의존하면서 종교적으로 중요한 경험의 영역을 무시하는 경향이 있다고 주장한다.

바버의 분류 방식에 관한 논의는 과학·신학·철학의 융합적 관점으로부터 도출되었다. 바버가 생각한 과학은 자연세계의 질서에 대한 경험적 연구를, 신학은 종교적 공동체의 삶과 생각에 대한 비판적 성찰을, 철학은 질문과 지식에 대한 본질적 특성의 분석에 목적이 있는 인식론과 실재에 대한 가장 일반적인 특징의 분석에 목적이 있는 형이상학을 지칭한다. 그리스도교 신학의 핵심 대상 가운데 하나는 신앙인데, 바버가 말하는 그리스도교 신학에서 다루는 신앙은 그리스도교 형성의 기초가 되는 경전, 종교적 의식, 개인의 경험, 윤리적 규범이 내재된 종교적 전통의 배경과 무관하게 드러나는 모든 것을 말한다. 바버는 네 가지 모형에 관해 논의할 때 네 모형 각각 모든 유형의 반환원주의, 은유와 상징의 공동 사용을 통한 과학적 언어와 신학적 언어 사이의 조정, 과학과 종교에 대한 비판적 실재론의 견해, 과학적 사유와 신학적 사유 사이의 유추를 중요시한다.

가. 갈등 모형

과학과 종교는 한 영역이 진실이고 다른 영역은 허위일 때 충돌한다. 과학의 과학적 유물론과 종교의 성서문자주의는 신학적 범위의 반대편에 있으면서 충돌하지만, 몇 가지 본질적 특성을 공유하기도 한다. 둘 다 현대의 과학과 전통적인 종교적 신앙 사이에 심각한 갈등이 있다고 여긴다. 두 영역 다 각각 확실한 근거를 가지고 지식을 추구하는데, 과학적 유물론은 논리와 감각적 자료를 근거로 하고, 성서문자주의는 무오류하다고 믿는 성경을 바탕으로 한다. 과학과 신학은 둘 다 동일한 영역인 자연의 역사를 문자 그대로 서술한다고 보는 데, 그런 상황에서는 둘 가운데 하나를 선택할 수밖에 없다. 그러나 과학적 유물론과 성서문자주의는 둘 다 과학을 남용하면서도 과학의 경계를 뚜렷하게 인식하지 못한다. 과학적 유물론은 과학에서 시작하여 철학적 주장으로 끝나며, 성서문자주의는 신학에서 출발하여 과학적 문제와 결론에서 끝난다.

과학적 유물론은 과학적 방법을 지식의 획득에 유일하며 신뢰할 만한 길로, 물질과 에너지를 우주의 근본적 실체로 가정한다. 이는 과학만이 자연의 진리와 실체를 드러낼 수 있다는 가정이다. 환원주의를 맹목적으로 표방하는 과학적 유물론은 모든 자연현상을 물질의 구성요소로 환원하여 설명할 수 있다고 가정한다. 과학적 유물론에 논리실증주의, 프란시스 크릭(Francis Crick, 1916-2004), 칼 세이건(Carl Sagan, 1934-1996), 모노, 에드워드 윌슨(Edward Wilson, 1926-2021)이 포함된다. 논리실증주의는 감각 자료를 바탕으로 검증할 수 있는 경험적 명제를 유일한 의미 있는 서술이라고 주장한다. 크릭은 생명과학을 물리학과 화학을 통해 설명할 수 있다는 환원주의 입장을 표명한다. 세이건은 신비적·권위주의적 그리스도교 주장이 과학적 방법의 근본을 위협한다고 주장하면서 신을 자연으로 대체한다. 모노는 생명과학으로 자연에는 아무런 목적이 없다는 것을 증명할 수 있다고 보며, 우연을 모든 창조의 원천으로 주장한다. 윌슨은 인간의 행동을 생명과학적 기원과 유전자 구조로 환원하여 설명할 수 있다고 믿는다. 버트런드 러셀(Bertrand Russell, 1872-1970)은 그의 저서 『종교와 과학』을 통해 천문학·진화론·의학·결정론에서 빛을 소재로 하여 과학과 종교의 4세기에 걸친 갈등을 묘사하였다. 형이상학적 자연주의와 깊은 관계가 있는 신다윈주의와 유신론이 양립할 수 없다고 주장하는 지적설계 이론도 갈등 모형으로 간주된다.

가톨릭교회에서는 종교나 과학 둘 중 하나를 선택해야 하며 다른 하나는 배제해야 한다고 강요하는 '갈등' 모형을 거부한다. 가톨릭교회에서는 인식론적·존재론적·인과론적·물질적 환원주의와 이런 환원주의에 이론적 배경을 둔 과학주의, 과학만능주의, 종교근본주의를 모두 거부한다. 인식론적·존재론적·인과론적·물질적 환원주의와 과학만능주의 또는 과학주의는 모두 갈등 모형을 지지하면서, 세상을 창조한 하나님뿐만 아니라 진화 과정을 인도하는 하나님조차 존재할 필요가 없다고 설명한다. 이들은 진화론에 의거하여 과학적 이론과 종교적 세계관이 양립할 수 없다고 본다. 가톨릭교회에서는 과학이나 역사비평적 성경의 해석을 무시하는 제임스 어셔 (James Usher, 1581-1656)같은 성서문자주의도 수용하지 않는다. 아일랜드의 대주교 어셔는 구약성경의 문자적 기록을 근거로 계산하여 천지창조의 연도와 날짜를 기원전 4004년 10월 22일이라고 주장한 바 있다.

아우구스티누스는 과학지식과 성경의 문자적 해석 사이에 갈등이 유발될 때는 성경을 은유적으로 해석할 것을 강조하였다. 그리하여 중세에는 특히 가톨릭을 중심으로 문제가 많은 성경 말씀을 비유적으로 또는 안티오키아 학파의 비난을 받았던 우화적 방법으로 해석하였다. 갈릴레이는 자신의 이론과 성경의 문자적 해석 사이에서 드러나는 갈등 상황에서도, 하나님이 자연의 책과 말씀의 책 둘 다의 저자이며 그 두 책을 통해 계시하기 때문에 두 책은 충돌할 수 없다고 주장하였다. 다윈 시대의 신학적 관점에서는 진화론을 자연을 의도적 설계로 보는 관념에 대한 도전 또는 인간의 존엄성에 대한 도전으로 여겼다. 일부 신학자들은 성경에 대한 도전으로 인식하거나, 성경의 무류성 또는 무오성을 굳게 믿으면서 진화론을 아예 거부하였다. 일부 전통적 신학자들은 영혼에 과학적 방법을 적용할 수 없다고 가정하면서도 진화를 일부 이해하고 수용하였으며, 진보적 신학자들은 역사적 발전에 대한 견해와 일치한다고 봄과 동시에 진화를 하나님의 한 가지 창조 방식으로 받아들였다.

　　로마 가톨릭교회와 주류 개신교 신학자는 성경을 예언자의 역할과 그리스도의 인간적 삶 및 신적 존재의 계시에 관한 인간의 증언이라고 주장한다. 과학과 신학 사이의 갈등 관계 또는 충돌 상황의 가능성을 인정하는 일부 전통주의와 복음주의는 성경의 문자적 해석에 오류가 없다고 단호하게 주장하지는 않으면서도 그리스도가 핵심이라고 강조한다. 비록 소수이기는 하지만, 특히 근본주의자는 성경에는 오류가 전혀 없으며 오히려 완벽하다고 주장한다. 성경은 무오하며 완벽하다고 주장한 1970-80년대의 뉴라이트 계열에게는 성경이 급변하는 시대에 실현해야 할 확실한 이상뿐만 아니라 도덕적 해이 시대의 전통적 가치를 방어하는 근거도 제공하였다. 그 후 '창조과학'은 6,000여 년 전에 세상이 창조되었다는 것을 보여주는 과학적 증거가 있다고 주장하면서, 진화론을 무신론적이라고 보고 적극 반대하였다. 한편 그리스도교 신학도 무신론적 철학을 과학으로 다루는 진화자연주의는 완강하게 거부한다.

나. 독립 모형

독립 모형은 과학과 종교 두 영역이 확실히 다르다고 보고 서로 분리시키는 모형으로서, 각자 독립적·자율적으로 서로 무관하면서도 각자의 영역에서 동시에 진리일 수 있다고 설명한다. 과학과 종교의 영역은 확실하게 구분되며, 각자 고유한 관점을 통해 정당화하는 방법이 있다. 과학은 과학적 언어를 사용하여 예측·통제하며, 종교는 종교적 언어로 삶의 방식을 권하고 일련의 태도를 끌어냄으로써 도덕적·가치론적 원칙에 대한 헌신을 격려한다. 과학자와 신학자는 각자 자신의 영역에서만 일하고 다른 분야에 참여하거나 간섭하지 않으며 그럴 수도 없다. 영역마다 묻는 질문의 방식이 고유하고 각자의 영역 안에서조차 다룰 수 있는 한계가 있기 때문이다. 중세에는 자연철학과 신학이 서로 분리되었으며, 중세 이후에는 두 언어 모형으로 불리기도 하는 독립 모형이 신정통주의, 실존주의, 언어분석철학으로 발달하였다.

20세기에 형성된 개신교 계열의 신정통주의(neo-orthodoxy)는 변증법적 신학(dialectical theology)으로 일컬어지기도 하며 현대의 성서학과 과학적 연구의 결과를 받아들임과 동시에 그리스도를 핵심에 두고 계시를 으뜸으로 삼았던 종교개혁의 회복을 추구하였다. 대표적인 개신교 신정통주의 신학자 칼 바르트(Karl Barth, 1886-1968)와 그의 추종자들은 그리스도교 교리의 기본적 근원으로 하나님의 계시를 중요시한다. 즉 하나님은 그리스도 안에 있기 때문에, 오로지 신앙 안에서 받아들임으로써 알려질 수 있다고 본다. 하나님은 초월자로서 스스로 드러내지 않고서는 알려질 수 없다는 말이다. 그러면서 그들은 성경무오설과 축자영감설을 전면적으로 부정한다. 신정통주의 관점에서 보면, 자연을 관찰하여 얻은 자료에 이성을 적용하여 분석하면 하나님을 알 수 있다고 설명하는 아퀴나스의 자연신학은 믿을 수 없다. 하나님의 활동 영역은 역사이지 자연이 아니기 때문이다. 독립 모형이 과학과 종교의 영역을 분명하게 구분할 때 가리키는 과학적 연구는 이성·관찰·실험을 통해 수행되며, 신학적 탐구는 하나님의 직접 계시에 대한 신앙과 믿음으로 이루어진다.

또 한 사람의 선도적 신정통주의자인 루돌프 불트만(Rudolf Karl Bultmann, 1884-1976)은 신약성경의 탈신화화(demythologization)로 유명한 신약성경학자다. 불트만은 실존주의 방법을 적용하여 성경에서 신화적 요소를 제거하고자 노력하였다. 불트만에 따르면 인격적 자아의 영역은 오직 주관적 개입을 통해서만 알려지고, 비인격적 대상은 과학자의 객관적 탐구를 통해 밝혀진다. 인간의 진짜 실존은 개인의 개별적 참여를 통해서만 알 수 있다. 불트만의 실존주의는 실존이라는 틀에 몰입되어, 계시라는 틀에 갇힌 바르트와 마찬가지로 과학과 신학을 철저하게 구분하여 서로 분리시켰다는 비판을 받는다.

독립 모형은 과학적 사유와 신학적 사유가 근본적으로 다르다고 가정하며, 그래서 '두 언어 이론'으로 불리기도 한다. 독립 모형의 세 번째 운동인 언어분석철학에서는 과학과 종교가 언어의 기능이 다르기 때문에 서로에게는 무관하지만 각자에게 독특한 언어로 해석함으로써 서로를 구분한다고 본다. 논리실증주의는 과학적 진술을 모든 분야에서 이루어지는 담론의 규범으로 받아들이면서, 경험적으로 입증할 수 없는 진술은 의미가 없다고 강조한다. 후기 언어분석철학에 따르면 서로 다른 언어는 서로에게 환원될 수 없으며 다른 분야에 의해 판단되지 않는다. 과학적 언어는 주로 예측과 통제를 위해 사용되며, 종교적 언어는 많은 부분이 예배 의식 및 실천과 연관되어 인격적·종교적 경험으로 이끈다. 종교 전통은 주로 실천적이며 규범적인 삶의 방식이며, 종교의 주된 목적은 개인의 변화다.

자연은 이성·관찰·실험을 통해 알려지지만, 하나님의 본성은
성경과 전승을 통한 계시에 의해 이해된다. 랭던 길키(Langdon Gilkey,
1919-2004)는 이 책의 제3장 1-3)-(2) '종교와 과학의 구분'에서 논의
한 바와 같이, 과학과 종교의 차이를 네 가지 준거에 따라 구분한다.
길키는 과학과 종교가 특정한 이념을 목적으로 사용되거나 인간 본
성의 모호함을 인정하지 않을 때, 둘 다 악마가 될 수 있다고 주장하
였다. 과학이 자연주의적 철학으로 확장되거나 과학과 과학기술이
구원의 힘으로 돌려질 때 위험하다고 생각한 것이다.

가톨릭교회는 바르트·불트만·길키가 그러했듯이, 요한 바오로
2세의 메시지를 통해 과학을 적극적으로 지지하지 않거나 거부하여
스스로 자초하는 고립을 더 이상 받아들이지 않는다고 밝혔다. 자연
세계로부터 분리되어 더 이상 살아가기 어렵다는 이유에서다(M7).
교황이 강조한 일치는 과학과 종교가 각자의 정체성을 훼손하는 일
치에 기반한 융합(combination)이 아니며, 각 영역별 다양한 요소들 사
이의 역동적 상호작용으로 얻어지는 상승효과(synergism)를 통한 각
영역 이상의 속성이 형성되는 통합(integration)에 의한 일치다. 또한
각자의 자율성과 고유성을 지키며, 각각이 자기 원리, 절차와 양식,
해석의 다양성 및 고유성, 자기만의 결론을 지니는 하나를 강조한다
(M8). 가톨릭교회에서 독립 모형을 거부하는 이유는 이 모형이 과학
과 종교를 완전히 차단하기 때문이다. 과학과 종교가 서로 차단되면
과학이 종교 영역인 가치를 판단할 수 없으며 종교는 과학에 어떤 영
향도 끼칠 수 없다.

스티븐 굴드(Stephen J. Gould, 1941-2002)의 겹치지 않는 교도권
(NOMA, Non-Overlapping MAgisteria)도 독립 모형의 한 예다. 굴드는 과

학과 종교의 갈등 또는 둘의 충돌을 막기 위해 NOMA를 제안하였다. NOMA는 과학적 진리를 해석할 권한인 교도권은 과학에 한정하고, 종교적 진리에 관한 해석 권한은 종교 안에서 주어져야 한다는 것을 의미한다. 굴드에 따르면 과학과 종교는 자연에 대한 관찰·실험을 통해 사실적 특성을 기록하고 그 사실들을 통합하여 그 사실들을 설명할 수 있는 과학적 법칙 또는 이론을 개발하는 데 목적이 있다. 다만 과학의 망 또는 교도권은 경험적 세계를 대상으로 하며, 종교는 인간의 삶·목적·의미·가치의 추구에 집중한다. 종교의 교도권은 궁극적 의미와 도덕적 가치를 대상으로 하기 때문에 과학과 종교의 교도권은 서로 중복되지 않으며, 그래서 충돌할 이유나 그러할 여지도 없다.

과학과 종교의 독립 입장을 밝히는 신정통주의, 실존주의, 언어분석철학은 셋 다 과학과 신학 또는 종교를 삶과 사고에 관해 독립적이고 자율적인 분야로 이해한다. 독립 모형은 과학과 종교가 각각 사실과 가치를 다루며 영역 안에서 한계를 지니지만, 각 분야의 고유한 특성을 유지하고 두 영역의 갈등을 대처하는 데 유용한 전략이다. 과학과 종교는 서로 다른 방법·질문·태도·기능·경험을 가지고 있다. 신정통주의는 그리스도교 전통에서 그리스도의 핵심성과 성경의 우위를 강조한다. 실존주의는 종교적 신앙의 핵심에 인격적 투신을 위치시키지만, 종교를 사유(思惟)하고 내면화하면서 끝맺는다. 언어분석철학은 종교적 언어의 다양한 기능을 알도록 도움을 준다. 과학과 종교가 전적으로 독립적이라면 두 영역 사이에 갈등이 일어날 가능성은 피할 수 있지만, 건설적·호혜적 대화의 가능성은 배제된다.

다. 대화 모형

대화 모형은 과학과 종교가 공통 진리를 매개로 대화할 수 있다는 가정을 전제하는 모형이다. 이것은 과학과 종교가 서로를 대화의 상대로 가정하며, 두 영역의 간접적 상호작용 관계를 경계질문(limit question)으로 기술한다. 경계질문은 과학과 종교가 다른 영역에까지 미치면서 드러나는 공통 진리에 관한 질문으로서 간접적 상호작용의 한 수단이다. "왜 현대 과학이 유대-그리스도교에서 생겨났는가?"와 같이 물으면, "창조교리가 과학적 활동의 무대가 되는 데 도움이 되었기 때문이다"와 같이 답할 수 있다. 그리스 사상과 성경적 사고는 둘 다 세상에 이해가 가능한 질서가 있다고 보았다. 그리스인들은 그런 질서가 필연적이며 제일 원리로부터 세상의 구조를 연역할 수 있다고 주장하였고 성경적 관점에서는 그 질서를 우발적인 것으로 간주하였다. 하나님이 물질과 형태를 둘 다 창조하였다면, 세상은 이렇게 구성되어 있을 필요가 없다. 우리는 창조세계에 주어진 세세한 질서를 발견하기 위해 세상을 관찰해야 한다.

대화 모형은 방법론적 평행선 개념으로서 서로 정보를 교환하는 관계를 설명한다. 신정통주의·실존주의·실증주의는 과학을 객관적 속성으로 묘사하는 반면, 종교의 본성은 주관적 속성으로 여겼다. 그러나 1960년대 이후부터는 과학이 꼭 객관적이지 않고 종교도 반드시 주관적이지는 않다고 여겨지고 있다. 바버가 적극 지지하는 대화 유형에서 수행하는 주된 첫째 과제는 종교와 과학의 영역에 관한 질문이다. 고대 그리스 사상과 성경의 사상은 둘 다 세계가 질서정연하기 때문에 쉽게 이해될 수 있다고 여겼다. 둘째 과제는 종교와 과학의 방법론적 유사점에 관한 비교다. 그러나 바버는 객관성을 강조하는 실증주의와 주관성만 중요시하는 종교 둘 다 의문시한다. 과학과 종교의 구분이 확실하지 않다는 생각에서다.

바버는 대화 모형의 대표적 옹호자로 토런스, 판넨베르크, 맥멀린, 라너, 트레이시를 든다. 이들은 모두 과학과 종교의 관계가 완전히 대립적이지 않고 분리되어야 할 정도로 배타적이지도 않으며, 대화를 통해 공동의 진리에 접근할 수 있다고 생각한다. 토런스는 인간이 발견한 것과 하느님이 내린 계시 사이의 신정통주의의 구분을 유지하면서, 그 경계에서 과학이 답할 수 없는 종교적 질문을 한다. 과학은 합리적이고 우발적인 과학적 법칙과 초기조건이 필연적이지 않다는 것을 보여주며, 신학자는 신이 우주의 우발적이지만 합리적인 통합적 질서의 창조적 근거이자 이유라고 말한다. 이런 우발성과 이해 가능성의 조합은 새롭고 예상하지 못한 형태의 합리적 질서를 추구하도록 자극한다.

판넨베르크는 가설을 설정하고 그 가설을 실험적으로 반증하는 과학적 방법을 제시한 포퍼의 철학사상을 받아들여, 폴킹혼과 같은 입장에서 과학과 종교의 가설적 공명을 주장함과 동시에 방법론적 문제를 자세하게 조사하였다. 판넨베르크는 종교적 믿음을 비판적으로 인식하면서 신학자도 우주적으로 합리적 준거를 사용할 수 있다고 주장하였다. 신학은 전체로서의 실재에 관한 학문으로서, 예측 불가능한 역사적 사건에 관심을 둔다. 실재는 그 미래가 존재하지 않기 때문에, 예측할 수는 있지만 그 끝은 상상할 수 없다. 신학자는 과학적 방법을 적용할 수 있는 범위를 벗어나는 한계질문에 대한 답을 구하려 노력한다. 여기서 한계는 초기의 조건이나 존재론적 한계가 아니라 미래에 대한 개방성의 한계를 가리킨다.

맥멀린은 독립 입장과 유사하게 종교적 진술과 과학적 진술을 구분하고, 호환성·공명·일관성을 설명한다. 그는 일차 원인으로서의 신이 과학적 연구에서 도출한 이차 원인을 통해 활동한다고 보고, 과학에 의해 설명되지 않은 현상으로부터 신에 대한 논증을 유도하려는 모든 시도에 대해 비판적이다. 맥멀린은 설계논증이나 진화의 방향성에 관한 주장에 회의적이다. 또한 과학과 종적 확언 사이의 어떤 직접적·논리적 연관성도 부인하며, 더 느슨한 호환성 즉 직접적 영향이 아니면서 전적으로 독립적이지 않은 공명을 추구한다.

라너에 따르면 과학과 신학의 각 방법과 내용은 서로 독립적이며, 탐구되어야 할 경계와 요점도 따로따로 있다. 하나님은 성경과 전승을 통해 희미하게 암묵적으로 알려진다. 라너는 신토마스주의의 틀 안에서 지식의 구성을 가능하게 하는 조건들을 분석하여 칸트의 초월적 방법을 확장시켰다. 그에 따르면 사람은 물질로부터 형태를 요약하여 인식하게 되며, 알고자 하는 정신의 순수한 갈망 안에는 절대자를 향한 욕구가 있다. 인간의 본성과 전통적 그리스도론의 교리는 진화론적 관점과 잘 부합한다. 인간은 물질과 영혼의 통일체다. 과학은 물질만 연구하며, 물질로부터 말미암은 생명·정신·영혼의 진화는 자연의 원인을 통한 하나님의 창조적 활동의 일환이다. 라너는 또한 진정한 인격체 그리스도는 하나님 안의 충만함을 향한 생물학적 진화의 한 순간적 과정이라고 주장한다.

트레이시는 과학 안에서 종교적 차원을 생각하면서, 종교적 질문이 인간 경험의 한계상황에서 생긴다고 주장한다. 그에 따르면 일상생활에서는 기쁨과 신뢰, 불안과 죽음에 직면하여 한계상황을 마주한다. 과학적 연구에서는 윤리적 문제와 과학적 질문의 전제 또는 조건에서 한계상황을 마주한다. 세상에 대한 이해 가능성은 합리적 근거를 요구한다. 그리스도인에게 근거에 대한 이해의 원천은 종교적 문헌과 일상생활의 경험이다. 트레이시는 현대의 철학적 범주 안에서 전통적 교리의 재구성에 대해 개방적 입장을 보인다.

「교황 요한 바오로 2세의 메시지」에도 암시되어 있듯이, 가톨릭교회에서는 신학자들과 과학자들이 자신들의 영역을 보존함과 동시에 다른 영역으로의 이행을 피하며 어떤 절대화도 거부한다. 가톨릭교에서는 상호적 향상과 발전을 통해 전체로서의 실재를 평가하려고 하는 이 모형을 가장 선호한다. 아인슈타인도 대화 입장에 서서 과학과 종교 사이의 상호보완적 관계를 지지하였다. 교황 요한 바오로 2세는 과학과 종교가 각자 자율성과 고유성을 유지하면서 역동적 상호교환을 통해 일치를 이룰 것을 강조한다. 과학은 종교의 연장이 되어서는 안 되며, 각각 자기의 원리·절차·양식, 해석의 다양성 그리고 각자의 결론을 지니는 융합적 일치가 필요하다는 것이다. 가톨릭교회에서는 과학과 종교 및 신학 사이의 대화와 공동 연구가 지속되면서, 서로 간의 이해를 향한 성장 그리고 공동의 관심사에 대한 점진적 발견이 이루어지고, 그로 인해 더 많은 연구와 토론을 위한 토대가 마련될 것으로 기대한다.

라. 통합 모형

과학과 신학은 과학적 이론이 종교적 신앙에 영향을 줄 때 또는 두 영역 다 일관된 세계관이나 체계적인 형이상학의 형성에 기여할 때 더욱 직접적 관계를 맺고 통합될 수 있다. 통합 모형은 과학적 이론과 신학적 교리를 통합할 수 있다고 믿고, 종교적 중요성을 과학적 이론과 발견의 맥락에서 본다. 바버는 과학적 진리와 종교적 진리를 아무런 갈등이나 충돌도 없이 더욱 포괄적인 하나의 진리로 통합할 수 있다고 가정하고, 두 가지 통합 유형을 제시한다. 첫째, 과학 이론이 주된 원천을 과학 밖에 두고 있는 신학 교리의 재구성에 기여할 수 있다. 둘째, 과학과 종교 양측은 조직적 통합 형성, 즉 포괄적 형이상학과 함께 일관된 세계관의 구성에 함께 기여할 수 있다. 바버는 첫째 유형을 다시 자연신학과 자연의 신학으로 구분하여 설명하며, 둘째 유형은 조직적 통합이라는 이름을 붙여 설명한다.

자연신학은 창조세계에서 창조의 증거를 찾아 하나님의 존재를 확인하는 방법이다. 이는 아퀴나스가 체계화한 자연신학을 계승하여 현대적 관점에서 재조명한 신 존재 증명 모형으로서, 현대의 과학적 설명을 신학적 목적으로 활용한다. 현대의 과학적 설명 가운데 하나가 인류 원리(anthropic principle)다. 천체물리학자들은 초기 우주의 물리 상수 값들이 조금만 달랐어도 생명체가 생겨날 수 없었다고 설명한다. 자연주의는 인류 원리 외에 진화의 방향성과 우주의 설계에 대한 다른 예들을 사용하여 지적 설계자에 관해서도 논증한다.

자연의 신학은 전통적인 종교적 방식에 따라 과학적 진리보다는 성경·예언·전승의 진리를 더 많이 인정하면서, 과학적 발견과 자연에 관한 사실을 바탕으로 전통적인 신학적 입장을 재해석하거나 조정하는 신학이다. 자연의 신학은 대부분 과학에 의존하는 자연신학과 달리 과학적 설명이 아닌 종교적 경험과 역사적 계시에 근거를 둔 신앙으로부터 출발하며, 현대의 과학지식에 맞게 교리를 수정해야 한다고 주장한다. 통합 모형은 과학과 종교를 독립 영역으로 여기지만, 창조·섭리·인간의 본성에 대한 교리와 같이 과학의 영향을 많이 받는 사변적 이론보다는 포괄적인 과학적 이론을 이용한 통합을 설명한다. 바버는 자연과학과 신학의 통합에 자연의 신학이 자연신학보다 더 적절하다고 주장한다.

피콕은 신학적 성찰의 출발점을 해석적 전통과 함께하는 종교적 체험에 둔다. 종교적 신앙은 공동체의 합의에 의해 일관성·포괄성·유익성을 준거로 하여 검증되는데, 피콕은 현대 과학의 본성에 비추어 전통적 그리스도교 신앙을 재구성하고자 한다. 피콕이 논의한 대로 우주론·양자역학·진화론에서 우연과 법칙이 작동하는 방식으로 미루어 짐작할 수 있듯이, 하나님은 창조세계의 과정 안에서 그 과정을 통해 자연에 부여한 법칙과 우연의 모든 과정을 통해 세계를 창조한다. 창조물들 사이의 자연적이고 인과적이며 창조적인 연결은 그 자체가 하나님의 창조적 활동을 반영한다. 피콕은 신학적으로 하나님이 세상 안에, 세상이 신 안에 있다는 만유재신론의 입장을 밝힌다. 그는 또한 과학과 신학의 조직적 통합에는 과학과 신학을 연결하는 다리 역할을 하는 철학이 필요하다고 주장한다.

과학과 종교는 종합적 형이상학 안에서 세계관에 함께 기여함에 따라 조직적으로 통합된다. 형이상학은 토마스주의에서도 볼 수 있듯이 과학과 신학 공동의 성찰 영역이다. 알프레드 화이트헤드(Alfred N. Whitehead, 1861-1947)는 과정철학의 주창자로서, 자연은 질서·변화·우연·창발이 특징이며 여전히 불완전하고 계속 진행된다고 보고, 그런 관점에서 환원주의를 비판한다. 샤르댕은 화이트헤드가 과정철학을 주창하기 이전에 이미 화이트헤드의 과정철학과는 그 과정의 방향에 있어서 차이가 있는 과정철학적 견해를 표명하였다. 샤르댕은 진화로부터 신 존재에 이르는 주장으로 자연신학의 입장을 지지하면서 넓은 의미의 과정철학적 입장에서 자신의 저서『인간 현상』을 그리스도교 전통과 경험으로부터 유래된 종교적 개념과 과학적 개념의 통합으로 여길 것을 제안한다. 이어 그런 통합의 예로 자연신학의 진화와 설계이론, 자연의 신학의 하나님과 지속적 창조, 그리고 과정철학을 든다.

(2) 퀑의 상보 모형

퀑은『한스 퀑, 과학을 말하다』(서명욱 옮김)에서 과학과 그리스도교의 여러 관계 모형 가운데 비판적·건설적으로 상호작용하는 상보 모형(complementary model)을 지지한다. 상보 모형은 각 고유의 영역을 보존함으로써 다른 영역으로의 이행은 피하고, 절대화는 일체 거부하며, 상호 질의와 상호 향상을 통해 전체로서 실재를 모든 차원에서 정당하게 평가하는 모형이다. 퀑은 성경의 역사비평적 해석을 무시하는 근본주의적·전근대적 발상을 거부하면서 철학적·신학적 근본 문제를 기피하며 종교를 중요하지 않다고 매도하는 합리주의·근대주의 색채도 부정한다. 그는 조화로운 적응을 추구하는 통합 모형도 지양한다. 과학적 성과를 교의에 흡수·통합시키는 신학과 아울러 명제를 위해 종교를 도구화하는 과학도 거부한다. 퀑은 한 걸음 더 나아가 바버의 대화 모형을 선호하며, 독립 모형과 통합 모형뿐만 아니라 갈등 모형도 지지하길 거부한다. 퀑이 지지하는 상보 모형에 따르면, 대폭발 이론과 창조 신앙 그리고 다윈의 진화설과 창조론은 서로 모순되지는 않지만 상호 조화될 수도 없다. 그러나 하나님의 신비를 표현하기 위해서는 빛의 이중성과 같은 대립 형상의 상보성이 필요하다.

성경을 해석하는 기본적 의도는 성경 말씀에 담긴 어떤 진리를 과학적으로 증명하기 위해서가 아니라, 신앙과 신앙생활에 필수적인 것이 무엇인지를 부각시키기 위한 것이다. 자연과학은 하나님의 존재나 창조에서의 하나님의 역할을 확인하는 것이 아니다. 그러므로 과학적 언어와 신학적 언어를 섞어서 창조를 설명해서는 안 된다. 자연과학은 우주를 물리적으로 설명하는 데까지 최대한 설명하고, 본질적으로 설명이 불가능한 것은 성경의 말씀과 신학적 이해에 맡겨야 한다. 과학은 그 시점에서도 신앙적 의미의 이해와 심화에 도움을 줄 수 있다. 빛은 종교에서 지고의 실재이자 신에 대한 은유이며 상징이다. 빛의 본성에 관한 연구는 지속적으로 이루어지고 결국 빛의 신비를 설명할 수 있을 것이며, 그에 따라 빛의 종교적·신학적 의미를 더욱 깊게 이해할 수 있을 것이다. 또한 특이점의 대폭발에 의한 천지창조와 관련된 절대무(絶對無) 개념은 성경의 무소부재하고 영원한 창조주 하느님에 의한 '무로부터의 창조' 개념을 명확하게 이해하는 데 유용한 자료가 된다.

(3) 폴킹혼의 공명 원리

폴킹혼은 지식의 탐구라는 공통의 목표를 추구하는 과학과 종교는 각각의 한두 가지 특징보다 전체적 맥락에서 다루어야 한다고 보고, 과학과 신학의 대화 관계를 기술하는 모형으로 공명 원리(consonance principle)를 제시한다. 과학과 종교의 관계를 대화 모형으로 설명하는 공명은 과학과 종교의 자율성과 독립성을 인정하면서, 자연세계에 대한 과학적 설명과 그리스도교 교리의 조화로운 상응을 찾아 그곳에서 만나는 데 목적이 있는 상호교류 방식을 말한다. 이 방식은 과학과 신학이 지속적 상호작용을 통해 각 영역이 심화되고 새로워진다는 가정을 전제한다.

성경에 함의된 창조에 관한 신학적 이해와 과학지식이 공명하는 관계는 하느님이 창조한 우주와 하느님 간의 관계에서도 찾아볼 수 있다. 우주론에서 말하는 특이점과 신학적 개념인 무로부터의 창조 개념은 각 상대의 영역에서 의미를 찾아내면 서로 공명할 수 있다. 창조물에 대한 과학적 설명과 하느님에 관한 전통적 교리의 공통 영역을 찾으면 그것을 매개로 한 상호작용을 통해 우주에 관한 과학지식이 더욱 분화·심화·전문화되고, 그리스도교 교리의 내용과 구조도 더욱 정교화하고 현실적 내용으로 보완할 수 있다. 한편 우주와 하느님을 종합적으로 이해하기 위해서는 과학자와 신학자가 각기 독립적으로 탐구하기보다 함께 연구하고 통교할 필요가 있다. 과학과 신학이 각각 생명의 기원 또는 우주의 기원에 관해 연구하면 각각의 연구 방법이 다른 영역의 연구 도구로 사용될 수 있다. 그리하여 과학자와 신학자가 동일한 생명과 우주의 기원을 더 쉽게 인식하고 그에 관한 지식을 공유할 수 있다.

근대의 무신론은 그리스도인 중심의 경험을 소홀히 여기면서 자연신학의 철학적 측면에만 몰두하였다. 폴킹혼은 일부 신학자들이 자연신학에 대해 과격하게 부정하는 것을 비판하면서 오히려 자연신학을 옹호하는 입장을 취한다. 폴킹혼은 한 걸음 더 나아가 자연신학을 통해 우주의 합리적 투명성을 경험할 수 있으며, 이성적 이해의 가능성은 자연신학의 통찰을 기반으로 하여 이해될 수 있다고 주장한다. 폴킹혼은 자연신학과 그에 대한 경험 및 이성적 이해 사이의 관계를 근거로 과학과 종교 사이의 상보적 협력과 대화 곧 공명이 필요하다고 주장한다.

(4) 피터스의 가설적 공명 모형

테드 피터스(Ted Peters, 1941-)는 『물리학, 철학 그리고 신학』(전양환 외 11인 옮김)에서 신학과 과학의 관계를 회복시키고자 가설적 공명 (hypothetical consonance) 모형을 제시한다. 가설적 공명 모형은 과학과 종교의 일치나 조화보다 자유로운 접촉과 공존의 기반이 되는 공통 영역을 추구한다. 이는 과학과 신학이 하나의 일관된 세계관을 생성 하기보다는 자율적이고 독자적인 영역을 유지하면서 새로운 이론이 나 증거가 나오면 각자의 관점을 변경할 수 있는 연합적 체제를 요구 하는 모형이다. 피터스는 이 모형에 따라 시간과 공간의 시작에 관한 관점에서 이해되는 무로부터의 창조 교리와 공명할 수 있는 상보적 개념을 우주론의 내용 가운데서 조사하였다.

'천지창조'를 가리키는 신학적 개념은 '무로부터의 창조'이며, 천문학적 개념은 '대폭발'이다. 무로부터의 창조 개념은 대폭발 우주 론과 공명한다. 우주가 전적으로 하느님에게 의존한다는 말이 신학 자들에게는 친숙하지만, 그 말의 참된 함의는 과학적 담론 영역의 밖 에 있다. 그러나 우주의 첫 기원 곧 절대 기원에 대한 개념은 과학의 영역 안에 있다. 그러므로 신학자가 시간과 공간의 존재론적 시작 관 점을 통해 이해한 무로부터의 창조에 관해 전망함으로써 이미 과학 에서 다룬 우주론에서 이루어진 빅뱅과 관련된 시공간 및 그 시작에 관한 논의의 내용과 공명할 수 있다.

창조는 신적이든 자연적이든 완성을 향하여 계속 진행되며, 창 조의 신학적 개념과 과학적 개념은 공명할 수 있는 부분을 공유한

다. 우주론의 공명하는 개념은 '빅뱅 이론의 물질적 내용'이다. 무로
부터의 창조의 신학적 기원이 우주론에서는 "우주가 과거에 늘 있
었던 것이 아니고, 있게 된 것이다"로 해석된다. 무로부터의 창조에
서 '무'(nothing)는 '절대무'(absolute nothingness)로서 신의 능력이 태초/
특이점에 쓰이게 할 수 있는 '절대 비존재'(absolute non-existence) 또는
'아직 아무것도 결정되지 않음'(not-yet-determinedness)을 뜻하는 '아무
것도 없음'(no-thingness)을 가리킨다. 따라서 가설적 모형은 우주론과
신학이 하나의 동일한 실재를 추구한다고 말할 수 있다.

피터스는 신학의 '무로부터의 창조' 개념과 우주의 '시간적 시
작'의 관계에 대한 질문에 초점을 맞추면서, '무로부터의 창조'에 대
한 그리스도교 교리에 대해 다음 두 가지를 가정하였다. 곧 "하느님
에 관한 모든 것에 대한 의존을 강조한다"와 "이 의존을 표현하는 하
나의 구체적인 것은 하느님이 영원하더라도 창조된 세계는 시간적
개시의 시점에 시작되었다"는 가정, 즉 세상은 언제나 존재하고 있지
는 않았다는 우주론적 확언이다. 이는 절대시작의 개념을 통해 의존
의 개념에 도달하고자 한 것이었다. 신학자가 창조는 창조주에 전적
으로 의존한다고 형이상학적으로 하는 말은 과학적 우주론의 '시간
의 시작'에 대한 개념과 공명한다.

3) 과학기술 시대 그리스도교 신앙의 필요성과 바람직한 신앙

종교와 신앙은 시대적 상황에 적응하고 도전에 대응하는 과정을 거
치면서 변하였다. 과학은 그리스도교 신학과 신앙에 도전함으로써
무시할 수 없는 영향을 미쳤다. 과학과 과학기술에 대한 맹목적 과학

만능주의가 팽배한 오늘날, 세계를 자연주의 관점에서 설명하고 쉽게 이해하려는 과학주의 시대에, 그리고 과학과 과학기술이 고도로 발달한 과학 및 과학기술 시대에, 신앙의 의미를 다시 새겨보고 미래의 신앙을 조망해보는 것은 당연하고 필요한 일이다. 현대의 과학과 과학기술이 그리스도교에 미치는 영향 가운데 부정적 영향은 절대적으로 선한 성경 말씀을 되새기면서 그에 맞는 신앙생활을 충실히 하기 위해 반드시 극복해야 할 대상이다. 이 소절에서는 성경에 제시된 바람직한 신앙생활, 과학과 과학기술 시대에 신앙이 필요한 이유, 과학기술 시대의 바람직한 신앙에 관해 살펴본다.

(1) 성경에 기록된 모범적 신앙생활

성경에는 그리스도교 신앙인이 꼭 따라야 할 이상적 신앙의 모범이 많이 기록되어 있다. 창세기의 노아의 방주에 관한 기록은(창 6:9-10:32) 하나님이 창조한 인간의 자손들이 하나님의 말씀의 뜻을 어기고 타락하여 세상이 무법천지가 되자, 홍수를 내리어 멸망시키는 이야기다. 의롭고 흠 없는 노아는 하나님과 함께 살았다. 하나님은 노아의 사람됨을 보고, 그와 그 식구들을 짐승과 새들과 씨앗들과 함께 구원한다. 하나님의 말씀을 충실하게 지키면서 살았던 노아는 홍수가 그치자 제단을 쌓고 하나님께 감사의 제물을 바쳤다.

창세기 12-22장의 아브라함 이야기도 참된 신앙인의 자세와 모범적인 신앙생활을 묘사한다. 아브라함은 유목민으로서, 늘 하나님의 말씀을 충실하게 지키며 언제나 감사할 줄을 알았다. 롯과 그의 가족을 보호하려 하였을 뿐만 아니라, 죄악에 빠져 타락한 소돔과 고모라의 구원을 위해서도 간절한 마음으로 기도하였다. 아브라함은

100세에 얻은 아들 이삭마저 하나님의 말씀에 따라 제단에 바쳤다. 그런 신심을 인정한 하나님은 "아브람아, 두려워하지 말라. 나는 네 방패요 너의 지극히 큰 상급이니라"(창 15:1)고 말한 대로, 아브라함에게 많은 복을 내렸다.

욥기의 착한 사람 욥은 하나님을 두려워하고 경외하며 악한 일은 멀리한 신앙인이었다. 사탄에게 시험을 받아 처참한 지경에 이르고 더할 수 없는 불행에 빠지지만, 오로지 하나님을 믿고 의지하며 끊임없이 그리고 끝까지 기도하였다. 그리하여 욥은 하나님으로부터 그에 대한 보상 이상의 복을 받게 된다. 하나님은 욥이 전에 소유하였던 것을 갑절로 더해주었고, 그 결과 욥은 양 만 사천 마리와 낙타 육천 마리, 겨릿소 천 쌍과 암나귀 천 마리를 소유하게 되었으며 아들 일곱과 딸 셋을 얻었다(욥 42:10-13).

신약에 기록된 바람직한 신앙생활 중 먼저 삭개오의 참된 신앙생활을 언급할 수 있다(눅 18:1-10). 키가 작은 세관장 삭개오는 예수가 어떤 사람인지 보려고 돌무화과 나무에 올라갔다. 여리고에서 한 눈먼 이는 예수에게 "다윗의 자손 예수여, 나를 불쌍히 여기소서"(눅 18:38), "주여, 보기를 원하나이다"(눅 18:41)라고 청하고 눈을 뜨게 되었다. 누가복음 10:29-37은 강도를 만나 길가에 쓰러져 아무도 돌아보지 않는 사람을 치료하여 주고 보호까지 해준, 즉 주님께 의지하고 은혜를 청하는 '착한 사마리아인'의 깊은 신앙심을 보여준다. 사도행전에서는 예수를 따르는 이들을 박해하던 사울이 회개한 다음 예수를 증거하고 전도하는 활동들을 통해 하나님의 신비로운 힘과 두려움이 없는 신앙인의 모습을 보여준다.

"주의 여종이오니 말씀대로 내게 이루어지이다"(눅 1:38)라고 간청한 성모 마리아는 가장 완전하고 모범적인 신앙인이다. 성모 마리아는 겸손한 마음으로 메시아를 기다리는 주님의 여종(눅 1:48)이며, "너희에게 무슨 말씀을 하시든지 그대로 하라"(요 2:5)는 말에서 알 수 있듯이 당신의 아들 예수 그리스도를 하나님으로 믿었다. 그리고 사도들과 함께 늘 기도에 전념하였다(행 1:14).

정말로 참된 신앙은 예수 그리스도를 통해 깨달을 수 있다. 예수는 신앙 그 자체이고 신앙을 완성한 하나님의 아들이기 때문이다. 우리는 예수의 말 "구하라. 그리하면 너희에게 주실 것이요. 찾으라. 그리하면 찾아낼 것이요. 문을 두드리라. 그리하면 너희에게 열릴 것이니"(마 7:7)에서도 참 신앙을 본다. 예수는 잡혀가기 전날 겟세마네로 가서 하나님께 기도하였다. "이 잔을 내게서 옮기시옵소서. 그러나 나의 원대로 마시옵고 아버지의 원대로 하옵소서"(막 14:32-37). 예수는 십자가의 죽음과 고통으로부터 벗어나는 방법을 찾으려 한 것이 아니라, 하느님에 대한 절대적 믿음으로 구원을 간청하는 기도를 바친 것이다.

(2) 과학기술 시대 그리스도교 신앙의 필요성

갖가지 정신적·육체적 어려움에 처했을 때 신앙을 가지고 있는 신자와 신앙이 없는 비신자가 대응하는 방식은 크게 다르다. 비신자는 외부로부터 오는 자극과 내부의 이성 및 양심이 어긋날 경우, 그 상황에서 일어나는 선과 악의 대립이나 갈등을 이겨내지 못하고 본연의 자신을 쉽게 망각한다. 그러나 신앙이 돈독한 신자는 아무리 견디기 어렵거나 힘든 일에 부닥치더라도 하나님의 은총을 기원하며 기도 안에서 하나님께 자신을 의탁한다. 물질을 추구하고 보편적 윤리기준마저 황폐해진 오늘날과 같은 상황에서도, 신앙인은 절대자이자 구원자인 하나님의 뜻을 되새기고 그에 맞는 인간이 되고자 애쓴다. 신앙인은 하나님의 은총을 받아 그분의 말씀을 충실하게 따르려 노력하면, 그에 따라 자신의 진면목을 확인하여 그것을 지키려 노력하는 가운데 자신을 밝고 아름답게 가꾸어 나갈 수 있다.

『기원 이론』(노동래 옮김)에 따르면, 성경 전체에 대한 해석을 바탕으로 도출한 포괄적 창조교리는 창조세계에 자체의 목적이 있으며 창조세계가 그 목적을 향해 움직이는 것을 밝혀준다. 과학적 방법은 본질적 속성상 창조세계의 궁극적 목적을 밝혀주지 못한다. 과학적 방법은 자연세계의 과정·속성·법칙의 탐구에는 효과적인 수단이지만, 창조세계를 향한 하나님의 계획과 목적을 밝히지는 못한다. 과학적 방법은 이와 같은 본질적·기능적 한계 때문에 목적론적인 신학적 지식 및 다른 분야의 지식 획득에 기껏해야 보조적 수단으로나 이용된다. 천문학·우주론·물리학의 관점이나 지식을 통해서는 보지 못하는 창조세계의 심오한 진리를 회복하는 데 실질적인 수단은 창조교리다. 또한 창조교리에 관한 신앙적 시각은 현대의 첨단 과학과 과학기술의 이해에 필수적 방편이자 수단이다.

폴킹혼의 『쿼크, 카오스, 그리스도교』(우종학 옮김)에 따르면, 세상에 관한 올바른 사고와 탐구에는 과학의 통찰과 종교의 통찰이 둘 다 필요하다. 당연히 자연현상의 진리와 그 안에 존재하는 사물의 실체를 제대로 파악하고 이해하기 위해서도 과학과 종교가 둘 다 필요하며, 과학만으로 또는 종교만으로는 부족하다. 더욱이 과학과 종교가 그런 상호보완적 기능을 원만하게 수행하기 위해서는 서로에게 배워야 하며 두 영역 사이의 대화도 필요하다. 그런데 폴킹혼이 다른 책 『신학과 과학의 만남』(윤철호·김효석 편집)에서 주장한 바에 따르면, 고전적 유신론에 따른 하나님에 대한 이해가 과학기술 시대에는 적실(的實)하지 않으며, 오늘날에는 시간과 공간을 초월하면서도 서로 긴밀한 관련을 맺고 있는 시간과 공간 안에 언제나 어디에나 있는 하나님을 생각해야 한다.

인간은 죽으면 썩어 없어지는 몸과 죽음 이후에도 몸에서 분리되어 죽지 않는 영혼의 두 부분으로 되어 있다. 신학적 관점에서 말하자면, 하나님은 인간 개개인을 기억하고 마지막에 부활이라는 구원을 통해 새로운 세계에서 각 개인을 재창조한다. 부활은 새로운 세계 곧 하나님 나라에서 새롭게 태어나는 것이지 단순히 과거의 몸으로 회귀하는 것이 아니다. 인간은 피조물로서 그리스도를 통해 창조주 하나님의 영원한 생명과 자유롭게 교류한다. 과학은 시공간과 물질이 서로 연관된다는 것을 보여주는데, 이는 앞으로 다가올 세상에도 시공간 및 물질이 존재할 것이며 인간은 영원히 계속 산다는 것을 뜻한다. 인간은 본능적으로 그리고 직관적으로 이런 신앙적 소망을 갖기 마련인데, 이 또한 신앙인에게는 어느 상황에서나 그에 맞는 신앙이 필요한 이유다.

『과학과 종교, 두 세계의 대화』(박준양·전양환 옮김)에 따르면 오늘날 지구의 오염, 기후위기, 환경 파괴를 비롯한 생태적 위기는 과학의 발전과 과학기술의 발달과 그 남용에 의해 초래되었는데, 이런 위기적 상황은 창세기의 창조 이야기에 대한 잘못된 해석, 즉 인간을 무엇보다도 우월한 지위에 두고 땅을 지배하라는 책임을 부여했다고 보는 관점을 지지했던 결과일 수도 있다. 과학자들은 이런 문제에 대해 경종을 울리며, 신학자들은 지구와 온 피조물에 대한 존중과 책임 있는 관리를 요청하는 성경의 원천들을 재발견한다. 그런데 종교와 성경은 그 어떤 과학의 내용도 제안할 수는 없지만, 과학의 내용으로 담길 형태들을 알려줄 수는 있다. 종교적 신앙과 성경의 가르침에 비추어볼 때 과학과 과학기술은 경외해야 할 신이 아니며, 인간이 과학과 과학기술을 이용하여 하느님이 되려 해서는 더욱 안 된다. 신학에 주의를 기울이지 않고서도 과학을 할 수 있다는 오만한 생각을 가질 수는 있지만, 과학만으로는 살 수 없다.

오로지 관찰·실험을 통한 과학적 탐구로는 우주의 신비를 충분하게 설명하지 못한다. 종교적 관심의 핵심이기도 한 우주의 창조 목적과 그 의미를 이해하기 위해서는 유물론적이고 무신론적인 과학주의와 과학만능주의적 태도를 지양하고, 이성의 한계를 넘어서는 초월적 영역을 인정할 필요가 있다. 인간의 궁극적 실존과 우주의 신비는 과학지식을 통해서나 과학적 방법을 적용해서 완전하게 설명할 수 없기 때문이다. 과학과 그리스도교의 관계 안에서 과학적 시각은 신앙으로부터 도움을 받을 수 있다. 신앙은 과학자들이 실재에 늘 열려 있도록 격려하며, 자연이 언제나 더욱더 큰 실재임을 깨닫게 해준다. 신앙은 창조의 신비 앞에서 경이감을 갖게 함으로써 지성적 호기심을 유발하며 이성의 지평을 더욱 넓혀주는 기능도 한다.

피터스(『물리학, 철학 그리고 신학』, 전양환 외 11인 옮김)에 따르면 지속적 창조와 함께 무로부터의 창조 개념을 지지하는 이유는 새로운 어떤 것을 행한 하나님에 대한 원초적 경험이 우리를 이 방향으로 이끌기 때문이다. 히브리 예언자들은 하나님이 이스라엘에서 새로운 무엇인가를 할 것이라고 약속하였다. 신약성경은 하나님이 부활절에 예수에게 행한 것을 모형으로 우주에 새로운 창조를 이룰 것이라고 약속한다. 하나님의 창조 활동은 신적이든 자연적이든 끝나지 않았으며, 앞으로도 계속될 것이다. 창조는 새로운 것들이 매일 생겨나는 과정이자 미래에 긴밀하게 묶여 있는 과정이다. 우주의 종말은 새로운 무언가가 될 것이다. 과학은 무엇이나 설명할 수 없으며, 종교가 그 빈틈을 차지할 수 있을 것이다. 종교와 과학은 각각의 본질적 속성상 종말이 오기까지 함께 갈 수밖에 없다.

(3) 과학기술 시대의 바람직한 그리스도교 신앙

『가톨릭 교회 교리서』(한국천주교주교회의)에도 기술되어 있듯이, 신앙이 이성보다 우위에 있기는 하지만 신앙과 이성 사이에 진정한 불일치는 있을 수 없다. 신비를 계시하고 신앙을 주는 바로 그 하나님이 인간의 정신에 이성의 빛도 비추어주기 때문이며, 하나님이 스스로를 부정하거나 진리가 진리를 부정할 수는 없기 때문이다. 과학적 연구가 과학적 방법을 적용하여 도덕적 규범에 따라 수행된다면 신앙과 결코 대립할 수 없다. 창조물이나 신앙의 실재는 다 똑같은 하나님에게 그 기원이 있기 때문이다. 특히 이해를 위한 신앙에는 과학의 도움이 절실히 그리고 반드시 필요하다.

시대·장소·상황에 관계없이 신앙생활의 가장 근본적이고 중요한 목표는 자신의 모상/형상에 따라 인간을 창조한 하나님을 정확하게 알고, 그분의 계율을 잘 지키며 말씀의 뜻을 따라 살면서 하나님에게 찬미와 영광을 드림으로써 자신을 완성하는 것이다. 그리스도인은 반드시 이런 신앙을 추구함으로써 그리스도인의 인격을 가꾸어야 한다. 그러자면 그리스도인은 하나님한테서 받은 모든 은혜에 감사하고 찬미하여야 한다. 이와 더불어 "너희를 위해 보물을 땅에 쌓아 두지 말라. 거기는 좀과 동록이 해하며 도둑이 구멍을 뚫고 도둑질하느니라. 오직 너희를 위해 보물을 하늘에 쌓아 두라. 거기는 좀이나 동록이 해하지 못하며 도둑이 구멍을 뚫지도 못하고 도둑질도 못하느니라"(마 6:19-20; 눅 12:33-34)는 말씀과 같이 사는 것도 바로 과학기술 시대의 바람직한 그리스도교 신앙인의 태도이자 모습이라는 점을 유념해야 한다.

오늘날 신앙인들은 현대 과학의 발전과 기술과학의 발달 덕분에 과거 어느 시대보다 풍요롭고 편리한 생활을 하며, 그와 동시에 지구의 오염, 환경파괴, 기후위기를 비롯한 위협 속에서 살고 있다. 대량살상 무기 개발과 같은 과학기술의 남용으로 많은 인간이 살상되는 사태를 수없이 목격하며, 우주와 생명의 기원에 관한 과학적 연구를 통한 신학 또는 종교에 대한 도전에 직면하고 있다. 창조세계 안에서 창조물 사이에 일어나는 이와 같은 현실 가운데서 하나님에 관한 충분한 이해를 통한 바람직한 신앙생활을 하기 위해, 그리고 과학과 과학기술의 이용에 관한 올바른 도덕적 판단을 위해서는, 과학과 과학기술에 대해 그리고 종교와 신앙에 관해 또한 과학 및 과학기술과 종교 또는 신앙의 관계에 관해 깊은 관심을 갖고 그에 관한 지식을 충분히 쌓아야 한다. 요한 바오로 2세도 신학자들이 가장 잘 확립된 과학적 이론들을 제대로 그리고 창조적으로 이용하기 위해서는 그에 대해 충분히 숙지해야 한다고 강조한 바 있다.

성경의 하나님 말씀은 영원한 생명의 샘이다. 그리스도는 "내가 생명수 샘물을 목마른 자에게 값없이 주리니"(계 21:6)라고 말하였다. 성경 말씀은 기록된 당시의 종교적·문화적·사회적·자연철학적 상황을 반영하지만, 오늘날 과학 및 과학기술 시대에도 그에 걸맞은 자연세계, 생명, 인간에 관한 신학적 의미를 담고 있다. "나는 세상의 빛이니 나를 따르는 자는 어둠에 다니지 아니하고 생명의 빛을 얻으리라"(요 8:12)는 말씀과 같이, 만민의 빛인 주님을 따르는 그리스도교 신앙인들은 성경의 말씀을 이 시대에 비추어 읽고 해석하고 이해하여 이 시대의 빛이 되어야 한다. 그러면 "네 눈을 들어 사방을 보라. 그들이 다 모여 네게로 오느니라"(사 49:18)는 말씀이 우리에게서 실현될 것이다.

『기원 이론』(노동래 옮김)에도 언급되어 있듯이, 창세기 1장은 인간이 처음부터 창조세계가 새 창조를 향하여 나아가는 데 참여하도록 부름받았다는 것을 알려준다. 성부는 새 창조를 통해 세상이 그리스도 안에서 온전해지고 완성되도록 계획하였다. 창조세계가 새 창조를 향해 나아가는 것은 하나님 안에 있는 영원한 생명을 향한 이동이다. 그리스도 안에서 이루어지는 새 창조는 우리의 궁극적 목적지인 하늘나라를 말한다. 그래서 주님의 기도인 "나라가 임하시오며 뜻이 하늘에서 이루어진 것 같이 땅에서도 이루어지이다"(마 6:10)를 늘 간청하면서 새 창조를 요청하는 신앙생활을 해야 한다.

성경은 앞에서 기술한 바와 같은 모범적 그리스도교 신앙과 더불어 이상적 신앙생활에 관해서도 가르쳐준다. 사람은 하나님이 당신의 모습으로 만들었기 때문에(창 1:27), 본래 모습을 회복할 때 인간답게 되고 완성에 이른다. 그것은 하나님의 완전한 모상인(골 1:15) 예수 그리스도 안에서 이루어진다. 예수 그리스도는 "길이요 진리요 생명"(요 14:6)이며, 유일하고 보편적 하나님의 말씀 곧 육화된 진리이다. 과학기술 시대에도 바람직한 신앙생활은 "너희 속에 그리스도의 형상을 이루기까지"(갈 4:19) 예수 그리스도의 말을 잘 듣고 그 말씀 안에 머무는 것이다. 예수가 "너희가 내 말에 거하면 참으로 내 제자가 되고 진리를 알지니 진리가 너희를 자유롭게 하리라"(요 8:31-32)고 말하였기 때문이다.

그리스도교 신앙인의 고백 가운데 가장 핵심적인 것은 사도신경 "전능하사 천지를 만드신 하나님 아버지를 내가 믿사오며(전능하신 천주 성부 천지의 창조주를 저는 믿나이다)"와 같이 하나님을 전능한 창조주로 믿는 것이다. 성경은 말씀을 통해 하나님에 의한 창조가 태초의 '무로부터의 창조'에 그치지 않고, 지금 우리 가운데서 창조가 어디에서나 끊임없이 일어나고 있으며, 종말에 새 창조로 하나님의 창조가 완성될 것임을 전한다. 빅뱅에 의한 우주의 기원은 태초의 창조를, 유신론적 진화론은 지속적 창조를 지지하는데, 이는 맹목적 신앙이 아닌 이해를 통한 신앙의 보증이 된다.

참고 문헌

가톨릭신학연구실 (2012).『구약 1: 모세오경』. 가톨릭교리신학원.

교황 요한 바오로 2세 (1987).「교황 요한 바오로 2세의 메시지」,『과학과 종교, 두 세계의 대화』에서 인용. 바티칸.

교황 프란치스코 (2024).「제58차 홍보 주일 담화」인공지능과 마음의 지혜: 온전한 인간 커뮤니케이션을 향하여. 한국천주교중앙협의회.

김기석 (2019).『신학자의 과학 산책』. 새물결플러스.

김도현 (2022).『과학과 신앙 사이』. 생활성서사.

김도현 (2023).『과학 시대에도 신앙은 필요한가』. 생활성서사.

김미정·박동호 (2018).『은총론·사목신학』. 가톨릭교리신학원.

김성동 (2019).『테야르 드 샤르댕의 인간현상 읽기』. 세창미디어.

김영정·서원주 (2004). 비판적 사고, 논리적 사고, 창의적 사고.『철학사상 별책 제4권』. 서울대학교.

김정형 (2019).『창조론』. 새물결플러스.

김혜윤 (2021).『성경 여행 스케치』. 바오로딸.

드러몬드, 실리아 딘 (2022).『생태신학 첫걸음』, 홍태희 옮김. 리북.

랑, 주비언 피터 (2005).『전례사전』, 박요한 번역. 가톨릭출판사.

러셀, 로버트 존 (2008).『우주론: 알파에서 오메가까지』, 오경환·전양환 옮김. 위즈앤비즈.

러셀, 로버트 존 외 2인 (2023).『과학과 종교, 두 세계의 대화』, 박준양·전양환 옮김. 가톨릭대학교출판부.

러셀, 로버트 존 외 2인 (2023). 『물리학, 철학 그리고 신학』, 전양환 외 11인 옮김.
　　가톨릭대학교출판부.

레오 교황 13세 (1879). 「Aetemi Patrid」, 회칙.

박승찬·노성숙 (2013). 『철학의 멘토, 멘토의 철학』. 가톨릭대학교출판부.

박영식 (2023). 『창조의 신학』, 개정증보판. 동연.

비숍, 로버트 외 4인 (2023). 『기원 이론』, 노동래 옮김. 새물결플러스.

스테나드, 러셀 (2014). 『과학 신 앞에 서다』, 임보라 옮김. 성바오로.

오기환 (2022). 『과학, 철학, 신학의 아우름』. 좋은땅.

유경춘 (2022). 『우리는 주님의 생태 사도입니다』. 생활성서사.

윤주현 (2022). 『그리스도교 신학의 역사』. 가톨릭출판사.

윤철호 (2015). 『기독교 신학개론』. 대한기독교서회.

윤철호·김효석(편집) (2021). 『신학과 과학의 만남』. 새물결플러스.

임창세 (2023). 『칼 바르트와 공공신학』. 동연출판사.

조규만 (2016). 『교회론·마리아론』. 가톨릭교리신학원.

조한규 (2020). 『알고 싶은 가톨릭 신학 I』. 성서와 함께.

조한규 (2020). 『알고 싶은 가톨릭 신학 II』. 성서와 함께.

주교회의매스컴위원회 (2014). 『천주교 용어 자료집』.

차동엽·홍승모 (2007). 『말씀의 네트워크』. 미래사목연구소.

체이슨, 에릭과 맥밀런, 스티브 (2016). 『천문학: 한눈에 보는 우주』, 최승언 외
　　17인 옮김. 시그마프레스.

통신신학교육부 (2013). 『기초신학』. 가톨릭교리신학원.

폴킹혼, 존 (2021). 『쿼크, 카오스, 그리스도교』, 우종학 옮김. 비아.

폴킹혼, 존 (2022). 『폴킹혼의 양자물리학과 신학』, 현우식 옮김. 동방박사.

폴킹혼, 존·벨커, 미하엘 (2024). 『살아계신 하나님에 대한 신앙』, 조호형 옮김.
　　CLC.

한국교회사연구소 (1997). 『한국가톨릭대사전』. maria.catholic.co.kr/dictionary/ term.

한국천주교주교회의 (2010). 『주석 성경』. 한국천주교중앙협의회.

한국천주교주교회의 (2014). 『가톨릭 교회 교리서』, 주교회의 교리교육위원회 번역. 한국천주교중앙협의회.

한국천주교주교회의 (2014). 「복음의 기쁨」, 현대 세계의 복음 선포에 관한 교황 권고. 한국천주교중앙협의회.

한국천주교주교회의 (2014). 「신앙의 빛」, 프란치스코 교황의 신앙에 관한 회칙. 한국천주교중앙협의회.

한국천주교주교회의 (2022). 「찬미받으소서, 개정판」, 프란치스코 교황 회칙. 한국천주교중앙협의회.

한국천주교주교회의 (2024). 「하느님을 찬미하여라」, 프란치스코 교황 권고. 한국천주교중앙협의회.

한스 큉 (2011). 『한스 큉, 과학을 말하다』, 서명옥 옮김. 분도출판사.

한스 큉 (2013). 『가톨릭의 역사』, 배국원 옮김. 을유문화사.

한국학중앙연구원 (2024). 『한국민족문화대백과사전』. encykorea.ac.kr.

허정윤 (2019). 『기독교, 과학적 무신론, 그리고 항일 독립운동』. 메노라.

헨더슨, 리지·브라이언트, 스테프 (2024). 『하느님과 과학에 대한 101가지 질문』, 김도현 옮김. 바오로딸.

Audi, Robet, editor. (1999). *The Cambridge dictionary of philosophy, 2nd ed.* Cambridge Univeristy Press. UK.

Abruscato, J. (2000). *Teaching children science, 5th ed.*, Englewood Cliffs, NJ: Prentice-Hall, Inc.

Bynum, W. F, Browne, E. J., & Porter, R. (eds.) (1981). *Dictionary of the history of science*. Princeton, NJ: Princeton University Press.

Carin, A. A. (1997). *Teaching science through discovery, 8th ed.* Upper Saddler River, NJ: Merill.

Feyerabend, Paul. (1975). *Against method.* Verso, London.

Feyerabend, Paul. (1987). *Farewell to reason.* Verso, London.

Hempel, Carl C. (1966). *Philosophy of natural science.* Prentice-Hall, Inc., Englewood Cliffs, N.J.

Kitchener, Richard F. (1999). *The conduct of inquiry.* University Press of America, Inc. New York.

Kuhn, Thomas S. (1996). *The Structure of scientific revolutions, third ed.* The University of Chicago press, Chicago.

Lakatos, Imre & Musgrave, Alan. eds. (1970). *Criticism and the growth of knowledge.* Cambridge University Press, Aberdee. U.K.

Laudan Larrry. (1996). *Beyond positivism and relativism: Theory, method, and evidence.* Westview Press, Oxford.

Magner, Lois N. (1994). *A history of the life sciences, 2nd ed.* NY: Marcel Dekker, Inc.

Mason, Stephen F. (1962). *A history of the sciences.* NY: The Macmillan Company.

Popper, Karl R. (1972). *Conjectures and Refutations: The growth of scientific knowledge.* Routledge and Kegan Paul, London.

Toulmin, Stephen (1967). *The philosophy of science.* Hutchinson University Library, London.

Toulmin, Stephen (1972). *The human understanding.* Princeton University Press, Princeton, New Jersey.

Wikipedia (2024). world view. google.co.kr/search?q=world+view&sca-esv.

찾아보기

그리스도교에 대한 과학과 과학기술의 도전 그리고 화해

Copyright ⓒ 조희형 임창세 최승언 2024

1쇄 발행 2024년 10월 25일

지은이 조희형·임창세·최승언
펴낸이 김요한
펴낸곳 새물결플러스

편 집 왕희광 정인철 노재현 이형일 나유영 노동래
디자인 황진주 김은경
마케팅 박성민
총 무 김명화 이성순
영 상 최정호
아카데미 차상희

홈페이지 www.holywaveplus.com
이메일 hwpbooks@hwpbooks.com
출판등록 2008년 8월 21일 제2008-24호
주 소 (우) 04114 서울특별시 마포구 신촌로28가길 29
전 화 02) 2652-3161
팩 스 02) 2652-3191

ISBN 979-11-6129-290-8 03230

책값은 뒤표지에 있습니다.